Christian Streim (Hrsg.)
Mietausfälle vermeiden
De Gruyter Praxishandbuch

Mietausfälle vermeiden

Strategien für Vermieter bei Mietnomaden und zahlungsunwilligen Mietern

Herausgegeben von
Christian Streim, Rechtsanwalt und Fachanwalt für Miet- und Wohnungseigentumsrecht, Partner, Streim Neumann Streim, Wiesbaden

Bearbeitet von
Alexander Debus, Rechtsanwalt, Streim Neumann Streim, Wiesbaden; **Younes Frank Ehrhardt**, Rechtsanwalt, Haus & Grund Hessen, Frankfurt/Main; **Gesina Jerey**, Rechtsanwältin, Wiesbaden; **Christian Streim**, Rechtsanwalt und Fachanwalt für Miet- und Wohnungseigentumsrecht, Partner, Streim Neumann Streim, Wiesbaden

DE GRUYTER

Zitiervorschlag: Streim/*Bearbeiter*, Kap. 3 Rn 25.

Hinweis:
Alle Angaben in diesem Werk sind nach bestem Wissen unter Anwendung aller gebotenen Sorgfalt erstellt worden. Trotzdem kann von dem Verlag und den Autoren keine Haftung für etwaige Fehler übernommen werden.

ISBN 978-3-11-026175-2
e-ISBN (PDF) 978-3-11-026178-3
e-ISBN (EPUB) 978-3-11-039212-8

Bibliografische Information der Deutschen Nationalbibliothek
Die Deutsche Nationalbibliothek verzeichnet diese Publikation in der Deutschen Nationalbibliografie; detaillierte bibliografische Daten sind im Internet über http://dnb.d-nb.de abrufbar.

Einbandabbildung: Carlos Hernandez/Cultura/getty images
Datenkonvertierung/Satz: fidus Publikations-Service GmbH, Nördlingen
Druck: CPI books GmbH, Leck
♾ Gedruckt auf säurefreiem Papier
Printed in Germany

www.degruyter.com

Vorwort

Mietausfälle betreffen jeden Vermieter – gleichgültig, ob er eine Eigentumswohnung vermietet oder mehrere Mehrfamilienhäuser. Aufgrund der gesetzlichen Mieterschutzbestimmungen ist es für einen Vermieter schwierig und langwierig, einen nicht zahlenden Mieter – oder sogar Mietnomaden – aus der Wohnung herauszubekommen. Die Vermeidung von Mietausfällen beginnt daher schon bei der Auswahl des Mieters und dem Abschluss des Mietvertrages.

Dieses Werk soll Vermietern – und zwar gerade nicht professionellen Vermietern – helfen, diese Probleme zu vermeiden. Das Spektrum des Werks beginnt bei der Auswahl des Mieters, zeigt die zulässigen und diskriminierungsfreien Fragen an den Mietbewerber auf und rät zur richtigen Informationseinholung über den Interessenten. Es beschäftigt sich dann mit dem Vertragsabschluss und stellt die für den Vermieter möglichst günstigen vertraglichen Vereinbarungen dar, insbesondere unter Berücksichtigung, was gesetzlich zugelassen ist und was nicht. Sodann legt es die zu empfehlenden Reaktionsmöglichkeiten im Falle von Problemen im Mietverhältnis dar, beschreibt die Abmahnung und die Kündigung und sodann die gerichtliche Durchsetzung von Räumungsansprüchen sowie Ansprüchen auf Zahlung und das richtige Verhalten im Falle der Insolvenz des Mieters. Es schließt mit zehn „goldenen" Regeln, die jedem Vermieter unbedingt zu empfehlen sind, und zehn „No-Gos", also Dinge, die der Vermieter in jedem Fall unterlassen sollte.

Die im Jahr 2013 durchgeführte Mietrechtsreform, die es sich auf die Fahne geschrieben hatte, gegen das Mietnomadentum vorzugehen, ist nicht ausreichend, um den Vermieter zu schützen. Der Vermieter muss daher geeignete Vorkehrungen treffen, um gar nicht erst in die Situation zu kommen, mit einem Mietnomaden fertigwerden zu müssen. Dabei soll ihm dieses Werk helfen.

Die Autoren sind erfahrene Praktiker im Bereich des Wohnraummietrechts und durch jahrelange anwaltliche Tätigkeit im außergerichtlichen und gerichtlichen Bereich und im Rahmen der Tätigkeit für Haus & Grund ausgewiesene Experten.

Für Fragen, Anregungen oder Kritik erreichen Sie uns unter c.streim@streimneumann.de.

Wiesbaden, im Juli 2015
Christian Streim

Inhaltsübersicht

Kapitel 4
Die Auswahl des Mieters

Kapitel 5
Miete/Betriebskosten

Kapitel 6
Die Mietsicherheit/Kaution

Kapitel 7
Verwertung der Sicherheit (Kaution)

Kapitel 8
Das Vermieterpfandrecht

Kapitel 16
Unterlassungsansprüche des Vermieters

Kapitel 17
Schadensersatzansprüche des Vermieters

Kapitel 18
Gerichtliche Rechtsverfolgung Zahlungsansprüche

Kapitel 19
Gerichtliche Rechtsverfolgung Ansprüche auf Räumung und Herausgabe

Inhaltsverzeichnis

Kapitel 3
Vertragstypen

Kapitel 4
Die Auswahl des Mieters

Kapitel 7
Verwertung der Sicherheit (Kaution)

Kapitel 8
Das Vermieterpfandrecht

Kapitel 12
Die Zustellung empfangsbedürftiger Willenserklärungen wie Abmahnung und Kündigung

Kapitel 13
Aufhebungs- und Abwicklungsvertrag

Kapitel 14
Faktische Beendigung des Mietverhältnisses

Kapitel 15
Selbsthilfe des Vermieters bei Räumungs- und Herausgabeverlangen

Kapitel 16
Unterlassungsansprüche des Vermieters

Kapitel 17
Schadensersatzansprüche des Vermieters

Kapitel 18
Gerichtliche Rechtsverfolgung Zahlungsansprüche

Abkürzungsverzeichnis

%	Prozent
€	Euro
§	Paragraph
a. F.	alte Fassung
Abs.	Absatz
AG	Aktiengesellschaft; Arbeitsgericht
AGB	Allgemeine Geschäftsbedingungen
AGG	Allgemeines Gleichbehandlungsgesetz
AnwZertMietR	AnwaltZertifikat – Miet- und Wohnungseigentumsrecht (Zeitschrift)
BayObLG	Bayerisches Oberlandesgericht
Beschl. v.	Beschluss vom
BetrKV	Betriebskostenverordnung
BGB	Bürgerliches Gesetzbuch
BGBl.	Bundesgesetzblatt
BGH	Bundesgerichtshof
BGHZ	Entscheidungen des Bundesgerichtshofs in Zivilsachen
BVerfG	Bundesverfassungsgericht
BVerfGE	Entscheidungen des Bundesverfassungsgerichts
bzw.	beziehungsweise
ca.	circa
CDU	Christlich Demokratische Union Deutschland
CSU	Christlich-Soziale Union
DGVZ	Deutsche Gerichtsvollzieher Zeitung
Einf.	Einführung
etc.	et cetera
EuGH	Europäischer Gerichtshof
f./ff.	folgende/folgenden
GbR	Gesellschaft bürgerlichen Rechts
ggf.	gegebenenfalls
GKG	Gerichtskostengesetz
GmbH	Gesellschaft mit beschränkter Haftung
GmbH & Co. KG	Gesellschaft mit beschränkter Haft & Compagnie Kommanditgesellschaft
GVG	Gerichtsverfassungsgesetz
GVGA	Geschäftsanweisung für Gerichtsvollzieher

i. V. m.	in Verbindung mit
InsO	Insolvenzordnung
jurisPR-MietR	Juris PraxisReport Miet- und Wohnungseigentumsrecht (Zeitschrift)
Kap.	Kapitel
KG	Kommanditgesellschaft
KV GKG	Kostenverzeichnis Gerichtskostengesetz
LG	Landgericht
MietRB	Miet-Rechtsberater (Zeitschrift)
Mio.	Million
NJW	Neue Juristische Wochenschrift
NJW-RR	Neue Juristische Wochenschrift RechtsprechungsReport
Nr.	Nummer
NZM	Neue Zeitschrift für Miet- und Wohnungsrecht
o. Ä.	oder Ähnlichem
o. g.	oben genannt
oHG	offene Handelsgesellschaft
OLG	Oberlandesgericht
Pkw	Personenkraftwagen
PVC	Polyvinylchlorid
RE-Miet	Rechtsentscheid Mietsachen
Rn	Randnummer
RPflG	Rechtspflegergesetz
RVG	Rechtsanwaltsvergütungsgesetz
S.	Satz; Seite
sog.	so genannte
SPD	Sozialdemokratische Partei Deutschlands
st. Rspr.	ständige Rechtsprechung
StGB	Strafgesetzbuch
str.	strittig
u. a.	unter anderem
Urt. v.	Urteil vom
UStG	Umsatzsteuergesetz
vgl.	vergleiche
Vorbem.	Vorbemerkung
VV RVG	Vergütungsverzeichnis Rechtsanwaltsvergütungsgesetz

WiStG	Wirtschaftsstrafgesetz
WM	Wertpapier-Mitteilungen (Zeitschrift)
WoBindG	Wohnungsbindungsgesetz
WuM	Wohnungswirtschaft und Mietrecht (Zeitschrift)
z. B.	zum Beispiel
ZIP	Zeitschrift für Wirtschaftsrecht
ZMR	Zeitschrift für Miet- und Raumrecht (Zeitschrift)
ZPO	Zivilprozessordnung
ZVG	Zwangsversteigerungsgesetz

Literaturverzeichnis

Artz, Markus/Jacoby, Florian, Sondergutachten „Mieterschutz und Investitionsbereitschaft im Wohnungsbau, Mietausfälle durch sog. Mietnomaden“, Universität Bielefeld, 2011, abrufbar unter http://www.jura.uni-bielefeld.de/forschung/institute/fir/FIR_Gutachten_Mietnomaden.pdf (zit.: *Artz/Jacoby*)

Brunner, Fedor, Das Phänomen des Mietnomaden in der Rechtspraxis, Baden-Baden 2012 (zit.: *Brunner*)

Bub, Wolf-Rüdiger/Treier, Gerhard, Handbuch der Geschäfts- und Wohnraummiete, 4. Aufl., München 2014 (zit.: Bub/Treier/*Bearbeiter*)

Erman, Walter, BGB, 14. Aufl., Köln 2014 (zit.: Erman/*Bearbeiter*)

Fischer, Thomas, Strafgesetzbuch, 62. Aufl., München 2015 (zit.: *Fischer*)

Fritz, Jürgen, Gewerberaummietrecht, 4. Aufl., München 2005 (zit.: *Fritz*)

Goebel, Frank-Michael, Die Reform der Sachaufklärung, Bonn 2012 (zit.: *Goebel*)

Harz, Annegret/Riecke, Olaf/Schmid, Michael, Handbuch des Fachanwalts Miet- und Wohnungseigentumsrecht, 5. Aufl., Köln 2015 (zit.: Harz/Riecke/Schmid/*Bearbeiter*)

Leroy, Janis, Mietnomaden – Möglichkeiten der Prävention und Reaktion, Frankfurt/Main 2012 (zit.: *Leroy*)

Münchener Kommentar zum Bürgerlichen Gesetzbuch, 6. Aufl., München 2012 (zit.: MüKo-BGB/*Bearbeiter*)

Neuhaus, Kai-Jochen, Handbuch der Geschäftsraummiete, 5. Aufl., Köln 2014 (zit.: *Neuhaus*)

Palandt, Otto, Bürgerliches Gesetzbuch, 74. Aufl., München 2015 (zit.: Palandt/*Bearbeiter*)

Schmidt-Futterer, Wolfgang, Mietrecht, 11. Aufl., München 2013 (zit.: Schmidt-Futterer/*Bearbeiter*)

Staudinger, Julius von, Buch 2: Recht der Schuldverhältnisse, 14. Aufl., Berlin 2003 (zit.: Staudinger/*Bearbeiter*)

Stein, Friedrich/Jonas, Martin, Kommentar zur Zivilprozessordnung, 22. Aufl., Tübingen 2013 (zit.: Stein/Jonas/*Bearbeiter*)

Sternel, Friedemann, Mietrecht aktuell, 4. Aufl., Köln 2009 (zit.: *Sternel*)

Tröndle, Herbert/Fischer, Thomas, Strafgesetzbuch, 50. Aufl. 2001 (zit.: *Tröndle/Fischer*)

Zöller, Richard, ZPO, 30. Aufl., Köln 2014 (zit.: Zöller/*Bearbeiter*)

Bearbeiterverzeichnis

Alexander Debus, Jg. 1965; Rechtsanwalt bei Streim Neumann Streim Rechtsanwälte in Wiesbaden, begann seine Karriere bei einer Landesbank und ist seit 20 Jahren im Immobilienrecht zunächst als Justiziar einer Immobiliengesellschaft und danach als Rechtsanwalt in einer internationalen Großkanzlei sowie mittelständischen Rechtsanwaltskanzleien tätig. Er berät und vertritt Privatpersonen und Unternehmen sowohl als Vermieter als auch als Mieter im Wohn- und Gewerberaummietrecht sowie im Wohnungseigentums- und privaten Baurecht und bei Grundstückstransaktionen.

Younes Frank Ehrhardt, Jg. 1980; Studium der Rechtswissenschaften in Frankfurt/Main und Referendariat in Darmstadt. Er ist Rechtsanwalt sowie Geschäftsführer des Landesverbandes der Hessischen Haus-, Wohnungs- und Grundeigentümer (Haus & Grund Hessen). Daneben ist er Chefredakteur des Hauseigentümer-Magazins in Hessen und Mitglied des Zentralausschusses von Haus & Grund Deutschland. Er berät vorwiegend örtliche Verbände zu sämtlichen Bereichen des Miet-, Wohnungseigentums-, Nachbar- sowie Baurechts. Darüber hinaus hält er regelmäßig Fachvorträge zu diesen Themenbereichen.

Gesina Jerey, Jg. 1973; Studium der Rechtswissenschaften in Mainz und Referendariat in Wiesbaden. Sie ist freie Rechtsanwältin in Kooperation mit Streim Neumann Streim Rechtsanwälte in Wiesbaden und berät Mitglieder von Haus & Grund Wiesbaden in allen das private Grundeigentum betreffenden juristischen Belangen. Sie berät und vertritt ganz überwiegend private Wohnraumeigentümer bzw. -vermieter, aber auch Unternehmen im Bereich der Gewerberaumvermietung.

Christian Streim, Jg. 1964; Rechtsanwalt und Fachanwalt für Miet- und Wohnungseigentumsrecht, Partner von Streim Neumann Streim Rechtsanwälte in Wiesbaden, ist seit 1993 als Rechtsanwalt fast ausschließlich im Bereich des Miet- und Immobilienrechts für Vermieter tätig. Er ist Vorsitzender des Landesverbandes der Hessischen Haus-, Wohnungs- und Grundeigentümer (Haus & Grund Hessen). Die Zeitschrift Wirtschaftswoche, Ausgabe 13/2010, wählte ihn zu einem von Deutschlands 25 Top-Anwälten für Mietrecht.

Kapitel 1
Die Interessenlage des Vermieters

A. Überblick

Nicht zahlende Mieter und insbesondere **Mietnomaden** sind für den Vermieter ein großes Problem, weil sie eine **existenzielle Bedrohung** für ihn darstellen können. Die Problemlage erstreckt sich über ein breites Feld: angefangen von dem Mieter, der sich nach Mietvertragsabschluss darauf beruft, der Vermieter müsse noch Verbesserungen durchführen, obwohl bei Vertragsschluss davon keine Rede war, bis zum Mietnomaden, der vollmundige Versprechungen macht, dann seine Zahlungen einstellt und zu dem der Vermieter überhaupt keinen Kontakt mehr bekommt. 1

Zwar wird teilweise bestritten, dass es überhaupt ein Problem des Mietnomadentums gibt; eine entsprechende **Studie**[1] hat aber gezeigt, dass diejenigen Vermieter, die von dem Problem betroffen sind, besonders hart getroffen sind. Außerdem besteht ein Problem auch dann, wenn es möglicherweise nur in geringer Anzahl auftritt. Das hilft nämlich den im Einzelfall betroffenen Vermietern nicht. 2

Dieses Buch soll Vermietern und ihren Beratern **vermeiden** helfen, überhaupt in die Situation zu kommen, dass ein Mieter nicht zahlt, und aufzeigen, welche Möglichkeiten es gibt, schnell aus dieser Lage herauszukommen. 3

Dabei geht es darum, durch bestmögliche **Information** über den Mieter und eine ebensolche Gestaltung des Mietvertrages die Rechte als Vermieter zu wahren und diese Rechte dann auch schnell und wirksam durchzusetzen, wenn es darauf ankommt. 4

B. Statistik

Eine genaue **statistische** Erfassung des Problems der Mietnomaden gibt es nicht. Im Rahmen der von der Bundesregierung im Jahr 2010 in Auftrag gegebenen Studie der Universität Bielefeld[2] wurde festgestellt, dass Vermieter hohe Schäden durch **Mietnomaden** erleiden, wenn sie davon betroffen sind. Die Studie ist zwar nicht repräsentativ. Es wurden Daten von etwa 1.500 Vermietern ausgewertet, die 5

1 Vgl. *Artz/Jacoby*.
2 Vgl. *Artz/Jacoby*.

wiederum von 429 nicht zahlenden Mietern betroffen waren. Die Höhe des Schadens allein an Mietausfall lag in knapp 50 % der Fälle jedoch schon zwischen 2.500 und 10.000 €.[3]

6 Problematisch ist dabei, dass die Verfasser der Studie relativ wenige Rückmeldungen bekommen haben, sodass die Studie nicht repräsentativ genannt werden kann. Die Rückmeldungen kamen selbstverständlich nur von betroffenen Vermietern und nicht etwa von den nicht zahlenden Mietern, wobei auch nicht zu erwarten war, dass sich diese, die sich ja dann möglicherweise selbst einer Straftat bezichtigt hätten, an der Studie beteiligt hätten.

C. Beispiele aus der Praxis

7 Rechtsanwälte, die Vermieter beraten, berichten oft von ganz unterschiedlichen Fällen, bei denen Vermieter von nicht zahlenden Mietern betroffen sind:

Beispiel

- Da ist z. B. der ganz unerfahrene **Berufsanfänger**, der nach Beratung, wie er sein mehr oder weniger vorhandenes Vermögen für die Altersversorgung anlegen kann, eine Eigentumswohnung mit Mietgarantie gekauft hat. Durch Kombination mit einer Lebensversicherung und einem Bausparvertrag wird ihm vorgegaukelt, die Immobilie bezahle sich selbst und er habe keinerlei Risiko. Nach Auslaufen des Mietgarantievertrags wird er plötzlich damit konfrontiert, dass er selbst Vermieter ist und der Mieter, dem die Wohnung überlassen wurde und mit dem er sich nun in einem Vertragsverhältnis befindet, einfach nicht zahlt.
- Oder es gibt den **sehr erfahrenen** Vermieter, dem ein Bekannter oder Verwandter einen Mietinteressent ans Herz gelegt hat und bei dem er sich darauf verlassen hat, dass die Empfehlung gut ist, was sich aber als unrichtig herausgestellt hat.
- Auch gibt es Fälle, bei denen der Vermieter über **Jahre hinweg problemlos** an verschiedene Personen vermietete und der ganz unerwartet erstmals das Problem hat, dass ein Mieter nicht zahlt, womit er überhaupt nicht gerechnet hat.

8 Viele dieser Vermieter sind **existenziell betroffen**, insbesondere dann, wenn die vermietete Wohnung finanziert ist und sie die Miete zur Deckung des Kapitaldienstes für die Wohnung benötigen. Bereits nach wenigen Monaten kommen diese Vermieter in **Zahlungsschwierigkeiten**. Sie stehen vor dem Problem, dass sie gegenüber ihrer Bank, die auf Zahlung besteht und mit der Kündigung des Kredits droht, nicht einwenden können, der Mieter zahle nicht. Einen Schutz

3 *Artz/Jacoby*, Tabelle T.8, S. 90.

gegenüber ihrer Bank genießen sie nicht, ganz im Gegensatz zu ihrem Mieter ihnen gegenüber.

Teilweise ist das Problem hausgemacht, weil die Vermieter es unterlassen haben, **ausreichende Informationen** über den Mietinteressenten einzuholen. Das geschieht entweder aus Unkenntnis oder aus blindem Vertrauen und Verlass auf das eigene „Bauchgefühl". Das steht in Einklang mit den Ergebnissen der oben genannten Studie: Ein Großteil der Mietausfälle hätte verhindert werden können, wenn der Vermieter vor Vertragsschluss genauer hingesehen, sich besser über den Mietbewerber informiert und die richtigen Fragen gestellt hätte.[4] 9

D. Missbrauch des Mieterschutzes

In Deutschland ist der Mieter – auch der nicht zahlende Mieter und zunächst auch der Mietnomade – vor dem Verlust der Wohnung grundsätzlich geschützt. Nur in engen Ausnahmefällen erlaubt das Gesetz eine Kündigung des Mietverhältnisses und die Gerichte prüfen die Voraussetzungen sehr kritisch, um Missbräuche zu vermeiden. Das hat zwar gute Gründe, denn kein redlicher Mieter soll sich einem auf eigene Faust durchgesetzten Räumungsverlangen eines Vermieters, der glaubt, im Recht zu sein, ausgesetzt sehen und buchstäblich auf die Straße gesetzt werden.[5] Also ordnet das Gesetz an, dass eine Räumung nur dann stattfinden kann, wenn zunächst ein Gericht im Rahmen einer Räumungsklage geprüft und bestätigt hat, dass der entsprechende Räumungsanspruch des Vermieters besteht und diese Räumung dann wiederum auf dem dafür vorgesehenen Weg durch den Gerichtsvollzieher durchgesetzt wird. 10

Das bedeutet aber, dass zunächst einmal ein Klageverfahren geführt werden muss, in dessen Rahmen dem Mieter rechtliches Gehör zu gewähren ist. Er bekommt also vom Gericht ausreichend Zeit, seine möglichen Einwendungen gegen den Klageanspruch vorzutragen. 11

---

4 Vgl. *Artz/Jacoby*, S. 22.

5 Mieterschutzbestrebungen in Deutschland gab es bereits ab Mitte des 19. Jahrhunderts im Rahmen der aufkommenden Industrialisierung der Städte und der Unterbringung der Bevölkerung in den dafür errichteten Siedlungen. War es dem Vermieter anfangs noch möglich, seinen Mieter relativ einfach auf die Straße zu setzen, wurde am Ende des Ersten Weltkriegs wegen der damit verbundenen wirtschaftlichen Not in Deutschland letztlich ein Kündigungsverbot auch bei Nichtzahlung von Mieten eingeführt, um Rücksicht auf die Familien zu nehmen, deren Ernährer im Krieg gefallen oder verwundet worden war und die zunächst kein Einkommen hatten. Die Leidtragenden in diesem Fall waren viele Vermieter, die letztlich Haus und Hof verloren, weil sie die Hypothekenzinsen nicht mehr zahlen konnten.

E. Gerichtliche Verfahrensdauer

12 Die Gerichtsverfahren auf **Räumung** dauern aus Sicht des Vermieters sehr lange. Selbst wenn bei Klageerhebung der erforderliche Gerichtskostenvorschuss sofort eingezahlt wird, dauert es je nach Gericht zwischen zwei und sechs Wochen, bis das Gericht tätig wird und dem Mieter überhaupt die Klageschrift zustellt. Danach kann das Gericht entweder einen Verhandlungstermin bestimmen oder das sog. schriftliche Vorverfahren anordnen.

13 Wird ein Termin bestimmt, so soll dies zwar zeitnah geschehen. Leider werden diese Termine oft mit einer Vorlaufzeit von weiteren vier bis acht Wochen bestimmt. Bittet man um frühere Terminierung, hört man von den Gerichten mehr oder weniger stereotyp, dass das Gericht überlastet sei und eine frühere Terminierung daher nicht in Betracht komme. Dabei wird oft keine Rücksicht darauf genommen, dass es sich bei Räumungsverfahren aufgrund nicht gezahlter Miete oft um **unstreitige Sachverhalte** handelt, bei denen es lediglich darum geht, dass der Mieter keinen Miete zahlt, ohne dafür einen Grund zu haben. Es handelt sich eigentlich um unkomplizierte und für das Gericht schnell zu bewältigende Fälle, bei denen zudem oft ein sog. Versäumnisurteil zu erwarten ist, der Mieter also gar nicht bei Gericht erscheint, das Gericht den Vortrag des Vermieters kraft Gesetzes als richtig unterstellen darf und den Mieter ohne langes Verfahren verurteilt.

14 Wird das **schriftliche Vorverfahren** angeordnet, so hat der Mieter eine Frist von zwei Wochen, um dem Gericht gegenüber anzuzeigen, ob er sich gegen die Klage überhaupt verteidigen will. Unterlässt er diese Anzeige, ergeht ein der Klage stattgebendes sog. Versäumnisurteil auf Räumung, mit dem der Vermieter dann sofort die Zwangsräumung beauftragen kann.

15 Zeigt der Mieter aber an, dass er sich gegen die Klage verteidigen will, so wartet das Gericht zunächst die weiter dem Mieter gesetzte Frist zur **Klageerwiderung** ab und bestimmt dann Termin, der meistens noch später liegt, als wenn das Gericht gleich terminiert hätte.

16 Der Gesetzgeber hat zwar im Rahmen der Mietrechtsänderung 2013 auch ein Beschleunigungsgebot für Räumungssachen in die Zivilprozessordnung geschrieben,[6] das aber in der gerichtlichen Praxis mehr oder weniger leerläuft, weil es keine konkreten Verfahrensvorgaben enthält. Besser wäre es gewesen,

6 § 272 Abs. 4 ZPO lautet: Räumungssachen sind vorrangig und beschleunigt durchzuführen.

genaue Verfahrensregeln vorzugeben, beispielsweise, dass das Gericht, ähnlich wie im Arbeitsgerichtsprozess, unverzüglich Termin zu bestimmen hat.[7]

F. „Vermieterschutz"?

Vermieterschutz in dem Sinne, dass der besonderen Lage des Vermieters einerseits als Investor und andererseits als demjenigen, der Wohnraum schafft und bereitstellt, gerecht wird, gibt es nicht. 17

Die mit der Mietrechtsreform 2013 geschaffenen Möglichkeiten, durch die Beantragung einer **einstweiligen Verfügung** einen Räumungstitel zu erhalten, sind sehr beschränkt. So ist es möglich, dass ein nicht zahlender Mieter verpflichtet wird, die laufende Miete sicherheitshalber zu hinterlegen und für den Fall, dass er dieser Verpflichtung nicht nachkommt, dann durch einstweilige Verfügung zur Räumung verpflichtet wird. Diese Regelung hat aber als Voraussetzung, dass eine **„hohe" Erfolgsaussicht** für die Klage des Vermieters besteht, die von den Gerichten im Allgemeinen schon dann verneint wird, wenn der Mieter Mängel einwendet. Denn deren Bestehen oder Nichtbestehen muss zunächst durch das Gericht, ggf. in einer Beweisaufnahme, aufgeklärt werden. Dann besteht für das Gericht prozessual die Situation, dass sowohl der Vermieter als auch der Mieter Recht haben könnten, sodass die „hohe" Erfolgsaussicht der Vermieterklage nicht gegeben ist. 18

Versuche, andere Vermieter durch sog. **„schwarze Listen"**, in die Mietnomaden aufgenommen werden, zu warnen, sind schon wegen des bestehenden Datenschutzes zum Scheitern verurteilt. Im Übrigen stellt sich dabei auch die Frage, welche Kriterien für die Aufnahme in eine solche Liste erfüllt sein müssten,[8] und wann welche Eintragungen wieder zu löschen wären. 19

G. Betroffene Personengruppe

Häufig sind ältere Vermieter betroffen, die sich gutgläubig auf einen Mietinteressenten, der einen sehr guten Eindruck hinterlässt, einlassen. Diese Vermieter 20

7 Siehe z. B. den Vorschlag von *Börstinghaus*, NZM 2012, 697, 698: *„Wird eine Güteverhandlung gem. § 278 ZPO anberaumt, soll diese innerhalb von drei Wochen nach Klageerhebung stattfinden."*

8 Z. B. anhängige oder rechtskräftig entschiedene Räumungsklage – nur wegen Zahlungsverzugs oder auch wegen bloßer verspäteter Mietzahlungen, Abgabe der Vermögensauskunft – nur wegen Miet- oder auch wegen sonstiger Schulden?

legen oft sehr viel mehr Wert darauf, dass der Mieter ihnen persönlich sympathisch ist, als auf die Prüfung seiner Bonität. Sie haben in der Vergangenheit oft keine Probleme mit Mietern gehabt und verlassen sich darauf, dass das so weitergeht. Sie verlassen sich auf ihr Bauchgefühl und können es oft nicht glauben, dass ein Mieter seinen Zahlungsverpflichtungen nicht nachkommt und wollen ihn dann so schnell wie möglich wieder loswerden, weil ihr Vertrauen enttäuscht ist.

21 **Junge, unerfahrene Vermieter** gehören gleichermaßen zu den regelmäßig von nicht zahlenden Mietern Betroffenen. Sie glauben zwar, rechtlich sehr gut informiert zu sein, insbesondere durch das Internet, vernachlässigen aber in entscheidenden Punkten notwendige Sicherheitsüberlegungen.

22 Auch **institutionelle Vermieter** wie Wohnungsbaugesellschaften sind betroffen, wenn in ihrer arbeitsteiligen Organisation vorliegende Informationen nicht abgeglichen werden. So kommt es vor, dass ein Mieter wegen Zahlungsverzugs zwangsgeräumt wird und dann direkt in eine andere Wohnung der gleichen Gesellschaft mit neuem Mietvertrag wieder einzieht, weil dem vermietenden Sachbearbeiter das Räumungsverfahren nicht bekannt war.

23 Manche Vermieter, deren Wohnung längere Zeit **leer stand**, sind froh, endlich einen Mieter gefunden zu haben und vertrauen darauf, es werde schon gut gehen, ohne den Interessenten genauer zu überprüfen.

24 All diese Vermieter laufen Gefahr, **Mietausfälle** zu erleiden, weil sie vor Vertragsschluss nicht genau genug hingesehen bzw. keine Absicherung vorgesehen haben.

H. Motivation eines Vermieters

I. Kapitalanlage

25 Die Immobilie hat den Ruf, eine **sichere Kapitalanlage** zu sein. Das ist allerdings von sehr vielen Faktoren abhängig, u. a. auch von der Frage, wer der Mieter ist. Hat der Vermieter das Pech, an einen **Mietnomaden** zu geraten, hat er das Problem, über einen längeren Zeitraum überhaupt keinen Ertrag mehr erwirtschaften zu können.

26 Eine schlecht gelegene Immobilie kann schnell zu einem **Verlustbringer** werden. Manche Eigentümer gehen so weit, ihre Immobilie unter Wert zu verkaufen oder sogar zu verschenken, nur um der Kostenbelastung durch Steuern und Abgaben und der Verkehrssicherungspflicht zu entgehen.

27 Es gibt Regionen in Deutschland, die durch Wegzug der Jungen und Sterben der Alten entvölkert sind, was mannigfaltige Probleme für die Kommunen hin-

sichtlich der vorzuhaltenden Infrastruktur aufwirft. Dem gegenüber stehen die **Zentrumsregionen** in Deutschland, in deren Gebieten es sich auch in absehbarer Zeit lohnen wird zu vermieten, weil dort die Nachfrage nach Wohnraum und die Kaufkraft hoch sind.

Manchmal liegen Licht und Schatten sehr nahe beieinander. Die **Bankenkrise** ab 2008 hat gezeigt, dass Immobilien als Kapitalanlage immer noch sehr gefragt sind und hat dazu geführt, dass Immobilien verteuert eingekauft wurden und werden. Das kann so lange gut gehen, wie die Zinsen auf niedrigem Niveau sind. 28

II. Altersvorsorge

Wer plant, eine Immobilie für die Altersvorsorge anzuschaffen, muss eine gute Prognose stellen, denn wer weiß schon, ob in 20 oder 30 Jahren die Rendite und Vermietbarkeit noch so ist wie heute? Auch wird der Vermieter gut beraten sein, nicht nur auf eine einzelne Eigentumswohnung zu setzen, bei der das Risiko, finanzielle Verluste durch die Leerstand oder einen problematischen Mieter zu haben, sehr hoch ist, sondern sein Kapital breiter zu streuen. 29

Positiv ist, dass der Vermieter die öffentlichen Rentenkassen durch seine private Altersvorsorge entlastet und nicht auf Unterstützung angewiesen ist. Dadurch leistet er einen wichtigen Beitrag zur Volkswirtschaft. 30

Vorsicht ist geboten bei Angeboten, finanzierte Eigentumswohnungen zum Zwecke der **Altersvorsorge** zu erwerben. Dabei wird meist eine Lebensversicherung mit angeboten, deren Prämien zusätzlich als Aufwand zu Buche schlagen. Solche Renditeberechnungen von Anlageberatern sollte man kritisch überprüfen und sich nicht zu viel versprechen. Kommt man selbst durch Arbeitslosigkeit oder Scheidung in eine problematische finanzielle Situation, kann die Immobilie oft nicht gehalten werden. Die Folge ist, dass die Immobilie wieder – mit einem erheblichen Verlust – veräußert werden muss oder gar in die Zwangsversteigerung kommt. 31

I. Wirtschaftlichkeit für den Vermieter

I. Gewinn?

Die Mieteinnahme bedeutet für den Vermieter nicht etwa den **Reingewinn**. Er muss von ihr in jedem Fall die Kosten der Verwaltung und der Instandhaltung 32 finanzieren und möglicherweise auch noch seinen Kapitaldienst decken. Danach verbleibt eine Rendite, die der persönlichen Einkommensteuer unterworfen wird.

33 Aktuelle Untersuchungen zeigen, dass viele Vermieter überhaupt **keinen Gewinn** erwirtschaften, sondern sogar noch weiteres Geld investieren müssen.

II. Wirtschaftliche „Schieflage" der Immobilie

34 Die Kosten der Verwaltung und der Instandhaltung bleiben gleich und hängen ihrer Höhe nach nicht von den Mietereinnahmen ab. Das gilt besonders auch für Zins und Tilgungsleistungen, die der Vermieter für ein eventuelles Darlehen aufwenden muss.

35 Der Vermieter muss darauf achten, dass er **genügend Rücklagen** bildet, um auch Instandhaltungsmaßnahmen, die von Zeit zu Zeit erforderlich sind, bezahlen zu können. Ein Mietshaus, das nicht ständig in Stand gehalten wird, sinkt im Wert und wird bei Mietinteressenten nicht nachgefragt. Viele Mieter legen sehr viel Wert auf das Äußere eines Hauses einschließlich des Treppenhauses. Unterlässt man laufende Instandhaltungen, kann die einstmals positive Situation der Immobilie schnell kippen und dazu führen, dass sie nicht mehr rentabel ist.

36 Oft hat der Vermieter jedoch nicht die eigentliche **Entscheidungsbefugnis**; er muss vielmehr Rücksicht nehmen auf das Baurecht, den Denkmalschutz und die Rechte seiner Mieter. Bei Eigentumswohnanlagen ist es oft schwer, sich gegen eine Mehrheit der anderen Eigentümer durchzusetzen, die aus Alters- oder sonstigen Gründen kein Interesse mehr daran haben, die Immobilie auf Vordermann zu bringen. Darauf hat allerdings jeder Miteigentümer einen **einklagbaren Anspruch** und derjenige Wohnungseigentümer, der dringend notwendige Instandhaltungs- und Instandsetzungsmaßnahmen blockiert, kann sich gegenüber den anderen Eigentümern schadensersatzpflichtig machen.[9]

37 Eine Immobilie in **schlechtem Zustand** ist sehr schwer zu vermieten. Da der erzielbare Mietpreis entsprechend gering ist, besteht die Gefahr, problematische Mieter zu bekommen, die wiederum andere Mieter stören und zum Auszug veranlassen können. Es beginnt ein Teufelskreis, der nur schwer zu durchbrechen ist, weil es grundsätzlich nicht möglich ist, alle Mietverhältnisse wegen der anstehenden Sanierungsmaßnahmen zu beenden und die Durchführung solcher Maßnahmen durch die bestehenden Mietverhältnisse und die gebotene Rücksichtnahmepflicht des Vermieters erschwert oder gar unmöglich gemacht wird.

9 BGH, Urt. v. 17.10.2014 – V ZR 9/14 –.

J. Richtiges Vorgehen

Ein Vermieter ist also gut beraten, wenn er seine Immobilie, ob Mehrfamilienhaus oder Eigentumswohnung, **technisch und optisch auf dem neuesten Stand** hält, weil er einerseits Wettbewerbsvorteil vor konkurrierenden Vermietern hat und durch bessere Vermietbarkeit mehr Rendite bekommt. Zufriedene Mieter sind im Übrigen die beste Garantie für eine gute Prognose der weiteren Vermietbarkeit. 38

Der beste **Schutz gegen Mietausfälle** besteht darin, einen Mieter sorgfältig auszuwählen, den richtigen Mietvertrag abzuschließen und schnell zu reagieren, falls es zu Zahlungsausfällen kommt. Dieses Buch soll dem Vermieter helfen, diesen Schutz bestmöglich zu erlangen, indem es ihn in die Lage versetzt, zum richtigen Zeitpunkt richtig zu handeln. 39

In den nachfolgenden Kapiteln wird der **Ablauf der Vermietung** vorgezeichnet und es werden dem Vermieter entsprechende Hilfestellungen geboten. 40

Kapitel 2
Probleme im Mietverhältnis

A. Überblick

1 Damit der Vermieter in die Lage versetzt wird, einerseits schon vor Vertragsschluss mögliche problematische Mieter zu erkennen und vorbeugende Maßnahmen zu ergreifen sowie andererseits Lösungen zu finden, wenn er mit einem Problemmieter ein Mietverhältnis abgeschlossen hat, ist es zunächst erforderlich, dass der Vermieter die **einzelnen Typen von Problemmietern** kennt. Diese reichen vom sog. Mietnomaden[1] über den zahlungsunwilligen oder zahlungsunfähigen Mieter bis hin zu Mietern, die vorübergehend keine oder keine vollständige Miete zahlen oder regelmäßig die Miete verspätet zahlen und Mietern, die die Mietsache vermüllen oder andere Mieter und Bewohner stören, etwa durch laute Musik. Die nachfolgende Darstellung zeigt sowohl **vorbeugende Maßnahmen** als auch **Lösungen** für Vermieter auf, um sich von einem problematischen Mieter zu befreien und die eigenen Ansprüche diesem gegenüber durchzusetzen. Die Maßnahmen richten sich dabei nach dem jeweiligen Problemmietertyp. Jeder Abschnitt enthält zunächst eine abstrakte Darstellung des Themas unter Verweis auf die vertieften Einzelheiten in den nachfolgenden einzelnen Kapiteln dieses Werkes.

I. Vorbeugung

2 Ein effektiver Schutz gegen Problemmieter und insbesondere Langzeitmietschuldner bis hin zu Mietnomaden beginnt bereits mit der Anbahnung des Mietvertragsverhältnisses – unabhängig davon, ob es sich um einen Wohnraummietvertrag oder Gewerberaummietvertrag handelt. Das effektivste Mittel ist hierbei die **Informationsbeschaffung über den Mieter,**[2] indem der Vermieter sich

- ein sog. **Vermieterzeugnis** über den Verlauf des bisherigen Mietverhältnisses von dem bisherigen Vermieter erteilen und über den Mieter bzw. den Mietbewerber vorlegen lässt,

1 Zur Definition siehe nachfolgende Ausführungen.
2 Vgl. Kap. 4 Rn 7 ff.

- sich Klarheit über die Identität des Mietbewerbers verschafft, indem er sich ein amtliches Ausweispapier (Personalausweis oder Reisepass) vorlegen lässt,
- der Vermieter mit dem bisherigen Vermieter des Mietbewerbers Rücksprache nimmt und
- sich bezüglich des Mieters neben einer Selbstauskunft des Mieters insbesondere einen geeigneten **Einkommensnachweis** vorlegen lässt.[3]

Auch auf eine vom Mieter vorzulegende **Schufa-Selbstauskunft** sowie eine **Auskunft aus der Schuldnerkartei** des Amtsgerichtes sollte der Vermieter nicht verzichten. 3

Hat der Vermieter dann die Auswahl des Mieters nach gründlicher Überprüfung auf der Grundlage der eingeholten Informationen vorgenommen, so ist zur Vorbeugung von durchgreifender Bedeutung, dass der Vermieter das **richtige Mietvertragsformular auswählt und dieses richtig verwendet.**[4] Hierbei ist insbesondere von Bedeutung, dass der Vermieter die **Mietsicherheit/Kaution** richtig und effektiv in maximaler Höhe sowie im Optimalfall in Form einer **selbstschuldnerischen** Bürgschaft einer öffentlichen Sparkasse oder Großbank auf erste Anforderung vereinbart.[5] 4

Daneben kann sich der Vermieter auch alternativ zur Sicherung und Erfüllung seiner Ansprüche gegenüber dem Mieter sowie hinsichtlich der Rechtsverfolgungskosten beispielsweise dergestalt absichern, dass er eine **Rechtsschutzversicherung** und unter Umständen auch eine **Mietausfallversicherung** zur Deckung dieser Risiken abschließt.[6] 5

Checkliste ?
- Informationen über das vorherige Mietverhältnis einholen;
- Personalausweis zeigen lassen;
- Einkommensnachweis verlangen;
- Schufa-Auskunft einholen;
- Richtiges Mietvertragsformular verwenden;
- Höchstzulässige Kaution vereinbaren;
- Rechtsschutzversicherung abschließen.

3 Siehe dazu umfassend und vertiefend Kap. 4.
4 Vgl. hierzu Kap. 5.
5 Vgl. hierzu Kap. 6.
6 Vgl. hierzu Kap. 7.

II. Lösungen

6 Ist der Vermieter einmal von einem Problemmieter oder gar einem Mietnomaden betroffen, können je nach Einzelfall folgende Lösungen notwendig sein:
- eine **Ratenzahlungsvereinbarung** mit dem Mieter zum Abbau von vorübergehenden Zahlungsrückständen,
- ein **Aufhebungsvertrag** ggf. mit Ratenzahlungsregelung[7] sowie
- der rechtzeitigen und richtigen **Kündigung** mit richtiger Zustellung,
- die Ausübung des **Vermieterpfandrechtes** des Vermieters an den Sachen des Mieters,[8]
- die **gerichtliche Rechtsverfolgung** der Zahlungsansprüche und Räumungsansprüche[9] einschließlich
- der **Zwangsvollstreckung** auf Zahlung und Räumung.[10]

7 Da diese Maßnahmen sich jedoch hinsichtlich ihrer Art, Erforderlichkeit und Effektivität nach den unterschiedlichen Mietertypen richten, sind auch die abstrakten Lösungsansätze nachfolgend den einzelnen Mietertypen zugeordnet und werden vertiefend in den einzelnen nachfolgenden Kapiteln behandelt.

B. Mietertypen

I. Überblick

8 Bei den einzelnen Typen von Problemmietern reicht das Spektrum von
- Mietern mit vorübergehenden Zahlungsaussetzern über
- Mieter, die zwar zahlen, jedoch die Mietsache beschädigen oder vermüllen oder durch ihr Verhalten andere Bewohner stören über
- zahlungsunwillige oder zahlungsunfähige Mieter bis hin zu
- den sog. Mietnomaden, die in ihrer extremsten Ausprägung erhebliche finanzielle Schäden für den Vermieter bedeuten.

9 Korrespondierend werden nachfolgend vorbeugende Maßnahmen und Lösungen differenziert dargestellt:

---

7 Vgl. hierzu Kap. 13.
8 Vgl. hierzu Kap. 8.
9 Vgl. hierzu Kap. 18 und 19.
10 Vgl. hierzu Kap. 20.

II. Der Mietnomade

1. Begriff

Der Begriff Mietnomade entspricht dem allgemeinen Sprachgebrauch und ist im Rahmen des Gesetzgebungsverfahrens der im Jahr 2013 in Kraft getretenen **Mietrechtsreform** zum Leitbild dafür geworden, den Schutz der Vermieter vor extremen Formen von Problemmietern durch eine Gesetzesänderung zu verbessern. Der Mietnomade wird im Kern dadurch gekennzeichnet, dass er **vorsätzlich handelt,** indem er bereits bei Abschluss des Mietvertrages **beabsichtigt**, von Anfang an oder später keinerlei Miete und teilweise auch keinerlei Kaution zu zahlen. In der Praxis **handelt der Mietnomade wiederholt** und hat auch bei einem oder mehreren vorherigen Vermietern **erhebliche Mietrückstände** und Schadensersatzansprüche wegen **Schäden an der Mietsache** und/oder einem **Vermüllen der Mietsache** hinterlassen. Mietnomaden kommen sowohl bei der Wohnraumvermietung als auch bei der Gewerberaumvermietung vor. 10

2. Vorgehen des Mietnomaden

In der Regel ist der Mietnomade zu Verhandlungen mit dem Vermieter nicht bereit und gibt diverse Gründe an, warum er nicht zur Zahlung verpflichtet sei, wobei das **Vorschieben von Mängeln an der Mietsache** und die **Behauptung von Schadensersatzansprüchen** gegenüber dem Vermieter im Vordergrund stehen. 11

Der Mietnomade versucht, die Sache auszusitzen und lässt es daher oftmals auf eine Kündigung, Zahlungsklage und Räumungsklage ankommen. Selbst wenn endlich ein Urteil zulasten des Mietnomaden ergangen ist, **zieht er entweder über Nacht aus** und taucht unter oder er lässt es auf die Zwangsvollstreckung und insbesondere die **Räumungsvollstreckung** ankommen. Die ganz hart gesottenen Mietnomaden warten den Räumungstermin ab. Im Fall einer sog. klassischen Räumung, bei der der Gerichtsvollzieher mit einem Umzugsunternehmen erscheint, um die Mietsache zu räumen und die geräumten Gegenstände bei dem Umzugsunternehmen einzulagern, teilt der Mietnomade dem Gerichtsvollzieher mit, dass er eine neue Wohnung gefunden habe, zu der das Umzugsunternehmen die Habe des Mieters bringen könne. Um Einlagerungskosten für einen nicht absehbaren Zeitraum und damit nicht absehbare Kosten für den Vermieter als Gläubiger zu ersparen, verfährt der Gerichtsvollzieher dann entsprechend, sodass der Mietnomade „kostenfrei" in die nächste Mietsache umzieht. Der Vermieter bezahlt ihm den Umzug. 12

3. Wissenschaftliche Untersuchung

13 Nach der Definition der Forschungsstelle für Immobilienrecht der Universität Münster, die die eingangs erwähnte Studie verfasste,[11] handelt es sich bei Mietnomaden um *„Personen, die in* ***betrügerischer Absicht*** *Mietverhältnisse begründen, keine Miete zahlen und die Wohnung u. U. verwahrlost zurücklassen (Nomaden) oder sich herausklagen lassen."*[12]

14 Damit kann der Mietnomade sowohl zahlungsunwillig als auch (nur) zahlungsunfähig sein – das Ergebnis für den betroffenen Vermieter ist dasselbe: Er erhält **keine Miete** und kann trotzdem nicht kurzfristig wieder über sein Eigentum verfügen.

15 Das Phänomen des Mietnomadentums war bis zu dieser wissenschaftlichen Untersuchung höchst umstritten. Teilweise wurde überhaupt in Abrede gestellt, dass dieses Problem existiert und Vermieterverbänden wurde vorgeworfen, nur Stimmung machen zu wollen.[13] Mittlerweile ist der Begriff des Mietnomaden auch zum Gegenstand wissenschaftlicher Abhandlungen geworden.[14]

16 Zwar wurden für die Studie nur Daten von insgesamt 973 Vermietern erhoben, die von über 1.347 Fällen von **Mietnomadentum** berichteten,[15] was man als nicht repräsentativ abtun mag. Diese Fallanzahl liegt aber in der Erhebungsmethode der Studie begründet, die auf freiwillige Angaben setzte.

17 Die Studie hat jedenfalls ergeben, dass rund 45 % der Vermieter mit **Schäden** durch Mietnomaden bis zu 5.000 € betroffen sind und weitere 30 % mit bis zu 10.000 €.[16] Das sind für einen privaten Vermieter erhebliche Summen, die er nicht ohne Weiteres kompensieren kann.

18 Ungeachtet der Frage, ob es sich um ein **Massenphänomen** handelt, ist der Vermieter, der an einen solchen Mieter vermietet hat, jedenfalls sehr stark betroffen und ein Hinweis, solche Fälle kämen nicht allzu häufig vor, nützt ihm jedenfalls in seiner konkreten Situation nichts.

19 Die Studie kommt allerdings auch zu dem Ergebnis, dass der Großteil der von nicht zahlenden Mietern betroffenen Vermieter vor Vertragsschluss **keine Informationen** über den Mieter eingeholt hatte.[17] Hier soll dieses Buch Abhilfe

---

11 Siehe oben Kap. 1.

12 Definition nach *Artz/Jacobi*, S. 11

13 *Börstinghaus* in einem Interview des Mieterjournals des Mietervereins zu Hamburg, 1/2010, 20.

14 *Brunner*, S. 21; *Leroy*, S. 21 ff.

15 *Artz/Jacobi*, Kurzfassung S. VI.

16 *Artz/Jacobi*, Kurzfassung S. VI.

17 *Artz/Jacobi*, S. 22 f.

schaffen und für den Vermieter das Risiko des nicht zahlenden Mieters vermindern helfen.

Kann der Vermieter dieses Risiko überhaupt ausschließen? Sicher nicht 20
völlig, er kann es aber verringern. Dazu muss er vor allem **vor** dem Vertragsschluss ausreichende Informationen über den Mietinteressenten einholen.[18]

4. Vermeidungsstrategien

Der Mietnomade hat aufgrund seiner wiederholten Vorgehensweise eine **„Vorge-** 21
schichte" sowohl **bei seinem bisherigen Vermieter** als auch durch die Zwangsvollstreckung beispielsweise von Zahlungsansprüchen, in deren Rahmen es zur Abgabe einer eidesstattlichen Versicherung vor dem Gerichtsvollzieher oder dem vorherigen Erlass eines Haftbefehls gekommen ist. In diesen Fällen ist der Mietnomade im **Schuldnerverzeichnis** des zentralen Vollstreckungsgerichts bzw. des jeweiligen Amtsgerichtes sowie auch bei der **Schufa**[19] gespeichert.

Diese Vorgeschichte lässt sich im Rahmen der Mietvertragsanbahnung durch 22
den Vermieter in folgender Art und Weise klären:

- Anforderung eines **Vermieterzeugnisses,** ausgestellt von dem alten Vermieter des Mietbewerbers,
- **Rücksprache mit dem letzten Vermieter,**
- Auskunft aus der **Schuldnerkartei des Amtsgerichtes** und der Anforderung einer **Schufa-Selbstauskunft** über den Mieter,
- **Einkommensnachweis** des Mieters.

Dadurch kann der Mietnomade frühzeitig vor dem Abschluss eines Mietvertrages entlarvt werden.[20]

Praxistipp !
Bei der richtigen Informationsbeschaffung über den Mietbewerber und deren Auswertung lässt sich ein Mietnomade gerade wegen seiner **Vorgeschichte als Wiederholungstäter** ermitteln und aussondern.

5. Lösungen

Hat der Vermieter keine oder nur teilweise vorbeugende Maßnahmen ergriffen 23
und hat sich ein Mietnomade eingemietet, so ist es wichtig, dass der Vermie-

18 Siehe Kap. 4.
19 Schutzgemeinschaft für allgemeine Kreditsicherung e. V., heute Schufa Holding AG.
20 Die näheren Einzelheiten sind in dem Kap. 4 ausführlich und vertiefend beschrieben.

ter seine **Ansprüche** auf Miete, Betriebskostenvorauszahlung und Sicherheitsleistung bzw. Kaution **kennt**. Insbesondere sollte er wissen, wie er mit – in der Regel – **vorgeschobenen Einwendungen und Mängelbehauptungen** des Mieters umgeht.[21]

24 Wichtig ist für den Vermieter in dieser Situation, dass er **nicht abwartet** und **Zeit verschenkt**. Denn jeder Monat, den der Vermieter in diesem Fall mit der Einleitung weitergehender Maßnahmen gegenüber dem Mietnomaden wartet, kann im ungünstigsten Fall einen weiteren Monat darstellen, für den der Vermieter keine Zahlungen erhält und die Mietsache nicht anderweitig vermieten kann. Daher ist es erforderlich, dass der Vermieter **frühzeitig und richtig sowie mit Zustellungsnachweis kündigt**[22] sowie **frühzeitig die Klage auf Zahlung und Räumung** erhebt und im Anschluss daran **konsequent die Zwangsvollstreckung** betreibt.[23] Hierbei ist vor allem der taktisch kluge Umgang mit Einwendungen und insbesondere vorgeschobenen Mängeln an der Mietsache wichtig.[24]

! **Praxistipp**
Bei einem Mietnomaden sollte der Vermieter angebliche Gegenansprüche prüfen und unbegründete Forderungen abwehren, schnell und richtig mit Zustellungsnachweis **kündigen** und **Klage** auf Zahlung sowie Räumung und Herausgabe erheben.

III. Der zahlungsunfähige Mieter

1. Natürliche Personen

25 Gründe für mangelnde **Zahlungsfähigkeit** gibt es bei Privatpersonen viele, beginnend bei Arbeitslosigkeit über Scheidung und Trennung und damit verbundenem Auseinanderfallen der familiären Strukturen bis zu krankheitsbedingter Erwerbsunfähigkeit, aber auch Alkohol-, Drogen- oder Spielsucht.

26 Auffällig ist, dass manche Mieter offensichtlich der Auffassung sind, die Mietforderung des Vermieters rangiere **hinter anderen Zahlungsverpflichtungen**. Anders lässt es sich nicht erklären, dass in manchem Räumungsprozess wegen Zahlungsverzug der Mieter gegenüber dem Gericht um eine großzügige Fristverlängerung mit der Begründung nachsucht, er fahre jetzt zunächst einmal in Urlaub und könne sich erst danach zur Sache äußern. Bedauerlich ist, dass die

---

21 Vgl. hierzu Kap. 6.
22 Vgl. hierzu Kap. 9 und Kap. 11.
23 Vgl. hierzu die Kap. 18, Kap. 19 und Kap. 20.
24 Vgl. hierzu Kap. 12.

Gerichte mit solchen Fristverlängerungsanträgen oft sehr wohlwollend umgehen und diesen im Allgemeinen stattgeben. Das liegt allerdings in erster Linie daran, dass in der Prozessordnung nur eine sehr weich formulierte Beschleunigungspflicht für Räumungssachen gilt und der Richter vermeiden will, sich durch Ablehnung einer Fristverlängerung einem Befangenheitsgesuch auszusetzen (durch das sich das Verfahren in jedem Fall verzögert). Aber es ist eben bekannt, dass der Vermieter bei Einstellung der Mietzahlung durch den Vermieter nicht sofort seine Leistung – Überlassung der Wohnung – verweigern kann wie etwa ein Energieversorger, der seinem Kunden einfach den Strom abdreht.

Bei dem zahlungsunfähigen Mieter, also dem **leistungsunfähigen Mieter,** 27
der tatsächlich nicht in der Lage ist, Zahlung zu leisten, ist einerseits zwischen der Zahlungsunfähigkeit bereits vor Abschluss des Mietvertrages sowie andererseits der Leistungsunfähigkeit, die erst während der Laufzeit des Mietvertrages entsteht, zu differenzieren. Ferner ist danach zu unterscheiden, ob der zahlungsunfähige Mieter z. B. für Wohnraum staatliche Leistungen in Anspruch nehmen kann oder nicht.

2. Vorbeugung

a) Anfängliche Zahlungsunfähigkeit

Ist der Mieter **bereits vor der Anmietung bei seinem jetzigen Vermieter zah-** 28
lungsunfähig gewesen, so ist die Wahrscheinlichkeit relativ hoch, dass dies auch vorher schon zu Zahlungsschwierigkeiten bei dem bisherigen Vermieter geführt hat. Die Anforderung eines Vermieterzeugnisses und Rücksprache mit dem bisherigen Vermieter kann dies aufdecken. Ist es dort zu einer Rechtsverfolgung mit Zwangsvollstreckung in Form der Abgabe einer eidesstattlichen Versicherung, einem Haftbefehl oder einem Insolvenzverfahren gekommen, so lässt sich das durch die Anforderung einer Schufa-Selbstauskunft des Mieters sowie durch eine Auskunft aus der Schuldnerkartei des Amtsgerichtes in Erfahrung bringen.

Praxistipp !

Der bereits bei der Anmietung zahlungsunfähige Mieter lässt sich in der Regel durch entsprechende Informationen herausfiltern. **Bezieher staatlicher Leistungen sollte der Vermieter meiden,** da der Leistungsbezug für die Zukunft von der Mitwirkung des Mieters gegenüber dem Leistungserbringer abhängt und damit nicht gesichert ist.

---

b) Spätere Zahlungsunfähigkeit

Anders ist die Situation, wenn der **Mieter erst während des laufenden Miet-** 29
vertrages zahlungsunfähig wird und die Leistungen nicht mehr erbringen

kann. Dann hat der Mieter in der Regel keine einschlägige Vorgeschichte, sodass die vorbeugenden Maßnahmen in Form der Informationsbeschaffung und Auswertung zur Auswahl des Mieters nicht greifen. Dann greifen jedoch vorbeugende Maßnahmen wie die Mietsicherheit/Kaution und ggf. eine alternative Absicherung durch eine Mietausfallversicherung.

! **Praxistipp**
Der Mieter, der erst während der Mietdauer zahlungsunfähig wird, lässt sich im Vorfeld nur dann ermitteln, wenn dies bereits früher einmal aufgetreten ist. Hier können dem Vermieter **Mietbürgschaft, Mietausfallversicherung** und **Rechtsschutzversicherung** helfen.

3. Lösungen

a) Anfängliche Zahlungsunfähigkeit

30 Hat der Vermieter an einen bereits vor der Anmietung zahlungsunfähigen Mieter vermietet und hat der Mieter seine Zahlungsunfähigkeit in der Mieterselbstauskunft falsch angegeben, so kann der Vermieter den **Mietvertrag wegen Täuschung und Irrtums einerseits anfechten sowie andererseits fristlos kündigen.** Dies sollte neben einer auf Zahlungsverzug gestützten außerordentlichen und ordentlichen Kündigung erfolgen. Der Vermieter kann und sollte seine Räumungsansprüche zeitnah gerichtlich geltend machen. Bezüglich der gerichtlichen Geltendmachung von Zahlungsansprüchen sollten Vermieter sorgfältig abwägen, ob sich bei der konkreten Situation des Mieters sowie dessen zukünftiger Perspektive die Investition in Rechtsverfolgungskosten im Hinblick auf einen endgültigen wirtschaftlichen Ausfall mit der Forderung lohnt oder nicht.

! **Praxistipp**
Ist der Mieter bereits bei Abschluss des Mietvertrages zahlungsunfähig und hat falsche Angaben hierüber in seiner Selbstauskunft gemacht, dann kann der Vermieter zwischen der **Anfechtung des Mietvertrages wegen Täuschung und Irrtums** und der **fristlosen Kündigung** wählen. Bei der Entscheidung und Umsetzung sollte sich der Vermieter fachlichen Rat holen.

b) Spätere Zahlungsunfähigkeit

31 Ist der Mieter während des Mietverhältnisses zahlungsunfähig geworden, so hängt es für die weitere Vorgehensweise auf der Vermieterseite davon ab, wie kooperationswillig der Mieter ist oder nicht. Der Vermieter sollte den Mieter auf die Möglichkeit, staatlichen Leistungen in Anspruch zu nehmen, hinweisen und ihn animieren, bei der zuständigen Behörde einen Antrag zu stellen. Ist dies nicht der Fall, so kann der Vermieter wegen der geänderten persönlichen und

wirtschaftlichen Verhältnisse des Mieters mit diesem einen **Aufhebungsvertrag mit Ratenzahlungsvereinbarung** über die Zahlungsrückstände verhandeln und abschließen. Ist diese Form der einvernehmlichen Erledigung nicht möglich, weil der Mieter die Wohnung nicht räumen will oder kann, so ist dem Mieter zu kündigen sowie die weitergehende gerichtliche Rechtsverfolgung einschließlich Zwangsvollstreckung analog der Vorgehensweise bei dem von Anfang an zahlungsunfähigen Mieter einzuleiten.

Praxistipp !

Der beste Weg für den Vermieter ist hier eine **einvernehmliche Beendigung des Mietvertrages** durch einen Aufhebungsvertrag mit dem Mieter, um weitere, möglicherweise nicht mehr realisierbare Kosten zu vermeiden. Alternativ bleiben nur die **Kündigung und Räumungsklage.**

Immer sollte sich der Vermieter bei zahlungsunfähigen Mietern, unabhängig 32
davon, ob es sich um Privatpersonen oder juristische Personen handelt – in der Regel bei der Gewerberaumvermietung –, darüber informieren, ob über das Vermögen des Mieters ein **Insolvenzverfahren** eröffnet wurde. Dann sind nämlich sowohl hinsichtlich der Frage der Kündigung als auch der Rechtsverfolgung Besonderheiten zu berücksichtigen, die unter dem nachfolgenden Kapitel Insolvenz des Mieters[25] behandelt sind.

Der Privatvermieter von Wohnraum ist davon meist nur insoweit betroffen, 33
als der Insolvenzverwalter ihm gegenüber die Erklärung abgibt, dass im Insolvenzverfahren nur die in den **nächsten drei Monaten** entstehenden Ansprüche geltend gemacht werden können.[26] Das hat seinen Grund darin, dass in dem **pfändungsfreien Betrag**, der dem Mieter monatlich in jedem Fall verbleibt, auch die Kosten des angemessenen Wohnens enthalten sind, sodass der Mieter diese selbst außerhalb der Insolvenz bestreiten muss. Das bedeutet letztlich, dass der Mieter persönlich dem Vermieter aus dem Mietverhältnis verantwortlich bleibt, sodass sich grundsätzlich für den Vermieter während des Mietverhältnisses nichts ändert.

Bei insolventen Unternehmen gilt der Grundsatz, dass möglichst schnell 34
Kontakt mit dem **Insolvenzverwalter** aufgenommen werden sollte. Der oft gehörte Rat, noch schnell zu versuchen, einen Titel gegen den Mieter zu erwirken, wenn das Insolvenzantragsverfahren schon läuft, ist insofern schlecht, als ein **Klageverfahren**, auch ein Räumungsklageverfahren, durch die Insolvenzeröffnung kraft Gesetzes „automatisch" **unterbrochen** wird und zum Stillstand

---

25 Vgl. Kap. 21 Rn 1 ff.

26 § 109 InsO.

kommt,[27] sodass die vom Vermieter vorzuschießenden Kosten für Gericht und Rechtsanwalt erst einmal aufgewendet werden müssen, ohne dass es ein konkretes Ergebnis gibt. Außerdem ist ungewiss, wann das Verfahren wieder aufgenommen werden kann.

! **Praxistipp**
Wurde über das Vermögen des Mieters das Insolvenzverfahren eröffnet, so gelten für die **Kündigungen und die Rechtsverfolgung Sonderregelungen,** welche zu beachten sind.

---

4. Juristische Personen

35 Bei juristischen Personen handelt es sich um **Personen- oder Kapitalgesellschaften** wie die Gesellschaft bürgerlichen Rechts (GbR oder BGB-Gesellschaft), oHG, KG, GmbH, GmbH &. Co. KG.

36 Der private Vermieter wird sich weniger mit der Vermietung an derartige Mieter befassen, insbesondere bei der Überlassung von Wohnraum. Allerdings gibt es viele Fälle, in denen solche Unternehmen Wohnungen anmieten, um sie dann Mitarbeitern zu Wohnzwecken zu überlassen. Dabei ist Vertragspartner des Vermieters ausschließlich das Unternehmen, nicht der jeweilige Endnutzer, außer im Mietvertrag wird ausdrücklich vereinbart, dass der Nutzer auch Mieter sein soll.

37 Vorsicht ist geboten bei Vermietung an sozialhilfebedürftige Mieter: Keinesfalls haftet das **Sozialamt** oder eine andere für die Hilfegewährung zuständige Stelle direkt aus dem Mietvertrag. Das gilt auch für die bei vielen Vermietern gerne praktizierte Vermietung an Angehörige der amerikanischen Streitkräfte; auch hier haftet nur der Vermieter, nicht die US-Army.

IV. Der zahlungsunwillige Mieter

1. Allgemeines

38 Das Mietverhältnis ist ein Dauerschuldverhältnis mit sich regelmäßig erneuernden Rechten und Pflichten beider Vertragsparteien. Es setzt damit ein gewisses **Vertrauensverhältnis** voraus. Aus Sicht des Vermieters ist die mutwillige Zahlungseinstellung durch den Mieter ein großer Vertrauensbruch, der nur sehr schwer wieder zu heilen ist, zumal dann, wenn die Parteien möglicherweise noch beide unter einem Dach wohnen.

---

27 § 240 ZPO.

Hauptgrund für die Zahlungsunwilligkeit des Mieters ist meist weniger, dass der Mieter von Anfang an vorhatte, keine Miete zu zahlen, sondern dass er meint, die Miete sei **gemindert** und er habe eben weniger zahlen. Dabei fühlt der Mieter sich im Recht und in seinem eigenen Vertrauen in den Vermieter enttäuscht. 39

Teilweise ist er davon gekennzeichnet, dass er grundsätzlich über die erforderlichen Mittel zur Zahlung der Miete verfügt, jedoch keine oder keine vollständige Miete zahlen will und hierzu oftmals in **teilweise querulatorischer Art und Weise Mängel an der Mietsache konstruiert und vorschiebt,** um die Nichtzahlungen zu rechtfertigen. Oftmals treten diese Problemmieter nach einem zunächst normal verlaufenden Mietverhältnis im Zusammenhang mit Ereignissen und Schicksalsschlägen in der Sphäre des Mieters auf, wie z. B. dann, wenn der Ehegatte oder Partner, welcher nicht Mieter ist, auszieht und keine Miete mehr zahlt oder bei Ehegatten und Partnerschaften als Mieter ein Teil auszieht und die Mietzahlung anteilig einstellt. 40

2. Einzelne Gründe

a) Mietminderung

Ein Grund für die Zahlungsunwilligkeit kann die Annahme des Mieters sein, der Vermieter schulde Mängelbeseitigung, obwohl der Mieter die Wohnung in einem nicht neuen Zustand mit eben diesem Mangel angemietet hat, sodass es sich eben um den vertragsgemäßen Zustand handelt, ohne dass irgendwelche Gewährleistungsansprüche des Mieters bestehen. 41

Während der Vertragszeit auftretende **Mängel** sind vom Vermieter auf seine Kosten zu beseitigen,[28] außer der Mieter hat sie selbst verursacht. Dabei kommt es oft bei Fällen der Feuchtigkeits- und Schimmelbildung zu Streitigkeiten zwischen den Parteien, wer diese zu verantworten hat (baulicher Mangel oder Nutzerverhalten?). Dabei wird nach sog. Gefahrenkreisen abgegrenzt: Zunächst muss der Vermieter beweisen, dass die Bausubstanz in Ordnung ist, erst danach ist ein Rückschluss auf die Haftung des Mieters wegen fehlerhaften Lüftens oder Heizens möglich.[29] Natürlich muss kein Mieter für eine Wohnung mit einem Baumangel, der zu solchen Beeinträchtigungen führt, die volle Miete zahlen. Oft ist aber nur ein Teil der Wohnung betroffen und der Mieter stellt trotzdem seine Zahlung vollständig ein, was wiederum unberechtigt ist. 42

---

28 Gesetzliche Hauptleistungspflicht des Vermieters mit Garantiehaftung, § 535 Abs. 1 S. 2 BGB.
29 Vgl. Schmidt-Futterer/*Eisenschmid*, § 536 BGB Rn 226 ff.

b) Zurückbehaltungsrecht

43 Neben der kraft Gesetzes eintretenden Minderung der Miete hat der Mieter das Recht, einen angemessenen Teil der Miete zurückzubehalten[30] – ein **Zurückbehaltungsrecht** –, um auf den Vermieter Druck auszuüben, den Mangel zu beseitigen. Auch hier liegt der Teufel im Detail, weil dieses Recht nicht dazu führen kann, dass überhaupt keine Zahlung mehr erfolgt (50 % Minderung + 50 % Zurückbehaltung = keine Zahlungspflicht). Dabei muss der Mieter, der berechtigt zurückbehält, einerseits bedenken, dass er sofort nach Beseitigung des Mangels den zurückbehaltenen Betrag an den Vermieter zahlen muss und andererseits sicherstellen, dass er dazu auch in der Lage ist. Gerade wenn sich eine derartige (wenn auch berechtigte) Zahlungsverweigerung über einige Zeit hinzieht, fällt es vielen Mietern schwer, die sofort fällige Nachzahlung der zurückbehaltenen Beträge zu erbringen, weil sie das Geld nicht zurückgelegt, sondern darauf vertraut haben, gar nicht mehr zahlen zu müssen.

c) Aufrechnung

44 Manche Mieter meinen, Schadens- oder Aufwendungsersatzansprüche zu haben, mit denen sie die Aufrechnung gegen die laufenden Zahlungsverpflichtungen gegenüber dem Vermieter erklären können und beachten ein vertragliches Aufrechnungsverbot nicht.[31] Ein solches Aufrechnungsverbot bedeutet, dass der Mieter grundsätzlich nur mit vom Vermieter anerkannten oder durch ein Urteil rechtskräftig festgestellten Forderungen aufrechnen kann. Durch die Mieterschutzvorschriften ergibt sich allerdings, dass dem Mieter grundsätzlich nicht das Recht genommen werden kann, sich auf eine Mietminderung zu berufen.

45 Problematisch kann es für den Mieter werden, wenn er glaubt, Schadensersatzansprüche aufgrund eines angeblichen Fehlverhaltens des Vermieters zu haben, mit dem er aufrechnen kann. Zahlt er dann aufgrund der Aufrechnung keine Miete mehr und kündigt der Vermieter, läuft der Mieter Gefahr, die Wohnung zu verlieren, wenn sich am Ende herausstellt, dass ein Schadensersatzanspruch gar nicht besteht. Der Mieter, der so vorgeht, wäre schlecht beraten. Er sollte seinen vermeintlichen Anspruch zunächst selbst im Wege der Klage gegen den Vermieter geltend machen, bevor er sich auf eine Aufrechnung beruft, die möglicherweise auf tönernen Füßen steht.

---

30 Einrede des nicht erfüllten Vertrags nach § 320 Abs. 1 BGB.

31 Ein solches Aufrechnungsverbot ist unter gewissen Bedingungen auch in Formularverträgen möglich.

d) Zu hohe Miete?

Schließlich gibt es auch Mieter, die einfach der Auffassung sind, aus bestimmten 46
Gründen nicht zahlen zu müssen, etwa weil die Miete **„zu hoch"** ist. Grundsätzlich sind solche Einwendungen zwar unbeachtlich, weil die Mietvertragsparteien eine bindende Vereinbarung getroffen haben.

Eine Ausnahme davon gilt einerseits beim Straftatbestand des **Mietwuchers**, 47
der gegeben ist, wenn die vereinbarte Miete die ortsübliche Miete um mehr als 50 % überschreitet und der Vermieter die Zwangslage oder die Unerfahrenheit des Mieters ausnutzt,[32] wozu es konkreter Feststellungen bedarf, welche Bemühungen der Mieter unternommen hat, um eine Wohnung zu finden.

Außerdem ist eine Ausnahme gegeben bei der sog. **Mietpreisüberhöhung**,[33] 48
zu deren Voraussetzungen allerdings gehört, dass der Vermieter die Absicht haben muss, ein geringes Angebot zum Nachteil des Mieters ausnutzen zu wollen. Die Rechtsprechung stellt an die Feststellung, ob ein solches geringes Angebot vorliegt, strenge Anforderungen,[34] sodass die Mietpreisüberhöhung seit dem Jahr 2000 immer mehr an Bedeutung verloren hat.

Das ist ein Grund, warum die Politik im Rahmen des Bundestagswahl- 49
kampfs 2013 sich die Bekämpfung von angeblich zu hohen Mieten auf die Fahnen geschrieben hatte. Hier wird es im Rahmen der angekündigten Einführung der sog. Neuvertragskappungsgrenze[35] zu vielen Streitigkeiten kommen, wenn der Mieter behauptet, die beiderseits im Mietvertrag vereinbarte und damit auch von ihm akzeptierte Miete übersteige die ortsübliche Miete um mehr als 10 %, sodass er den über 110 % liegenden Betrag nicht schuldet.

e) Betriebskostenvorauszahlungen

Sind Betriebskostenvorauszahlungen vereinbart, so hat auch der Mieter das 50
Recht, nach einer Abrechnung die **Vorauszahlungen angemessen** herabzusetzen. Rechnet der Vermieter nun über die Betriebskosten ab und ist der Mieter der Auffassung, einzelne Betriebskostenarten seien gar nicht in der Abrechnung zu berücksichtigen, so führt das einerseits zu Streit über die Höhe des Nachzahlungsbetrags aus der Abrechnung und die Frage, ob dem Mieter nicht sogar ein

---

32 § 291 StGB.

33 § 5 WiStrG.

34 Ständige Rechtsprechung des BGH, zuletzt Urt. v. 25.1.2006 – VIII ZR 56/04 –.

35 Vereinbart im Koalitionsvertrag von CDU/CSU und SPD zur 19. Wahlperiode, Umsetzung im Laufe des Jahres 2015. Diese Kappungsgrenze von 10 % stellt ein Novum dar, weil der Gesetzgeber auf diese Weise in das Vergleichsmietensystem eingreifen will, wenn es auch den Landesregierungen überlassen bleibt, die Gebiete zu definieren, wo diese Grenze gelten soll.

Guthaben zusteht, und natürlich auch über die Frage, ob die Vorauszahlung nach oben oder unten angepasst werden muss, was zu erheblichen Fehlbeträgen führen kann, wenn der Mieter die Vorauszahlungen absenkt und mit seinem vermeintlichen Guthaben gegen die laufende Miete aufrechnet.

51 Rechnet der Vermieter von Wohnraum überhaupt nicht über die Betriebskostenvorauszahlungen ab, obwohl die Abrechnungsfrist[36] abgelaufen ist, so kann der Mieter die im laufenden Vertragsverhältnis fällig werdenden Vorauszahlungen vollständig zurückbehalten.[37] Auch hier kann sich der Mieter schnell im Unrecht befinden, wenn er meint, der Vermieter habe eine falsche und damit gar keine Abrechnung erstellt und deshalb könne er die Vorauszahlungen zurückbehalten.

3. Vorbeugung

52 Da es in diesen Problemfällen **in der Regel keine Vorgeschichte** gibt, ist es schwierig, durch Informationsbeschaffung im Rahmen der Anbahnung des Mietverhältnisses (z. B. durch ein Vorvermieterzeugnis oder Rücksprache mit dem früheren Vermieter) einen Vertragsschluss zu vermeiden. Auch durch einen Einkommensnachweis ist das nicht möglich, da es nicht an der Leistungsfähigkeit des Mieters scheitert, sondern an dessen **Zahlungsunwillen.**

! **Praxistipp**

Der zahlungsunwillige Mieter lässt sich durch Informationen über den Mietbewerber nur dann ermitteln und aussondern, wenn er wiederholt handelt und damit eine Vorgeschichte hat. Durch eine geeignete **Mietbürgschaft** und eine **Rechtsschutzversicherung** kann sich der Vermieter im Rahmen des Möglichen absichern.

---

4. Lösungen

53 Je nach Einzelfall und Ursache sollte der Vermieter mit dem Mieter das Gespräch suchen und versuchen, auf Abschluss eines **Aufhebungsvertrages ggf. mit Ratenzahlungsvereinbarung** über die Zahlungsrückstände hinzuwirken. Ist dies nicht möglich, so bleibt dem Vermieter nur die Möglichkeit, seine Rechte einseitig durchzusetzen, also zu **kündigen sowie Klage auf Zahlung und Räumung** zu erheben und erforderlichenfalls aus den Titeln zu vollstrecken.

---

36 Ein Jahr nach Ende des Abrechnungszeitraums, § 556 Abs. 3 S. 1 und 2 BGB.

37 Ständige Rechtsprechung des BGH, Urt. v. 9.3.2005 – VIII ZR 57/04 –.

Praxistipp

Beim zahlungsunwilligen Mieter sollte der Vermieter, wenn keine kurzfristige Einigung möglich ist, zügig genauso **vorgehen wie bei einem Mietnomaden.**

V. Mieter mit Zahlungslücke

Es kommt in der Praxis immer wieder vor, dass der Mieter für einen oder mehrere Monate **ganz oder teilweise mit der Zahlung aussetzt,** dann jedoch weiterzahlt. Dies kann bei einem Wohnraummieter darin begründet sein, dass 54
- **vorübergehende Arbeitslosigkeit** oder
- **sonstige Umstände**
- vorliegen, die zu einer deutlichen Reduzierung der Einnahmen geführt haben, etwa der Mieter atypische Ausgaben hatte, z. B. bei einem Arbeitnehmer, der zum Erreichen seines Arbeitsplatzes zwingend auf ein Kraftfahrzeug angewiesen ist und eine größere Reparatur bezahlen musste.

Im Bereich des Gewerberaummietvertrages sind als Beispiel **saisonal bedingte Umsatzeinbußen** zu nennen. 55

1. Vorbeugung

Eine Vorbeugung bei der Mieterauswahl durch entsprechende Informationsbeschaffung ist nur dann möglich, wenn der Mieter eine einschlägige Vorgeschichte dahingehend hat, dass der Mieter auch in der Vergangenheit bei seinem Vermieter einen für den Vermieter **„unfreiwilligen Vermieterkredit"** in Anspruch genommen hat. Anderenfalls kann sich der Vermieter nur durch die gängigen Sicherungsmittel in Form von Mietsicherheit bzw. Kaution, dem Vermieterpfandrecht und einer Mietausfallversicherung vorbeugend absichern. 56

Praxistipp

Der Mieter, der erst während der Mietdauer teilweise nicht zahlt, lässt sich im Vorfeld nur dann ermitteln, wenn dies bereits früher einmal aufgetreten ist. Hier können dem Vermieter eine **Mietbürgschaft,** eine **Mietausfallversicherung** und eine **Rechtsschutzversicherung** helfen.

2. Lösungen

Bei dieser Konstellation ist eine einvernehmliche Lösung dahingehend möglich, dass Vermieter und Mieter bezüglich der Zahlungsrückstände eine **Ratenzah-** 57

lungsvereinbarung[38] abschließen, welche unter der Bedingung abgeschlossen wird, dass der Mieter einerseits die Ratenzahlungsvereinbarung einhält und andererseits zukünftig die Miete rechtzeitig und vollständig zahlt. Entsprechen die Zahlungsrückstände zwei oder mehr Monatsbeiträgen und ist das Mietverhältnis im Übrigen gestört, so steht dem Vermieter das gesamte Instrumentarium von der **Kündigung über die gerichtliche Rechtsverfolgung bis zur Vollstreckung** zur Verfügung.

! **Praxistipp**
Wenn das Mietverhältnis im Übrigen ungestört ist, schafft eine **Ratenzahlungsvereinbarung über die Rückstände** eine Lösung. Der Vermieter sollte darauf achten, dass die Ratenzahlungsvereinbarung so geregelt ist, dass sie dann entfällt, wenn der Mieter mit der Zahlung der Miete und/oder Rate in Zahlungsverzug gerät. Dafür ist eine monatliche Zahlungsfrist für die Rate zu vereinbaren.

VI. Mieter mit verspäteten Zahlungen

58 In der Praxis kommt es oft vor, dass Mieter regelmäßig ihre Zahlungen verspätet leisten. Die Gründe hierfür sind unterschiedlich. Es ist danach zu differenzieren, ob der Grund darin liegt, dass der Mieter unregelmäßige Einkünfte hat und immer nur dann zahlt, wenn er den für die Miete erforderlichen Geldbetrag zusammen hat oder darin, dass ein Wohnraummieter zwar über ein regelmäßiges Einkommen verfügt, aber z. B. seinen Lohn erst zum 15. des Monats bekommt, während er zum Monatsanfang die Miete zu zahlen hat.

1. Vorbeugung

59 Hat der Mieter dieses Zahlungsverhalten bereits bei einem früheren Vermieter gezeigt, so lässt sich dies durch ein Vermieterzeugnis und die Rücksprache mit dem bisherigen Vermieter aufdecken. Im Übrigen treten bei dem Vermieter **keine Mietausfälle**, sondern allenfalls Zinsverluste und Unannehmlichkeiten in Form eines erhöhten Verwaltungsaufwandes ein.

---

38 Vgl. hierzu Kap. 13 Rn 39.

2. Lösungen

In diesen Fällen kann man zwischen den Mietvertragsparteien einvernehmlich die **Verlagerung des Fälligkeitszeitpunktes** regeln. So erhält z. B. der Wohnraummieter einen Fälligkeitszeitpunkt der Miete nach Bezug seines Lohnes oder beispielsweise der Gewerberaummieter, der feste monatliche Abrechnungen empfängt, nach Erhalt dieser Zahlungen. 60

Scheiden einvernehmliche Lösungen aus und ist der Vermieter nicht gewillt, wiederholt verspätete Zahlungen zu akzeptieren, so bleibt ihm die Möglichkeit, einseitig den Mietvertrag nach einer **vorherigen Abmahnung**[39] zu **kündigen.**[40] Die Abmahnung muss die konkrete Rüge der wiederholt verspäteten Zahlungen mit Androhung der Kündigung für den Fall der Wiederholung oder der Weigerung enthalten. Außerdem kann der Hinweis erfolgen, erforderlichenfalls die Räumungsansprüche gerichtlich geltend zu machen und hieraus zu vollstrecken. 61

Praxistipp !

Vor einer Kündigung wegen wiederholt verspäteter Zahlungen muss der Vermieter den Mieter **mit konkreter Angabe der verspäteten Zahlungen unter Kündigungsandrohung für den Wiederholungsfall abmahnen** und dem Mieter die Abmahnung nachweisbar zustellen. Erst bei einem danach liegenden erneuten Verstoß kann der Vermieter kündigen.

VII. Weitere Problemfälle

1. Die Messiewohnung

a) Begriff

Unter einem Messie versteht man einen Wohnungsnutzer, der unter dem sog. Messie-Syndrom leidet. Der Begriff leitet sich von dem englischen Wort „mess" für Unordnung oder Durcheinander ab. Mancher Mensch neigt dazu, Dinge zu **sammeln.** Dagegen ist so lange nichts zu sagen, als sich die Sammelleidenschaft eines Mieters nicht darauf erstreckt, sämtliche freien Räume einer Wohnung mit Gegenständen vollzustellen. Die Grenze ist dort überschritten, wo nicht mehr gewährleistet ist, dass der Mieter die Wohnung richtig **lüften** kann, weil die Wege zu den Fenstern versperrt sind oder wo Müll, Unrat und **verdorbene Lebensmittel** gesammelt werden und es zu unangenehmem Geruch aus der Wohnung und Ungezieferbefall kommen kann. 62

---

39 Vgl. hierzu Kap. 9.

40 Vgl. Kap. 11.

63 Eine Sammelleidenschaft kann **krankhaft** werden, sodass der Mieter sein Verhalten nicht mehr unter Kontrolle hat. Er hortet beispielsweise Altpapier in größeren Mengen, sodass einzelne Zimmer vollkommen zugestellt und nicht mehr benutzbar sind, was eine erhebliche Brandgefahr darstellt, oder er leidet unter einem Kaufzwang und kauft ständig Dinge, die er gar nicht verwenden kann, sondern lediglich in seiner Wohnung hortet. Wenn verdorbene Lebensmittel nicht entsorgt werden, kommt es zu unangenehmen Geruch und Ungeziefer, wovon auch andere Mieter beeinträchtigt werden.

64 In solchen Fällen sieht sich der Vermieter dem Problem gegenüber, dass der Mieter möglicherweise **schuldlos** handelt und er zunächst einmal versuchen wird, dass der Mieter entsprechende Hilfe erhält. Gelingt dies nicht, bleibt dem Vermieter nichts anderes übrig, als zunächst abzumahnen und dann das Mietverhältnis zu kündigen, was im Allgemeinen einen langwierigen und kostenintensiven Rechtsstreit nach sich zieht, zumal die Räumung der Wohnung sehr teuer werden kann. Es gab Fälle, bei denen der Gerichtsvollzieher über eine Woche lang mit entsprechenden Hilfskräften beschäftigt war, eine Wohnung zu räumen. Entscheidet sich der Vermieter für die sog. klassische Räumungsvollstreckung, hat er all diese Kosten zunächst einmal vorzuschießen und es ist höchst fraglich, ob er diese Kosten vom Mieter zurückerhält, weil in vielen Fällen kein pfändbares Einkommen oder Vermögen vorhanden ist.

65 In der Praxis sind dies Mieter, die aus diversen Gründen den Überblick verloren haben, weshalb sie entweder in unkontrollierter Weise eine Vielzahl von alltäglichen Gegenständen sammeln und in der Mietsache aufbewahren und/oder die Mietsache unkontrolliert und vollständig vermüllen. Der Messie ist grundsätzlich nicht mit einem Mietnomaden gleichzusetzen, wenngleich das **Vermüllen einer Mietsache** auch bei den Mietnomaden vorkommt. Der Messie-Mieter ist vielmehr davon gekennzeichnet, dass dieser nicht vorsätzlich wie der Mietnomade handelt, sondern in der Regel nach längerfristiger Zahlung des Mietzinses wegen seiner Problematik zahlungsunfähig wird oder – und diese Zahl ist nicht gering – sogar regelmäßig und vollständig die Miete zahlt.

66 Problematisch wird der Messie jedoch dann, wenn er die Wohnung vermüllt und es zu **Geruchsbelästigungen** der weiteren Mieter kommt sowie die **Substanz der Mietsache angegriffen** wird, sodass aufseiten des Vermieters selbst bei vollständiger und rechtzeitiger Zahlung der Miete Handlungsbedarf gegeben ist.

b) Vorbeugung

67 Um als Vermieter zu vermeiden, an einen Messie zu vermieten, der aus einer vermüllten Mietsache umzieht, kann nur die bereits zu Mietnomaden beschriebene **Informationsbeschaffung** durch den Vermieter insbesondere durch das Vermie-

terzeugnis des alten Vermieters sowie Rücksprache mit dem alten Vermieter in Verbindung mit den weiteren Informationen dienen.[41]

Praxistipp !
Wenn der Messie eine Vorgeschichte hat, dann lässt er sich durch die entsprechenden Informationen über den Mietbewerber herausfiltern.

---

c) Lösungen

Je nach Einzelfall und Ausprägung des Messie-Syndroms können Lösungen von der Einschaltung sozialer Dienste über außergerichtliche Aufforderungen zur Beseitigung von Unzulänglichkeiten bis hin zur **Abmahnung, Kündigung und Klage auf Räumung und Herausgabe der Mietsache sowie der Räumungsvollstreckung** reichen. 68

Praxistipp !
Kommt es bei einem Messie zu Geruchsbeeinträchtigungen oder einer Beeinträchtigung der Substanz der Mietsache, dann sollte der Vermieter auch bei Zahlung der Miete wegen der Unzulänglichkeiten **unter Kündigungsandrohung abmahnen** und bei Untätigkeit des Mieters **kündigen** sowie erforderlichenfalls Klage auf Räumung erheben.[42]

---

2. Ruhestörungen

Das Leben in einem Mehrfamilienhaus bedingt, dass **Geräusche** aus Nachbarwohnungen zu hören sind. Auch bei Einhaltung aller technischen Vorschriften sind Lärmbelästigungen nicht auszuschließen. Hinzu kommt, dass einige Gebäude „hellhörig" sind, weil zum Zeitpunkt der Errichtung, beispielsweise in den 1950er Jahren, weniger Wert auf **Schalldämmung** gelegt wurde, als dies heute der Fall ist. Während der Tageszeit sind normal übliche Wohngeräusche hinzunehmen. Das ist nicht mehr der Fall zur Nachtzeit und in der Mittagspause, wobei hier entweder auf eine mietvertraglich vereinbarte Ruhezeit oder aber auf allgemein übliche Zeiten zurückgegriffen werden muss.[43] 69

---

41 Vgl. Rn 14 ff.

42 Vgl. hierzu Kap. 19.

43 Die früher in einigen Bundesländern existierenden Lärmschutzverordnungen, die auch die mittäglichen Ruhezeiten regelten und Verstöße mit Bußgeld bedrohten, sind aufgehoben worden. Jetzt gilt letztlich § 117 des Ordnungswidrigkeitengesetzes ohne nähere Definition von Ruhezeiten und gesonderte Lärmschutzvorschriften für den Betrieb von Maschinen und z. B. auch Rasenmähern.

70 Die **Grenze** ist dort überschritten, wo andere Hausbewohner durch laute Musik, Möbelrücken, Getrampel und ähnlichen vermeidbaren Lärm beeinträchtigt werden. Diese Situation kann für den Vermieter, zumal dann, wenn er nicht selber im Haus wohnt und deshalb selbst **keine positive Kenntnis** von dem Lärm hat, sehr unangenehm werden, weil er zunächst einmal mit Beschwerden einzelner Mieter über andere Mieter konfrontiert wird. Oft zeigt sich dann, dass diese Beschwerden ihre Ursache weniger in dem gerügten Lärm als eher in Streitigkeiten zwischen den einzelnen Mietern haben.

71 Dabei ist der Vermieter sehr gut beraten, abzuwägen, wem er Glauben schenken darf. Über kurz oder lang muss der Vermieter das **Problem lösen**. Der sich beschwerende Mieter wird irgendwann unter Berufung auf Mietminderung nicht mehr die volle Mietzahlung leisten. Generell spricht für eine Überschreitung des üblichen Lärmpegels aus einer Wohnung, wenn sich mehrere Mieter, insbesondere auch aus nicht unmittelbaren Nachbarwohnungen, über dieselbe andere Mietpartei beschweren. Dabei kann der Vermieter immer noch nicht ausschließen, dass sich mehrere Mieter gegen einen anderen „verschworen" haben.

72 Jedenfalls muss der Vermieter gut überlegen, ob er abmahnt und kündigt und die Kündigung dann auf dem **Klageweg** durchsetzt, weil er selbst das Kostenrisiko einer Räumungsklage trägt und dann darauf angewiesen ist, dass die anderen Mieter, die sich beschweren, die Vorwürfe als Zeugen bestätigen. Die Gerichte stellen hier sehr **hohe Anforderungen** an den Vortrag und die Beweisführung durch den Vermieter. Es zeigt sich oft, dass Mieter als Zeugen vor Gericht die Intensität der vorher vehement vorgetragenen Ruhestörungen nicht bestätigen, was allein zulasten des Vermieters geht. Das ist insbesondere dann zu beobachten, wenn der Mieter, der sich beschwert hatte, mittlerweile ausgezogen ist oder wenn der Beschwerde führende Mieter selbst nicht mehr im Haus wohnt und deshalb das Interesse an der Sache verloren hat.

3. Tierhaltung

73 Grundsätzlich gehört Tierhaltung zum **vertragsgemäßen Gebrauch**, solange sie ein gewisses Maß nicht überschreitet. Dabei stellt sich die Frage, wann der Vermieter die Tierhaltung verbieten oder gar Unterlassung verlangen kann. Auch hier kommt es auf die richtige Gestaltung des Mietvertrags und eine rechtssichere Regelung an.

74 Ein **absolutes** Tierhaltungsverbot hält der Überprüfung der Vertragsklausel auf **Unwirksamkeit** nicht stand und führt dazu, dass der Mieter grundsätzlich jegliches Tier halten darf, wenn es nicht zu Unzuträglichkeiten kommt.

75 Gegen die Haltung von Kleintieren, die weder die Ruhe stören, noch Gerüche produzieren, ist regelmäßig nichts einzuwenden. Anders sieht es aus, wenn der

Mieter Tiere hält, die für andere Hausbewohner **bedrohlich** sein können oder die ständiger Beaufsichtigung bedürfen. Dazu zählen etwa Hunde. Auch Katzen, denen man keine Reviergrenzen vorschreiben kann und die auch in andere Wohnungen eindringen können, können der Erlaubnisverpflichtung einer wirksamen Tierhaltungsklausel im Mietvertrag unterfallen.

Tiere, die geeignet sind, bei anderen Menschen **Ekel und Abscheu** oder gar 76
Angst hervorzurufen, insbesondere exotische Tiere wie Vogelspinnen, Skorpione, Schlangen oder Echsen, braucht der Vermieter dann nicht zu dulden. Hier reicht grundsätzlich schon die abstrakte Möglichkeit aus, dass solche Tiere bei der Fütterung oder der Reinigung des Käfigs oder des Terrariums flüchten und sich irgendwo in der Wohnung verstecken und nicht mehr gefunden werden können.[44]

Schließlich gibt es die Fälle, bei denen übertrieben tierfreundliche Mieter ihr 77
Herz für Tiere entdeckt haben und im Einzelfall zwar zulässige Tiere in größter Anzahl halten, sodass die Substanz der Mietsache gefährdet ist (z. B. 80 Kanarienvögel und Zebrafinken in der Mietwohnung[45]).

Es kommt auch hier auf den **Einzelfall** an. Oft bleibt dem Vermieter ein 78
erheblicher Schaden, wenn in einer Wohnung, die aus anderen Gründen geräumt wird, beispielsweise mehrere Hunde in der Wohnung eingesperrt und zurückgelassen wurden, die dann ihre Notdurft in der ganzen Wohnung verrichten.

4. Rauchen

In vielen Bundesländern gibt es mittlerweile **Nichtraucherschutzgesetze**. In 79
Speisegaststätten, öffentlichen Gebäuden wie Bahnhöfen, Ämtern, Gerichten, Schulen und Kindergärten ist das Rauchen verboten. In vielen Kommunen ist es außerdem mit Bußgeld bedroht, Zigarettenkippen auf den Boden zu werfen. Also bleiben einem Raucher oft nur die eigenen vier Wände, wo er seinem Laster frönen kann.

Dem trägt die Rechtsprechung dadurch Rechnung, dass das Rauchen in 80
der Wohnung grundsätzlich zum **vertragsgemäßen Gebrauch** gehört.[46] Das Rauchen allein kann also niemals vertragswidrig sein und zu einer Schadensersatzpflicht des Mieters gegenüber dem Vermieter führen. Nur im Falle des sog. **exzessiven Rauchens** kann eine Schadensersatzverpflichtung bestehen.[47]

---

44 AG Wiesbaden, Urt. v. 28.2.2014 – 92 C 2795/13 – n. v.

45 AG Menden, Urt. v. 5.2.2014 – 4 C 286/13 – WuM 2014, 713.

46 BGH, Urt. v. 28.6.2006 – VIII ZR 124/05 –; BGH, Urt. v. 5.3.2008 – VIII ZR 37/07 –.

47 BGH, Urt. v. 5.3.2008 – VIII ZR 37/07 –.

81 Starkes Rauchen in einer Mietwohnung führt zu einer übermäßigen **Abnutzung** durch die Ablagerung von Nikotin auf Wand- und Deckenflächen, auf Holzwerk, Kunststofffensterrahmen, Heizkörpern und Zuleitungen. Dieser Nikotinbelag lässt sich nur sehr schwer beseitigen. Mit haushaltsüblichen Reinigungsmitteln lässt es sich beispielsweise von Kunststofffenstern nicht entfernen. Dazu müssen teure **Spezialmittel** eingesetzt werden. Ansonsten helfen nur intensive Schönheitsreparaturen, wobei es manchmal sogar erforderlich ist, nach Entfernung der Tapete und vor dem Anbringen von neuen Tapeten den Putz zu entfernen oder zumindest einen **Sperranstrich** aufzubringen, um zu verhindern, dass das Nikotin wieder „durchschlägt". Das alles ist mit sehr hohen Kosten verbunden.

82 Im Zusammenhang mit der restriktiven Auslegung von Schönheitsreparaturklauseln besteht für den Vermieter das Problem, dass er eine Wohnung nicht nur normal renovieren, sondern von Grund auf sanieren muss.[48] In solchen **Extremfällen**, in denen sich die Nikotinablagerungen nicht mehr durch normale Renovierungsmaßnahmen, zu denen auch die Entfernung und Erneuerung der Tapeten an Wänden und Decken gehört, nicht entfernen lassen, schuldet der rauchende Mieter dem Vermieter Schadensersatz für die über die normale Renovierung hinaus gehenden Kosten. Das bedeutet aber nicht etwa, dass bei einer unwirksamen Schönheitsreparaturklausel der Mieter verpflichtet ist, nun doch zu renovieren.[49]

83 Also ist der Vermieter gut beraten, **vor Abschluss** des Mietvertrages nachzufragen, ob ein Mieter raucht oder nicht. Diese Frage wird überwiegend für zulässig gehalten, weil sie aus den vorstehend dargelegten Gründen wichtig für die Entscheidung des Vermieters sein kann, sich für den Interessenten als Mieter zu entscheiden oder dagegen.[50]

84 Dabei geht es nicht nur um den Zustand der Mietsache, sondern auch darum, dass sich andere Mieter durch aus der Wohnung dringenden **Tabakrauch** gestört fühlen und ihrerseits – zu Recht[51] – einen Mangel der Mietsache einwenden und die Miete mindern können. Gerade bei Altbauten besteht oft die Problematik, dass Wohnungen **nicht hermetisch** dicht gegeneinander geschlossen sind, sondern dass es im Bereich von Leitungsschächten Durchlässe gibt, die Zigarettenrauch

---

48 BGH, Urt. v. 28.6.2006 – VIII ZR 124/05 –; BGH, Urt. v. 5.3.2008 – VIII ZR 37/07 –.

49 BGH, Urt. v. 28.6.2006 – VIII ZR 124/05 –.

50 Siehe dazu Kap. 4.

51 Wenn Zigarettenrauch in die Mietsache eindringt, sei es durch Ritzen oder Leitungsführungen oder über offene Fenster, liegt ein Mangel der Mietsache vor – die Miete ist gemindert, z. B. LG Berlin, Urt. v. 30.4.2013 – 67 S 307/12 – NZM 2013, 727 f.; LG Hamburg, Urt. v. 15.6.2012 – 311 S 92/10 – NZM 2012, 806 f.

von einer Wohnung in eine andere dringen lassen. Grundsätzlich muss das kein anderer Mieter dulden.[52]

Neben der dadurch gegebenen ästhetischen Belastung kann Tabakrauch zu gesundheitlichen Beeinträchtigungen anderer Mieter führen, die allergisch reagieren oder sich nicht der Gefahr des **Passivrauchens** aussetzen wollen, schon gar nicht in der eigenen Wohnung. Also ist es legitim, wenn der Vermieter, um sich vor solchen Folgen zu schützen, auch im Interesse der anderen Mieter vor Abschluss des Vertrages nachfragt, ob der Mieter raucht oder nicht. Beantwortet der Mieter die Frage falsch, kann ein Anfechtungs- oder Kündigungsrecht des Vermieters bestehen, wobei er dann strenggenommen nicht die Situation des ehemaligen Rauchers erfasst, der zufällig gerade kurz vor Vertragsschluss aufhörte und dann kurz nach Einzug wieder rückfällig wurde. Somit sollte sich die Frage des Vermieters auch darauf beziehen, ob der Mieter kürzlich mit dem Rauchen aufgehört hat. 85

C. Fazit

Wenn der Vermieter die einzelnen Typen von Problemmietern mit ihren unterschiedlichen Merkmalen kennt, so ist er besser in der Lage, die richtigen und vollständig **vorbeugenden Maßnahmen** zu ergreifen. Andererseits versetzt es ihn in die Lage, differenzierte **einvernehmliche bis hin zu einseitigen Lösungen** zu finden. Die nachfolgenden Kapitel behandeln hierzu von der Informationsbeschaffung über den Mieter sowie deren Auswahl über die Kündigung und gerichtliche Rechtsverfolgung bis hin zur Zwangsvollstreckung ausführlich und vertieft die für den Vermieter relevanten Einzelheiten mit Formulierungsbeispielen und Praxistipps für den Vermieter. 86

52 LG Berlin, Urt. v. 30.4.2013 – 67 S 307/12 – NZM 2013, 727 f. Fn. 21.

Kapitel 3
Vertragstypen

A. Allgemeines

1 Grundlage jeder vertraglichen Beziehung zwischen Vermieter und Mieter ist ein Mietvertrag. Das gilt auch, wenn sich kurz nach Vertragsschluss herausstellt, dass der Mieter nicht zahlungsfähig ist und von Anfang an nicht vorhatte, seinen Verpflichtungen nachzukommen, also auch für einen Mietnomaden.

2 Dieses Buch beschäftigt sich im Hinblick auf die Problematik des Mietnomadentums vorwiegend mit der **wohnraumrechtlichen** Vertragssituation, da nur hier der besondere Kündigungsschutz besteht, den auszunutzen einige nicht zahlende Mieter gut verstehen. Nachfolgend sollen aber auch andere ähnliche Vertragsverhältnisse erwähnt werden.

3 Mietverträge und ähnliche Verträge unterscheiden sich von anderen Verträgen dadurch, dass sie regelmäßig **auf Dauer** angelegt sind, eine Partei sich verpflichtet, einen bestimmten Gegenstand – die sog. Mietsache – der anderen Partei zu überlassen, die wiederum dafür ein Entgelt – die Miete – zu zahlen hat. Bei einem Kaufvertrag findet regelmäßig nur ein einmaliger Leistungsaustausch statt, Kaufsache gegen Geld, während ein Leihvertrag dadurch gekennzeichnet ist, dass der Entleiher kein Entgelt zu zahlen hat und der Leihgeber die Sache grundsätzlich jederzeit zurückfordern kann.

4 Von den rechtlichen Auswirkungen her ähnelt der Mietvertrag also noch eher dem **Darlehensvertrag**, bei dem eine vertretbare Sache gegen Entgelt überlassen wird, gewöhnlich Geld.

5 Generell spielt die vertragliche **Bezeichnung** nur eine untergeordnete Rolle. Es kommt auf den wahren **Zweck** des Vertrages an. So kann beispielsweise ein als Wohnraummietvertrag bezeichneter Vertrag auch ein gewerblicher und damit ohne berechtigtes Interesse des Vermieters kündbar sein, wenn z. B. die Vermietung einer Wohnung an eine GmbH mit der Möglichkeit erfolgt, dass diese ihren jeweiligen Geschäftsführer die Wohnung überlässt.

6 Es nutzt dem Vermieter umgekehrt nichts, einen Wohnraummietvertrag als **Nutzungsvertrag** zu bezeichnen und die Begriffe Vermieter und Mieter im Mietvertrag zu vermeiden. Denn wenn der Zweck des Vertrages die Überlassung von Wohnraum ist, kann sich der Nutzer, der also in Wahrheit ein Mieter ist, in vollem Umfang auf den Wohnraumkündigungsschutz und alle anderen gesetzlichen Vorteile berufen. Auch hier kommt dem Vermieter, der an einen Mietnomaden geraten ist, nicht etwa ein besonderer Schutz zu. Das Gesetz und mit ihm das Gericht **unterstellen** zunächst einmal, dass auch der nicht zahlende Mieter den

vollen Mieterschutz genießt. Der Vermieter muss also kündigen und anfechten und dann Räumungsklage erheben, um wieder in den Besitz der Wohnung zu kommen.

B. Wohnraummietvertrag

Wohnraummiete liegt vor, wenn der Mieter die Räumlichkeiten nach dem Zweck 7
des Vertrages zum **Wohnen** nutzen soll, also um sich dort in seiner Freizeit aufzuhalten, zu schlafen, sich Mahlzeiten zuzubereiten und andere Dinge des täglichen Lebens zu tun. Dabei muss der Mieter nicht persönlich in den Räumen wohnen, sondern kann diese auch anmieten, um sie z. B. seinem in Ausbildung befindlichen Kind oder seinem geschiedenen Ehepartner zu überlassen.[1]

Wohnraummieter genießen einen **besonderen Schutz**. Eine **Kündigung** 8
durch den Vermieter ist nur **ausnahmsweise** möglich, wenn entweder Vertragsverletzungen durch den Mieter vorliegen, wie z. B. Zahlungsverzug oder Störung des Hausfriedens, oder wenn der Vermieter ein starkes berechtigtes Interesse an der Beendigung des Mietverhältnisses hat, weil er z. B. die Wohnung für sich selbst oder einen nahen Angehörigen benötigt.

Das Gesetz geht davon aus, dass der Mieter in der Wohnung seinen **Lebens-** 9
mittelpunkt hat und insoweit schutzbedürftig ist. Nach der Rechtsprechung des Bundesverfassungsgerichts steht das **Besitzrecht** des Mieters als eigentumsgleiches Recht dem ursprünglichen **Eigentumsrecht** des Vermieters **gleichwertig** gegenüber.[2] Das ist eine für viele Vermieter und Eigentümer nur schwer nachzuvollziehende Rechtsprechung. Die Wohnung eines jeden Menschen ist nach der Wertentscheidung des Grundgesetzes unverletzlich und in dieses Recht darf nur aufgrund besonderer gesetzlicher Ermächtigung eingegriffen werden.

Folge der grundsätzlichen **Unkündbarkeit** des Wohnraummietverhältnisses 10
ist beispielsweise das System der Mietanpassungsmöglichkeit auf die ortsübliche Vergleichsmiete, das dem Vermieter wiederum einen **Anspruch** auf eine Vertragsänderung gibt, wenn für anderen vergleichbaren Wohnraum höhere Mieten gezahlt werden.[3]

Viele gesetzliche Regelungen im Wohnraummietrecht enthalten sog. **Unab-** 11
änderlichkeitsklauseln. Sie bestimmen, dass zulasten des Mieters abweichende

---

1 Vgl. Schmidt-Futterer/*Blank*, Vorbem. zu § 535 BGB Rn 96.

2 BVerfG, Kammerbeschl. v. 28.3.2000 – 1 BvR 1460/99 – NJW 2000, 2658 ff.

3 §§ 558 ff. BGB.

Vereinbarungen unwirksam sind.[4] Eine dennoch im Mietvertrag getroffene Vereinbarung, die von diesen grundsätzlichen gesetzgeberischen Regelungen abweicht, ist unwirksam und das Papier nicht wert, auf dem sie geschrieben steht.

12 So ist der Vermieter z. B. bei der Vereinbarung einer **Kaution** auf die gesetzlich zulässige Höhe von drei Monatsnettomieten **beschränkt**. Wird im Mietvertrag eine höhere Zahlung vereinbart, kann der Mieter diese zurückfordern, selbst wenn er gewusst hat, dass die Regelung unwirksam ist und trotzdem Zahlung geleistet hat.[5]

C. Gewerberaummietvertrag

13 Bei einem Gewerberaummietvertrag geht das Gesetz davon aus, dass der Mieter **weniger schutzbedürftig** ist als der Mieter von Wohnraum. Es herrscht weitgehend Vertragsfreiheit, was z. B. die Höhe der Miete angeht.

14 Gewerberaummieter genießen grundsätzlich keinen Kündigungsschutz. Für einen Gewerberaummieter lässt sich ein solcher Kündigungsschutz nur dadurch erreichen, dass der Mietvertrag auf eine bestimmte, sehr lange **Laufzeit** abgeschlossen wird und dem Mieter die Möglichkeit gegeben wird, durch Option, also durch einseitige Erklärung das Mietverhältnis zu den bisher bestehenden Konditionen, zu verlängern.

15 Das kann im Einzelfall für Vermieter sehr belastend sein. Spätere Einwendungen des Vermieters gegen diese **Laufzeitregelungen** greifen nicht durch, weil er sich bei Abschluss des Mietvertrags freiwillig und ohne Zwang darauf eingelassen hat. Das gilt auch dafür, dass ein Vermieterwechsel stattfindet, weil der Erwerber, der dann kraft Gesetzes in die Mietverträge eintritt, diese vertraglichen Bindungen bei seiner Entscheidung, ein Objekt zu erwerben, berücksichtigen konnte.

16 Im Gegensatz zu einem Wohnraummietvertrag gibt es beim Gewerberaummietvertrag **keine gesetzliche Begrenzung** der **Kaution**. Es ist also möglich, auch eine über drei Monatsnettomieten hinausgehende Sicherheitsleistung zu

---

4 Z. B. § 573 Abs. 4 BGB für die ordentliche Kündigung des Mietverhältnisses durch den Vermieter.

5 Die Rückforderung erfolgt nach den Grundsätzen der sog. ungerechtfertigten Bereicherung, §§ 812 ff. BGB, wobei § 814 BGB, der eine Rückforderung von in Kenntnis der Nichtschuld geleisteten Zahlungen ausschließt, hier nicht gilt.

vereinbaren und etwa neben der reinen Mietkaution noch eine Mietausfallbürgschaft zu verlangen.

Dennoch ist der Vermieter auch beim Gewerberaummietvertrag nicht völlig 17
frei. Die restriktive Rechtsprechung zu **Schönheitsreparaturen** ist ein Beispiel für die Anpassung der rechtlichen Lage im Gewerberaummietrecht an das Wohnraummietrecht. Ging man früher noch davon aus, dass die Vereinbarung einer **Auszugsrenovierung** in Allgemeinen Geschäftsbedingungen relativ problemlos auch bei Gewerberaummietverhältnissen möglich war, ist das jetzt nicht mehr möglich. Die Rechtsprechung wendet insoweit mittlerweile die Grundsätze für das Wohnraummietrecht im gleichen Umfang auch auf das Gewerberaummietrecht an.

Auf der anderen Seite hat die Vertragsfreiheit auch ihre Nachteile: Gesetzli- 18
che Mieterhöhungsmöglichkeiten gibt es nicht; eine Mieterhöhung während der festen Laufzeit eines Vertrages ist nur aufgrund einer entsprechenden vertraglichen Regelung möglich.

Auch bei diesem Vertragstyp ist der Vermieter nicht von Problemmietern 19
verschont: Gerade bei Gaststätten ist festzustellen, dass oft ein häufiger Pächterwechsel stattfindet und für den Fall, dass Zahlungsrückstände entstehen, mit dem Trick der Untervermietung an eine dritte Person gearbeitet wird, sodass es Schwierigkeiten bei der Vollstreckung eines Räumungsurteils gibt.

D. Pachtvertrag

Der Pachtvertrag (§ 581 BGB) unterscheidet sich vom Mietvertrag dadurch, dass er 20
grundsätzlich ein sog. Fruchtziehungsrecht des Mieters enthält, der Mieter also die Erträge (Früchte), egal ob Früchte (im wörtlichen Sinne) eines landwirtschaftlichen Grundstücks oder aber Rechtsfrüchte im Sinne von Erträgen einer Fabrik, erhält. Gegenstand des Pachtvertrags ist nicht immer eine Immobilie. Auch ganze Betriebe oder Lizenzrechte können verpachtet werden.

Wenn ein Grundstück mit Inventar verpachtet wird, muss der Pächter die 21
gewöhnlichen Instandhaltungen auf seine Kosten durchführen, nur größere Arbeiten obliegen dem Verpächter. Für Landpachtverhältnisse, die die Lebensgrundlage eines Landwirts darstellen können, gibt es wiederum besondere Kündigungsschutzvorschriften. Soweit nicht institutionelle Vermieter beteiligt sind, kommen Pachtverträge vor allem bei der Vermietung von Gaststätten mit Inventar vor. Der Mieter darf dann also das Inventar, etwa die gesamte Einrichtung einer Gaststätte mit Tischen, Stühlen, aber auch Geschirr und Besteck, zum Zweck des Pachtvertrags nutzen, muss pfleglich damit umgehen und hat grundsätzlich bei Beschädigung oder Verlust selbst für Ersatz zu sorgen.

22 Das ist ein großer Unterschied zum Mietvertrag, bei dem der Vermieter die Sache und auch eventuell übergebenes Inventar instand zu halten und auf seine Kosten etwa durch Verschleiß abgängige Gegenstände zu ersetzen hat. Geht also der Geschirrspüler einer Einbauküche kaputt, so muss beim Pachtvertrag der Pächter die Reparatur selbst bezahlen, beim Wohnraummietvertrag trifft diese Last den Vermieter.

E. Mischtypen

I. Wohnraumähnliche Verträge

23 Es gibt **gemischte Verträge**, die sowohl Elemente eines Wohnraummietvertrages als auch eines Gewerberaummietvertrages enthalten können, wenn beispielsweise Laden- oder Gaststättenräumlichkeiten zusammen mit dazugehörigen Wohnräumen vermietet werden. Für die Frage, ob Wohnraum- oder Gewerberaummietrecht Anwendung findet, kommt es auf den **Schwerpunkt** des Vertrages an.

24 **Wohnungsbaugenossenschaften** überlassen ihren Mitgliedern mit sog. Nutzungsverträgen Räumlichkeiten zu Wohnzwecken. Voraussetzung ist die Mitgliedschaft in der Genossenschaft. Auf diese Verträge findet Wohnraummietrecht Anwendung.[6]

25 **Heimverträge** sind Verträge, nach denen einerseits Wohnraum überlassen wird, andererseits aber auch spezielle Dienstleistungen bis zur Pflege damit verbunden sind. Dafür gilt eine spezielle gesetzliche Regelung.[7]

26 Auch ein **Hotelzimmer** wird durch einen Mietvertrag angemietet, sodass grundsätzlich Mietrecht Anwendung findet. Da das Hotelzimmer jedoch nur zu vorübergehendem Gebrauch überlassen wird, gelten die speziellen Schutzvorschriften zugunsten des Mieters hier nicht.[8]

27 Umstritten kann die Sachlage beim sog. **Boarding-House** sein, also bei einer hotelähnlichen Unterbringung mit Dienstleistungen wie Frühstücks- und Zimmerreinigungsservice. Ist die Unterbringung auf längere Zeit angelegt, wird letztlich zugunsten des Mieters Wohnraummietrecht Anwendung finden.

---

6 Vgl. Schmidt-Futterer/*Blank*, Vorbem. zu § 535 BGB Rn 129.

7 Wohn- und Betreuungsvertragsgesetz v. 29.7.2009, BGBl. I S. 2319.

8 Vgl. § 549 BGB Abs. 2.

II. Sonstige Verträge

Auch **Leasingverträge** über bewegliche oder unbewegliche Sachen sind letztlich Mietverträge, aber mit besonderen kaufrechtlichen Regelungen, was die Gewährleistung betrifft. Dennoch läuft ein Leasingvertrag mangels Kündigung selbst dann weiter, wenn das geleaste Wirtschaftsgut schon abgeschrieben oder gar nicht mehr vorhanden ist. Daher sind die meisten Leasingverträge auf bestimmte Zeit terminiert. Gerade beim Kraftfahrzeug-Leasing werden feste Laufzeiten und/ oder Kilometerleistungen vereinbart, wobei bei Über- oder Unterschreitung der Laufleistung Ausgleichszahlungen fällig sind. 28

Ein **Verwahrungsvertrag** liegt vor, wenn eine bewegliche Sache dem Verwahrer in Obhut gegeben wird. Solche Vertragsverhältnisse finden sich im täglichen Leben oft, beispielsweise bei der Einlagerung von Möbeln oder beim Einstellen eines Kraftfahrzeugs in ein Parkhaus. Bei Letzterem kann schon streitig sein, ob es sich um Verwahrung oder um Miete handelt. Denn die haftungsrechtlichen Konsequenzen im Falle einer Beschädigung des Fahrzeugs sind völlig unterschiedlich. Der Verwahrer hat aktiv dafür zu sorgen, dass die in Verwahrung genommene Sache nicht beschädigt wird. Der Vermieter hat eine solche Verpflichtung nicht als Haupt-, sondern nur als Nebenpflicht. 29

Außerdem gibt es noch **spezielle gemischte Verträge**, die Elemente eines Mietvertrages enthalten, aber auch Dienstleistungscharakter haben, wie beispielsweise Fitnessstudioverträge, bei denen der Kunde, meist Mitglied genannt, das Recht hat, gegen Entgelt die Einrichtungen zu nutzen, Dienstleistungen wie Trainingsanleitungen oder Fitnesskurse in Anspruch zu nehmen. 30

F. Fazit

Es nutzt dem Vermieter nichts, einen Wohnraummietvertrag anders zu bezeichnen, etwa als Nutzungsvertrag. Er kann damit nicht den **gesetzlichen Mieterschutz** umgehen. Auch nicht vertragstreue Mieter und sogar Mietnomaden können sich zunächst grundsätzlich auf diesen Schutz berufen. Das Gesetz vermutet, dass jeder Mieter redlich ist und gesteht ihm denselben Schutz zu. Viele **mieterschützende Vorschriften** des Wohnraummietrechts lassen sich nicht abbedingen, auch zulasten unredlicher Mieter nicht. 31

Der Vermieter sollte also in jedem Fall die richtige Vertragsart wählen, aber darauf achten, dass er die **zulässigen Abreden** trifft, die das Gesetz eröffnet, beispielsweise hinsichtlich einer **umfassenden Betriebskostenumlage**. 32

Kapitel 4
Die Auswahl des Mieters

A. Kriterien

1 Bei der Mieterauswahl steht der Vermieter vor dem Problem, eine verlässliche Prognose über den Mieter anstellen zu müssen, damit er sich für oder gegen den Mieter entscheiden kann. Der Vermieter kann die Wohnung zum Zeitpunkt der Vermietung nur an einen von verschiedenen Mietinteressenten vermieten. Hat er sich falsch entschieden, kann er die Entscheidung nur schwer wieder rückgängig machen.

2 Die Einholung von möglichst umfassenden und aussagekräftigen Informationen über den Mietbewerber stellt die **wichtigste vorbeugende Maßnahme des Vermieters** dar, um sich vor allen Arten von Mietschuldnern und insbesondere Mietnomaden sowie den dadurch drohenden erheblichen Forderungsausfällen und Schäden zu schützen. Ist der Mietvertrag einmal mit einem **„Problemmieter"** zustande gekommen, so kann bei Zahlungsverzug im Rahmen der gesetzlichen Voraussetzungen sowohl der Wohnraummietvertrag als auch der Gewerbemietvertrag zwar fristlos gekündigt werden, womit das Problem des Vermieters aber noch nicht gelöst ist, weil

- der **Mieter weiterhin in der Mietsache bleibt,**
- weiterhin **keine Miete** zahlt oder gar
- **Schäden** an der Mietsache verursacht.

3 Statistische Erhebungen im Rahmen der **Studie zum Phänomen Mietnomaden der Universität Bielefeld**[1] zeigen, dass Vermieter trotz der sehr bedeutenden Information über die Mietbewerber teilweise **keine Informationen** oder **keine ausreichenden und aussagekräftigen Informationen** über den Mieter und insbesondere dessen Vorgeschichte sowie Leistungsfähigkeit eingeholt haben.

! **Praxistipp**
Die nachfolgende Darstellung stellt das wichtigste Kapitel zur **praktischen Vorbeugung** gegen Mietausfälle, geübte Langzeitmietschuldner und insbesondere Mietnomaden dar. Zudem bildet es bei richtiger und vollständiger Umsetzung der nachfolgenden Hinweise und Praxistipps einen **frühzeitigen effektiven Vermieterschutz.**

---

1 Vgl. *Artz/Jacoby.*

I. Praktische Relevanz

Im Rahmen der vorgenannten **Studie**[2] wurden betroffene Vermieter befragt, wobei sich herausstellte, dass insbesondere private Vermieter vor Abschluss des Mietvertrages entweder überhaupt keine oder zumindest keine ausreichenden Informationen über den Mietbewerber eingeholt hatten. 4

1. Informationseinholung

Nach der Studie haben professionelle Vermieter einerseits und private Vermieter andererseits in sehr unterschiedlichem Umfang Information über den Mietbewerber eingeholt: 5

- **professionelle Vermieter – zu 100 % ja;**
- **Zwangsverwalter – zu 96 % ja;**
- **private Vermieter – ca. 32 % ja.**[3]

Damit haben **zwei Drittel der privaten Vermieter** überhaupt **keine Informationen über den Mietbewerber** eingeholt. Die Studie gelangt zwar nicht zu dem Schluss, dass diese Form der mangelnden Informationseinholung bei privaten Vermietern das „Mietnomadentum" ermöglicht,[4] jedoch wird festgehalten, dass **private Gelegenheitsvermieter** im Vergleich zu professionellen Vermietern **deutlich stärker von „Mietnomaden" betroffen** sind.[5] 6

2. Informationsquellen

Ihre Informationen bezogen die befragten und betroffenen privaten Vermieter gemäß dem Ergebnis der Studie[6] aus folgenden Informationsquellen: 7

- **Selbstauskunft des Mieters zu 78,95 %,**
- **Gehalts- bzw. Einkommensnachweis zu 41,16 %,**
- **Schufa oder andere Auskunfteien ca. 20 %.**

---

2 Vgl. *Artz/Jacoby*.
3 *Artz/Jacoby*, S. 22.
4 *Artz/Jacoby*, S. 22.
5 *Artz/Jacoby*, S. 23.
6 *Artz/Jacoby*, S. 23.

8 Die vorgenannten Prozentsätze beziehen sich nur auf die Vermieter, die überhaupt Informationen über den Mietbewerber eingeholt haben, also absolut nur auf ein Drittel.

Beispiel
Von 100 % der befragten und betroffenen Vermieter hat nur ca. 1/3 = 33 % überhaupt Informationen eingeholt. **Von diesen** haben aber wiederum nur ca. 40 % einen Einkommensnachweis gefordert. Bezogen auf alle befragten Vermieter haben damit weniger als 15 % einen Einkommensnachweis vom Mietbewerber gefordert.

---

9 In der Regel haben die **privaten Vermieter nur zwei Informationsquellen** benutzt. Demgegenüber benutzen **professionelle Vermieter** Datenbanken und **Auskunfteien zu ca. 83 %** und verlangen in **ca. 75 % der Fälle eine Verdienstbescheinigung bzw. Gehaltsabrechnung** des Arbeitgebers des Mietbewerbers zusätzlich zu einer Selbstauskunft und greifen damit durchschnittlich auf **drei bis vier Informationsquellen gleichzeitig** zurück.

3. Staatliche Leistungsbezieher

10 Bezüglich der Bezieher staatlicher Leistungen (Transferleistungen) ermittelte die Studie[7] auf der Grundlage der befragten betroffenen Vermieter Folgendes:
- **28,23 % leisten von Anfang an keine Zahlung,**
- **30,19 % haben innerhalb der ersten drei Monate die Zahlung eingestellt,**[8]
- **sie stellen 42,59 % der Mieter, welche Falschangaben gemacht haben.**

11 Die statistischen Daten zeigen, dass insbesondere die von Mietausfällen hauptsächlich betroffenen privaten Vermieter nicht oft genug Informationen über den Mietbewerber einholen und in **nicht ausreichendem Maß mehrere aussagekräftige Informationsquellen nebeneinander heranziehen.** Auffällig ist insbesondere die Anzahl der Bezieher staatlicher Leistungen, und zwar sowohl hinsichtlich der **anfänglichen Zahlungsmoral** als auch der **Falschangaben gegenüber dem Vermieter.**

---

7 *Artz/Jacoby*, S. 16.
8 In dieser Zahl sind auch die Nichtzahler von Anfang an (28,23 %) enthalten.

II. Zweck

Die möglichst umfassende und aussagekräftige Informationsbeschaffung des Vermieters über den Mietbewerber über dessen persönliche und wirtschaftliche Verhältnisse sowie seine Vorgeschichte soll dazu dienen, vor dem Mietvertragsabschluss **potenzielle Problemmieter,** bei denen die Gefahr besteht, dass keine Miete gezahlt wird und insbesondere Mietnomaden möglichst **effektiv herauszufiltern.** Diese **Vorbeugung gegen Problemmieter** erfordert nur sehr geringen Zeit- und Kostenaufwand und steht in keinem Verhältnis zu den drohenden Mietausfällen und Schäden an der Mietsache. 12

Praxistipp !

Der Vermieter sollte **grundsätzlich** und **immer** Informationen über die **wirtschaftlichen Verhältnisse und Einkommensverhältnisse** des Mieters sowie dessen **mietvertragliche Vorgeschichte** einholen, die über die bloße Selbstauskunft hinausgehen.

III. Grenzen

Die Grenzen der Einholung von Informationen über den Mietbewerber sind sowohl **rechtlicher als auch tatsächlicher Art.** Rechtlich steht dem Interesse des Vermieters an möglichst umfassenden Informationen zu den persönlichen und wirtschaftlichen Verhältnissen des Mieters der **Datenschutz** gegenüber. Danach können bestimmte Fragen und die Verwertung von bestimmten Informationen über den Mieter unzulässig sein. In tatsächlicher Hinsicht können einerseits insbesondere die Selbstauskunft des Mieters, aber auch die Auskunft des früheren Vermieters **Falschangaben** enthalten. Aber auch Daten von Auskunfteien etc. können ein unvollständiges Bild über den Mietbewerber geben, da die dort erhobenen Merkmale entweder von vornherein nur sehr selektiv erhoben werden oder die Informationen **unvollständig oder auch nicht aktuell** sind. 13

Um bestmögliche Informationen zu erhalten, sollte man als Vermieter daher auf **mehrere geeignete Informationsquellen gleichzeitig** zurückgreifen, um sich hieraus ein möglichst vollständiges **„Gesamtbild"** vom Mietbewerber zu machen. Dem sind natürliche Grenzen gesetzt. Manche Mietinteressenten weigern sich, zu umfassende Informationen preiszugeben, und zwar nicht etwa deshalb, weil sie etwas zu verbergen haben, sondern weil sie schlicht die Informationen nicht geben wollen. Das hängt entscheidend auch von der Qualität der Mietsache ab. 14

Praxistipp
Bei der Einholung von Informationen über den Mietbewerber sind grundsätzlich immer **mehrere Informationsquellen gleichzeitig heranzuziehen**, um möglichst vollständige und breite Informationen über den Mietbewerber zu erhalten.

15 Der Vermieter darf den Mietinteressenten jedoch nicht diskriminieren, weil das unter Umständen Ansprüche des abgewiesenen Interessenten nach dem Allgemeinen Gleichbehandlungsgesetz (AGG) gegen ihn auslöst.

Exkurs: Das Allgemeine Gleichbehandlungsgesetz
Im Vorfeld viel diskutiert und zunächst als „Antidiskriminierungsgesetz" bezeichnet, verbietet dieses Gesetz aus dem Jahr 2006, dass potenzielle Vertragspartner im Zivilrechtsverkehr wegen ihrer Rasse oder ethnischen Herkunft, ihrem Geschlecht, ihrer Religion oder Weltanschauung, wegen einer Behinderung, wegen ihres Alters oder ihrer sexuellen Identität benachteiligt werden.[9]
Dabei ist im Gesetz ausdrücklich bestimmt, dass die Vorschriften auch auf den Zugang zu Wohnraum anzuwenden sind.[10] Für Privatvermieter ist das Gesetz dann nicht anwendbar, wenn ein besonderes Näheverhältnis zum Mieter besteht,[11] etwa wenn die Parteien auf dem gleichen Grundstück wohnen.[12] Die Vermietung einer Einliegerwohnung unterliegt nicht den Vorschriften des AGG. Auch der sog. Kleinvermieter ist von dem Gesetz nicht betroffen.[13]
Ansonsten bietet das Gesetz die Möglichkeit, Mietinteressenten diskriminierungsfrei abzulehnen, wenn der Mieter nicht in die Gemeinschaft „passt", was das Gesetz unter dem Aspekt der Schaffung oder Erhaltung sozialer Strukturen zulässt[14] – ein sehr dehnbarer Begriff.

B. Erkenntnismöglichkeiten

16 Die unterschiedlichen und nachfolgend behandelten Informationsquellen über Mietbewerber vermitteln grundsätzlich immer nur über den Bewerber selbst Informationen und nicht über die wirtschaftlichen Verhältnisse eventueller Mitbewohner wie Ehegatten, Partner, Wohngemeinschaftsmitgliedern etc. Bei derartigen **Personenmehrheiten** sollte der Vermieter darauf hinwirken, dass auch die weiteren volljährigen Mitbewohner als Mieter im Mietvertrag aufgenommen

9 § 1 AGG.
10 § 2 Abs. 1 Nr. 8 AGG.
11 § 19 Abs. 5 S. 1 AGG.
12 § 19 Abs. 5 S. 2 AGG.
13 Wobei das Gesetz die Grenze bei dem Vermieter zieht, der nicht mehr als 50 Wohnungen vermietet (§ 19 Abs. 5 S. 3 AGG), was für die meisten privaten Vermieter gelten dürfte.
14 § 19 Abs. 3 AGG.

werden. Neben dem Vorteil, dass diese für sämtliche Ansprüche des Vermieters aus dem Mietvertrag als **weitere Gesamtschuldner** haften, kann das **Vermieterpfandrecht** auch an deren Sachen geltend gemacht werden. Außerdem erstrecken sich die **erweiterten Möglichkeiten der Informationsbeschaffung** zusätzlich auf diesen Personenkreis, da es sich damit auch um Mietbewerber handelt.

Praxistipp !

Bei **Personenmehrheiten als zukünftige Bewohner** der Mietsache (Eheleute, Partner, Wohngemeinschaft etc.) sollte der Vermieter darauf hinwirken, dass alle zukünftigen Bewohner – soweit volljährig – Mieter werden. Der Vermieter erhält bei Vertragsschluss nicht nur weitere **Gesamtschuldner**, welche für seine Ansprüche haften, und ein **Vermieterpfandrecht** auch an deren Sachen, sondern auch die **Möglichkeit, über diesen Personenkreis Informationen einzuholen.**

I. Selbstauskunft des Mietbewerbers

1. Überblick

Rein statistisch verlangen sowohl private als auch professionelle Vermieter in rund 75 %[15] der Fälle eine Selbstauskunft des Mietbewerbers.[16] **Bezogen auf alle befragten Vermieter** sind dies jedoch **nur gute 25 %**[17] der Vermieter, welche eine Selbstauskunft gefordert haben. Damit haben **drei von vier Vermietern** auf einfach einzuholende **zusätzliche Informationen** über den Mietbewerber verzichtet, welche dann, wenn zulässige Fragen gestellt wurden und diese seitens des Mieters **wissentlich falsch beantwortet** wurden, dem Vermieter die Möglichkeit einräumen, den Mietvertrag zu dem Mieter **anzufechten oder fristlos zu kündigen,** auch wenn dem Vermieter hierdurch noch kein Schaden entstanden ist. 17

Praxistipp !

Der Vermieter sollte grundsätzlich eine Selbstauskunft des Mietbewerbers über seine wirtschaftlichen Verhältnisse und sein Einkommen einholen, damit er bei der **vorsätzlich falschen Beantwortung** zulässiger Fragen des Vermieters das Mietverhältnis gestützt hierauf **anfechten oder fristlos kündigen** kann.

---

15 Bezogen auf das Drittel der Vermieter, welches überhaupt Informationen eingeholt hat.
16 *Artz/Jacoby*, S. 23.
17 Bezogen auf die Gesamtzahl der befragten Vermieter.

18 Für den Fragenkatalog im Rahmen der vom Vermieter erbetenen Selbstauskunft des Mietbewerbers kommt es hinsichtlich der weiteren Rechtsfolgen aufseiten des Mieters und auch des Vermieters auf die Zulässigkeit der gestellten Fragen an.

2. Zulässigkeit der Fragen des Vermieters

19 Zulässig sind nur solche Fragen des Vermieters, die die **„Erfüllungsbereitschaft und -fähigkeit"** des Mietbewerbers betreffen.

a) Zulässige Fragen des Vermieters

20 Zulässig sind daher Fragen zum **Beruf des Mietbewerbers.**[18] Ferner sind Fragen zulässig zu:
- **Einkommen,**
- einer **Insolvenz,**
- **Restschuldbefreiung,**
- **der Abgabe der Vermögensauskunft (eidesstattliche Versicherung),**
- **Haftbefehl** zur Abgabe der Vermögensauskunft und
- **Zwangsvollstreckungsmaßnahmen,**[19]
- **Personalien,**
- **Größe** der Familie,
- **Anzahl** der Wohnungsnutzer und deren Lebensalter,[20]
- Höhe des **Einkommens,**
- **Bonität,**
- **Dauer des Beschäftigungsverhältnisses,**
- Rauchen (streitig).

b) Zulässige Fragen des Vermieters bei Gewerberaum

21 Zulässig sind Fragen nach
- dem **Geschäftszweck,**
- dem **Sortiment eines Ladens** oder
- nach der **Anzahl der Mitarbeiter.**[21]

---

18 *Intveen*, MietRB 2006, 222.
19 *Lammel*, AnwZert MietR 4/2009, Anm. 1.
20 *Intveen*, MietRB 2006, 222.
21 Schmidt-Futterer/*Blank*, vor § 535 BGB Rn 8.

c) Unzulässige Fragen des Vermieters

Unzulässig sind jedoch Fragen des Vermieters nach 22
- der **Bankverbindung,**
- einer **Rechtsschutzversicherung,**
- Mitgliedschaft im **Mieterverein,**
- der **Staatsangehörigkeit,**
- dem **Wohnstil** und
- der **Familienplanung** des Mietbewerbers.[22]

Auch die Frage nach dem **Gesundheitszustand** des Mietbewerbers ist 23
unzulässig,[23] obwohl der Gesundheitszustand einen unmittelbaren Einfluss auf die Erwerbstätigkeit des Mietbewerbers hat und damit wesentlichen Einfluss auf die zukünftige finanzielle Leistungsfähigkeit hat.

d) Zulässigkeit der Fragen des Vermieters kritisch und/oder streitig?

Die Frage des Vermieters nach 24
- dem **Arbeitgeber** des Mietbewerbers,
- dessen **Familienstand,**
- **Einkommen der Mitbewohner** und
- der **Personalausweisnummer**

wird hinsichtlich der Zulässigkeit teilweise zumindest für kritisch beurteilt.[24] Andererseits wird die Frage nach dem Arbeitgeber und dem Familienstand des Mietbewerbers für zulässig angesehen,[25] was darin begründet liegen dürfte, dass der konkrete Arbeitgeber und der Familienstand wegen der Sicherheit des Arbeitsplatzes und Unterhaltspflichten je nach Familienstand wesentlichen Einfluss auf die gegenwärtige und zukünftige Leistungsfähigkeit des Mietbewerbers haben.

Der Vermieter kann jedoch diese **Problematik umgehen,** indem er einen 25
Einkommensnachweis von dem Mietbewerber in Form der Vorlage von Lohn- und Gehaltsabrechnungen verlangt. Aus diesem Nachweis ergibt sich in der Regel sowohl der konkrete Arbeitgeber als auch die Steuerklasse.

---

22 *Intveen*, MietRB 2006, 222.
23 *Lammel*, AnwZert MietR 4/2009, Anm. 1.
24 *Lammel*, AnwZert MietR 4/2009, Anm. 1.
25 Schmidt-Futterer/*Blank*, vor § 535 BGB Rn 8.

! **Praxistipp**
Anstelle der hinsichtlich der Zulässigkeit umstrittenen Fragen an den Mietbewerber zum konkreten Arbeitgeber und dem Familienstand sollte der Vermieter besser ergänzend zur Selbstauskunft die Vorlage von **Lohn- und Gehaltsabrechnungen** des Mietbewerbers anfordern, aus welchen sich auch der konkrete **Arbeitgeber** und die **Steuerklasse** des Mietbewerbers ergeben.

3. Rechtsfolgen von Falschangaben des Mieters

26 Für die Rechtsfolgen zum Vorteil oder zum Nachteil des Vermieters kommt es darauf an, ob der Mieter eine zulässige oder eine unzulässige Frage des Vermieters falsch beantwortet hat.

4. Zulässige Frage falsch beantwortet

27 Hat der Mietbewerber bzw. der spätere Mieter eine zulässige Frage des Vermieters falsch beantwortet, so hat der Vermieter das Recht, den Mietvertrag wegen **Täuschung und Irrtums anzufechten,**[26] was auch noch nach der Invollzugsetzung[27] des Vertrages möglich ist.[28] Daneben kann der Vermieter das Mietverhältnis aber auch wegen Unzumutbarkeit der Fortsetzung **fristlos kündigen.**[29] Dies insbesondere bei Falschangaben des Mieters über sein Beschäftigungsverhältnis und sein Gehalt,[30] wobei es unerheblich ist, ob sich das aus der Falschangabe des Mieters resultierende **Bonitätsrisiko tatsächlich verwirklicht** hat oder nicht.[31] In der Praxis kommt der Kündigung mehr Bedeutung zu, weil die Anfechtung rechtlich den Vertrag rückwirkend vernichtet und die gewährten Leistungen zurückzugewähren sind. Das aber ist beim bereits vollzogenen Mietgebrauch nicht möglich und wäre zulasten des Vermieters bei der Miete widersinnig.

a) Unzulässige Fragen

28 Stellt der Vermieter dem Mietbewerber unzulässige Fragen, so besteht aus Sicht des Interessenten die Gefahr, dass der Vermieter aus der Nichtbeantwortung seine nachteiligen Schlussfolgerungen gegenüber dem Mietbewerber zieht. Der

---

26 AG Hamburg, Urt. v. 6.5.2003 – 48 C 636/02 – ZMR 2003, 744; *Lammel*, AnwZert MietR 4/2009, Anm. 1.
27 Durch Besitzübergabe und Aufnahme der Mietzahlung.
28 BGH, Urt. v. 6.8.2008 – XII ZR 67/06 – NZM 208, 886; *Lammel*, AnwZert MietR 4/2009, Anm. 1.
29 *Lammel*, AnwZert MietR 4/2009, Anm. 1.
30 LG München, Urt. v. 25.3.2009 – 14 S 18532/08 –.
31 LG München, Urt. v. 25.3.2009 – 14 S 18532/08 –.

Mietbewerber darf daher in dieser Konstellation sogar **bewusst Falschangaben** machen, um sich positiv darzustellen,[32] was folgenlos für ihn bleibt.

b) Zulässigkeit der Frage kritisch/streitig

Im Fall der streitigen Zulässigkeit der Frage besteht für den Vermieter zwar ein höheres Risiko, dass die Fragestellung unzulässig war und damit Falschangaben des Mieters für diesen folgenlos bleiben, weil der Vermieter wegen dieser Falschangaben nicht die Anfechtung oder Kündigung des Mietvertrages erklären kann. Dieses **Risiko kann aber eingegangen werden,** da der Vermieter später immer noch entscheiden kann, ob und wie er vorgeht und im Streitfalle ein Gericht hierüber entscheiden lässt. 29

In der Praxis zeigt sich jedoch, dass auf entsprechendes Befragen eine **Mehrzahl der Mietbewerber auch hierzu Angaben macht**, um den Vermieter nicht „vor den Kopf zu stoßen". Macht der Mietbewerber aber zu derartigen Fragestellungen keine Angaben, so kann der Vermieter hieraus seine Schlüsse ziehen. Macht der Mietbewerber falsche Angaben z. B. zum Arbeitgeber oder zur Bankverbindung, so hat der Vermieter immer noch die Möglichkeit, dies objektiv zu überprüfen. Auch lassen sich Arbeitgeber und Steuerklasse über die Anforderung einer Lohn- und **Gehaltsabrechnung** feststellen. 30

Klauselmuster

Selbstauskunft des Mietbewerbers bei einem Wohnraummietvertrag

Hinweis: Bei Personenmehrheiten als Mietbewerber (z. B. Ehegatte, Lebensgemeinschaften, etc.) ist von jedem Mietbewerber eine gesonderte Auskunft auszufüllen.

Name und Anschrift des Mietbewerbers: ____________________
____
Telefonnummer des Mietbewerbers: ____________________
Geburtsname des Mietbewerbers: ____________________
Geburtsdatum des Mietbewerbers: ____________________
Geburtsort des Mietbewerbers: ____________________
Nummer des Personalausweises/Reisepasses: ____________________
Name und Anschrift des derzeitigen Vermieters: ____________________
____
Telefonnummer des derzeitigen Vermieters: ____________________
Beruf: ____________________
Monatliches **Netto**-Einkommen: ____________________ €

---

32 *Lammel*, AnwZert MietR 4/2009, Anm. 1.

Hat der Mietbewerber die Vermögensauskunft/eidesstattliche Versicherung über seine Vermögensverhältnisse abgegeben? ☐ ja ☐ nein

Wurde gegen den Mietbewerber ein Haftbefehl zur Abgabe der Vermögensauskunft/der eidesstattlichen Versicherung über seine Vermögensverhältnisse erlassen? ☐ ja ☐ nein

Wurde ein Insolvenzverfahren über das Vermögen des Mietbewerbers beantragt, eröffnet, nicht eröffnet, abgeschlossen oder die Restschuldbefreiung gewährt? ☐ ja ☐ nein

Wurden gegen den Mietbewerber Zwangsvollstreckungsmaßnahmen eingeleitet? ☐ ja ☐ nein

Anzahl und Alter der Mitbewohner ____________
Anzahl der Kinder/Unterhaltsberechtigten ____________
Arbeitgeber ____________
Seit wann besteht das Arbeitsverhältnis? ____________
Ist das Arbeitsverhältnis gekündigt? ____________
Liegen Gehaltspfändungen vor? ____________
Rauchen Sie? ____________
Halten Sie Hunde oder Katzen oder exotische Tiere oder wollen Sie Haustiere anschaffen? ____________
Spielen Sie oder eine der Personen, die mit in die Wohnung einziehen wollen, ein Instrument? ____________
Name des Vorvermieters? ____________
Wer hat das Vormietverhältnis gekündigt und warum? ____________
Bestehen Miet-, Betriebskosten- oder sonstige Zahlungsrückstände gegenüber dem derzeitigen Vermieter? ____________
Wie waren Ihre Anschriften in den letzten fünf Jahren? ____________

Anlagen zur Selbstauskunft (bitte beifügen):
- Lohn- und Gehaltsabrechnungen der letzten 12 Monate in Kopie
- Aktuelle Schufa-Selbstauskunft
- Bestätigung bisheriger Vermieter („Vermieterzeugnis“) gemäß anliegendem Formular[33]

Der Mietbewerber versichert, alle Angaben richtig und vollständig gemacht zu haben.

____________ ____________
Ort, Datum Unterschrift Mietbewerber

5. Grenzen

31 Die Grenzen der Selbstauskunft des Mietbewerbers liegen darin, dass alle Angaben von dem Bewerber selbst über Art, Inhalt und Umfang sowie die Richtigkeit der von ihm gemachten Angaben frei entscheiden kann, weshalb **Missbrauch möglich** ist. Bei unzulässigen Fragen des Vermieters bleiben Falschangaben sogar folgenlos. Dennoch lassen sich **aus dem Verhalten des Mieters bei**

33 Zur Problematik siehe nachfolgend Rn 32 ff.

der Auskunft Rückschlüsse ziehen. Vor allem eröffnet sich durch die Selbstauskunft bei falschen Angaben zu zulässigen Fragen – wie etwa Angaben zur Einkommenssituation – die Möglichkeit, den Mietvertrag anzufechten oder fristlos zu kündigen. Als schriftliches Beweismittel steht dem Vermieter die Selbstauskunft des Mietbewerbers zur Verfügung. Voraussetzung dafür ist, dass der Mietbewerber die Auskunft selbst unterschrieben hat.

Praxistipp !

Bei der Selbstauskunft des Mietbewerbers sollte man immer darauf achten, dass dieser die Selbstauskunft auch **eigenhändig unterschrieben** hat. Bei Falschangaben zu zulässigen Fragen wie dem Einkommen ermöglicht dies eine **einfache Beweisführung** für den Fall der **Anfechtung oder fristlosen Kündigung** des Mietvertrages.

II. Auskünfte unter Vermietern

Auskünfte von Vermietern untereinander, also Auskünfte des bisherigen Vermieters des Mietbewerbers über dessen Zahlungsverhalten, etwaige Zahlungsrückstände etc. stellen **wertvolle Informationen** für den neuen Vermieter dar, aus denen er eine Prognose zu dem zukünftigen Verhalten des Mietbewerbers erstellen kann. 32

Im Arbeitsverhältnis ist es üblich, dass der Arbeitgeber dem scheidenden Arbeitnehmer ein Arbeitszeugnis ausstellt. Der Arbeitnehmer hat einen einklagbaren Anspruch auf ein solches Zeugnis, das positiv formuliert gehalten sein muss. Auch im Mietrecht gibt es solche Zeugnisse. Insbesondere größere Wohnungsbaugesellschaften verlangen regelmäßig eine sog. Mietschuldenfreiheitsbescheinigung von Interessenten und akzeptieren diejenigen nicht, die kein Zeugnis vorlegen können. 33

Daraus ergibt sich die Frage, ob ein Vermieter überhaupt verpflichtet ist, eine solche Bescheinigung auszustellen. Das wird von der Rechtsprechung verneint,[34] wenn es nicht eine ausdrückliche Vereinbarung im Mietvertrag gibt. Der Vermieter habe keine Verpflichtung, dem Mieter im Sinne einer Quittung nochmals zu bestätigen, dass dieser alle fälligen Zahlungen erbracht hat.[35] Für den Vermieter, der z. B. wegen ständig verspäteter Mietzahlungen ein Interesse daran hat, dass ein Mieter selbst kündigt, aber die Eigenkündigung zunächst von der Vorlage eines positiven Vermieterzeugnisses abhängig macht, besteht ein Dilemma: Gibt 34

34 BGH, Urt. v. 30.9.2009 – VIII ZR 238/08 –.
35 BGH, Urt. v. 30.9.2009 – VIII ZR 238/08 –.

er wahrheitsgemäß an, dass der Mieter verspätet zahlt, bekommt der Mieter seine neue Wohnung womöglich nicht und kündigt dann auch nicht. Macht er aber falsche Angaben, läuft er Gefahr, sich selbst gegenüber dem neuen Vermieter schadensersatzpflichtig oder sich sogar selbst wegen Beihilfe zum Einmietbetrug strafbar zu machen.

1. Zulässigkeit

35 Bei der Frage der Zulässigkeit der Einholung von Auskünften bei dem bisherigen Vermieter des Mietbewerbers kommt es darauf an, in welcher Form dies geschieht.

a) Befragung des bisherigen Vermieters

36 Ob die Frage des Vermieters nach den **Daten des bisherigen Vermieters** des Mietbewerbers zulässig ist, wird zumindest als **kritisch beurteilt,**[36] was jedoch dahingestellt bleiben kann, da der Vermieter im ungünstigsten Fall keine Angaben erhält und schon hieraus Schlüsse ziehen kann oder einfach falsche Angaben des Mietbewerbers erhält, die spätestens im Rahmen der Kontaktaufnahme zu dem alten Vermieter entlarvt würden.

37 Auch der Umstand, dass der bisherige Vermieter des Mietbewerbers für Angaben gegenüber dem neuen Vermieter der **Zustimmung des Mieters** bedarf,[37] ist für den neuen Vermieter nur scheinbar von Bedeutung. Denn: Entweder er bekommt die Informationen oder er bekommt sie nicht. Im letzteren Fall kann er aufgrund der fehlenden Zustimmung des Mieters hieraus seine Schlüsse ziehen.

b) Vermieterzeugnis des bisherigen Vermieters

38 Auch die Einholung eines sog. Vermieterzeugnisses über das Zahlungsverhalten und etwaige Zahlungsrückstände etc. bezüglich des Mietbewerbers bedarf der **Zustimmung des Mieters,** was jedoch **in der Praxis** dadurch einfach umgangen werden kann, indem der Mietbewerber aufgefordert wird, ein solches Vermieterzeugnis einzuholen und dem neuen Vermieter zu übergeben.[38] Bringt der Mieter ein solches Vermieterzeugnis nicht bei, so könnte das dafür sprechen, dass der

---

36 *Lammel*, AnwZert MietR 4/2009, Anm. 1.
37 *Intveen*, MietRB 2006, 222.
38 *Intveen*, MietRB 2006, 222.

Mieter sich bisher gegenüber seinem Vermieter nicht korrekt verhalten hat oder gar Zahlungsrückstände bestehen. Eine **Ausnahme** hiervon ist aber zu machen, wenn der Mieter mitteilt, dass der bisherige Vermieter sich deshalb geweigert habe, weil der Mieter **keinen Rechtsanspruch auf ein Vermieterzeugnis** habe. Nach der Rechtsprechung ist der (bisherige) Vermieter nämlich nicht verpflichtet, dem Mieter zur Vorlage bei dem neuen Vermieter eine sog. **Mietschuldenfreiheitsbescheinigung** zu erteilen,[39] was für das noch weiter reichende „Vermieterzeugnis" erst recht gelten dürfte, da es insoweit auch an einer Anspruchsgrundlage des Mieters gegenüber dem alten Vermieter fehlt.

Beispiel
Bescheinigung des Vermieters („Vermieterzeugnis")

Name und Anschrift des Vermieters: ____________________
____
Telefonnummer des Vermieters: ____________________
Name und Anschrift des Mieters: ____________________
____
Beginn des derzeitigen Mietverhältnisses: ____________________
Wurden/Werden die Miete und Betriebskosten pünktlich und vollständig gezahlt? ☐ ja ☐ nein
Wurde die Kaution pünktlich und vollständig gezahlt? ☐ ja ☐ nein
Gibt es Zahlungsrückstände? ☐ ja ☐ nein
Wenn ja, welche und in welcher Höhe? ____________ €

Hat der Mieter gegen seine sonstigen Verpflichtungen verstoßen? ☐ ja ☐ nein
Wenn ja, gegen welche? ____________________
Wer hat den Mietvertrag gekündigt? ☐ Mieter ☐ Vermieter

Der Vermieter versichert, alle Angaben richtig und vollständig gemacht zu haben.

____________________ ____________________
Ort, Datum Unterschrift Vermieter

Beruft sich der Mietbewerber darauf, dass er keinen Anspruch auf die Bestätigung 39
des alten Vermieters habe bzw. dieser die Erteilung einer Bestätigung abgelehnt habe, so kann der Vermieter dies – taktisch – zum Anlass nehmen, dem Mieter anzubieten, er könne **„einmal mit dem bisherigen Vermieter reden"**, um dessen Kontaktdaten zu erhalten und mit ihm Rücksprache nehmen zu können.

---

39 BGH, Urt. v. 30.9.2009 – VI-II ZR 238/08 –.

! **Praxistipp**

Der Vermieter sollte sich vom Mietbewerber
- entweder die **Kommunikationsdaten des bisherigen Vermieters** geben lassen, um mit diesem Rücksprache zu nehmen, um Informationen über den Verlauf des alten Mietverhältnisses zu erhalten oder
- ein **schriftliches Vermieterzeugnis** über Zahlungen, Zahlungsverspätungen, Minderungen und etwaige Zahlungsrückstände etc. verlangen.

2. Rechtsfolgen bei Falschangaben des bisherigen Vermieters

40 Bei Falschangaben des alten Vermieters gegenüber dem neuen Vermieter und daraus resultierenden Nachteilen des Vermieters kommen grundsätzlich in zivilrechtlicher Hinsicht **Schadensersatzansprüche** als auch eine **Strafbarkeit** des Auskunft erteilenden alten Vermieters in Betracht. Dabei kommt es jedoch sehr stark auf den konkreten Einzelfall an.[40]

3. Grenzen

41 Die praktischen Grenzen von Auskünften des Altvermieters über den Verlauf des Mietverhältnisses mit dem Mietbewerber liegen im Wesentlichen in Falschangaben des Altvermieters zugunsten des Mietbewerbers begründet. In subjektiver Hinsicht liegt bei dem bisherigen Vermieter oft die Motivation für derartige Falschangaben darin, seinen **Mieter „möglichst schnell loszuwerden"**, da gerade Langzeitmietschuldner und insbesondere Mietnomaden erst kurz vor einer Zwangsräumung ausziehen und Ersatzwohnraum benötigen. Vor diesem Hintergrund sind Altvermieterbescheinigungen gerade bei Langzeitmietschuldnern und insbesondere Mietnomaden in der Praxis keine seltene Ausnahme. Manchmal stellt sich bei **zusätzlicher telefonischer oder persönlicher Befragung** des alten Vermieters heraus, dass dieser gerade aus einer solchen Motivation heraus im Rahmen der schriftlichen Bescheinigung falsche Angaben gemacht hat.[41]

! **Praxistipp**

Bei schriftlichen Bescheinigungen des Altvermieters immer das **telefonische oder persönliche Gespräch** mit dem bisherigen Vermieter suchen, um die dortigen schriftlichen Angaben nochmals zu hinterfragen und sich einen persönlichen Eindruck zu verschaffen.

40 So auch *Dittert*, jurisPR-MietR 25/2009, Anm. 5.
41 So auch *Dittert*, jurisPR-MietR 25/2009, Anm. 5.

4. Selbsterkenntnis

Jeder Vermieter, der einmal von einem nicht zahlenden Mieter betroffen war und wollte, dass dieser möglichst schnell auszieht, muss sich fragen, ob er guten Gewissens eine solche Bescheinigung ausstellen kann, um den Mieter loszuwerden (es ist ein wenig wie beim „Schwarzer Peter"-Spiel). Um zivil- und strafrechtliche Haftung zu vermeiden, ist dringend von falschen Angaben in solchen Vermieterbescheinigungen abzuraten. 42

III. Einkommensnachweis

Nach der eingangs genannten Studie haben **41,16 %**[42] der Vermieter, die überhaupt Informationen von dem Mietbewerber verlangt haben, die Vorlage eines Einkommensnachweises des Mieters verlangt.[43] Damit haben **weniger als 15 %**[44] **der befragten Vermieter insgesamt einen Einkommensnachweis gefordert,** obwohl er der wichtigste Nachweis für die Bonität des Mietbewerbers ist und dieser Nachweis von dem Mietbewerber sehr einfach erbracht werden kann. 43

1. Zulässigkeit

Wenn der Vermieter in zulässiger Weise nach dem Einkommen des Mietbewerbers fragen darf, dann kann er sich dies auch in prüffähiger Form belegen lassen. 44

2. Nachweise/Belege

Bei den vermieterseitig anzufordernden Einkommensnachweisen ist zwischen einem nicht selbstständigen Arbeitnehmer (Arbeiter oder Angestellter) und einem Selbstständigen als Mietbewerber zu unterscheiden. 45

a) Mietbewerber Arbeitnehmer

Bei einem solchen Bewerber sollte der Vermieter die **Lohn- und Gehaltsabrechnungen** in Kopie für die letzten sechs (besser noch: zwölf Monate) bis hin zur möglichst aktuellsten Abrechnung bei dem Mietbewerber anfordern. Hieraus kann der Vermieter folgende Informationen gewinnen: 46

42 Bezogen auf das Drittel der Vermieter, welche überhaupt Informationen eingeholt haben.

43 *Artz/Jacoby*, S. 23.

44 Bezogen auf die Gesamtzahl der befragten Vermieter.

aa) Einkommensnachweis

47 Der Vermieter erhält einen prüffähigen Nachweis über das tatsächliche Nettoeinkommen des Mietbewerbers und ist nicht ausschließlich auf die möglicherweise unrichtigen oder zumindest unvollständigen Selbstangaben des Mietbewerbers angewiesen.

bb) Arbeitgeberdaten

48 Ferner enthält die Lohn- und Gehaltsabrechnung die **Daten des Arbeitgebers.** Das ermöglicht dem Vermieter, Rückschlüsse darauf zu ziehen, ob es sich um ein

- Groß- oder Kleinunternehmen,
- insolvenzbedrohtes Unternehmen,
- Unternehmen mit bevorstehenden Entlassungen,
- Saisonarbeitsunternehmen etc.

handelt, was Einfluss auf die Leistungsfähigkeit des Mietbewerbers haben kann.

cc) Kündigungsschutz im Arbeitsverhältnis

49 Nur bei Unternehmen mit mehr als zehn Arbeitnehmern – bei Beginn des Arbeitsverhältnisses vor dem 1.1.2004 von mehr als fünf Arbeitnehmern – genießt der Mietbewerber als Arbeitnehmer **Kündigungsschutz nach dem Kündigungsschutzgesetz** (der allerdings erst nach Ablauf von sechs Monaten Betriebszugehörigkeit einsetzt). In Kleinbetrieben gilt dieser Kündigungsschutz nicht und die Einnahmen aus dem Arbeitsverhältnis sind für die Zukunft nicht gesichert.

dd) Beginn des Arbeitsverhältnisses

50 Wenn keine Besonderheiten im Arbeitsverhältnis bestehen, so ist das ursprüngliche **Eintrittsdatum als Arbeitnehmer** in der Lohn- und Gehaltsabrechnung angegeben, sodass der Vermieter prüfen kann, wie lange der Mietbewerber bereits bei seinem jetzigen Arbeitgeber beschäftigt ist. Problematisch sind Arbeitsverhältnisse mit einer **Betriebszugehörigkeit von weniger als sechs Monaten**: Im Allgemeinen gilt innerhalb der ersten sechs Monate eine Probezeit und der Arbeitsvertrag kann arbeitgeberseitig mit einer **Kündigungsfrist von meist nur vierzehn Tagen ohne Angabe von Gründen** gekündigt werden.

ee) Steuerklasse

Schlussendlich kann aus der Lohn- und Gehaltsabrechnung die Steuerklasse entnommen werden und damit können zumindest gewisse **Rückschlüsse über die persönlichen Verhältnisse** des Mietbewerbers gezogen werden. 51

Praxistipp !
Bei einem Arbeitnehmer (Arbeiter oder Angestellter) als Mietbewerber sollte der Vermieter immer aktuelle **Lohn- und Gehaltsabrechnungen** in Kopie anfordern, um die Einkommensverhältnisse nachvollziehbar überprüfen zu können und insbesondere um die sich daraus ergebenden wichtigen **„Sekundärinformationen"** zu erhalten.

---

ff) Arbeitsvertrag

Auch hier ist auf Aktualität zu achten. Vorsicht jedoch bei ganz kurz zuvor abgeschlossenen Verträgen! Im Übrigen ist Papier geduldig: Eine Überprüfung, ob der Arbeitgeber überhaupt existiert, ist anzuraten. Dabei sollte man jedoch diskret vorgehen.[45] Ein direkter Anruf beim Arbeitgeber mit dem Ziel zu fragen, ob der Interessent dort überhaupt beschäftigt ist, ist nur zulässig, wenn der Interessent sich ausdrücklich damit einverstanden erklärt hat. 52

b) Mietbewerber selbstständig

Ist der Mietbewerber selbstständig, so sollte der Vermieter sich zur Überprüfung der Einkommensverhältnisse einen möglichst **aktuellen Einkommensteuerbescheid** des Finanzamtes vorlegen lassen. Um die aktuelle Einkommenssituation nachzuweisen, sollte eine **betriebswirtschaftliche Auswertung mit schriftlicher und unterzeichneter Bestätigung der Richtigkeit und Vollständigkeit durch den Steuerberater** verlangt werden. Gerade Letzteres ist wichtig, weil ein einfacher Ausdruck einer betriebswirtschaftlichen Auswertung ohne Bestätigung der Steuerberatung nicht manipulationssicher ist. 53

Bei Selbstständigen kommt die Vorlage des Einkommensteuerbescheids im Bereich der Wohnraumvermietung in Betracht. Auch hier muss natürlich auf Aktualität geachtet werden. Bei der Vermietung von Gewerberaum an Selbstständige, die dort ein Ladengeschäft oder Ähnliches betreiben wollen, ist der Einkommensteuerbescheid unverzichtbar. 54

---

45 Die meisten Arbeitgeber wird man im Internet finden.

3. Grenzen

55 Auch die tauglichen Einkommensnachweise des Mietbewerbers haben Grenzen: Jede Form von Einkommensnachweis bezieht sich **ausschließlich auf die Vergangenheit** und ermöglicht damit nur eine begrenzte Prognose hinsichtlich der zukünftigen und insbesondere längerfristigen Leistungsfähigkeit des Mieters. Der Arbeitnehmer kann seine Arbeit durch Kündigung oder Insolvenz des **Arbeitgebers** verlieren, was zu einer deutlichen Reduzierung der Einkommensverhältnisse führt. Der Selbstständige kann von einer **negativen Auftragsentwicklung** bis hin zur **Insolvenz** bedroht und sogar auf staatliche Leistungen angewiesen sein. Dennoch ist die konkrete Überprüfung der Einkommensverhältnisse des Mietbewerbers auf der Grundlage der Einkommensnachweise der Vergangenheit immer noch die beste Möglichkeit, eine **Leistungsfähigkeitsprognose für die Zukunft** abzugeben und insbesondere bereits vor der Vermietung die Leistungsschwachen auszusondern.

56 Aus diesen Nachweisen kann man jedoch nicht ersehen, ob der Mieter überhaupt zahlungswillig ist, denn er kann trotz wirtschaftlicher Leistungsfähigkeit einfach keine Zahlung leisten, weil er nicht zahlen **will**. In diesen Fällen nutzt dem Vermieter auch der beste Einkommensnachweis nichts. Ein Mieter, der rein wirtschaftlich „zahlungsfähig" ist und über ein ausreichendes Einkommen verfügt, das ihm die Zahlung der Miete und Betriebskostenvorauszahlung ermöglichen würde, aber der **„zahlungsunwillig"** ist, weil er seine Einnahmen für andere Zwecke verbraucht, kann durch den Einkommensnachweis nicht ermittelt werden. Kurz gesagt: Dass ein Mieter und insbesondere ein Mietnomade zahlen kann, bedeutet nicht, dass er auch zahlt.

IV. Zahlungsnachweise über die Zahlung der früheren Miete und Betriebskostenvorauszahlung

57 Sinnvoll ist es, wenn der Vermieter den Mietbewerber über sein bisheriges Zahlungsverhalten im Rahmen seines bestehenden Mietvertrages befragt und sich die Angaben nachweisen lässt.

1. Zulässigkeit

Ob das Verlangen des Vermieters gegenüber einem Mietbewerber, Nachweise über sein bisheriges Zahlungsverhalten bezüglich des Mietverhältnisses vorzulegen, zulässig ist, ist **umstritten.**[46] 58

2. Nachweise/Belege

Das Zahlungsverhalten im Rahmen des bisherigen Mietverhältnisses kann anhand von **Kopien von Kontoauszügen** der letzten sechs bis zwölf Monate nachvollzogen werden. Ein weiterer Nachweis ist eine Zahlungsquittung des alten Vermieters darüber, dass die Miete und Betriebskostenvorauszahlungen stets pünktlich und vollständig gezahlt wurden und keine Zahlungsrückstände bestehen. Da eine solche **Zahlungsquittung** jedoch ebenso wie das „Vermieterzeugnis" Falschangaben des alten Vermieters enthalten kann, sollte der Vermieter sich besser entsprechende **Kontoauszüge in Kopie** vorlegen lassen. 59

Praxistipp **!**

Die Vorlage von **Kontoauszügen** durch den Mietbewerber zum Nachweis des Zahlungsverlaufes im Rahmen des Altmietvertrages hat neben den entsprechenden Informationen den Vorteil, dass sich aus den **Kontoauszügen die Bankdaten** des Mietbewerbers entnehmen lassen, was für den Vermieter im Falle einer später erforderlich werdenden Zwangsvollstreckung gegenüber dem Mieter in Form einer **Kontopfändung** wertvoll sein kann.

---

3. Grenzen

Die Grenzen bei entsprechenden Nachweisen liegen einerseits darin begründet, dass Zahlungsquittungen oder Zahlungsbestätigungen des alten Vermieters **Falschangaben** enthalten können sowie andererseits darin, dass bei der Vorlage von Kontoauszügen trotz der dort angegebenen Beträge sich nicht ergibt, ob regelmäßig die **volle Miete und Betriebskostenvorauszahlung** geleistet wurde. Hat der Mietbewerber beispielsweise unter der falschen Behauptung von Mietmängeln regelmäßig nur eine reduzierte Miete und Betriebskostenvorauszahlung geleistet, so lässt sich dies und die daraus resultierenden Zahlungsrückstände den Kontoauszügen nicht entnehmen. 60

Ebenso lässt sich den Kontoauszügen auch nicht entnehmen, ob der Mietbewerber im Rahmen des bisherigen Mietvertrages **Schäden** an der Mietsache verursacht hat und/oder die Wohnung in **vermülltem Zustand zurückgelassen** 61

---

46 *Lammel*, AnwZert MietR 4/2009, Anm. 1.

hat. Gerade beim sog. **Messie-Syndrom** gibt es auch den Fall, dass der Mieter zwar regelmäßig seine Miete und Betriebskostenvorauszahlung geleistet hat, jedoch die Wohnung vollständig vermüllt und damit erhebliche Schäden verursacht hat.

V. Auskunft aus dem Schuldnerverzeichnis

62 Bis Ende 2012 wurden bei den Amtsgerichten sog. Schuldnerkarteien geführt, die auch als Informationsquelle für den Vermieter dienen können.

! **Praxistipp**
Die **Informationen aus der Schuldnerkartei sind in der Regel auch in der sog. Schufa-Selbst-Auskunft enthalten,** welche der Mietbewerber dort einholen und dem Vermieter vorlegen kann. Fordert der Vermieter vom Mietbewerber eine solche Selbstauskunft, so erspart er sich die eigene Anfrage an die Schuldnerkartei.

---

63 Der Gesetzgeber hat dieses Verfahren mit Wirkung zum 1.1.2013 mittlerweile reformiert, sodass für jedes Bundesland ein zentrales Schuldnerverzeichnis eingerichtet wurde. Grund dafür ist, dass der Gesetzgeber den Schutz des Rechtsverkehrs vor zahlungsunfähigen und zahlungsunwilligen Vertragspartnern verbessern will.[47] Während einer Übergangsfrist von fünf Jahren, also bis Ende 2017, können sich noch Eintragungen in den örtlichen Schuldnerverzeichnissen der Amtsgerichte finden. Eine Übertragung der bestehenden Eintragungen aus den lokalen Schuldnerverzeichnissen in das zentrale Schuldnerverzeichnis findet nicht statt. Erst wenn alle Löschungsfristen (grundsätzlich drei Jahre) abgelaufen sind, werden die lokalen Schuldnerverzeichnisse gelöscht.

64 Die gesetzliche Regelung über den Inhalt des Schuldnerverzeichnisses findet sich jetzt in § 882b ZPO. Dieser hat folgenden Wortlaut:

> „§ 882b Inhalt des Schuldnerverzeichnisses
> *(1) Das zentrale Vollstreckungsgericht nach § 882h Abs. 1 führt ein Verzeichnis (Schuldnerverzeichnis) derjenigen Personen,*
> 1. *deren Eintragung der Gerichtsvollzieher nach Maßgabe des § 882c angeordnet hat;*
> 2. *deren Eintragung die Vollstreckungsbehörde nach Maßgabe des § 284 Abs. 9 der Abgabenordnung angeordnet hat; einer Eintragungsanordnung nach § 284 Abs. 9 der Abgabenordnung steht die Anordnung der Eintragung in das Schuldnerverzeichnis durch eine Vollstreckungsbehörde gleich, die auf Grund einer gleichwertigen Regelung durch Bundesgesetz oder durch Landesgesetz ergangen ist;*

47 *Goebel*, § 9 Rn 3.

3. *deren Eintragung das Insolvenzgericht nach Maßgabe des § 26 Absatz 2 oder des § 303a der Insolvenzordnung angeordnet hat.*

(2) Im Schuldnerverzeichnis werden angegeben:

1. *Name, Vorname und Geburtsname des Schuldners sowie die Firma und deren Nummer des Registerblatts im Handelsregister,*
2. *Geburtsdatum und Geburtsort des Schuldners,*
3. *Wohnsitze des Schuldners oder Sitz des Schuldners,*

einschließlich abweichender Personendaten.

(3) Im Schuldnerverzeichnis werden weiter angegeben:

1. *Aktenzeichen und Gericht oder Vollstreckungsbehörde der Vollstreckungssache oder des Insolvenzverfahrens,*
2. *im Fall des Absatzes 1 Nr. 1 das Datum der Eintragungsanordnung und der gemäß § 882c zur Eintragung führende Grund,*
3. *im Fall des Absatzes 1 Nr. 2 das Datum der Eintragungsanordnung und der gemäß § 284 Abs. 9 der Abgabenordnung oder einer gleichwertigen Regelung im Sinne von Absatz 1 Nr. 2 Halbsatz 2 zur Eintragung führende Grund,*
4. *im Fall des Absatzes 1 Nummer 3 das Datum der Eintragungsanordnung sowie die Feststellung, dass ein Antrag auf Eröffnung des Insolvenzverfahrens über das Vermögen des Schuldners mangels Masse gemäß § 26 Absatz 1 Satz 1 der Insolvenzordnung abgewiesen wurde, oder bei einer Eintragung gemäß § 303a der Insolvenzordnung der zur Eintragung führende Grund und das Datum der Entscheidung des Insolvenzgerichts."*

1. Zulässigkeit

Die Einholung einer Auskunft aus dem Schuldnerverzeichnis bei dem zentralen Vollstreckungsgericht[48] ist dann zulässig, wenn der Vermieter sein „berechtigtes Interesse" an der Erlangung der Auskunft aus der Schuldnerkartei glaubhaft macht. Ein berechtigtes Interesse ist u. a. dann gegeben, wenn die Auskunft dazu benötigt wird, ***„um wirtschaftliche Nachteile abzuwenden, die daraus entstehen können, dass Schuldner ihren Zahlungsverpflichtungen nicht nachkommen".*** Jede Anfrage bei der Schuldnerkartei zu der jeweils angefragten Person wird **gespeichert**. 65

2. Grenzen

Die Grenzen der Auskunft aus der Schuldnerkartei liegen im **zeitlichen Rahmen** und inhaltlich darin, dass sich die Informationen aus der Schuldnerkartei nur auf **ganz bestimmte Merkmale beschränken.** 66

48 Zuständigkeit abrufbar über das zentrale Vollstreckungsportal der Justiz im Internet: https://www.vollstreckungsportal.de.

a) Grenze der Auskunftsmerkmale

67 Aus dem Schuldnerverzeichnis ist (lediglich) zu erfahren, ob gegenüber dem Mietbewerber ein Verfahren auf **Abgabe der Vermögensauskunft/eidesstattlichen Versicherung** über seine Vermögensverhältnisse anhängig ist oder ein **Haftbefehl zur Erzwingung** dieser Vermögensauskunft gegenüber dem Schuldner ergangen ist. Dies setzt grundsätzlich einen Titel und damit ein bereits abgeschlossenes gerichtliches Verfahren und danach eingeleitete Vollstreckungsmaßnahmen voraus. Das bedeutet aber auch, dass beispielsweise eine **gerichtliche Rechtsverfolgung des früheren Vermieters des Mietbewerbers mit Zwangsvollstreckung,** ohne dass es zur Abgabe der eidesstattlichen Versicherung oder dem Erlass eines Haftbefehls gekommen ist, sich aus dem Schuldnerverzeichnis **nicht entnehmen lässt.**

b) Zeitliche Grenzen

68 In zeitlicher Hinsicht sind in dem Schuldnerverzeichnis grundsätzlich nur die vorgenannten Merkmale bei Vorliegen innerhalb der **letzten drei Jahre** enthalten, da ältere Angaben gelöscht werden. Außerdem hat der im Schuldnerverzeichnis eingetragene Schuldner die Möglichkeit, die **vorzeitige Löschung** zu beantragen, wenn er den Gläubiger befriedigt hat und damit der Eintragungsgrund weggefallen ist.

69 Von wesentlich entscheidenderer Bedeutung in zeitlicher Hinsicht ist jedoch, dass ein Antrag auf Abgabe der eidesstattlichen Versicherung über die Vermögensverhältnisse des Schuldners oder der Erlass eines Haftbefehls zur Erzwingung der Abgabe der eidesstattlichen Versicherung voraussetzen, dass gegen den Schuldner bereits ein **vollstreckbarer Titel** ergangen ist, aus dem die Zwangsvollstreckung diesem gegenüber betrieben wird. Vor dem Hintergrund, dass ein vollstreckbarer Titel gegenüber dem Schuldner gerade bei geübten Langzeitmietschuldnern und insbesondere bei Mietnomaden vom Zeitpunkt der Einstellung der Zahlung bis zum Vorliegen des Titels eine statistische **Rechtsverfolgungsdauer im Durchschnitt von 15,5 Monate**[49] bedeutet, ist die Auskunft aus der Schuldnerkartei für die Beurteilung des Mietbewerbers in den letzten ein bis zwei Jahren **keine ausreichende Informationsgrundlage**. Gerade in diesen Fällen sind Rechtsverstöße und Rechtsverfolgungen einschließlich Zwangsvollstreckung nur dann dokumentiert, wenn die Einstellung der Zahlung durch den Mieter in der Regel deutlich mehr als ein Jahr oder länger zurückliegt.

---

49 *Artz/Jacoby*, S. 33.

Schlussendlich muss man einkalkulieren, dass zwischen der Beantragung einer Auskunft aus der Schuldnerkartei bis zur Erteilung der Auskunft durch das Amtsgericht oftmals **erhebliche Zeitspannen von mehreren Wochen** verstreichen können, was insbesondere dann problematisch ist, wenn sich der Mietbewerber erst kurze Zeit vor dem Zeitpunkt der beabsichtigten Neuvermietung bei dem Vermieter vorstellt. 70

c) Länderbezogenes Schuldnerverzeichnis

Eintragungen in das Schuldnerverzeichnis erfolgen nur bei dem zentralen Gericht des Bundeslands, in dem der Schuldner entweder bei Vorliegen der Eintragungsvoraussetzungen seinen Wohnsitz hat oder wenn er bei einem Amtsgericht desselben Bundeslands die eidesstattliche Versicherung vor dem Gerichtsvollzieher abgegeben hat. Dies bedeutet, dass bei einem **Umzug des Schuldners/Mietbewerbers** in ein anderes Bundesland als dem, in welchem die Eintragungen im Schuldnerverzeichnis vorliegen, diese **Eintragungen nicht „mit umziehen“**, sodass es durchaus sein kann, dass der Schuldner/Mietbewerber Eintragungen in einem Schuldnerverzeichnis eines anderen Bundeslands hat, nicht jedoch bei dem, wo er seinen aktuellen Wohnsitz hat. 71

3. „Alte“ Schuldnerverzeichnisse

Zur Sicherheit muss der Vermieter bis zur endgültigen Schließung der lokalen Schuldnerverzeichnisse auch bei diesen nachfragen, zumindest bis Ende 2015, weil bis Ende 2012 vorgenommene Eintragungen jeweils erst drei Jahre später gelöscht werden. 72

Praxistipp !

Der Vermieter sollte zur Erlangung von Informationen über den Mieter versuchen, eine Auskunft aus dem Schuldnerverzeichnis des Bundeslands, das für den **aktuellen Wohnsitz** des Mietbewerbers zuständig ist, zu erhalten sowie diesen danach fragen, ob er in den letzten drei Jahren **umgezogen** ist. Soweit dies der Fall ist, sollte der **frühere Wohnort** erfragt und ggf. beim abweichenden zuständigen zentralen Vollstreckungsgericht ebenfalls eine Auskunft aus dem Schuldnerverzeichnis angefordert werden. Außerdem sollte eine Auskunft bei dem Schuldnerverzeichnis des Amtsgerichts, bei dem der Mietbewerber seinen letzten Wohnsitz hatte, eingeholt werden.

VI. Schufa-(Selbst-)Auskunft

73 Die Schufa, früher: Schutzgemeinschaft für allgemeine Kreditsicherung, ist eine privatrechtliche Wirtschaftsauskunftei in der Gesellschaftsform der Aktiengesellschaft, die Daten von 66,2 Mio. natürlichen Personen gespeichert hat.[50] Gespeichert sind dort **Kontodaten** sowie **Kredit- und Leasingverträge,** wobei hierzu **Zahlungsstörungen, gerichtliche Rechtsverfolgungen, eidesstattliche Versicherungen, Haftbefehle** zur Abgabe der eidesstattlichen Versicherung, **Insolvenz/Privatinsolvenz** sowie die Einstellung der Verbraucherinsolvenz mangels Masse und weitere Daten gespeichert sind. Die Quellen sind hierbei vorwiegend Kreditinstitute, Leasinggesellschaften, Telekommunikationsunternehmen sowie Unternehmen, welche Leistungen und Lieferungen gegen Kredit gewähren.

74 Da der „einfache" Vermieter bezüglich des Mietbewerbers auch mit dessen Zustimmung nicht unmittelbar eine Auskunft bei der Schufa einholen kann, wird **in der Praxis** der Weg gewählt, dass der Mietbewerber eine **„Selbstauskunft" bei der Schufa** einholt und dem Vermieter vorlegt. **In der Praxis** machen von dieser Möglichkeit sowie der Inanspruchnahme sonstiger Auskunfteien gem. der eingangs genannten Studie unter den befragten betroffenen Vermietern, die überhaupt Informationen einholen, nur ca. 20 %[51] Gebrauch.[52] Bezogen auf die Gesamtzahl der befragten Vermieter machen **nicht einmal 7 % von der Schufa-Selbst-Auskunft** oder sonstigen Auskunfteien Gebrauch. Über 90 % haben auf eine wichtige und effektive Informationsquelle verzichtet.

! **Praxistipp**
Der Vorteil der Schufa-Selbst-Auskunft liegt darin, dass darin insbesondere auch die **Daten aus der Schuldnerkartei der Amtsgerichte** enthalten sind. Zudem muss sie der Mietbewerber einholen und dem Vermieter vorlegen.

---

1. Zulässigkeit

75 Ob es vonseiten des Vermieters zulässig ist, von dem Mietbewerber die Vorlage einer Schufa-Selbst-Auskunft zu verlangen, ist **umstritten.**[53] **In der Praxis** wird

---

50 Schufa Holding AG, Jahresbericht 2011.

51 Bezogen auf das Drittel der Vermieter, welche überhaupt Informationen eingeholt haben.

52 *Artz/Jacoby*, S. 23.

53 *Intveen*, MietRB 2006, 222 unter Hinweis auf den 15. Tätigkeitsbericht des Bundesbeauftragten für den Datenschutz, S. 435.

die Anforderung einer Schufa-Selbst-Auskunft bei dem Mietbewerber jedoch regelmäßig **akzeptiert und erfüllt.**

2. Grenzen

Der Informationswert der Auskunft ist jedoch deshalb begrenzt, weil die erhobenen Merkmale nach dem Zweck der Datenerhebung und Datenspeicherung dazu dienen sollen, kreditgebenden Unternehmen eine Risikobeurteilung im Kredit- und Ratenzahlungsgeschäft zu geben. Kommt der Mietbewerber beispielsweise seinen Zahlungsverpflichtungen gegenüber der Bank nicht nach, so ist dies im Rahmen der Schufa-Auskunft ersichtlich. **Leistungsstörungen bei einem Mietvertrag werden nicht erfasst.** Hat der Mietbewerber gegenüber seinem privaten Vermieter in den letzten zwölf Monaten keinerlei Miete gezahlt und strengt dieser gegenüber dem Mietbewerber eine Zahlungs- und Räumungsklage an, so ist dies aus der Schufa-Auskunft nicht ersichtlich. Soweit die Schufa auf Daten aus den Schuldnerkarteien der Amtsgerichte zurückgreift, kann auf die dort angegebenen Einschränkungen Bezug genommen werden. 76

Praxistipp !

Im Rahmen der Informationsbeschaffung über den Mietbewerber sollte der Vermieter auch eine Schufa-Selbst-Auskunft fordern, um sich zumindest über das **sonstige Zahlungsverhalten** des Mietbewerbers ebenso zu unterrichten wie über eine **eidesstattliche Versicherung, Haftbefehl** zur Abgabe der eidesstattlichen Versicherung oder **Insolvenz** des Mietbewerbers.

VII. Wirtschaftsauskunfteien

Neben der sehr speziellen Schufa als Wirtschaftsauskunftei mit dem Schwerpunkt der Erbringung der Dienstleistungen für kreditgebende Unternehmen gibt es auch noch die **„allgemeinen“ Wirtschaftsauskunfteien,** welche gegen entsprechende Gebühr Auskünfte im Rahmen der dort vorhandenen Daten über Privatpersonen oder Gesellschaften in Form von juristischen Personen zur Verfügung stellen. Diese sind inhaltlich abzugrenzen von den sog. Vermieterdatenbanken, wobei Letztere lediglich Vermieterdaten bündeln, speichern und gebührenpflichtig als Auskunft zur Verfügung stellen. 77

1. Zulässigkeit

Zur Zulässigkeit des Zugriffes auf Wirtschaftsauskunfteien durch den Vermieter werden keine nennenswerten Bedenken angemeldet; dies insbesondere dann 78 nicht, wenn namhafte Großunternehmen in datenschutzrechtlich zulässiger Weise Daten sammeln und zur Verfügung stellen.

2. Grenzen

79 Die Grenze der Brauchbarkeit der Daten liegt auch hier einerseits in dem **Inhalt und der Qualität** der Daten begründet sowie andererseits in der **Aktualität** der Daten. So greifen gerade Wirtschaftsauskunfteien auch auf Daten aus den **Schuldnerverzeichnissen der Amtsgerichte sowie der Schufa** zurück, sodass auf die dortigen Grenzen für die Informationsverschaffung als Vermieter angeknüpft werden kann. Ebenso kann auf die Aktualität der Daten auf die dortigen Grenzen in der Verwertbarkeit für den Vermieter Bezug genommen werden. Auch Wirtschaftsauskunfteien liefern in der Regel keine Daten über die Nichtzahlung von Mietern sowie der erforderlichen Rechtsverfolgung des Vermieters diesem gegenüber in Form der Zahlungs- und Räumungsklage.

80 Insbesondere die **Praxis der professionellen Vermieter** in Form der Inanspruchnahme von mehreren Informationsquellen, so auch neben der Schufa-Selbst-Auskunft die Einholung von Auskünften aus Wirtschaftsauskunfteien – insbesondere bei der Gewerberaumvermietung an selbstständige und juristische Personen – zeigt, dass die Nutzung von Wirtschaftsauskunfteien für den Vermieter sinnvoll ist und diesem weitere Informationen für die Beurteilung des Mietbewerbers zur Verfügung stellen kann.

! **Praxistipp**
Insbesondere bei der Vermietung an **Selbstständige oder juristische Personen** sollte der Vermieter die Auskunft einer namhaften und großen Wirtschaftsauskunftei einholen, um sich über den diesbezüglichen Mietbewerber zu unterrichten.

---

81 Auskunfteien erteilen Auskünfte, allerdings nur an registrierte Teilnehmer. Diese Auskünfte sind allerdings beschränkt auf „harte" Kriterien wie Insolvenzverfahren und Abgabe der Vermögensauskunft. Es ist darauf zu achten, dass der Mietinteressent genau identifiziert werden kann, insbesondere wenn er einen oft vorkommenden Namen führt (z. B. Müller oder Schmidt), damit es nicht zu Verwechslungen kommt.[54]

---

54 Dabei stellt die ungerechtfertigte Ablehnung eines Interessenten wegen angeblich nicht vorliegender Bonität noch das geringste Problem dar; viel schlimmer ist der umgekehrte Fall des eigentlich bekannt insolventen Mieters, der infolge einer falschen Auskunft den Mietvertrag bekommt.

Praxistipp
Über eine Mitgliedschaft in einer Vermietervereinigung wie Haus & Grund, die wiederum mit einem Auskunftsunternehmen kooperiert, kann der Vermieter schnell und unbürokratisch sowie kostengünstig Auskunft erhalten.

VIII. Bankauskunft

Ein akzeptabler Nachweis für die Bonität eines Mietinteressenten ist die positive 82
Auskunft seiner Hausbank. Dabei gibt es entweder die Möglichkeit, dass der Vermieter selbst bei der Bank nachfragt, was wegen des Datenschutzes umständlich und zeitraubend sein kann, oder dass der Mietinteressent selbst eine entsprechende aktuelle Auskunft vorlegt, wobei wiederum ein Fälschungsrisiko besteht.

Praxistipp
Ein gutes Anzeichen für die Bonität eines Interessenten ist es, wenn dieser als Sicherheit eine Bankbürgschaft seiner Hausbank anbietet (und diese auch tatsächlich gegeben wird). Mietnomaden haben keine Hausbank und bekommen keine Bürgschaft. Vorsicht bei den in letzter Zeit angebotenen Kautionsversicherungen: Das ist wiederum kein Zeichen für Bonität.

IX. Internet

Völlig legal und ohne Nachweis eines berechtigten Interesses ist es möglich, über 83
eine gemeinsame Website der Landesjustizverwaltungen festzustellen, ob über eine bestimmte Person oder Firma ein Insolvenzverfahren anhängig ist.[55] Dabei ist es wichtig zu wissen, dass unter der Suchfunktion „Umfassende Auskunft" nur Einträge und Veröffentlichungen der letzten 14 Tage vor der Abfrage auffindbar sind. Es muss daher die Suchfunktion „Detail-Auskunft" gewählt werden. Neben dem Namen des zu Suchenden müssen mindestens das Bundesland und das zuständige Insolvenzgericht eingegeben werden. Bei Mietinteressenten sollte daher das für den letzten Wohnort zuständige Insolvenzgericht ausgewählt werden. Eine völlig sichere Garantie gibt es nicht, wenn der Mietinteressent etwa mehrfach kürzlich umgezogen ist und ein Insolvenzverfahren bei einem weiter entfernten Gericht läuft.

55 Abrufbar unter http://www.insolvenzbekanntmachungen.de.

X. Vermieterdatenbanken

84 Zusammen mit dem Phänomen geübte Langzeitmietschuldner und Mietnomaden sind sog. Vermieterdatenbanken in vielfältiger Form, Bezeichnung und Qualität hinsichtlich von gebührenpflichtig angebotenen Daten entstanden. Ziel soll es sein, dass ein **Austausch von „Vermieter zu Vermieter“** über unterschiedliche, gewöhnlich gebührenpflichtige Plattformen erfolgt. Dabei sollen die bei den sonstigen Informationsquellen nicht erfassten Merkmale wie Zahlungsverzug des Mieters, Klageverfahren des Vermieters auf Zahlung, Räumung, Schadensersatz etc. frühzeitig berücksichtigt werden und insbesondere vor Mietnomaden unter namentlicher Nennung gewarnt werden.

1. Zulässigkeit

85 Die Zulässigkeit der Datenerhebung in Vermieterdatenbanken wird als **„zumindest fragwürdig“** qualifiziert sowie korrespondierend hierzu die Verwertung der Daten durch den abfragenden Vermieter als **„problematisch“**.[56] Die Vermieterdatenbanken sind auf dem **Gegenseitigkeitsprinzip** aufgebaut, sodass jeder teilnehmende Vermieter nicht nur Daten zu Mietern und Mietinteressenten abfragen, sondern auch selbst Mieterdaten zur Verfügung stellen soll, womit er gegen Datenschutzrecht verstößt, wenn ihm die Mieterdaten nur zum Zwecke der Prüfung der Vermietung an den Mietbewerber und nicht zur Weitergabe und Veröffentlichung an Dritte zur Verfügung gestellt wurden.

2. Grenzen

86 Die **Qualität und damit die Verwertbarkeit** der in Vermieterdatenbanken zur Verfügung gestellten Informationen lassen sich nicht abschließend beurteilen, zumal teilweise ein Zugang, um als Vermieter einen ersten Eindruck gewinnen zu können, die in der Regel gebührenpflichtige Teilnahme an der Vermieterdatenbank voraussetzt. Selbst wenn man unterstellt, dass von Mietnomaden betroffene Vermieter sich die Mühe machen, Daten an ein solches Register zu geben, so werden sie dies nicht gegenüber allen bestehenden Registern tun, sodass sich die **Vielzahl der Einzeldaten auf eine Mehrzahl von Registern verteilt.** Damit gibt ein einzelnes Register alleine bzw. die Abfrage dort **keine sichere Auskunft,** da der Mietbewerber als Mietnomade – wenn überhaupt – auch in einem anderen

56 *Intveen*, MietRB 2006, 222.

Register verzeichnet sein kann. Hier fehlt es derzeit an einer zentralen Datenbank, auch wenn einzelne kommerzielle Anbieter etwas anderes suggerieren.

XI. Mietkostenübernahmebestätigung durch staatlichen Leistungsträger

Mit der Mietkostenübernahmebestätigung bestätigt der staatliche Leistungsträger dem Vermieter, dass **er in Bezug auf den Zeitpunkt der Ausstellung** der Bescheinigung zukünftig dem Mietbewerber die Mittel für die Zahlung der Miete und Betriebskostenvorauszahlung in einem bestimmten Umfange zur Verfügung stellen wird. Der Anteil der Mieter mit staatlichem Leistungsbezug (Transferleistungen) lag gemäß der eingangs genannten Studie bei den Mietern, die von Anfang an keine Zahlung geleistet haben oder die Zahlung innerhalb der ersten drei Monate eingestellt haben, bei **30,19 % Problemmietern.**[57] 87

1. Zulässigkeit

Gegen die Zulässigkeit bestehen keine Bedenken, da der Mietbewerber entweder die Bestätigung veranlasst oder selbst vorlegt und damit der Mitteilung seiner Daten zustimmt. 88

2. Grenzen

a) Allgemein

Die bloße Information des Vermieters durch den staatlichen Leistungsträger, dass er zukünftig dem Mieter Leistungen zur Bedienung der Miete und Betriebskostenvorauszahlungen zur Verfügung stellen wird, stellt jedoch **keine taugliche Information über die zukünftige Leistungsfähigkeit** des Mieters dar. Dies liegt darin begründet, dass die Mietkostenübernahmebestätigung sich exakt auf den Zeitpunkt der Ausstellung bezieht. Die Leistungen kann der staatliche Leistungsträger **zukünftig auch einstellen,** indem er den Leistungsbescheid gegenüber dem Mieter abändert; dies insbesondere dann, wenn – wie gerade bei Problemmietern häufig der Fall – der Mieter gegenüber dem Leistungsträger nicht in der gebotenen Form mitwirkt. 89

57 *Artz/Jacoby*, S. 16.

b) Direktzahlung

90 Auch dem häufigen **Praxisproblem** dergestalt, dass der Mieter Leistungen bezieht und nicht für die Bezahlung der Miete und Betriebskostenvorauszahlung verwendet, kann der Vermieter nicht sicher durch die Vereinbarung einer **Direktzahlung** mit dem staatlichen Leistungsträger entgehen. Zum einen steht die Direktzahlung an den Vermieter im **Ermessen des Leistungsträgers** und zum anderen – dies ist von durchgreifender Bedeutung – gilt auch hier, dass gegenüber dem Mieter der **Leistungsbescheid jederzeit abänderbar** ist, was insbesondere dann zu dem Verlust des Leistungsbezuges führt, wenn der Mieter gegenüber dem staatlichen Leistungsträger nicht mitwirkt.

! **Praxistipp**
Eine Mietkostenübernahmebestätigung eines staatlichen Leistungsträgers hat für die zukünftige Sicherung der Leistungsfähigkeit des Mietbewerbers **keine Aussagekraft, da die Leistungen in der Zukunft auch eingestellt** werden können, was gerade bei Problemmietern infolge fehlender Mitwirkung häufig der Fall ist. Fest steht bei einem Leistungsbezieher, dass er selbst nicht leistungsfähig ist, da er ansonsten keine staatlichen Leistungen bekommen hätte.

XII. Persönlicher Eindruck vom Mietbewerber

91 Einen persönlichen Eindruck wird der Vermieter ohnehin dann erhalten, wenn er die Mieterauswahl selbst vornimmt. Auf seinen Eindruck alleine oder in Kombination mit nur ein oder zwei weiteren Informationsquellen sollte sich der Vermieter jedoch nicht verlassen. Der Vermieter sollte nicht zu sehr auf seine **Menschenkenntnis** vertrauen. Oftmals macht gerade der „geübte" Mietschuldner oder der Mietnomade sowohl bei der Wohnraumvermietung als auch der Gewerberaumvermietung einen **guten ersten Eindruck,** da er wegen der Vielzahl von Bewerbungen und Umzügen darin erfahren ist und sich oftmals gerade wegen der längerfristigen Nichtzahlung der Miete etc. gute Kleidung oder Fahrzeuge leisten kann, welche – wie sich dann später herausstellt – finanziert oder geleast sind. Auch auf **Firmen- und Büroanschriften** in noch so bevorzugter Lage ist kein Verlass, da sich gerade dort eine Anschrift mit Post-, Telefax- und Telefonservice als **„virtuelles Büro"** für nur einige Wochen oder Monate mieten lässt.

92 Mit dem professionellen Mietschuldner ist es wie mit dem Heiratsschwindler. Wäre er nicht besonders geschickt in seinem Tun, so würde es seine Gattung gar nicht geben. Gerade durch seine Erfahrung ist es ihm möglich, sich optimal zu präsentieren und die Zweifel der Damen zu zerstreuen. Der professionelle Mietschuldner hat insbesondere mit **Privatpersonen als Vermieter zwischen 65**

und 75 Jahren[58] „leichtes Spiel", da sie aufgrund ihrer bisherigen Lebenserfahrung oftmals mit einem solchen vorsätzlichen Vorgehen eines Mieters gar nicht rechnen und damit gar kein Problembewusstsein haben. Diese Vermietergruppe ist statistisch von dem Problem Mietnomaden, welche von Anfang an keine Zahlungen leisten, **mit 33,17 % am häufigsten betroffen.**[59]

In vielen Fällen sind Vermieter zwar gut damit gefahren, sich auf ihr Bauch- 93
gefühl zu verlassen. Das nutzt ihnen aber spätestens dann nichts mehr, wenn das Kind in den Brunnen gefallen ist. Angesichts der hohen Risiken ist ein gesundes Misstrauen geboten. Besser ist es, einen Interessenten abzulehnen, bei dem man eigentlich ein gutes Gefühl hatte, als Warnhinweise zu ignorieren, um unbedingt zu einem Mietvertragsabschluss zu kommen.

Vorsicht auch vor Barzahlern: Es ist zwar schön, bereits bei Vertragsschluss 94
sofort die Kaution und die erste Miete in bar zu erhalten. Es ist aber weniger schön, wenn danach keine Zahlungen mehr kommen und der Vermieter kündigen und klagen muss. Da das Mietverhältnis ein Dauerschuldverhältnis ist, muss die laufende Mietzahlung sichergestellt sein, was durch eine angebotene Barzahlung gerade nicht belegt wird.

Praxistipp !
Der Vermieter sollte sich bei der Auswahl des Mieters **nicht allein auf seine Menschenkenntnis und auf seinen ersten Eindruck verlassen;** insbesondere nicht ohne umfassende weitere Informationen einzuholen und auszuwerten. Gerade **geübte Mietschuldner und insbesondere Mietnomaden sind äußerlich nicht zu erkennen.** Der persönliche Eindruck sollte **kein Entscheidungskriterium für den Mietbewerber** sein, da hierfür prüffähige Fakten herangezogen werden sollten. Er sollte aber dann – in Form der Entscheidung gegen den Mietbewerber – berücksichtigt werden, wenn der Vermieter bei dem Mietbewerber einen „negativen Eindruck" oder auch nur ein „schlechtes Bauchgefühl" hat.

XIII. Informationsbeschaffung und Mieterauswahl durch die Verwaltung

Die eingangs genannte Statistik zeigt, dass **„Vermietungsprofis"** eine deutlich 95
geringere Quote an Problemmietern und insbesondere Mietnomaden haben. Dies dürfte entsprechend der Statistik darin begründet liegen, dass **mehrere unterschiedliche und effektive Informationsquellen** genutzt werden, um sich einen Gesamteindruck über den Mietbewerber zu verschaffen. Andererseits hat ein guter Verwalter eine **langjährige Berufserfahrung**, die es ihm ermöglicht, aus

58 *Artz/Jacoby*, S. 16.
59 *Artz/Jacoby*, S. 16.

den ihm zur Verfügung stehenden Informationen „das Richtige" herauszulesen und dies durch einen persönlichen Eindruck von dem Mietbewerber abzurunden, um in der Gesamtheit zu einer Entscheidungsgrundlage zu gelangen.

96 Je seltener ein Vermieter eine Neuvermietung in der Vergangenheit vorgenommen hat und damit je geringer die praktische Erfahrung mit der optimalen Auswertung mehrerer Informationsquellen sowie dem Umgang mit den einzelnen Mietbewerbern ist, umso mehr sollte der Vermieter erwägen, sich in diesem Punkt professioneller Hilfe einer Immobilienverwaltung zu bedienen oder sich zumindest unterstützen zu lassen. Dies gilt insbesondere für ältere **Vermieter**, die statistisch von dem Problem des Mieters, der von Anfang an keine Zahlungen leistet, **mit 33,17 % am häufigsten betroffen** sind.[60] Aber auch bei der Auswahl eines solchen Dienstleisters sollte sich der Vermieter vorher entsprechende Informationen über diesen in Form von Umfang und Dauer seiner bisherigen einschlägigen Berufserfahrung ebenso verschaffen wie die Angabe von Referenzauftraggebern.

97 Überlässt der Vermieter die Auswahl einem Hausverwalter, der gegen Entgelt die Verwaltung des Mietobjekts durchführt (wobei hiermit nicht der Wohnungseigentumsverwalter gemeint ist – dieser ist nur für die Verwaltung des Gemeinschaftseigentums und nicht einer einzelnen Wohnung zuständig), so hat dieser generell die Verpflichtung, die Vermögensinteressen des Vermieters zu wahren und die Bonität zu überprüfen. Dennoch empfiehlt es sich, im Verwaltungsvertrag klare Bestimmungen zu treffen, welche Prüfungen der Verwalter bei Mietinteressenten im Einzelnen vornehmen muss.

! **Praxistipp**

Je geringer die praktische Erfahrung eines Vermieters im Bereich der Neuvermietung von Wohn- und Geschäftsraum ist, umso mehr sollte er erwägen, sich **fachkundiger Hilfe** zu bedienen, um über einen Dienstleister auf eine Mehrzahl geeigneter Informationsquellen zurückzugreifen und diese qualifiziert ebenso beurteilen zu lassen wie den Mietbewerber im Rahmen eines persönlichen Gespräches.

XIV. Mieterauswahl durch Makler

98 Vorsicht, wenn z. B. der Makler den Mieter auswählt. Dieser übernimmt ohne entsprechende Absprache niemals eine Haftung für die Bonität des Mietinteressen-

60 *Artz/Jacoby*, S. 16.

ten. Der Makler kann allenfalls eine Vorauswahl treffen, die Auswahl und Überprüfung der Interessenten sollte sich der Vermieter immer selbst vorbehalten.

Praxistipp **!**
Der Vermieter sollte mit dem Verwalter oder Makler verbindlich vereinbaren, dass er bei jedem Mietinteressenten eine bestimmte Check-Liste abarbeitet und ihm dies nachgewiesen wird, bevor der Mietvertrag unterschrieben wird.

C. Kurzübersicht von möglichen Risikomietern

Es gibt bei den Mietbewerbern bestimmte Gruppierungen, die vermieterseitig im 99
Rahmen der Informationsbeschaffung sehr kritisch geprüft werden sollten. Wenn mehrere „Negativmerkmale“ vorliegen, kann der Vermieter davon ausgehen, dass es sich um einen „Risikomieter“ handelt, und sollte von einer Vermietung absehen:

- Der Mietbewerber legt keine prüffähigen Nachweise zu seinen **Einkommensverhältnissen,** wie z. B. Lohn- und Gehaltsabrechnungen vor. Damit ist keine Prognose der wirtschaftlichen Leistungsfähigkeit für die Zukunft möglich.
- Das **Arbeitsverhältnis** besteht weniger als sechs Monate. Hier bestehen in der Regel noch eine Probezeit mit kurzfristiger Kündigungsmöglichkeit ohne Gründe und kein Kündigungsschutz nach dem Kündigungsschutzgesetz. Das Einkommen ist daher für die Zukunft nicht sicher.
- Ist der Mietbewerber eine Gesellschaft in Form einer **„Limited“** nach nicht deutschem Recht oder eine **„Unternehmergesellschaft haftungsbeschränkt“** nach deutschem Recht (auch als „UG“, „Ein-Euro-GmbH“ und „Mini-GmbH“ bezeichnet), so handelt es sich um eine Gesellschaft, die nahezu kein Stammkapital zur Gründung benötigt und nur mit dem Gesellschaftsvermögen haftet. Damit sind diese als Risikomieter zu qualifizieren, zumal diese Gesellschaftsform gerade bei **„gewerblichen Mietnomaden“** häufiger auftritt.
- Der Mietbewerber ist **Bezieher staatlicher Leistungen.** Hierbei handelt es sich bereits statistisch um einen Risikomieter, da die Leistungen z. B. bei fehlender Mitwirkung des Mieters gegenüber dem Leistungsträger eingestellt werden können.
- Eine **Schufa-Selbstauskunft** wird verweigert. Der Mietbewerber ist hinsichtlich etwaiger Negativmerkmale aus der Vergangenheit nicht beurteilbar und damit Risikomieter.

- Informationen über den bisherigen Vermieter oder ein **Vermieterzeugnis werden** nicht erteilt. Der Mietbewerber ist hinsichtlich etwaiger Leistungsstörungen im Altmietvertrag in der Vergangenheit nicht beurteilbar und damit Risikomieter.
- Der Mietbewerber wird im Vorgespräch darauf hingewiesen, dass als Mietsicherheit eine **Bankbürgschaft** gefordert wird. Lehnt der Mietbewerber dies ab oder teilt sogar mit, dass er diese nicht erhält, so ist er als Risikomieter einzustufen, da die Bank eine Bonitätsprüfung vorgenommen hat und diese negativ ausgefallen ist, wenn die Bank die Bürgschaft ablehnt.

D. Kurzübersicht von Vermieterfehlern

100 Anhand der Daten zum Informationsverhalten der von Mietnomaden betroffenen privaten Vermieter in der eingangs genannten Studie ergeben sich folgende Vermieterfehler:

- **Mehr als zwei von drei** Vermietern haben über den Mietbewerber **keine Informationen eingeholt.**

101 Von dem Drittel der Vermieter, das überhaupt Informationen eingeholt hat, stellte sich die Informationsbeschaffung wie folgt dar:[61]

- Rund 20 % der Vermieter, die überhaupt Informationen einholten, und damit über 70 % in Bezug auf alle befragten Vermieter, holten **keine Selbstauskunft** des Mietbewerbers ein, obwohl diese Information einfach zu erlangen ist und dem Vermieter im Falle der Falschbeantwortung z. B. zum Einkommen die Möglichkeit zur Anfechtung oder der fristlosen Kündigung geben wird, ohne dass sich das Bonitätsrisiko tatsächlich verwirklicht haben muss.
- Fast 60 % der Vermieter, die überhaupt Informationen einholten, und damit über **80 % in Bezug auf alle befragten Vermieter, verzichteten auf** das „Kernstück“ der Informationen in Form eines **Einkommensnachweises** (z. B. Lohn- und Gehaltsabrechnung) und haben damit den Vertrag in offenem Risiko abgeschlossen, obwohl die Anforderung durch den Vermieter und die Erfüllung durch den Mieter denkbar einfach ist.

61 Der erste Prozentwert gibt den Anteil der nicht genutzten Informationsquelle innerhalb der Gruppe der befragten Vermieter wieder, welche Informationen über den Mietbewerber eingeholt haben (ca. nur ein Drittel). Der zweite Prozentwert gibt den Anteil in Bezug auf alle befragten Vermieter an.

- Daneben haben rund 80 % der Vermieter, welche überhaupt Informationen einholten – und damit über **90 % in Bezug auf alle befragten Vermieter – keine Auskunft der Schufa oder einer sonstigen Auskunftei eingeholt,** obwohl die Anforderung einer Schufa-Selbst-Auskunft durch den Vermieter gegenüber dem Mietbewerber denkbar einfach und durch den Mietbewerber auch einfach zu erfüllen ist.
- Auch wenn die eingangs genannte Studie hierzu keine Erhebungen enthält, ist **aus der Praxis** bekannt, dass Anfragen des Vermieters an den bisherigen Vermieter oder die Anforderung eines **Vermieterzeugnisses** zumindest bei privaten Vermietern **seltene Ausnahmen** sind, obwohl jeder Vermieter die Informationen einfach anfordern kann und der redliche Mietbewerber sowie dessen Vermieter sicherlich kein Problem haben, dies zu erfüllen.
- Schließlich haben nach der Studie die Vermieter „durchschnittlich" nur auf bis zu **zwei Informationsquellen** gleichzeitig zurückgegriffen, was bedeutet, dass Vermieter teilweise nur eine einzige Informationsquelle – hierbei möglicherweise sogar eine alleine nicht besonders aussagekräftige Informationsquelle – genutzt haben, obwohl ihnen alle Informationsquellen einfach abrufbar zur Verfügung standen.

Diese **Leichtfertigkeit bei der Vermietung** ist kaum nachvollziehbar, da die statistischen Erhebungen zu den professionellen Vermietern zeigen, dass diese bei optimaler Nutzung der zur Verfügung stehenden Informationsquellen und mehreren Informationsquellen nebeneinander zumindest deutlich seltener von Problemmietern und insbesondere Mietnomaden betroffen sind. 102

E. Fazit

I. Mehrere Informationsquellen nebeneinander verwenden

Auch dem privaten Vermieter von Wohnraum oder Geschäftsraum stehen – so wie den professionellen Vermietern/Vermietungsgesellschaften – zur Beurteilung und Auswahl eines Mieters eine Vielzahl von zulässigen und teilweise hinsichtlich der Zulässigkeit (nur) als kritisch beurteilte **Informationsquellen** zur Verfügung, welche nur genutzt werden müssen. Die **Kombination aus einer Mehrzahl von Informationsquellen** in Verbindung mit der **Kenntnis der Grenzen ihrer Aussagekraft** sowie der Ausschöpfung der in diesem Kapitel angegebenen Praxistipps geben dem Vermieter eine breite Informationsgrundlage zur Beurteilung des Mietbewerbers. 103

II. Selbstauskunft des Mietbewerbers

104 Unerlässlich ist die Einholung einer **Selbstauskunft** des Mieters – trotz des bestehenden Risikos von Falschangaben. Im Fall der vorsätzlich falschen Beantwortung von zulässigen Fragen aufseiten des Vermieters besteht immerhin die Möglichkeit, den Mietvertrag **anzufechten oder fristlos zu kündigen,** auch wenn die Falschangabe noch zu keinem Schaden geführt hat.

III. Einkommensnachweise des Mietbewerbers

105 Ergänzt werden sollte die Selbstauskunft insbesondere mit einem prüffähigen **Nachweis über die Einkommensverhältnisse** in Form der Vorlage von Kopien der letzten sechs bis zwölf monatlichen Gehaltsabrechnungen bei einem Arbeitnehmer oder bei einem Selbstständigen durch die Vorlage des letzten **Einkommensteuerbescheides in Verbindung mit einer aktuellen betriebswirtschaftlichen Auswertung,** welche hinsichtlich der Richtigkeit und Vollständigkeit durch einen Steuerberater schriftlich und unterschrieben bestätigt sein soll.

IV. Schufa-Selbst-Auskunft des Mietbewerbers

106 Zusätzlich sollte in jedem Fall eine **Schufa-Selbst-Auskunft** des Mietbewerbers gefordert werden, deren Angaben durch die Inanspruchnahme einer **Wirtschaftsauskunftei** insbesondere bei Selbstständigen und juristischen Personen (Gesellschaften) ergänzt werden sollten.

V. Auskunft des derzeitigen Vermieters/Vermieterzeugnis

107 Schlussendlich sollte vermieterseitig zusätzlich das bisherige Zahlungs- und Vertragsverhalten des Mietbewerbers bei seinem derzeitigen Vermieter überprüft werden. Dies kann durch ein vermieterseitig vorbereitetes **„Vermieterzeugnis“** mit konkreter Fragestellung insbesondere nach der rechtzeitigen und vollständigen Zahlung der Miete und Betriebskostenvorauszahlung sowie der Kaution und auch der sonstigen Erfüllung von mieterseitigen Obliegenheiten aus dem Mietvertrag geschehen. Vor dem Hintergrund der Möglichkeit von Falschangaben in einer schriftlichen Vermieterbescheinigung oder einem Vermieterzeugnis sollte der neue Vermieter **Kontakt zu dem alten Vermieter** aufnehmen und Einzelhei-

ten hinterfragen, um sich auch einen persönlichen Eindruck zu verschaffen. Die sinnvolle Kombination der diversen **„Informationsbausteine"** ermöglicht dann dem Vermieter eine möglichst **optimale Beurteilung** des Mietbewerbers.

VI. Vorbeugung durch Informationsauswertung

Nach den eingangs genannten statistischen Erhebungen bei einer Betroffenheit von Mietnomaden dürfte der **teilweise Verzicht auf Informationen** über den Mietbewerber sowie das **ausschließliche Abstellen auf teilweise untaugliche Informationsquellen** darin begründet liegen, dass einerseits dem Vermieter das Risiko und die daraus resultierenden Folgen einer Vermietung an einen geübten Langzeitmietschuldner oder gar Mietnomaden nicht bewusst sind und andererseits der Aufwand und etwaige Kosten für die Informationsbeschaffung gescheut werden. Die **Vorbeugung ist jedoch der wichtigste und effektivste Schutz** vor der Vermietung an geübte Langzeitmietschuldner und Mietnomaden, wie die deutlich geringer hiervon betroffenen professionellen Vermieter zeigen, welche effektiv und umfassend **mehrere Informationsquellen nutzen.** 108

Zum Thema Langzeitmietschuldner und Mietnomaden gilt der vorbeugende Grundsatz: **Informationen, Informationen und nochmals Informationen.** Diese können in ausreichender und für den Mieter zumutbarer Form beschafft werden. Die obigen Beispieltexte zu dem Inhalt einer **„Selbstauskunft"** des Mietbewerbers mit den dort geforderten **weiteren Nachweisen/Belegen** und einem **„Vermieterzeugnis"** machen eine einfache Umsetzung möglich. Die Informationen müssen vermieterseitig nur angefordert und genutzt werden, woran es bei den von Mietnomaden betroffenen Vermietern gemangelt hat. Erst die **Kombination** unterschiedlicher Informationsquellen erlaubt eine **effektive Beurteilung.** 109

Gerade angesichts der öffentlichen Diskussion der Mietnomadenproblematik wird ein redlicher Mietbewerber für das Informationsinteresse des Vermieters Verständnis haben und dieses erfüllen. Es ist daher gar nicht selten, dass in geschäftlichen Dingen erfahrene Mietbewerber bei anspruchsvollem Wohnraum oder grundsätzlich bei Gewerberaum bereits Einkommensnachweise und eine Schufa-Selbst-Auskunft zur Hand haben. 110

Praxistipp !

Die Vorbeugung des Vermieters ist eigentlich ganz einfach: Der Vermieter sollte im Rahmen des Möglichen **mehrere geeignete Informationsquellen nebeneinander** zur Auswahl des Mieters heranziehen und dabei möglichst **mindestens folgende Informationsquellen kombinieren,** wozu er nur zwei einseitige Formulartexte benötigt, die er sogar selbst erstellen kann:

- Selbstauskunft des Mieters (Mustertext);
- Einkommensnachweise des Mieters;[62]
- Schufa-Selbstauskunft[63]/Wirtschaftsauskunft;
- Vermieterzeugnis (Mustertext).

---

62 Im Rahmen der Selbstauskunft als Nachweis/Beleg anfordern; vgl. Mustertext.

63 Im Rahmen der Selbstauskunft anfordern; vgl. Mustertext.

Kapitel 5
Miete/Betriebskosten

A. Überblick/Problemstellung

Die Zahlung der vereinbarten Miete durch den Mieter stellt die Hauptpflicht des Mieters (Kardinalpflicht) aus dem Mietvertrag dar (§ 535 Abs. 2 BGB) und ist die Gegenleistung des Mieters für die Überlassung der Wohn- bzw. Gewerberäume durch den Vermieter an den Mieter. Die Sicherstellung einer pünktlichen und vollständigen Mietzahlung seitens des Mietschuldners von Beginn des Mietverhältnisses an sowie während der gesamten Laufzeit des Mietvertrages liegt daher im elementaren Vermieterinteresse. 1

Der Mieter – auch der unredliche Mieter und sogar der Mietnomade – ist durch das Gesetz umfassend geschützt. Ohne gesonderte Vereinbarung hat gerade der von Mietausfällen betroffene Vermieter noch schlechtere Möglichkeiten, Zahlungen gegen den Mietschuldner geltend zu machen, als bei Vereinbarung eines für ihn günstigen Mietvertrags im Rahmen der gesetzlichen Möglichkeiten. 2

Daneben sollte auch der Zahlung der Betriebskosten bzw. der Betriebskostenvorauszahlungen durch den Mietschuldner eine erhöhte Aufmerksamkeit geschenkt werden, da es sich bei den Betriebskosten regelmäßig um Kosten handelt, mit denen der Vermieter zunächst in Vorlage tritt und die er – im Rahmen der gesetzlich zulässigen Grenzen – nur dann von dem Mieter erstattet bekommt, wenn im Mietvertrag entsprechende Vereinbarungen getroffen wurden. 3

B. Anspruchsgrundlagen

Für den Vermieter ist es daher wichtig, dass er die Miete, die Betriebskosten und die Vorauszahlungspflicht zu seinen Gunsten effektiv vereinbart und dabei nicht die gesetzlichen Grenzen überschreitet, die zu einer Unwirksamkeit einzelner Abreden im Mietvertrag führen könnten. 4

I. Mietvertrag

Gemäß § 535 Abs. 2 BGB ist der Mieter verpflichtet, dem Vermieter die **vereinbarte Miete** zu entrichten. Der **Anspruch des Vermieters auf Zahlung** der Miete setzt somit zunächst den Abschluss eines Mietvertrags voraus. Allein die tatsächliche Übergabe der Mieträume ohne den vorhergehenden Abschluss eines Mietvertra- 5 ges reicht noch nicht aus, um einen Anspruch auf Zahlung der Miete zu begründen.[1]

6 Bei einem Mietvertrag handelt es sich um einen schuldrechtlichen Vertrag, bei dem gegen ein Entgelt dem Mieter der Gebrauch an einer Sache überlassen wird.[2] Er kommt erst dann zustande, wenn die Parteien sich zumindest über die sog. vertragswesentlichen Regelungen (essentialia negotii), also den **Mietgegenstand, die Mietvertragsparteien,** die **Dauer des Mietverhältnisses** und vor allem über die **entgeltliche Gebrauchsüberlassung,** also die Verpflichtung zur Mietzahlung, geeinigt haben.[3]

7 Dabei ist es nicht zwingend, dass im Mietvertrag auch die **Höhe der Miete** konkret vereinbart wird, auch wenn die Miethöhe in der Praxis üblicherweise festgeschrieben wird. Die **Bestimmbarkeit der Miethöhe** reicht bereits aus.[4] Haben die Parteien sich lediglich darüber geeinigt, dass die Gebrauchsüberlassung entgeltlich ist und keine konkrete Miethöhe festgelegt, so ist dies für die Begründung eines Mietvertrags ausreichend. In diesen Fällen gilt dann ein **ortsüblicher Mietzins als vereinbart.**[5] Bei freifinanziertem Wohnraum ist dies die ortsübliche Vergleichsmiete gem. § 558 Abs. 2 BGB, bei öffentlich gefördertem Wohnraum die Kostenmiete in zulässiger Höhe und bei Verträgen über Gewerberaum diejenige Miete, die sich auf dem freien Markt durchsetzen lässt.[6]

II. Form des Mietvertrages

8 Ein Mietvertrag kann grundsätzlich **mündlich** abgeschlossen werden.

9 Das Gesetz sieht die **Schriftform** nur für den Fall vor, dass der Mietvertrag für eine längere Zeit als ein Jahr geschlossen wird (§ 550 BGB). Dieses Schriftformerfordernis gilt sowohl für Mietverträge über Wohnraum als auch über Gewerberäume. Wird die Schriftform nicht eingehalten, führt dies nicht etwa zur Unwirksamkeit des Vertrags, sondern der Mietvertrag gilt dann für auf unbestimmte Zeit geschlossen. Die Vorschrift des § 550 BGB schützt dabei weder den Mietschuldner noch den Vermieter, sondern beabsichtigt den Schutz eines potenziellen Erwerbers der Immobilie.[7] Die Gefahr des § 550 BGB für den Vermieter liegt

1 Schmidt-Futterer/*Blank*, Vorbem. zu § 535 BGB Rn 15.
2 Palandt/*Weidenkaff*, Einf. vor § 535 BGB Rn 2.
3 Palandt/*Weidenkaff*, § 535 BGB Rn 1.
4 Schmidt-Futterer/*Blank*, Vorbem. zu § 535 BGB Rn 14.
5 BGH, Urt. v. 3.7.2002 – XII ZR 39/00 –.
6 Schmidt-Futterer/*Blank*, Vorbem. zu § 535 BGB Rn 14.
7 Palandt/*Weidenkaff*, § 550 BGB Rn 1.

darin, dass bei der Nichteinhaltung des Schriftformerfordernisses der dann auf unbestimmte Zeit geschlossene Mietvertrag vom Mietschuldner unter Einhaltung der gesetzlichen Kündigungsfrist jederzeit gekündigt werden kann, es also keine Festlaufzeit des Mietvertrages gibt, was allerdings inzwischen beim Wohnraummietvertrag nur noch eine untergeordnete Rolle spielt, da gem. § 575 Abs. 1 BGB Wohnraummietverträge auf bestimmte Zeit nur noch unter sehr engen Voraussetzungen wirksam abgeschlossen werden können.

Der Schriftform kommt aber insbesondere eine nicht zu unterschätzende **Beweis- und Klarstellungsfunktion** zu, etwa im Hinblick auf die Umlagefähigkeit von Betriebskosten oder den Umfang der von dem Mietvertrag umfassten, mitvermieteten Räumlichkeiten. 10

Praxistipp **!**
Ein Mietvertrag sollte unabhängig von etwaigen Schriftformerfordernissen zu Beweiszwecken **zwingend immer schriftlich abgeschlossen** werden.

Die Parteien haben die Möglichkeit, den schriftlichen Vertrag entweder in Form 11
einer **Individualvereinbarung** oder als **Formularmietvertrag** abzuschließen. Die Verwendung von Formularmietverträgen ist hierbei, jedenfalls im Bereich des Wohnraummietrechtes, überwiegende Praxis. Ihr Vorteil liegt zum einen darin, dass der gesamte Text des Vertrags – idealerweise auf der Basis der aktuellen obergerichtlichen Rechtsprechung zur Wirksamkeit einzelner Mietvertragsklauseln – vorgegeben ist und die Vertragsparteien lediglich die vertragswesentlichen Bestandteile wie etwa die Vertragsparteien, die zu vermietenden Mieträume, den Mietbeginn, den Mietzins etc. in entsprechende Leerfelder eintragen müssen bzw. Ankreuzungen von verschiedenen Vertragsgestaltungsalternativen vornehmen müssen, die Vertragsbestandteil werden sollen.

Da es sich bei diesen Formularmietverträgen **immer** um **Allgemeine** 12
Geschäftsbedingungen (AGB) handelt, müssen die verwendeten Vertragsklauseln des Formularmietvertrages allerdings der aktuellen AGB-rechtlichen Rechtsprechung der Obergerichte, insbesondere des BGH standhalten, der in den vergangenen rund zehn Jahren eine Fülle AGB-rechtlicher Grundsatzentscheide zu wohnraummietrechtlichen Formularvertragsklauseln, etwa im Bereich der sog. Schönheitsreparaturen oder der Tierhaltung, ausgeurteilt hat.

Praxistipp **!**
Formularmietverträge sollten immer auf dem aktuellen Stand sein, von einem namhaften Aussteller (z. B. einem der großen Haus- und Grundbesitzerverbände) stammen und vermieterorientiert sein sowie richtig und vollständig ausgefüllt und unterschrieben werden.

---

13 Bei der **Ausfüllung eines Formularmietvertrages** ist größte Sorgfalt anzuraten, da Fehler in diesem Bereich später zu nicht unerheblichen negativen Folgen für den Vermieter, etwa was die Abrechenbarkeit von bestimmten Betriebskostenpositionen angeht, führen können, die im Nachhinein nicht mehr zu korrigieren sind, weil ein einmal geschlossener Mietvertrag nicht mehr einseitig von einer der Parteien abgeändert werden kann und ein Mietschuldner kaum einer Mietvertragsänderung im Nachhinein zustimmen wird, wenn dieses zu einer Verschlechterung seiner Rechtsposition führen würde.

14 Zwingend abzuraten ist auch von dem des Öfteren in der anwaltlichen Praxis zu beobachtenden Vorgehens, sich aus einzelnen aus dem Internet heruntergeladenen Formularvertragsklauseln einen eigenen Formularmietvertrag zu „basteln", da die einzelne Formularvertragsklausel zwar, wenn man denn Glück hat, wirksam sein mag, aber in Summierung mit weiterhin verwendeten anderen Vertragsklauseln der AGB-rechtlichen Rechtsprechung dann nicht mehr standhält oder aber zu Missverständnissen und Unklarheiten innerhalb des Vertragstextes führen kann, die sich immer zulasten des Verwenders der Vertragsklausel, also im Regelfall des Vermieters, auswirken (§ 305c Abs. 2 BGB).

15 Abzuraten ist genauso davon, in einem Formularmietvertrag Streichungen oder handschriftliche Ergänzungen vorzunehmen, da derartige Weglassungen oder Hinzufügungen ebenso zu einer AGB-rechtlichen Unwirksamkeit einer an sich wirksamen Vertragsklausel führen können, ohne dass die Vertragsklausel dadurch zu einer Individualvereinbarung wird, weil eine Individualvereinbarung im Mietvertrag nur dann vorliegt, wenn die Vertragsbedingungen zwischen den Vertragsparteien im Einzelnen ausgehandelt sind (§ 305 Abs. 1 S. 3 BGB).

16 Dem Abschluss eines **Individualvertrags** müssen danach zwingend Vertragsverhandlungen vorausgehen, bei denen die einzelnen Mietvertragsklauseln, so die Rechtsprechung, *„ernsthaft zu Disposition gestellt worden sind und das Ergebnis eines Verhandlungsprozesses sind"*. Während also bei Formularmietverträgen die Vertragsbedingungen gestellt werden, werden bei Individualvereinbarungen sämtliche oder einzelne Vertragsbedingungen ausgehandelt. Dies ist in der Vermietungspraxis, jedenfalls bei Wohnraummietverträgen, indes nur äußerst selten der Fall.

17 Weder das hand- noch das maschinenschriftliche Abschreiben einer Vertragsklausel, noch der in einem Formularmietvertrag oder in dessen Anhang aufgenommene Hinweis, dass die Bestimmungen des Vertrages mit dem Mieter besprochen und von ihm ausdrücklich anerkannt worden sind, machen die Regelungen zu einem Individualvertrag.[8]

---

8 OLG Hamm NJW 1981, 1049.

Zu beachten ist schließlich, dass bei Mietverträgen zwischen einem Unternehmer auf Vermieterseite und einem Verbraucher auf Mieterseite (bei Wohnraummietverträgen ist der Mietschuldner regelmäßig Verbraucher) Formularvertragsklauseln als vom Unternehmer gestellt gelten, sofern sie nicht der Mieter in den Vertrag eingeführt hat (§ 310 Abs. 3 S. 1 BGB) und eine Unternehmereigenschaft des Vermieters schon dann anzunehmen ist, wenn er mehrere Wohnungen vermietet.[9] 18

C. Miete und Betriebskosten

Bei der Miete handelt es sich um dasjenige Entgelt, das der Mietschuldner als Gegenleistung für die Nutzungsüberlassung der Mietsache zu erbringen hat (§ 535 Abs. 2 BGB). In der Praxis wird die Miete **in der Regel in Geld** entrichtet. Das Entgelt kann aber auch ganz oder teilweise in Gestalt einer **Werkleistung** oder **Dienstleistung,** etwa in Form von Hausmeistertätigkeiten, erbracht werden. 19

I. Überblick über die Mietarten

Folgen hat die Wahl der Art der Miete insbesondere für die Frage, ob eine Betriebskostenabrechnung erteilt werden muss oder nicht. Hierbei stehen den Mietvertragsparteien im Wesentlichen drei verschiedene Mietarten zur Verfügung: 20

1. Inklusivmiete

Nach dem gesetzlichen Leitbild hat der Vermieter sämtliche auf der Mietsache ruhenden Lasten zu tragen (§ 535 Abs. 1 S. 3 BGB), d. h., dass mit der Zahlung der vereinbarten Miete durch den Mietschuldner nicht nur das Entgelt für die Gebrauchsüberlassung der Mieträume, sondern auch die Betriebskosten abgegolten sind, was durch den Begriff der „Inklusivmiete" zum Ausdruck kommt. Daher kann und darf bei der Vereinbarung einer Inklusivmiete **keine jährliche Betriebskostenabrechnung** erteilt werden, weil der Mieter neben der Miete keine weiteren Kosten schuldet. Dies erscheint auf den ersten Blick insbesondere für Kleinvermieter vorteilhaft:[10] Zum einen ersparen sie sich den zeitlichen und 21

---

9 Unternehmereigenschaft bei der Vermietung von drei Wohnungen, OLG Düsseldorf WuM 2004, 603.

10 Schmidt-Futterer/*Langenberg*, § 556 BGB Rn 12.

organisatorischen Aufwand, der bei der Erstellung einer Betriebskostenabrechnung erforderlich ist; zum anderen können sie somit das Risiko umgehen, gegenüber Mietschuldnern die Nachforderung von Betriebskosten klageweise geltend machen zu müssen.

22 Allerdings setzt die Vereinbarung einer Inklusivmiete für den Vermieter voraus, dass er die Betriebskosten, insbesondere die verbrauchsabhängigen Betriebskosten und auch die Heizkosten kostendeckend in die Miete einkalkuliert. Ist die Kalkulation des Vermieters zu niedrig, kann er **keinerlei Nachforderungen** für die bereits entstandenen Kosten geltend machen. Er hat **lediglich die Möglichkeit, die Miete im Wege der Mieterhöhung** für die Zukunft anzupassen. Da insbesondere das Mieterhöhungsverlangen bis zur ortsüblichen Miete von der **Zustimmung des Mieters** abhängt, besteht aber auch hier das Risiko, dass die Zustimmung gerichtlich geltend gemacht werden muss, was zu weiteren Problemen mit Blick auf die ortsübliche Vergleichsmiete führt, die nämlich etwa in den Mietspiegeln nicht als Inklusivmiete ausgewiesen ist, sodass im Rahmen eines Mieterhöhungsverlangens der in der Inklusivmiete eingerechnete Betriebskostenanteil herausgerechnet werden müsste.

2. Nettomiete

23 Wegen der dargestellten Nachteile der Inklusivmiete für den Vermieter ist die in der Praxis am häufigsten anzutreffende Konstellation die Vereinbarung einer sog. **Nettomiete.** Die Nettomiete weist neben der Grund- bzw. Nettomiete (dies hat in diesem Zusammenhang nichts mit Umsatzsteuer zu tun) für die Gebrauchsüberlassung der Mietsache eine **gesonderte Zahlung von Betriebskosten und Heiz- und Warmwasserkosten** aus (§ 556 Abs. 1, Abs. 2 BGB). Dies ermöglicht es dem Vermieter, die verbrauchsabhängigen Betriebskosten und Heiz- sowie Warmwasserkosten nach dem tatsächlichen Verbrauch des Mieters zu erfassen und auf diesen abzuwälzen. Da die Nettomiete die in der Praxis gängigste Form der Miete darstellt, findet sich dieses Modell auch in den Vordrucken von Formularmietverträgen wieder. Der Vorteil besteht darin, dass der Vermieter durch die Erhebung von Betriebskostenvorauszahlungen insbesondere die verbrauchsabhängigen Betriebskosten des jeweiligen Mietschuldners auf diesen umlegen kann. Der Nachteil besteht darin, dass der Vermieter den Aufwand betreiben muss, dem Mieter jährlich eine **Betriebskostenabrechnung** zu erteilen (§ 556 Abs. 3 S. 1 BGB).

3. Teilinklusivmiete

Bei der sog. **Teilinklusivmiete** werden die Grundmiete und die verbrauchsunabhängigen Betriebskosten in einem Einheitsbetrag zusammengefasst, während eine separate Vorauszahlung für die **verbrauchsabhängigen Betriebskosten und die Heiz- und Warmwasserkosten** erhoben wird.[11] Die Konsequenz ist, dass der Vermieter lediglich über die verbrauchsabhängigen Betriebskosten eine Betriebskostenabrechnung erteilen muss. Steigen allerdings während des Mietverhältnisses die verbrauchsunabhängigen Kosten, so sind diese Kosten **nicht rückwirkend umlagefähig.** Die Preissteigerung kann dann lediglich im Wege des **Mieterhöhungsverlangens** für die Zukunft geltend gemacht werden, was wiederum bei der Erhöhung auf der Grundlage der gesetzlichen Bestimmungen bis zur ortsüblichen Miete von der **Zustimmung des Mieters** abhängig ist. 24

II. Miete/Höhe

Die Miethöhe kann von den Mietparteien in gewissem Umfang frei vereinbart werden. Hier sind allerdings jüngst gesetzgeberische Begrenzungsmaßnahmen bei einer Neuvermietung eingeleitet worden. Nunmehr gelten für die Miethöhe folgende für Wohnraum und für die Vermietung von Gewerberaum unterschiedliche rechtliche Schranken. 25

1. Wohnraum

Bei der Vereinbarung der Miethöhe bei der Vermietung von Wohnräumen sind folgende gesetzliche Vorschriften zu beachten, welche vornehmlich dem Schutz des Mietschuldners dienen sollen. 26

a) § 556d BGB

Zum 1.6.2015 hat der Gesetzgeber die sog. Mietpreisbremse im Bürgerlichen Gesetzbuch umgesetzt.[12] Danach ist es den Landesregierungen durch Rechtsverordnung möglich, Gebiete zu bestimmen, in denen die ausreichende Versorgung der Bevölkerung mit Mietwohnungen zu angemessenen Bedingungen beson- 27

11 Schmidt-Futterer/*Langenberg*, § 556 BGB Rn 9.

12 BGBl. 2015 S. 610 ff.

ders gefährdet ist.[13] In diesen Gebieten darf die vereinbarte Miete nicht mehr als 10 % über der ortsüblichen Vergleichsmiete betragen. Für Neubauwohnungen und umfassend modernisierte Bestandswohnungen gelten Ausnahmen. War vor Begründung des Mietverhältnisses bereits ein höherer Mietzins vereinbart, so kann der Vermieter diesen zulässig weiter vereinbaren. Überzahlte Miete kann der Mieter zurückfordern, wenn er dies gegenüber dem Vermieter gerügt hat.

b) § 5 WiStG

28 Bei preisfreiem Wohnraum, also Wohnraum, der nicht mit öffentlichen Wohnungsbaufördermitteln gefördert ist, ist bei der Bemessung der Miethöhe § 5 WiStG zu beachten. Nach dieser Vorschrift ist die Miete dann unangemessen hoch, wenn infolge der Ausnutzung eines geringen Angebots an vergleichbaren Räumen die vereinbarte Miete die marktübliche Miete **um mehr als 20 % übersteigt.** Unter Miete ist dabei die Grundmiete, also eine Miete ohne Betriebskostenanteil zu verstehen.[14] Der Verstoß gegen diese Vorschrift kann mit einer **Geldbuße von bis zu 50.000 €** geahndet werden. Der Mietvertrag selbst bleibt mit der angemessenen Miete wirksam, wobei Überzahlungen aus der Vergangenheit vom Mietschuldner zurückgefordert werden können.[15]

c) § 291 StGB

29 Ein überhöhter Mietzins führt lediglich dann zur Nichtigkeit des Vertrags, wenn er entweder gegen die guten Sitten verstößt (§ 138 Abs. 1 BGB) oder ein Fall des Wuchers (§ 138 Abs. 2 BGB) vorliegt. Dies setzt in beiden Fällen voraus, dass ein auffälliges Missverhältnis zwischen dem (Nutzungs-)Wert der Mieträume und der vereinbarten Miete vorliegt. Dies ist der Fall, wenn die vereinbarte Miete **mehr als 100 % über der üblichen Miete** liegt.

d) § 8 WoBindG

30 Handelt es sich um Wohnraum, der öffentlich gefördert ist oder als **öffentlich gefördert gilt,** so darf die vereinbarte Miete die zulässige **Kostenmiete** gem. § 8

---

13 Das wird damit begründet, dass die Landesregierungen bessere Kenntnis von den lokalen Mietwohnungsmärkten haben sollen, BT-Drucks. 18/3121, S. 31 f.

14 Schmidt-Futterer/*Blank*, nach § 535 BGB Rn 16.

15 Palandt/*Ellenberger*, § 138 BGB Rn 76.

WoBindG nicht überschreiten. Die Kostenmiete ist hierbei auf der Grundlage der gesetzlichen Bestimmungen der §§ 8a und 8b WoBindG zu ermitteln.

2. Gewerberaum

Bei der Vermietung von Gewerberäumen herrscht weitgehende Vertragsfreiheit, 31
denn anders als bei Wohnräumen spielt der Gedanke des Mieterschutzes hier eine untergeordnete Rolle. Allerdings gilt für die Vereinbarung der Miete ebenfalls die Wuchergrenze.[16]

III. Betriebskosten

1. Überblick

Streitigkeiten der Vertragsparteien über Betriebskosten und deren Abrechnung 32
haben in der mietrechtlichen Praxis eine ganz erhebliche Relevanz, weshalb bei der Mietvertragsvertragsgestaltung hinsichtlich der Betriebskosten sowie auch bei deren späterer Abrechnung der Vermieter hierauf ein besonderes Augenmerk richten sollte, um auch die ihm entstanden Kosten dann später auf den Mieter abwälzen zu können.

2. Begriff

Der Begriff der **Betriebskosten** wird meist synonym mit dem Begriff der **Neben-** 33
kosten verwandt. Der Begriff der Nebenkosten ist allerdings weiter als der der Betriebskosten. Während die Betriebskosten diejenigen Kosten sind, die gem. § 556 Abs. 1 S. 2 BGB laufend entstehen, fallen unter den Begriff Nebenkosten auch die Kautionszahlung, die als Sicherheit hingegeben wird, die Kosten der Instandhaltung und Instandsetzung sowie der Schönheitsreparaturen, sofern sie denn von dem Mieter vertraglich übernommen worden sind.[17]

3. Arten der Betriebskosten bei Wohnraummietverträgen

Die Parteien haben hierbei die Möglichkeit, die Betriebskosten entweder als Pau- 34
schale oder als Vorauszahlungen zu vereinbaren, wobei im letzteren Fall über die Vorauszahlungen jährlich abgerechnet werden muss.

---

16 Siehe Rn 29.
17 Palandt/*Weidenkaff*, § 535 Rn 72.

35 Gemäß §556 Abs. 1 S. 3 BGB gilt für die Aufstellung der Betriebskosten die Betriebskostenverordnung vom 25.11.2003 fort. Unter §2 enthält diese wiederum einen sog. Betriebskostenkatalog, in welchem die einzelnen umlagefähigen Betriebskostenarten definiert sind. Diese Definitionen sind gem. §556 Abs. 1 S. 4 BGB für **preisfreien Wohnraum** zwingend und gelten gem. §20 NMV i. V. m. §27 der zweiten Berechnungsverordnung auch für **preisgebundenen Wohnraum.**[18] Die Vereinbarung von anderen (Betriebs-)Kosten, die nicht in dem Betriebskostenkatalog unter §2 der Betriebskostenverordnung (BetrKV) aufgeführt sind, ist **unwirksam.**[19]

36 **Umlagefähig** sind danach gem. §2 BetrKV:
- die laufenden öffentlichen Lasten des Grundstücks, hierzu gehört namentlich die Grundsteuer,
- die Kosten der Warmwasserversorgung,
- die Kosten der Entwässerung,
- die Kosten des Betriebs der zentralen Heizungsanlage,
- die Kosten verbundener Heizungs- und Warmwasserversorgungsanlagen,
- die Kosten der eigenständig gewerblichen Lieferung von Wärme,
- die Kosten der Reinigung und Wartung von Etagenheizungen und Gaseinzelfeuerstätten,
- die Kosten des Betriebes der zentralen Warmwasserversorgungsanlage,
- die Kosten der Reinigung und Wartung von Warmwassergeräten,
- die Kosten des Betriebs des Personen- und Lastenaufzugs,
- die Kosten der Straßenreinigung und Müllbeseitigung,
- die Kosten der Gebäudereinigung und Ungezieferbekämpfung,
- die Kosten der Gartenpflege,
- die Kosten der Beleuchtung,
- die Kosten des Schornsteinfegers,
- die Kosten der Sach- und Haftpflichtversicherung,
- die Kosten für den Hauswart,
- die Kosten für den Betrieb der Gemeinschafts-Antennenanlage oder des Breitbandkabelnetzes und
- sonstige Betriebskosten.

37 Dies bedeutet, dass im Wohnraummietvertrag insbesondere folgende Kostenarten **nicht auf den Mieter umgelegt** werden können:

---

18 Schmidt-Futterer/*Langenberg*, §556 BGB Rn 102.
19 Palandt/*Weidenkaff*, §556 BGB Rn 3.

- Instandsetzungskosten und Instandhaltungskosten,
- Beiträge eines Wohnungseigentümers/einer Wohnungseigentümergemeinschaft zur Instandhaltungsrücklage sowie
- die Verwaltervergütung nach dem Wohnungseigentumsgesetz bzw. generell Verwaltungskosten.

Praxistipp !

Alle Betriebskostenarten, die nach dem Mietvertrag umgelegt werden sollen, sollten in Formularmietverträgen eindeutig aufgeführt sein und auch in der dafür vorgesehenen Rubrik mit einem Verteilerschlüssel versehen werden, nach dem die Kostenart umgelegt werden soll. Insbesondere bei der Vermietung von Eigentumswohnungen sollte hierbei der Verteilerschlüssel verwendet werden, nach dem auch die Eigentümergemeinschaft gegenüber dem Vermieter abrechnet, in der Regel also Miteigentumsanteile. Die Kostenart „sonstige Betriebskosten" ist kein allgemeiner Auffangtatbestand. Sollen daher weitere Betriebskostenarten auf den Mietschuldner umgelegt werden und stehen diese Kostenarten bei Abschluss des Mietvertrages bereits fest, so müssen diese im Mietvertrag konkret aufgeführt werden.

---

4. Umlagefähige Betriebskosten bei Gewerberaum

Auch wenn das Gesetz die Anwendung auf Gewerberaummietverhältnisse nicht vorsieht, entspricht es gängiger Praxis, dass zur Definition der umlagefähigen Betriebskosten auch im **Geschäftsraummietvertrag** auf den Betriebskostenkatalog der Betriebskostenverordnung zurückgegriffen wird. Anders als beim Wohnraum kann der Vermieter bei der Vermietung von Gewerberäumen allerdings noch weitere Betriebskostenarten vereinbaren als diejenigen, die in § 2 BetrKV aufgeführt sind. Dies setzt lediglich voraus, dass sie im Einzelnen im Mietvertrag **konkret benannt werden.**[20] 38

Exemplarisch kommen hierbei nachfolgende Kostenarten in Betracht: 39

- Kosten für den Betrieb und die Wartung von Klima-, Kühl-, Be- und Entlüftungsanlagen,
- Kosten für die Tor- und Schrankenanlagen,
- Kosten für den Betrieb und die Wartung von Feuerlösch- und Sprinkleranlagen,
- Kosten für den Betrieb und die Wartung von Schließ- und Raumüberwachungsanlagen,
- Kosten für den Betrieb und die Wartung von Notstromversorgungsanlagen wie Notstromaggregate und Sicherheitsbeleuchtung,
- Kosten für die Reinigung der Dachrinnen,

---

20 OLG Düsseldorf, Urt. v. 15.12.2011 – I-10 U 96/11 –; *Fritz*, Rn 126.

- Kosten der Objektüberwachung oder
- Verwaltungskosten.

IV. Betriebskostenvorauszahlungen

40 Gemäß §556 Abs. 2 S. 2 BGB, §20 Abs. 3 S. 1 NMV dürfen Vorauszahlungen für Betriebskosten lediglich in **angemessener Höhe** vereinbart werden. Ein Betrag ist dann angemessen, wenn er sich an der Höhe der zu erwartenden Betriebskosten ausrichtet, wobei eine geringfügige Überschreitung unschädlich ist.[21] Dieser Grundsatz der Angemessenheit gilt insoweit auch für Gewerberaummietverhältnisse.

41 Der Vermieter hat vor Abschluss des Mietvertrages den Mieter hinsichtlich der voraussichtlichen **Höhe der Betriebskosten** aufzuklären.[22] Tut er dies nicht, setzt er sich dem Risiko aus, dass der Mietschuldner seinerseits dem späteren Nachzahlungsanspruch einen **Schadensersatzanspruch** wegen der Verletzung einer vorvertraglichen Aufklärungspflicht entgegenhält.

42 Die Bemessung der Vorauszahlungen ist unproblematisch, wenn der Vermieter aus vorherigen Vermietungen auf Erfahrungswerte zurückgreifen kann. Ein Problem kann allerdings in Fällen der **Erstvermietung** auftreten, wenn etwa der Mietvertrag vor Fertigstellung des Objekts erfolgt und deshalb noch keine Erkenntnisse über die Höhe der voraussichtlichen Betriebskosten vorliegen können.

! **Praxistipp**
In den Fällen der **Erstvermietung** ist es ratsam, wenn der Vermieter bei den Vertragsverhandlungen ausdrücklich auf diesen Umstand hinweist und deutlich macht, dass die **voraussichtliche Höhe der Betriebskosten ungewiss** ist. Ein entsprechender schriftlicher Vermerk sollte bei der Verwendung von Formularmietverträgen unter der Rubrik „Sonstiges" aufgenommen werden. Dringend abzuraten ist dem Vermieter davon, einen Mieter mit niedrigen Betriebskostenvorauszahlungen zu ködern, wenn von vorneherein feststeht, dass die Vorauszahlungen für die tatsächlich entstehenden Betriebs- und Heizkosten nicht auskömmlich sein werden.

---

21 BayObLG, Rechtsentscheid v. 5.10.1995 – RE-Miet 1/95 –; Palandt/*Weidenkaff*, §556 BGB Rn 8.

22 LG München II, Urt. v. 30.4.2002 – 12 S 7512/01 –; Schmidt-Futterer/*Eisenschmid*, §535 BGB Rn 158.

Sind die **Vorauszahlungsbeträge zu niedrig** bemessen und überschreiten die tatsächlichen Kosten diese deutlich, begründet dieser Umstand alleine noch keine Verletzung der Aufklärungspflicht. Es müssen vielmehr besondere Umstände hinzukommen. Solche Umstände liegen nach der Rechtsprechung dann vor, wenn die **Angemessenheit der Betriebskosten vom Vermieter ausdrücklich zugesichert** worden ist oder er diese **absichtlich zu niedrig bemessen hat,** um den Mieter zum Abschluss des Mietvertrags zu veranlassen.[23] In diesen Fällen kann der Vermieter seinen Anspruch auf eine Betriebskostennachzahlung ebenso verlieren wie teilweise einen Anspruch auf die Erhöhung der Vorauszahlungen. 43

Sind **die Vorauszahlungen jedoch zu hoch** bemessen und unterschreiten diese die Summe der tatsächlichen Betriebskosten, die in dem Abrechnungszeitraum angefallen sind, so liegt ein Verstoß gegen § 556 Abs. 2 BGB vor, der lediglich die Vereinbarung von Vorauszahlungen in angemessener Höhe erlaubt. In diesem Fall sind nach § 560 Abs. 4 BGB die Vorauszahlungen anzupassen. 44

Praxistipp !

Mieter erhalten lieber Vorauszahlungen zurück, als dass sie Nachforderungen aus Betriebskostenabrechnungen begleichen. Ebenso rechnet der Vermieter lieber mit dem Guthaben der Vorauszahlungen ab, als über Nachforderungen zu diskutieren. Deshalb sollten gerade bei der **Neubauvermietung,** bei der **noch keine Erfahrungswerte** etwa über den Heizungs- und Warmwasserverbrauch des Mieters vorliegen, die Vorauszahlungen nicht zu gering angesetzt werden, auch wenn die monatlichen Gesamtkosten für die Entscheidung des Mieters, die Mietsache anzumieten, von wesentlicher Bedeutung sind.

V. Umsatzsteuer

Bei der Vermietung von Gewerberaum kann der Vermieter auch die Umsatzsteuer in gesetzlicher Höhe zusätzlich zur Miete geltend machen, **wenn dies mit dem Mieter vereinbart wurde.** Eine solche Vereinbarung ist auch in einem Formularmietvertrag möglich.[24] Dies setzt auf Vermieterseite voraus, dass er seine Option nach § 9 Abs. 2 UStG ausgeübt hat und der Mieter ebenfalls zum Vorsteuerabzug berechtigt ist.[25] Hierbei erstreckt sich die Umsatzsteuer auch auf die Betriebskosten.[26] 45

---

23 BGH, Urt. v. 28.4.2004 – XII ZR 21/02 –; BGH, Urt. v. 11.2.2004 – VIII ZR 195/03 –; OLG Düsseldorf, Urt. v. 3.2.2000 – 10 U 197/98 –; OLG Hamm, Urt. v. 6.11.2002 – 30 U 44/02 –.

24 *Fritz*, Rn 187.

25 *Fritz*, Rn 99 ff.

26 *Fritz*, Rn 99b.

46 Vorstehendes gilt auch bei der separaten Vermietung von Garagen und Stellplätzen gem. § 4 Nr. 12 UStG.

D. Fälligkeit

47 Der Begriff der Fälligkeit der Miete, also desjenigen Zeitpunkts, zu dem die Miete zu zahlen ist, ist im Mietrecht von zentraler Bedeutung. Zahlt der Mieter zu spät, können die **Rechtsfolgen des Verzugs** über die Geltendmachung eines Verzugsschadens bis hin zur außerordentlichen Kündigung des Mietvertrags reichen und der Mietschuldner hat dem Vermieter etwaige Rechtsverfolgungskosten als Verzugsschaden zu ersetzen.

I. Vereinbarung im Mietvertrag

48 Maßgeblich für die Bestimmung des Fälligkeitszeitpunkts ist zunächst die Vereinbarung im Mietvertrag. In der Praxis findet sich oft die Vereinbarung, wonach die Zahlung der Miete **im Voraus spätestens bis zum 3. Werktag des Monats** zu erfolgen hat. Dieser Fälligkeitszeitpunkt deckt sich insoweit mit dem gesetzlichen Fälligkeitszeitpunkt (§ 556b BGB), auf den nur dann zurückgegriffen wird, wenn die Parteien keine Vereinbarung hierüber getroffen haben.

49 Die Parteien können aber auch einen **anderen Fälligkeitszeitpunkt** als den dritten Werktag des Monats vereinbaren, wenn es aufgrund der Besonderheiten des Einzelfalls sachdienlich erscheint. So ist etwa die Vereinbarung des Fälligkeitszeitpunkts auf den 15. Werktag eines Monats ebenfalls möglich. Dies gilt sowohl für Mietverhältnisse über Wohnraum als auch für solche über Gewerberaum.

1. Mietbeginn zum 1. Werktag des Monats

50 Beginnt das Mietverhältnis zum Ersten eines Monats, so ist die erste Mietzahlung erst am dritten Werktag fällig. Das bedeutet, dass die Wohnung bereits am Ersten des Monats an den Mieter übergeben werden muss, ohne dass der Vermieter zu diesem Zeitpunkt überhaupt die erste Mietzahlung erhalten hat.

51 Übergibt der Vermieter am Ersten des Monats den Schlüssel für die Wohnung und zahlt der Mietschuldner am Dritten des Monats die vereinbarte Miete nicht, so hat der Vermieter trotz dieser anfänglichen Vertragsuntreue noch kein Kündigungsrecht. Der Vermieter muss erst warten, bis sich der Mietschuldner mit einer weiteren Mietzahlung in Verzug befindet, bevor er ihm die außerordentliche Kün-

digung aussprechen kann (§ 543 Abs. 2 S. 1 Nr. 3 BGB). Diese Rechtslage machen sich insbesondere Mietnomaden zunutze.

Dabei kann der Vermieter dem präventiv entgegenwirken, indem er eine dahingehende Vereinbarung trifft, wonach die **Schlüsselübergabe nur gegen die Zahlung der ersten Miete** erfolgt.[27] Er kann vereinbaren, dass **abweichend von dem vertraglichen Fälligkeitszeitpunkt die erste Mietzahlung bereits zum Zeitpunkt der Schlüsselübergabe fällig wird** und sich für den Fall der Nichtzahlung ausdrücklich den Rücktritt vom Vertrag vorbehält. 52

Praxistipp !

Der Vermieter sollte in jedem Fall **vereinbaren, dass die Schlüsselübergabe nur gegen die Zahlung der ersten Miete** erfolgt, egal wie freundlich der künftige Mieter erscheint. Redliche Mieter wird eine solche Klausel nicht veranlassen, von dem Vertrag Abstand zu nehmen. Mietschuldner mit unredlichen Absichten hingegen werden von vorneherein abgeschreckt. Sollte keine entsprechende Klausel im Formularmietvertrag vorhanden sein, so ist es ratsam, diese unter der Rubrik „Sonstiges" im Formularmietvertrag aufzunehmen.

---

2. Mietbeginn zum 15. eines Monats

Haben die Mietvertragsparteien die Zahlung der Miete am 3. Werktag des Monats vereinbart und beginnt das Mietverhältnis am 15. eines Monats, so ist die erste Mietzahlung erst am 3. Werktag fällig, der auf den 15. des Monats folgt.[28] 53

Auch hier gilt, dass mit dem Mieter eine dahingehende Vereinbarung getroffen werden sollte, wonach dieser bereits bei Schlüsselübergabe zur Zahlung der ersten Miete verpflichtet wird. 54

3. Fälligkeit der Mietzahlung an Samstagen

Fällt der dritte Tag eines Monats auf einen Samstag, so war lange Zeit streitig, ob es sich bei dem Samstag um einen Werktag handelt oder nicht. Nunmehr hat der BGH entschieden, dass in dieser Konstellation die Mietzahlung nicht am Samstag, sondern erst am nächsten Werktag (nämlich dem nächsten Bankarbeitstag), der auf den Samstag folgt, fällig wird.[29] 55

---

27 Schmidt-Futterer/*Eisenschmid*, § 535 BGB Rn 15.

28 Schmidt-Futterer/*Langenberg*, § 556 BGB Rn 4.

29 BGH, Urt. v. 13.7.2010 – VIII ZR 129/09 und 291/09 –; Schmidt-Futterer/*Langenberg*, § 556b BGB Rn 4.

4. Leistungshandlung

56 Die Vereinbarung eines Fälligkeitszeitpunkts besagt noch nichts darüber, ob die Miete bis zum 3. Werktag bei dem Vermieter eingegangen sein muss oder ob es bereits schon ausreicht, dass der Mieter bis zu diesem Zeitpunkt lediglich die Mietzahlung veranlasst hat. Für die Beantwortung dieser Frage kommt es ganz darauf an, was die Parteien vereinbart haben:

a) Überweisung

57 Bei der Vereinbarung einer Mietzahlung im bargeldlosen Zahlungsverkehr handelt es sich um eine Leistung, die der Mieter im Wege der Schickschuld zu erbringen hat. Dies führt dazu, dass der Mietschuldner **bis zum 3. Werktag des Monats lediglich den Überweisungsvorgang veranlassen** muss.[30]

58 Inzwischen hat allerdings der Europäische Gerichtshof (EuGH) zur EU-Zahlungsverzugsrichtlinie entschieden, dass bis zu dem Fälligkeitszeitpunkt der Leistungserfolg einzutreten hat, also die Miete bis zum 3. Werktag eines Monats auf dem Konto des Vermieters eingegangen sein muss.[31]

! **Praxistipp**

Für die **Rechtzeitigkeit der Zahlungen** des Mieters sollte immer vereinbart werden, dass es auf den **Zeitpunkt der Gutschrift auf dem Vermieterkonto** ankommt.

---

b) Lastschriftverfahren

59 Haben die Parteien vereinbart, dass der Vermieter die Mietzahlung im Wege des Lastschriftverfahrens einzieht, muss der Mieter lediglich zum Zeitpunkt der Fälligkeit dafür sorgen, dass das **Konto ausreichend gedeckt** ist. Der Vermieter muss dann lediglich die Abbuchung veranlassen. Bucht er erst zu einem späteren Zeitpunkt die Miete ab, so trägt er selbst die Verantwortung hierfür.

60 Beachten muss der Vermieter allerdings bei der Vereinbarung des Lastschrifteinzugsverfahrens von dem Konto des Mieters, dass eine Lastschrifteinzugsklausel jedenfalls in Formularmietverträgen nur dann wirksam ist, wenn diese eine Regelung enthält, dass der Mieter zum jederzeitigen Widerruf des Lastschrifteinzuges berechtigt ist.

---

30 Schmidt-Futterer/*Langenberg*, § 556b BGB Rn 5.

31 EuGH, Urt. v. 3.4.2000 – C-306/06 –.

c) Zahlung durch Scheck

Sofern die Mietzahlung durch Scheck erfolgt, reicht es aus, dass dessen **Übersendung noch vor Ablauf des Fälligkeitszeitpunkts** veranlasst worden ist. Die rechtzeitige Ankunft bei dem Vermieter ist hierbei nicht zwingend. Der Mieter gerät nicht mit der Mietzahlung in Verzug, wenn der Vermieter den Scheck erst nach Ablauf der Zahlungsfrist erhält. Dem Vermieter ist dringend anzuraten, Schecks überhaupt nicht zu akzeptieren. 61

d) Barzahlung

Unproblematisch ist schließlich der Fall, in dem die Mietvertragsparteien die Barzahlung der Miete vereinbaren. Bei einer solchen Vereinbarung muss der Mieter zur Fristwahrung die **Einzahlung der Miete bis zum 3. Werktag** entweder auf dem Konto des Vermieters vornehmen oder – je nach dem – bei dem Vermieter persönlich abgeben. 62

II. Gesetzliche Regelung

Soweit die Parteien keine Vereinbarung über den Fälligkeitszeitpunkt getroffen haben, greift die Vorschrift des § 556b BGB. Gemäß Abs. 1 ist die Miete zu Beginn, spätestens bis zum 3. Werktag der einzelnen Zeitabschnitte zu entrichten, nach denen sie bemessen ist. Dies deckt sich insoweit mit der in der Praxis üblichen Fälligkeitsvereinbarung, wie sie bereits unter Rn 48 ff. dargelegt wurde. 63

Diese Vorschrift gilt für Wohn- und auch Geschäftsräume und betrifft Mietverhältnisse, die **nach dem 31.8.2001** begründet wurden. Maßgeblich ist hierbei nicht der tatsächliche Beginn des Mietverhältnisses, sondern das Datum des Mietvertrages.[32] 64

Für Mietverhältnisse, die **vor dem 31.8.2001** geschlossen wurden, gilt weiterhin die alte Regelung des § 551 Abs. 1 BGB a. F. Hiernach ist die Miete teilweise am Ende der Mietzeit oder erst nach Ablauf der einzelnen Zeitabschnitte zu entrichten. 65

---

32 Schmidt-Futterer/*Langenberg*, § 556b BGB Rn 15.

III. Betriebskosten-Nachzahlung

66 Der Nachforderungsanspruch des Vermieters setzt voraus, dass die Betriebskostenabrechnung **formell ordnungsgemäß** erstellt worden ist. Dies ist dann der Fall, wenn sie eine geordnete Aufstellung über die Zusammenstellung der Gesamtkosten, Angaben zum Umlageschlüssel, die anteiligen Kosten des Mieters sowie den Abzug der geleisteten Vorauszahlungen des Mieters enthält.

67 Bei der Geltendmachung von Nachforderungen kollidiert in der Regel das Interesse des Vermieters an einer zügigen Zahlung mit dem Interesse des Mietschuldners, die Abrechnung erst überprüfen zu wollen. Das Gesetz sieht hierbei zugunsten des Mieters vor, dass er seine Einwendungen gegen die Abrechnung spätestens bis zum Ablauf von **zwölf Monaten nach Zugang der Abrechnung** mitzuteilen hat (§556 Abs. 3 S. 5 BGB).

1. Preisfreier Wohnraum

68 Der Vermieter muss über die Betriebskosten jährlich abrechnen, wobei die Abrechnung selbst dem Mieter spätestens **bis zum Ablauf des zwölften Monats nach Ende des Abrechnungszeitraums** mitzuteilen ist (§556 Abs. 3 BGB). Sind diese Voraussetzungen erfüllt, so wird der Anspruch des Vermieters auf Zahlung einer Nachforderung bei preisfreiem Wohnraum mit der Erteilung fällig.[33]

2. Preisgebundener Wohnraum

69 Bei **preisgebundenem Wohnraum** ist hingegen zu differenzieren: Soweit der Vermieter etwaige Mieterhöhungen bis zur Kostenmiete in zulässiger Höhe durchführen kann, richtet sich der Fälligkeitszeitpunkt gem. §4 Abs. 7 NMV nach §10 Abs. 2 WoBindG. Hiernach ist eine Nachforderung, die vor dem 15. des Monats zugeht, am 1. Tag des Folgemonats fällig; geht die Betriebskostenabrechnung erst nach dem 15. des Monats zu, wird sie erst am 1. des übernächsten Monats fällig. Wurde hingegen als zulässige Miete die vertragliche Miete vereinbart, so gilt in diesem Fall §4 Abs. 8 NMV, sodass die Nachforderung mit Zugang der Betriebskosten fällig wird.[34]

33 BGH, Urt. v. 9.3.2005 – VIII ZR 57/04 –.

34 Schmidt-Futterer/*Langeberg* §556 BGB Rn 425.

3. Gewerberaum

Anders als beim Wohnraum gibt es bei der Vermietung von Gewerberäumen keine gesetzliche Bestimmung, innerhalb derer der Vermieter eine Abrechnung legen muss bzw. der Mieter seinerseits Einwendungen hiergegen geltend machen muss. Daher ist es für den Vermieter geboten, den **Abrechnungszeitraum, den Fälligkeitszeitpunkt sowie den Ausschluss von Einwendungen des Mieters gegen die Abrechnung vertraglich zu regeln.** 70

E. Verzug

Ein Zahlungsverzug des Schuldners liegt dann vor, wenn er seine Leistung **nicht rechtzeitig** erbringt und dies aufgrund eines Umstandes geschieht, den er **zu vertreten** hat.[35] 71

I. Mahnung

Ist der **Zahlungsanspruch des Vermieters fällig** und leistet der Mieter auf eine Mahnung des Vermieters keine Zahlung, so gerät der Mietschuldner in Verzug (§ 286 Abs. 1 BGB). Die Mahnung ist die **Aufforderung an den Mieter, die Zahlung zu erbringen.** Sie kann zwar auch mündlich ausgesprochen werden, sollte aber zu Beweiszwecken immer schriftlich erfolgen. Die Aufforderung zur Zahlung muss eindeutig sein. Eine Fristsetzung oder gar eine Ankündigung von weiteren Maßnahmen oder ein Hinweis auf rechtliche Konsequenzen **ist entbehrlich,** kann sich aber anbieten, um der Aufforderung einen gewissen Nachdruck zu verleihen. Wegen der Bedeutung der Mahnung als „Verzugsauslöser" sollte diese dem Mietschuldner **so zugestellt werden, dass der Zugang beweisbar ist.** 72

II. Fristablauf

Ist zwischen den Vertragsparteien ein **Zahlungstermin nach dem Kalender bestimmt, also vereinbart worden,** dann bedarf es keiner Mahnung, sondern tritt Verzug mit dem Ablauf des Termins ein (§ 286 Abs. 2 Nr. 1 BGB). Diese Regelung 73

---

35 Palandt/*Grüneberg*, § 286 BGB Rn 2.

findet **keine Anwendung auf einseitige Fristsetzungen** z. B. in der Betriebskostenabrechnung, da es sich dann nicht um eine vereinbarte Frist handelt.

III. Praktische Folgen

1. Miete einschließlich Betriebskostenvorauszahlung

74 Da bei einem Mietverhältnis der Fälligkeitszeitpunkt für die Mietzahlung beiderseitig vertraglich vereinbart ist, bedarf es bei fruchtlosem Fristablauf **keiner zusätzlichen Mahnung** des Vermieters, um den Mietschuldner in Verzug zu setzen. Gemäß §286 Abs. 2 Nr. 1 BGB bedarf es keiner Mahnung, wenn für die Leistung eine Zeit nach dem Kalender bestimmt ist. Der Mieter gerät somit bereits dann in Verzug, wenn er die Mietzahlung nicht zum Fälligkeitszeitpunkt erbringt.

2. Nachforderung aus der Betriebskostenabrechnung

75 Anders sieht es bei der Nachforderung aus einer Betriebskostenabrechnung aus. Hier **bedarf es der Mahnung** durch den Vermieter, wodurch der Mietschuldner mit der Nachzahlung in Verzug gesetzt wird. In der Regel kollidiert an diesem Punkt das Interesse des Vermieters an einer zügigen Zahlung mit dem Interesse des Mietschuldners, der von Gesetzes wegen ein Recht zur Überprüfung der Betriebskostenabrechnung hat.

76 Sofern der Mieter keine Einwendungen gegen die Betriebskostenabrechnung erhebt oder die Einsicht in die Abrechnungsunterlagen verlangt, sollte der Vermieter den Mietschuldner mahnen und mit der Mahnung in Verzug setzen.

IV. „Vertreten-Müssen" des Mieters

77 Der Verzug tritt nicht ein, wenn die verspätete Zahlung bzw. Nichtzahlung **aufgrund eines Umstandes ausbleibt, den der Mietschuldner nicht zu vertreten hat.** Liegt ein solcher besonderer Umstand vor, muss dieser von dem Mieter eingewandt werden.

1. Fälle des „Vertreten-Müssens"

78 Der Mietschuldner muss folgende Umstände vertreten:

a) Zahlungsunfähigkeit

Die persönliche Zahlungsunfähigkeit des Mieters steht dem Eintritt des Verzuges nicht entgegen. Mietschulden sind Geldschulden und nach dem **Grundsatz „Geld hat man zu haben"** wird der Mieter von der Zahlung nicht entpflichtet, wenn er persönlich nicht leistungsfähig ist. Dies gilt auch dann, wenn der Mieter infolge von **Arbeitslosigkeit** nicht zahlungsfähig oder **längerfristig erkrankt** ist. Etwas anderes gilt im letzteren Fall nur dann, wenn der Mieter so plötzlich massiv erkrankt ist, dass er die Mietzahlung nicht rechtzeitig veranlassen kann.[36] 79

b) Zahlungsverzögerung durch Erfüllungsgehilfen

Der Mietschuldner muss sich die Verzögerungen, die durch Erfüllungsgehilfen, d. h. durch von ihm beauftragte Dritte erfolgt sind, zurechnen lassen. Hier kommen insbesondere die von ihm **beauftragte Bank, das Postgiroamt** oder auch die **Mieterschutzvereinigung** in Betracht, die den Mieter hinsichtlich seiner Zahlungspflicht beraten hat. 80

Der BGH hat nunmehr entschieden, dass ein **Jobcenter (Sozialamt)** kein Erfüllungsgehilfe des Mieters bei der Zahlung der Miete ist.[37] Nach Ansicht des Gerichts nimmt das Jobcenter hoheitliche Aufgaben der Daseinsvorsorge wahr. Weist das Jobcenter folglich die Miete zu spät an, so ist dies dem Mietschuldner nicht zuzurechnen. Dies gilt sowohl für den Fall, dass das Jobcenter die Kosten an den Mieter selbst zahlt wie auch für den Fall, dass die Mietzahlung unmittelbar an den Vermieter erfolgt. 81

c) Falschbehauptung wegen Mängeln

Behauptet der Mietschuldner Mängel an der Mietsache, die tatsächlich nicht vorliegen, so ist er **nicht von der Mietzahlung entpflichtet.** In diesem Fall steht ihm weder ein Minderungsrecht noch ein Zurückbehaltungsrecht zu. 82

d) Kontowechsel des Vermieters

Nimmt der Vermieter einen Wechsel des Kontos vor, so hat er dies dem Mieter je nach vereinbarter Zahlungsweise so **rechtzeitig anzuzeigen,** dass er zeitlich die Umstellung vornehmen kann. Leistet der Mietschuldner dann an das alte Konto, 83

---

36 Schmidt-Futterer/*Blank*, § 543 BGB Rn 96.

37 BGH, Urt. v. 21.10.2009 – VIII ZR 64/09 –.

so tritt keine Zahlung mit befreiender Wirkung ein, d. h. der Mieter hat diesen Umstand zu vertreten.

2. Mietminderung und Zurückbehaltung

84 Steht dem Mieter ein Recht zur **Mietminderung** zu, irrt er sich aber über die Höhe der Mietminderung, so gerät der Mieter mit dem Differenzbetrag zwischen der angemessenen Mietminderung und der überhöhten Minderung nicht in Verzug, da er den Irrtum nicht zu vertreten hat.

85 Nach neuerer Rechtsprechung des BGH soll es der Mieter zu vertreten haben, wenn er nicht erkennt, dass ihm ein Minderungsrecht nicht zusteht, sodass bei einem zu Unrecht in Anspruch genommenen Minderungsrecht der Zahlungsverzug nicht entfällt.[38]

86 Gleiches gilt, wenn sich der Mieter im Irrtum über die Höhe eines **Zurückbehaltungsrechts** befindet, das dem Grunde nach besteht.

V. Verzugsfolgen

87 Liegt ein Zahlungsverzug des Mieters vor, können die Rechtsfolgen von der Geltendmachung von Verzugszinsen bis hin zur außerordentlichen Kündigung des Mietverhältnisses reichen und der Mieter hat die Rechtsanwaltskosten auf der Vermieterseite zu tragen.

1. Zinsen

88 Gemäß § 288 Abs. 1 BGB sind Geldschulden während des Verzugs zu verzinsen, wobei der Verzugszinssatz für das Jahr 5 Prozentpunkte über dem Basiszinssatz beträgt.

89 Bei Rechtsgeschäften, an denen kein Verbraucher beteiligt ist, beträgt der Zinssatz sogar 8 Prozentpunkte über dem Basiszinssatz.

2. Außerordentliche Kündigung

90 Sofern die gesetzlichen Voraussetzungen vorliegen, kann der Vermieter dem Mietschuldner infolge des Zahlungsverzuges auch die außerordentliche Kündigung des Mietverhältnisses aussprechen.

---

38 BHG, Urt. v. 11.7.2012 – VIII ZR 138/11 –.

3. Rechtsverfolgungskosten

Befindet sich der Mieter mit der Zahlung der Miete in Verzug, so sind die Kosten des Rechtsanwaltes auf der Vermieterseite vom Mietschuldner zu ersetzen. Dies sind die Rechtsanwaltsgebühren für eine **Mahnung, Kündigung** wegen Zahlungsverzuges, Geltendmachung der Ansprüche auf **Räumung und Herausgabe** der Mietsache sowie der **gerichtlichen Rechtsverfolgung** bis zur **Zwangsvollstreckung** gegenüber dem Mietschuldner. 91

Praxistipp !

Da der Mietschuldner bei Zahlungsverzug auch die **Kosten des Rechtsanwaltes** des Vermieters zu tragen hat, sollte dieser frühzeitig eine anwaltliche Vertretung erwägen, um insbesondere bei einer Kündigung schnell und richtig vorzugehen.

Kapitel 6
Die Mietsicherheit/Kaution

A. Überblick

I. Problemstellung

1 Die Mietsicherheit (Kaution) stellt das wichtigste – wenn auch begrenzte – Sicherungsmittel des Vermieters für seine Ansprüche gegen den Mieter aus dem Mietvertrag dar. Das ist insbesondere bei nicht zahlenden Mietern und Mietnomaden wichtig.

2 Bei den in der Praxis relevanten Mietsicherheiten handelt es sich im Wesentlichen um

- die **Barkaution,** die in bar oder per Überweisung gezahlt wird und von dem Vermieter getrennt von seinem Vermögen anzulegen ist sowie
- die **Bürgschaft** unter Verzicht auf die Einreden der Anfechtung, Aufrechnung und Vorausklage einer Bank, die durch die Übergabe der (Original-) Bürgschaftsurkunde an den Vermieter erbracht wird.

3 Die Mietkaution hat der Gesetzgeber beim Wohnraummietvertrag durch Gesetz begrenzt. Der Vermieter muss darüber hinaus eine Mietsicherheit mit dem Mieter **vertraglich vereinbaren,** was ihm aber gleichzeitig die Möglichkeit gibt, die Mietsicherheit im Mietvertrag zu seinem Vorteil zu regeln.

4 Der Fehler vieler von Mietausfällen betroffener Vermieter liegt darin, dass sie die Möglichkeiten zur Vereinbarung einer effektiven Mietsicherheit nicht nutzen. So wird teilweise ganz auf eine Mietsicherheit verzichtet oder „traditionell" – insbesondere bei der Wohnraumvermietung – die Barkaution gewählt, obwohl diese gegenüber der Bankbürgschaft gleich mehrere deutliche Nachteile hat. Die Mietsicherheit ist zur Sicherung der Ansprüche des Vermieters gegenüber dem Mieter **ein Sicherungsbaustein von mehreren.** Die geschickte Kombination, auch unter Berücksichtigung des gesetzlichen Sicherungsmittels Vermieterpfandrecht (siehe Kap. 8), erhöht die Sicherung des Vermieters.

II. Praktische Relevanz

1. Art der vereinbarten Mietsicherheit

In der bereits erwähnten **Studie[1] zum Phänomen Mietnomaden** wurden betroffene private Vermieter dazu befragt, ob und welche Mietsicherheit vereinbart wurde. Das Ergebnis: 5

- **Barkaution 76,61 %**
- **Bürgschaft 3,34 %**
- **Keine Sicherheit 18,78 %**

Damit haben viele der im Rahmen der Studie befragten Vermieter entweder ganz auf eine Mietsicherheit verzichtet oder die Barkaution gewählt. 6

2. Kaution nicht gezahlt

Bezüglich der Mietschuldner, welche von Anfang an keine Miete gezahlt haben oder die Zahlung innerhalb der ersten drei Monate eingestellt haben, wurde ermittelt, dass von diesen Mietschuldnern **53,95 % auch keine Kaution gezahlt haben.**[2] 7

3. Rechtsverfolgungsdauer

Ebenso wurde ermittelt, wie lange die Dauer von der Einstellung der Zahlungen durch den Mietschuldner bis zur erfolgreichen Räumung der Mietsache war. Dies ergab, dass bei Mietnomaden, die ihre Zahlung bereits in den ersten drei Monaten des Mietvertrages eingestellt haben, die **Rechtsverfolgungsdauer im Durchschnitt 15,5 Monate** betrug.[3] 8

III. Zweck

Die Mietsicherheit soll dazu dienen, **sämtliche Ansprüche des Vermieters aus dem Mietvertrag** gegenüber dem Mietschuldner **sowie anlässlich der Beendigung des Mietvertrages zu sichern.** Dem Vermieter soll bezüglich seiner Ansprüche sowohl während der Mietdauer als auch insbesondere bei Beendigung 9

1 *Artz/Jacoby*, S. 24.
2 *Artz/Jacoby*, S. 13.
3 *Artz/Jacoby*, S. 33.

des Mietverhältnisses die Möglichkeit gegeben werden, möglichst unkompliziert zur Befriedigung seiner Ansprüche auf die Mietsicherheit zurückzugreifen. Dabei kommt es insbesondere darauf an, die **effektivste Mietsicherheit zu vereinbaren,** um sich so früh wie möglich so umfassend wie möglich abzusichern.

IV. Grenzen

10 Die Grenzen der Absicherung des Vermieters durch die Mietsicherheit liegen insbesondere in der Höhe der Mietsicherheit. Im Gewerberaummietrecht macht die Mietsicherheit in der Regel drei bis sechs Monatsbeträge aus.

11 Gesetzlich begrenzt ist die Mietsicherheit im Wohnraummietrecht, da sie **höchstens das Dreifache der Monatsmiete** ohne Betriebskostenvorauszahlung betragen darf (§ 551 Abs. 1 BGB) und eine zum Nachteil des Mieters abweichende Vereinbarung aufgrund gesetzlicher Anordnung unwirksam ist (§ 551 Abs. 4 BGB). Hieraus ergibt sich, dass sowohl bei der Gewerberaumvermietung als auch insbesondere bei der Wohnraumvermietung eine ausreichende Sicherung des Vermieters durch die Mietsicherheit bei **längerfristigem Zahlungsverzug** des Mietschuldners und insbesondere bei einem Mietnomaden, der in der Regel von Beginn an keine Miete zahlt, gerade nicht gegeben ist. Umso wichtiger ist es, als Vermieter dieses Sicherungsmittel optimal zu wählen, zu vereinbaren und frühzeitig zu erhalten.

B. Entstehung der Mietsicherheit

I. Anspruchsgrundlage

12 Ohne Vereinbarung besteht kein Anspruch des Vermieters gegenüber dem Mieter auf Gestellung einer Mietsicherheit. Insbesondere ergibt sich ein solcher Anspruch nicht aus dem Gesetz. Der Gesetzgeber hat es grundsätzlich den Vertragsparteien überlassen, mietvertraglich zu regeln, ob, in welcher Höhe (bis zur gesetzlichen Begrenzung, siehe oben Rn 10 f.) und in welcher Form der Mieter verpflichtet sein soll, eine Mietsicherheit zu erbringen. Anspruchsgrundlage ist immer eine **mietvertragliche Vereinbarung.** § 551 BGB zum Wohnraummietrecht begründet also keinen gesetzlichen Anspruch auf Mietsicherheit, sondern setzt eine (vertragliche) Verpflichtung zur Sicherheitsleistung voraus und regelt selbst nur die Begrenzung und Anlage der Mietsicherheit für das Wohnraummietrecht.

Da die Regelungen über die Mietsicherheit auch **formularmäßig möglich** 13
sind,[4] kann der Vermieter auch Formularmietverträge verwenden, was in der Praxis insbesondere bei privaten Vermietern den **Regelfall** darstellt. Hier ist darauf zu achten, dass die Formulare richtig und vollständig ausgefüllt werden[5] und insbesondere bei der Höhe der Mietsicherheit die gesetzliche Grenze von maximal drei Monatsnettomieten nicht überschritten wird.

Neben der **konkreten Angabe, in welcher Form die Mietsicherheit** zu 14
erbringen ist, also Barkaution, Bürgschaft etc., sind den Regelungsinhalten auch Grenzen gesetzt, wobei zwischen dem Wohnraummietrecht und dem Gewerberaummietrecht zu unterscheiden ist.

II. Wohnraummietvertrag

Das Wohnraummietrecht unterliegt gerade bei der wichtigen Mietsicherheit unter 15
dem vom Gesetzgeber gewollten Gesichtspunkt des „Mieterschutzes" erheblichen Einschränkungen zulasten des Vermieters.

1. Begrenzung

Welche Form von Mietsicherheit die Vertragsparteien auch vereinbaren, die Miet- 16
sicherheit darf **höchstens das Dreifache der auf einen Monat entfallenden Miete ohne die Betriebskostenvorauszahlung bzw. -pauschale** ausmachen (§ 551 Abs. 1 BGB). Mehrere Sicherheiten (z. B. Barkaution und Bürgschaft) sind zu addieren und dürfen diese Grenze nicht übersteigen.[6] Sinn und Zweck dieser mieterfreundlichen Regelung soll es sein, den mit Umzugs- und sonstigen Kosten sowie der ersten Miete belasteten Mieter zu entlasten. Das Interesse des Vermieters, vor der Übergabe der Wohnung eine vollständige Mietsicherheit zu erhalten, um sich vor nicht zahlenden Mietschuldnern zu schützen, wird dabei nicht berücksichtigt.

2. Übersicherung

Wird zwischen den Vertragsparteien eine Mietsicherheit von mehr als dem Drei- 17
fachen der auf den Monat anfallenden Miete ohne Betriebskostenvorauszahlung

---

4 Schmidt-Futterer/*Blank*, § 551 BGB Rn 10.
5 Vgl. hierzu Kap. 5 Rn 11 ff.
6 Schmidt-Futterer/*Blank*, § 551 BGB Rn 54.

vereinbart, so ist diese als eine **zum Nachteil des Mieters abweichende Vereinbarung unwirksam** (§ 551 Abs. 4 BGB). Diese Unwirksamkeit der Regelung erstreckt sich nicht auf die gesamte Regelung über die Mietsicherheit, sondern nur auf den Teil, der über die Begrenzung hinausgeht. Nur dieser soll unwirksam sein und die Regelung über die Mietsicherheit bis höchstens zum Dreifachen der Miete ohne Betriebskostenvorauszahlung wirksam bleiben.[7] Ob diese Auffassung auch in Zukunft vor den Obergerichten Bestand haben wird, ist allerdings durchaus fraglich, weshalb besser von vorneherein der korrekte Betrag mit der Begrenzung des § 551 Abs. 1 BGB in ein Vertragsformular eingetragen werden sollte.

18 Hat der Mieter infolge einer Vereinbarung eine zu hohe Mietsicherheit in Form einer Barkaution geleistet, so kann er den über die Begrenzung hinausgehenden Betrag von dem Vermieter **zurückfordern**[8] oder mit zukünftigen Mietforderungen des Vermieters **verrechnen.**

19 Hat der Mieter eine über die Begrenzung hinausgehende Bürgschaft vorgelegt, so ist der Bürgschaftsvertrag bezüglich des über die Begrenzung hinausgehenden Betrages **nichtig.** Der Mieter kann bezüglich des über die Begrenzung hinausgehenden Betrages verlangen, dass der Bürge nicht in Anspruch genommen wird, und der Bürge kann dieses Recht gegenüber dem Vermieter einwenden.[9]

3. Zu sichernde Ansprüche

20 Bei den zu sichernden Ansprüchen des Vermieters durch die Mietsicherheit ist bei Wohnraum zwischen preisgebundenem Wohnraum und frei finanziertem Wohnraum zu unterscheiden.

a) Preisgebundener Wohnraum

21 Bei preisgebundenem Wohnraum ist § 9 Abs. 5 S. 1 WoBindG zu berücksichtigen, wonach die Vereinbarung einer Mietsicherheit **nur zur Sicherung von Ansprüchen des Vermieters gegen den Mieter aus Schadensersatz und unterlassenen Schönheitsreparaturen** vereinbart werden kann.[10] Ist diese Beschränkung

---

7 Schmidt-Futterer/*Blank*, § 551 BGB Rn 54.

8 AG Köln, Urt. v. 17.3.1992 – 208 C 605/91 – WuM 1992, 369.

9 BGHZ 107, 210; OLG Düsseldorf, Urt. v. 18.7.1997 – 22 U 270/96 – MDR 1998, 464.

10 Schmidt-Futterer/*Blank*, § 551 BGB Rn 10.

in der Vereinbarung über die Mietsicherheit nicht ausdrücklich enthalten, so ist die Vereinbarung jedoch in diesem Sinne auszulegen.[11]

b) Frei finanzierter Wohnraum

Bei frei finanziertem Wohnraum dient die Mietsicherheit zur Sicherung **sämtlicher Zahlungsansprüche des Vermieters** gegenüber dem Mietschuldner, also insbesondere für Miete, Betriebskosten, Nutzungsentschädigung, Schadensersatz, Verzugskosten und Prozesskosten.[12] Ist dies nicht ausdrücklich geregelt, so erstreckt sich der Sicherungszweck der Mietsicherheit dennoch auf die vorgenannten Ansprüche.[13] 22

III. Gewerberaummietvertrag

Im Gewerberaummietrecht besteht die allgemeine Vertragsfreiheit der Parteien. 23

1. Keine Begrenzung der Höhe

Im Gewerberaummietrecht ist die Höhe der Mietsicherheit zwischen den Vertragsparteien frei vereinbar. Es gibt **keine Begrenzung.**[14] Eine tatsächliche Grenze setzt der Markt dahingehend, was vonseiten der Mietinteressenten noch akzeptiert wird. In rechtlicher Hinsicht gilt die Grenze eines sittenwidrigen Rechtsgeschäftes, welches nach § 138 Abs. 1 BGB nichtig ist. Eine Kautionsabrede in einem Gewerbemietvertrag kann unwirksam sein, wenn sie schikanös außerhalb eines nachvollziehbaren Sicherungsinteresses des Vermieters festgesetzt ist.[15] Eine Kautionsvereinbarung in Höhe der **siebenfachen Monatsmiete** ist bei einem längeren Gewerbemietverhältnis regelmäßig nicht schikanös außerhalb eines nachvollziehbaren Sicherungsinteresses des Vermieters festgesetzt.[16] Bei einem Gewerberaummietvertrag ist dies bei einem Unternehmer als Mieter auch durch Formularvertrag möglich.[17] 24

---

11 *Schmidt-Futterer/Blank*, § 551 BGB Rn 10.
12 Bub/Treier/*Martius*, Kap. 3 Rn 764.
13 *Fritz*, Rn 141.
14 OLG Brandenburg, Beschl. v. 4.9.2006 – 3 U 78/06 – ZMR 2006, 854.
15 OLG Brandenburg, Beschl. v. 4.9.2006 – 3 U 78/06 – ZMR 2006, 854.
16 OLG Brandenburg, Beschl. v. 4.9.2006 – 3 U 78/06 – ZMR 2006, 854.
17 OLG Brandenburg, Beschl. v. 4.9.2006 – 3 U 78/06 – ZMR 2006, 854.

Praxistipp
Bei einem Gewerberaummietvertrag sollte eine Mietsicherheit von mindestens sechs Monatsmieten und Betriebskosten brutto vereinbart werden.

2. Vereinbarung einer Nachschusspflicht möglich

25 Im Gewerberaumietrecht ist es zudem möglich, eine **Nachschusspflicht** zu vereinbaren, im Rahmen derer der Mietschuldner verpflichtet ist, bei Mieterhöhungen die Sicherheitsleistung entsprechend anzupassen.[18] Eine solche Nachschusspflicht kann sich selbst dann, wenn sie nicht ausdrücklich vereinbart ist, aus den Umständen des Einzelfalles im Wege der ergänzenden Vertragsauslegung dann ergeben, wenn der Mietvertrag eine besonders lange Laufzeit und bereits vorweg vereinbarte Mieterhöhungen hat.[19]

Praxistipp
Beim Gewerberaummietvertrag sollte vereinbart werden, dass sich die Mietsicherheit entsprechend zukünftiger Mieterhöhungen erhöht und der Mieter insoweit zur ergänzenden Sicherheitsleistung verpflichtet ist.

C. Arten der Mietsicherheit

I. Barkaution

26 Die Barkaution stellt sowohl im Wohnraummietrecht als auch im Gewerberaummietrecht eine der beiden häufigsten Sicherheiten dar. Sie wird durch **Barzahlung oder Überweisung eines Geldbetrages** vom Mieter an den Vermieter geleistet, welcher diesen Betrag dann zur Sicherung seiner Ansprüche anlegt. Der wesentliche Vorteil besteht darin, dass der Vermieter ohne Mitwirkung des Mieters im Bedarfsfalle hierauf zugreifen kann und sofort über Bargeld verfügt.

Klauselmuster
„§ Sicherheitsleistung:
Der Mieter hat an den Vermieter eine Barkaution in Höhe von ________ € zu zahlen."

18 *Fritz*, Rn 140.
19 OLG Düsseldorf, Urt. v. 5.5.1994 – 10 U 186/93 – BB 1994, 1814.

1. Fälligkeit

Bezüglich der Fälligkeit der Kautionszahlung ist wiederum zwischen dem Wohnraummietrecht und dem Gewerberaumietrecht zu unterscheiden. 27

a) Wohnraummietrecht

Bei der Barkaution, also der Sicherheitsleistung in einer Geldsumme, besteht im Wohnraummietrecht die Besonderheit, dass dem Mieter kraft Gesetz die Möglichkeit eingeräumt wird, die Mietsicherheit in **drei monatlichen Raten** an den Vermieter zu zahlen (§ 551 Abs. 2 S. 1 BGB). Bei der Fälligkeit dieser Raten ist zu unterscheiden zwischen der Fälligkeit der ersten Rate sowie der Folgeraten. 28

aa) Erste Rate

Nach § 551 Abs. 2 S. 2 BGB ist die erste Teilzahlung der Sicherheitsleistung **zu Beginn des Mietverhältnisses** fällig. Dies ist nicht etwa der Zeitpunkt des Vertragsschlusses, sondern der Zeitpunkt, zu welchem vertragsgemäß das Mietverhältnis beginnt.[20] 29

bb) Folgeraten

Die Folgeraten sind nach § 551 Abs. 2 S. 3 BGB zusammen mit den unmittelbar folgenden Mietzahlungen fällig, also mit der Fälligkeit der Mieten für den zweiten und dritten Monat des Mietverhältnisses. 30

cc) Unwirksamkeit abweichender Vereinbarungen

Eine zum Nachteil des Mieters abweichende Vereinbarung ist unwirksam (§ 551 Abs. 4 BGB). Eine Vereinbarung, dass der Mietvertrag erst nach vollständiger Zahlung der Mietsicherheit zustande kommt, ist unwirksam,[21] wobei die Vereinbarung über die Mietsicherheit im Übrigen wirksam fortbesteht.[22] 31

---

20 LG Mannheim ZMR 1990, 18.
21 Schmidt-Futterer/*Blank*, § 551 BGB Rn 84.
22 BGH, Urt. v. 25.6.2003 – VIII ZR 344/02 – NZM 2003, 754.

Praxistipp

Der Vermieter sollte dem Mieter bei der Mietvertragsanbahnung mitteilen, dass er bei Vertragsunterzeichnung, spätestens aber mit Übergabe der Mieträume die volle Barkaution haben möchte. Beruft sich der Mietinteressent dann auf die Ratenzahlungsregelung, so lässt dies einen Rückschluss auf die Liquidität des Mieters zu und Vorsicht ist geboten.

dd) Fristlose Kündigung bei Verzug mit den Kautionsraten

32 Nach § 569 Abs. 2a S. 1 BGB liegt ein den Vermieter zu einer außerordentlichen, fristlosen Kündigung i. S. d. § 543 Abs. 1 BGB berechtigender wichtiger Grund vor, wenn der Mieter mit der Sicherheitsleistung nach § 551 BGB in Höhe eines Betrages in Verzug ist, der der zweifachen Monatsmiete ohne Betriebskosten, also der zweifachen Monatsnettomiete, entspricht.

Beispiel

Hat der Vermieter nach § 551 BGB Abs. 1 BGB mit dem Mieter eine Mietkaution in Höhe des Dreifachen der Monatsnettomiete vereinbart und leistet der Mieter die erste Teilzahlung der Kaution bei Beginn des Mietverhältnisses, dann aber die beiden anderen Teilzahlungen im zweiten und dritten Monat des Mietverhältnisses nicht, dann kann der Vermieter nach Eintritt der Fälligkeit der Kautionsrate im dritten Monat des Mietverhältnisses das Mietverhältnis nach §§ 569 Abs. 2a S. 1, 543 Abs. 1 BGB fristlos kündigen, ohne dass es einer vorherigen Abmahnung des Mietschuldners bedarf (§ 569 Abs. 2a S. 3 BGB).

Praxistipp

Von der Möglichkeit der Kündigung wegen Nichtzahlung der Kautionsraten nach §§ 569 Abs. 2a S. 1, 543 Abs. 1 BGB sollte der Vermieter unbedingt Gebrauch machen, da die Nichtzahlung der (weiteren) Kautionsraten ein deutlicher Hinweis auf Zahlungsschwierigkeiten des Mieters bereits zu Beginn des Mietverhältnisses sein kann.

b) Gewerberaummietrecht

33 Im Rahmen des Gewerberaummietrechtes kann die Fälligkeit **frei vereinbart** werden. Es ist insbesondere zulässig, zu vereinbaren, dass die Übergabe der Mietsache durch den Vermieter an den Mieter erst nach vollständiger Zahlung der Mietsicherheit erfolgen muss.[23]

23 Schmidt-Futterer/*Blank*, § 551 BGB Rn 118.

Praxistipp
Beim Gewerberaummietrecht sollte vereinbart werden, dass die Mietsicherheit bereits vor der Übergabe der Mietsache zu erbringen ist.

2. Zurückbehaltungsrecht

Stehen sich eine fällige Forderung und fällige Gegenforderung gegenüber, so kann jeder Teil die Erfüllung der wechselseitigen Forderungen „Zug um Zug" verlangen und seine Leistung davon abhängig machen. 34

a) Wohnraummietrecht

Zahlt der Mietschuldner beim Wohnraummietvertrag die erste Kautionsrate zu Beginn des Mietverhältnisses nicht, so steht dem Vermieter ein Zurückbehaltungsrecht bezüglich der Übergabe der Wohnung, d. h. der Übergabe der Wohnungsschlüssel zur Seite. Der Vermieter kann daher die Zahlung der ersten Kautionsrate **Zug um Zug** gegen die Übergabe der Wohnungsschlüssel verlangen.[24] 35

b) Gewerberaummietrecht

Auch im Gewerberaummietrecht kann der Vermieter die Übergabe der Schlüssel für die Mietsache **Zug um Zug** gegen Zahlung der vereinbarten Kaution verlangen. Ist vereinbart, dass die Leistung der Kaution bereits vor der Übergabe zu erbringen ist, so gilt dies erst recht. 36

Praxistipp
Der Vermieter sollte die Übergabe der Mietsache durch Übergabe der Schlüssel bei einem Wohnraummietvertrag nur **Zug um Zug** gegen die Zahlung der ersten Kautionsrate vornehmen bzw. bei einem Gewerberaummietvertrag gegen Zahlung der vollständigen Kaution.

3. Geldanlage

Auch hinsichtlich der Geldanlage der Barkaution gibt es Unterschiede zwischen dem Wohnraummietrecht und dem Gewerberaummietrecht. Die **bloße Verwahrung** des Geldes ist keine Kapitalanlage. 37

24 Erman/*Jendrek*, § 551 Rn 6.

a) Wohnraummietrecht

38 Das Wohnraummietrecht sieht in § 551 BGB eine gesetzliche Regelung zur Anlage von Mietsicherheiten vor.

aa) Anlage bei einem Kreditinstitut

39 Wird zwischen den Mietvertragsparteien bezüglich der Mietsicherheit in Form einer Barkaution keine wirksame abweichende Vereinbarung getroffen, so ist die Sicherheitsleistung bei einem **Kreditinstitut** zu dem für Spareinlagen mit dreimonatiger Kündigungsfrist üblichen Zinssatz anzulegen (§ 551 Abs. 3 S. 2 BGB). Die Anlage muss **vom Vermögen des Vermieters getrennt** erfolgen und die Zinserträge stehen dem Mieter zu. Sie erhöhen die Sicherheit (§ 551 Abs. 3 S. 4 BGB). Der Mieter von Wohnraum kann die Zahlung der Kaution von der Benennung eines **insolvenzfesten Kontos**, also eines sog. Fremdgeldkontos, durch den Vermieter abhängig machen.[25]

Beispiel
Der Vermieter legt die Kaution auf einem gesonderten Sparkonto/Sparbuch bei einer Bank zu dem für Spareinlagen mit dreimonatiger Kündigungsfrist üblichen Zinssatz an, indem er die Barkaution hierauf einzahlt bzw. den Mieter die Kaution hierauf überweisen lässt.

---

bb) Abweichende Vereinbarungen

40 Abweichende Vereinbarungen zwischen den Mietvertragsparteien sind nur insoweit möglich, als die Vertragsparteien eine **andere verzinsliche Anlageform** vereinbaren können (§ 551 Abs. 3 S. 2 BGB), wobei auch in diesen Fällen die Anlage vom Vermögen des Vermieters getrennt erfolgen muss und die Erträge dem Mieter zustehen, welche die Sicherheit erhöhen. Eine anderweitige abweichende Vereinbarung ist dann unwirksam (§ 551 Abs. 4 BGB), wenn sie zum Nachteil des Mieters ist.

b) Gewerberaummietrecht

41 Zum Gewerberaummietrecht bestehen keine **gesetzlichen Regelungen** über die Form der Anlage der Barkaution sowie deren Verzinsung. Hierzu ist auf die entsprechende Rechtsprechung zurückzugreifen.

---

25 BGH, Urt. v. 13.10.2010 – VIII ZR 98/10 –.

aa) Treuhandkonto

Nach der sich nunmehr in der Rechtsprechung und juristischen Literatur durchgesetzten Auffassung hat der Vermieter bei einem Gewerberaummietvertrag die geleistete Barkaution auf einem Treuhandkonto von seinem eigenen Vermögen getrennt anzulegen.[26] Durch die treuhänderische Zweckbindung darf die Kautionsforderung seitens des Vermieters **nicht an Dritte abgetreten** werden.[27] 42

Beispiel
Der Vermieter legt ein gesondertes (Spar-)Konto als Treuhandkonto bei einer Bank an und zahlt hierauf die Barkaution ein bzw. lässt den Mieter diese darauf überweisen.

bb) Verzinsung

Ist zwischen den Mietvertragsparteien eine Verzinsung der Barkaution vereinbart, so stehen die Zinsen dem Mieter zu und erhöhen die Sicherheit. Eine aufgrund eines Mietvertrages über gewerbliche Räume geleistete Mietkaution ist vom Vermieter regelmäßig auch dann vom Empfang an zu dem für Spareinlagen mit dreimonatiger Kündigungsfrist üblichen Zinssatz zu verzinsen, wenn der Vertrag **keine ausdrückliche Bestimmung** über eine Verzinsung enthält.[28] Dies ergibt sich durch eine **ergänzende Vertragsauslegung.**[29] 43

Im Gewerberaummietrecht ist es ferner aber auch möglich, die **Verzinsung auszuschließen;** dies auch in Form einer **Formularklausel.**[30] 44

Klauselmuster
„§ Sicherheitsleistung:
... Die Verzinsung der Sicherheitsleistung ist ausgeschlossen."

4. Verfügung über die Mietsicherheit

Während der Mietzeit ist zwischen den Rechten des Vermieters und des Mieters zu unterscheiden. 45

---

26 KG NZM 1999, 376 = NJW-RR 1999, 738; OLG Frankfurt/Main NJW-RR 1991, 1416 = ZMR 1991, 340; *Fritz*, Rn 143; *Sternel*, Kap. 3 Rn 229.
27 OLG Düsseldorf ZMR 2000, 212; *Fritz*, Rn 143.
28 BGH, Urt. v. 21.9.1994 – XII ZR 77/93 –.
29 BGH, Urt. v. 21.9.1994 – XII ZR 77/93 –; OLG Düsseldorf, Urt. v. 18.2.1993 – 10 U 110/92 – ZMR 1993, 219; *Fritz*, Rn 142; *Sternel*, Kap. 3 Rn 229.
30 *Fritz*, Rn 142; *Sternel*, Kap. 3 Rn 232.

a) Aufrechnung des Vermieters

46 Der Vermieter ist berechtigt, mit allen mietvertraglichen Ansprüchen gegenüber dem Mietschuldner, welche auf eine Geldzahlung gerichtet sind, die Verrechnung mit der ihm zur Verfügung gestellten Barkaution vorzunehmen. Der Vermieter ist hierzu jedoch **nicht verpflichtet.**[31] Der Vermieter kann den Mieter ohne Inanspruchnahme der Kaution bezüglich seiner Zahlungsansprüche klageweise in Anspruch nehmen.

47 Hat der Vermieter jedoch die Barkaution in Anspruch genommen, so ist der Mieter verpflichtet, die Kaution bis zur vertraglich **vereinbarten Höhe wieder aufzufüllen.**[32] Soweit erforderlich, kann der Vermieter den Mieter hierauf gerichtlich in Anspruch nehmen.

48 Allerdings kann der Vermieter nach neuester Rechtsprechung des BGH die Kaution des Mieters im laufenden Mietverhältnis nicht wegen streitiger, nicht rechtskräftig festgestellter und nicht offensichtlich begründeter Ansprüche mit der Folge der Pflicht des Mieters zur Wiederauffüllung der Kaution in Anspruch nehmen. Eine entsprechende Formularklausel im Mietvertrag ist insoweit unwirksam.[33]

49 Am Ende des Mietverhältnisses kann der Vermieter auf die Kaution auch dann zurückgreifen, wenn seine Forderungen nicht unstreitig, rechtskräftig festgestellt oder offensichtlich begründet sind.

! **Praxistipp**

Wenn Zahlungsansprüche des Vermieters gegenüber dem Mietschuldner während des laufenden Mietverhältnisses bestehen, sollte dieser **nicht die Kaution in Anspruch nehmen** und den Anspruch auf Auffüllung der Kaution erforderlichenfalls gerichtlich gegenüber dem Mietschuldner durchsetzen, sondern seine Zahlungsansprüche direkt gerichtlich gegenüber dem Mietschuldner durchsetzen und hierbei die Kaution als Sicherheit erhalten. Dann kann insbesondere mit zukünftigen Schadensersatzansprüchen bei Rückgabe der Mietsache aufgerechnet werden, welche der kurzen sechsmonatigen Verjährung unterliegen.

---

b) Aufrechnung des Mieters

50 Während der Dauer des Mietverhältnisses kann der Mietschuldner nicht auf die Kaution zurückgreifen und auch anderweitig **nicht über die Kaution verfügen,** da der Kautionsrückzahlungsanspruch bei Bestehen des Mietverhältnisses nicht

31 LG München I, Urt. v. 17.7.1997 – 14 S 5138/96 – WuM 1996, 541.
32 Schmidt-Futterer/*Blank*, § 551 BGB Rn 90.
33 BGH, Urt. v. 7.5.2014 – VIII ZR 234/13 –.

fällig ist. Eine Aufrechnung durch den Mietschuldner gegenüber dem Vermieter ist daher nicht möglich.[34] Der Mieter kann insbesondere – auch nach Kündigung – die **Kaution nicht „abwohnen"**, indem er die letzten drei Monate des Mietverhältnisses keine Miete mehr zahlt.[35]

Praxistipp !
Versucht der Mietschuldner in den letzten Monaten des gekündigten Mietverhältnisses die Kaution „abzuwohnen", so sollte der Vermieter **nicht mit der Kaution aufrechnen,** sondern sofort die Miete und Betriebskosten gegenüber dem Mietschuldner gerichtlich geltend machen.

II. Bürgschaft

Neben der Barkaution ist – insbesondere im Gewerberaummietrecht – die Erbringung einer Mietsicherheit durch Stellung einer selbstschuldnerischen Bürgschaft unter Verzicht auf die Einrede der Vorausklage einer Bank ein gängiges Sicherungsmittel. Der Vorteil dieses Sicherungsmittels besteht einerseits darin, dass dieses relativ einfach durch Inanspruchnahme der bürgenden Bank zur Auszahlung in Anspruch genommen werden kann, wenn es sich um eine sog. „Bürgschaft auf erstes Anfordern" handelt und andererseits – dies ist ein wesentlicher Vorteil gegenüber der Barkaution – indirekt geprüft wird, ob **„Negativmerkmale"** bei dem Mieter vorhanden sind, welche dazu führen würden, dass die Bank für diesen keine Bürgschaft herausgibt. 51

Beim Wohnraummietrecht besteht der Vorteil der Bürgschaft zudem darin, dass **keine Ratenzahlungsmöglichkeit** des Mietschuldners besteht, also von Anfang an die Gesamtsumme zur Verfügung steht. 52

Der **Nachteil der Bürgschaft** liegt darin, dass, anders als bei der Barkaution, **keine Aufrechnungslage zwischen der Bürgschaft und einer (Geld-) Forderung** des Vermieters entsteht, die es dem Vermieter erlaubt, auch nach der kurzen Verjährungsfrist von Schadensersatzansprüchen von lediglich sechs Monaten nach § 548 Abs. 1 S. 1 BGB noch eine Aufrechnung seiner Ansprüche mit der Mietkaution zu erklären, wenn sich die Forderungen bereits vor der Verjährung fällig gegenübergestanden haben (§§ 387, 389 BGB), weil die Geldforderung des Vermieters und der Anspruch des Mietschuldners auf Rückgabe der Bürgschaft **keine gleichwertigen Forderungen** i. S. v. § 387 BGB sind. 53

34 AG Aachen, Urt. v. 1.3.1988 – C 495/87 –; Schmidt-Futterer/*Blank*, § 551 BGB Rn 92.
35 LG München I, Urt. v. 17.7.1997 – 14 S 5138/96 – WuM 1996, 541.

Praxistipp
Hat der Vermieter statt einer Barkaution eine Bürgschaft erhalten, ist wegen Schadensersatzansprüchen des Vermieters gegen den Mieter bei Beendigung des Mietverhältnisses wegen Veränderungen oder Verschlechterungen der Mieträume unbedingt die sechsmonatige Verjährungsfrist zu beachten und sind rechtzeitig verjährungshemmende Maßnahmen, also die gerichtliche Geltendmachung der Ansprüche, einzuleiten.

54 Die Sicherheitsleistung erfolgt bei der Bürgschaft durch die Übergabe der Original-Bürgschaftsurkunde an den Vermieter. In der Praxis ist dies eine Bürgschaft als **einseitige Verpflichtungserklärung** des Bürgen. Möglich wäre aber auch ein Bürgschaftsvertrag zwischen dem Bürgen und dem Vermieter.

1. Fälligkeit

55 Bezüglich der Fälligkeit der Vorlage einer Bürgschaft durch den Mieter ist zwischen dem Wohnraummietrecht und dem Gewerberaummietrecht zu unterscheiden.

a) Wohnraummietrecht

56 Die Stellung einer Bürgschaft ist wie die Zahlung einer Barkaution zu Beginn des Mietverhältnisses fällig. Anders als bei der Barkaution gibt es **keine Ratenzahlung** in drei gleichen monatlichen Raten gem. § 551 Abs. 2 S. 1 BGB für die Sicherheitsleistung durch Bürgschaft.[36]

Praxistipp
Bankbürgschaft statt Barkaution: Bei der Bürgschaft kann die volle Sicherheitsleistung beansprucht werden, da diese nicht der Ratenzahlung – wie bei der Barkaution – unterliegt.

b) Gewerberaummietrecht

57 Je nachdem, ob in dem Gewerberaummietvertrag vereinbart ist, dass die Bürgschaft zum Zeitpunkt des Beginns des Mietverhältnisses oder aber – was ebenfalls zulässig ist – bereits **vor der Übergabe zu erbringen** ist,[37] ist der Anspruch des Vermieters vor der Übergabe der Mietsache oder spätestens zum Zeitpunkt des Vertragsbeginns fällig.

36 Schmidt-Futterer/*Blank*, § 551 BGB Rn 60.
37 Schmidt-Futterer/*Blank*, § 551 BGB Rn 118.

2. Zurückbehaltungsrecht

So wie bei der Barkaution kann der Vermieter auch bei der Sicherheitsleistung 58
durch Bürgschaft die Schlüsselübergabe zur Besitzübergabe der Mietsache von der Übergabe der Bürgschaftsurkunde abhängig machen, sodass der Austausch der Schlüssel gegen die Bürgschaftsurkunde **Zug um Zug** erfolgt.[38]

3. Bürgschaftsarten

Da Bürgschaft nicht gleich Bürgschaft ist, ist aufseiten des Vermieters darauf zu 59
achten, dass er den Mieter verpflichtet, die Erbringung der Sicherheitsleistung durch die Gestellung einer Bürgschaft so zu gestalten, dass der Vermieter im Verwertungsfalle einfache Zugriffsmöglichkeiten ohne eine Mitwirkung des Mieters sowie des Bürgen hat. Dies ist nur bei der **selbstschuldnerischen Bürgschaft auf erste Anforderung** unter Verzicht auf die Einrede der Vorausklage der Fall.

a) (Einfache) Bürgschaft

Durch eine (einfache) Bürgschaft verpflichtet sich der Bürge gegenüber dem 60
Gläubiger (Vermieter) eines Dritten (Mieter), für die Erfüllung der Verbindlichkeit des Dritten einzustehen (§ 765 Abs. 1 BGB). Kann der Vermieter seine Zahlungsansprüche bei dem Mietschuldner nicht durchsetzen, so kann er diese an den Bürgen richten. Bei der (einfachen) Bürgschaft kann der Bürge jedoch **diverse Einwendungen** gegen die Forderung des Mietschuldners geltend machen, sodass der Vermieter eine Zahlung des Bürgen nur dann erhält, wenn dieser freiwillig zahlt oder zur Zahlung aus der Bürgschaft gerichtlich verurteilt wird. Resultierend hieraus ist die praktische Relevanz der (einfachen) Bürgschaft zu vernachlässigen und hiervon dringend abzuraten.

b) Selbstschuldnerische Bürgschaft auf erste Anforderung

Bei der selbstschuldnerischen Bürgschaft auf erste Anforderung unter Verzicht 61
auf die Einreden der Anfechtung, Vorausklage und Aufrechnung kann der Bürge nahezu **keine Einwendungen** gegen seine Inanspruchnahme aus der Bürgschaft geltend machen und ist darauf beschränkt, einzuwenden, dass die Bürgschaft nach dem im Bürgschaftsvertrag enthaltenen Sicherungszweck die geltend gemachte Forderung nicht umfasst, was in der Praxis jedoch kaum vorkommt.

38 Zu den weiteren Einzelheiten vgl. die Ausführungen zur Barkaution Rn 26 ff.

Klauselmuster

„§ Sicherheitsleistung:

Der Mieter hat dem Vermieter eine selbstschuldnerische Bürgschaft einer deutschen Großbank oder Sparkasse in Höhe von __________ € zu stellen. ***Die Auszahlung der Bürgschaftssumme hat auf erste schriftliche Anforderung zu erfolgen.*** *Die Bürgin (Bank) verzichtet auf die Einreden der Anfechtung, Vorausklage und Aufrechnung. Die Befreiung der Bürgin von der Bürgschaftsverpflichtung durch Hinterlegung ist ausgeschlossen. Die Bürgschaft ist nicht befristet und sichert auch Ansprüche aus einer Verlängerung oder Neubegründung des Mietverhältnisses."*

---

62 Der Vorteil dieser Bürgschaftsform liegt darin, dass der Vermieter lediglich den Bürgen in bezifferter Höhe auf Zahlung in Anspruch nehmen muss und mitzuteilen hat, dass es sich um Forderungen aus dem durch Bürgschaft gesicherten Mietverhältnis handelt. Eine substantiierte und prüffähige Darlegung der einzelnen Forderungen durch den Vermieter ist hierzu nicht erforderlich.[39] Der Vermieter erhält damit auf die „erste Anforderung" von dem Bürgen Geld zu seiner Befriedigung. Der Bürge ist mit Einwendungen gegen den Anspruch des Vermieters auf einen Rückforderungsprozess verwiesen.

c) Selbstschuldnerische Bürgschaft

63 Bei dem Verzicht des Bürgen auf Einreden ist nach der jeweiligen Einrede zu unterscheiden.

Klauselmuster

„§ Sicherheitsleistung:

... Die Bürgin (Bank) verzichtet auf die Einreden der Anfechtung, Vorausklage und Aufrechnung. ..."

---

aa) Verzicht auf die Einrede der Anfechtung

64 Normalerweise kann der Bürge die Zahlung an den Vermieter verweigern, solange dem Mietschuldner das Recht zusteht, das seiner Verbindlichkeit zugrunde liegende Rechtsgeschäft (Mietvertrag) anzufechten (§ 770 Abs. 1 BGB). Durch den Verzicht des Bürgen hierauf wird diese für den Vermieter nachteilige Möglichkeit ausgeschlossen.

39 BGH, Urt. v. 28.10.1993 – IX ZR 141/93 – MDR 1994, 721.

bb) Verzicht auf die Einrede der Aufrechnung

Grundsätzlich kann der Bürge die Zahlung an den Vermieter verweigern, solange dem Vermieter das Recht zusteht, sich durch Aufrechnung gegen eine fällige Forderung des Mieters zu befriedigen (§ 770 Abs. 2 BGB). Durch den Verzicht des Bürgen hierauf wird auch diese für den Vermieter nachteilige Möglichkeit ausgeschlossen. 65

cc) Verzicht auf die Einrede der Vorausklage

Schließlich kann der Bürge die Zahlung an den Vermieter verweigern, solange nicht der Vermieter eine Zwangsvollstreckung gegen den Mieter ohne Erfolg versucht hat (Einrede der Vorausklage, § 771 S. 1 BGB). Auch hier kann der Vermieter durch den Verzicht des Bürgen diese für sich nachteilige Möglichkeit ausschließen. 66

dd) Ausschluss der Hinterlegung

Die Möglichkeit, dass der Bürge (die Bank) die Bürgschaftssumme bei Anforderung durch den Vermieter bei der Hinterlegungsstelle des Amtsgerichtes hinterlegt, kann und sollte ausgeschlossen werden, damit der Vermieter nicht zur Auszahlung der Bürgschaftssumme einen Rechtsstreit über die Herausgabe des hinterlegten Bürgschaftsbetrages führen muss. 67

Klauselmuster

„§ Sicherheitsleistung:

... Die Befreiung der Bürgin von der Bürgschaftsverpflichtung durch Hinterlegung ist ausgeschlossen. ...“

Grundsätzlich könnte sich der Bürge gegenüber dem Vermieter von der Zahlungsverpflichtung dadurch wirksam befreien, indem er die Bürgschaftssumme beim Amtsgericht – Hinterlegungsstelle – hinterlegt. Dies mit der Folge, dass der Vermieter um eine Auszahlung an sich streiten müsste. Dieser Nachteil entfällt, wenn die Hinterlegung ausgeschlossen ist. 68

Praxistipp !

Bei der Sicherheitsleistung durch eine Bürgschaft sollte immer eine selbstschuldnerische Bürgschaft auf erste Anforderung unter Verzicht auf die Einreden der Anfechtung, Vorausklage und Aufrechnung sowie unter Ausschluss des Rechtes zur Befreiung des Bürgen durch Hinterlegung des Bürgschaftsbetrages vereinbart werden.

---

4. Bürgschaftserklärung

69 Bei der Bürgschaft müssen die Formalien eingehalten werden.

a) Schriftform

70 Zur Gültigkeit des Bürgschaftsvertrages ist die **schriftliche Erteilung der Bürgschaftserklärung** erforderlich (§ 766 BGB). Wird das Schriftformerfordernis nicht eingehalten, so liegt keine wirksame Bürgschaftsverpflichtung vor.

b) Bürgschaftsumfang

71 Eine **Globalbürgschaft**[40] **ist unwirksam.**[41] Es ist daher erforderlich, dass die zu sichernden **Ansprüche in der Bürgschaftsurkunde konkret bezeichnet** werden. Insoweit ist jedoch in der Rechtsprechung anerkannt, dass es ausreichend ist, anzugeben, dass die Bürgschaftsverpflichtung sich auf „alle Ansprüche" eines konkret hinsichtlich der Vertragsparteien und des Vertragsdatums angegebenen Mietverhältnisses bezieht. Umfasst sind dann alle Zahlungsansprüche des Vermieters gegenüber dem Mieter einschließlich etwaiger Kosten für Beendigung, Rechtsstreit und Zwangsvollstreckung.[42]

! **Praxistipp**
Immer darauf achten, dass in der Bürgschaft der **Sicherungszweck** angegeben ist, indem das Mietverhältnis konkret mindestens mit den Vertragsparteien und Datum des Mietvertrages angegeben ist.

---

c) Befristung

72 Problematisch sind zeitliche Befristungen der Bürgschaftsverpflichtung, sodass die Bürgschaftsverpflichtung unbefristet sein sollte.

Klauselmuster
„§ Sicherheitsleistung:
*... **Die Bürgschaft ist nicht befristet** und sichert auch Ansprüche anlässlich einer Verlängerung oder Neubegründung des Mietverhältnisses."*

---

40 Bürgschaft für alle nur denkbaren auch nicht mietvertraglichen Ansprüche.
41 BGH, Urt. v. 10.10.1957 – VII ZR 419/56 – BGHZ 25, 318.
42 LG Hamburg, Urt. v. 22.6.2000 – 334 O 107/99 – ZMR 2000, 764.

aa) Angabe eines Befristungsdatums

Enthält die Bürgschaftsverpflichtung des Bürgen ein Befristungsdatum, so kann der Bürge nur für alle gesicherten Ansprüche des Vermieters gegenüber dem Mieter in Anspruch genommen werden, welche vor Ablauf dieses Befristungsdatums fällig geworden sind. **Danach fällige Ansprüche sind nicht mehr von der Bürgschaftsverpflichtung umfasst.** 73

bb) Befristung für die Dauer des Mietverhältnisses

Problematisch ist insbesondere, wenn die Bürgschaftsverpflichtung auf die „Dauer der vereinbarten Mietzeit" befristet ist. Wird das Mietverhältnis nach seinem Auslaufen oder seiner Kündigung durch eine vertragliche Vereinbarung zwischen den Mietvertragsparteien **verlängert oder neu begründet,** so erstreckt sich die Bürgschaftsverpflichtung auf daraus resultierende Ansprüche des Vermieters gegenüber dem Mietschuldner nicht mehr.[43] Dies ist auch dann der Fall, wenn das Mietverhältnis sich durch **stillschweigende Duldung der Weiternutzung** durch den Mieter kraft Gesetz verlängert (§ 545 BGB).[44] In diesen Fällen tritt die Haftung des Bürgen jedoch dann wirksam weiter in Kraft, wenn diese Fälle in der Sicherungszweckerklärung der Bürgschaft ausdrücklich erfasst sind. 74

Klauselmuster

„§ Sicherheitsleistung:

*... **Die Bürgschaft** ist nicht befristet und **sichert auch die Ansprüche aus Anlass einer Verlängerung oder Neubegründung des Mietverhältnisses.**"*

Ebenfalls von der Bürgschaft gedeckt sind Ansprüche des Vermieters gegenüber dem Mietschuldner dann, wenn die Verlängerung des Mietvertrages aus der **Ausübung einer Option** des Mietvertrages resultiert, welche bereits im Ursprungsmietvertrag ausdrücklich so geregelt ist und damit für den Bürgen von vornherein erkennbar ist.[45] 75

Praxistipp !

Die Bürgschaftsverpflichtung des Bürgen sollte immer unbefristet sein und sich auch auf verlängerte und fortgesetzte Mietverhältnisse erstrecken.

---

43 Bub/Treier/*v. Partius*, Kap. 3 Rn 828; *Sternel*, Kap. 3 Rn 257b; *Fritz*, Rn 144.

44 Bub/Treier/*v. Partius*, Kap. 3 Rn 828; *Sternel*, Kap. 3 Rn 257b; *Fritz*, Rn 144.

45 *Fritz*, Rn 144.

d) Selbstschuldnerische Bürgschaft auf erste Anforderung unter Verzicht auf die Einrede der Vorausklage

76 Die diesbezüglichen Vorteile wurden bereits oben[46] bei den unterschiedlichen Bürgschaftsarten angesprochen. Bezüglich der Frage der Wirksamkeit einer solchen Bürgschaftsverpflichtung ist zwischen dem **Bürgen als Unternehmer** – was der Regelfall ist – und dem **Bürgen als Verbraucher** zu unterscheiden.

aa) Unternehmer als Bürge

77 Hierunter fallen insbesondere Banken, Sparkassen und Versicherungen, welche die daraus resultierenden Verpflichtungen und Risiken kennen; diese können eine Bürgschaftsverpflichtung nicht nur im Wege der Individualvereinbarung eingehen, sondern **auch formularmäßig.**[47]

bb) Privatperson als Bürge

78 Bei Privatpersonen und damit Verbrauchern (§ 13 BGB) ist der wirksame Abschluss einer selbstschuldnerischen Bürgschaft auf erste Anforderung unter Verzicht auf die Einrede der Vorausklage nur **individualvertraglich** möglich.[48] Ist für den Gläubiger (Vermieter) erkennbar, dass der Bürge mit dem Rechtsinstitut einer Bürgschaft auf erstes Anfordern nicht hinreichend vertraut ist und handelt es sich um einen Verbraucher i. S. v. § 13 BGB, hat er seinen Vertragspartner **umfassend über deren Rechtsfolgen zu belehren.**[49]

79 Ausgenommen hiervon sind als Privatperson die **Geschäftsführer oder Vorstände** einer juristischen Person als Mieterin, welche sich daneben persönlich als Bürge verpflichten, da diese in derartigen Angelegenheiten erfahren sind.

cc) Folgen einer unwirksamen Erklärung

80 Ist die Verpflichtung des Bürgen in Form einer selbstschuldnerischen Bürgschaft auf erste Anforderung unter Verzicht auf die Einrede der Vorausklage unwirksam, so entfällt damit nicht die Bürgschaftsverpflichtung insgesamt, sondern **reduziert sich auf eine (einfache) Bürgschaft,** sodass der Vermieter weiterhin –

---

46 Vgl. Rn 62.
47 LG Hamburg, Urt. v. 12.4.2001 – 307 S 8/01 – WuM 2003, 36.
48 BGH, Urt. v. 2.4.1998 – IX ZR 79/97 – NJW 1998, 2280.
49 BGH, Urt. v. 2.4.1998 – IX ZR 79/97 – NJW 1998, 2280.

wenn auch hinsichtlich der Inanspruchnahme erheblich schlechter – gesichert ist.[50]

Praxistipp

!

Als Bürge sollte eine inländische Bank, Sparkasse oder (Kredit-)Versicherung dienen, da dort gewährleistet ist, dass die Verpflichtung zu einer selbstschuldnerischen Bürgschaft auf erste Anforderung unter Verzicht auf die Einrede der Vorausklage etc. **wirksam auch formularmäßig** erklärt wird. Sollte es sich um ein ausländisches Institut handeln, so sollte dieses jedenfalls seinen Sitz in der EU haben und für die Geltung der Bürgschaft das Recht der Bundesrepublik Deutschland vereinbart werden.

5. Bürgen

Als Bürgen kommen grundsätzlich alle juristischen Personen sowie geschäfts- 81
fähigen natürlichen Personen in Betracht. Bedenkt man jedoch, dass es für die „Qualität" des Bürgen auf dessen Leistungsfähigkeit ankommt, so sind die unterschiedlichen Typen von Bürgen sehr unterschiedlich zu bewerten.

a) Banken/Sparkassen/Versicherungen

Hierbei handelt es sich um **Bürgen „erster Wahl"** insbesondere dann, wenn es 82
sich um namhafte Großbanken oder Sparkassen handelt. Das Insolvenz- und Ausfallrisiko ist bei namhaften Großbanken denkbar gering.

Ein weiterer wesentlicher Vorteil einer Bürgschaft durch eine Bank oder Spar- 83
kasse als Kreditinstitut liegt darin, dass diese eine Bürgschaft für den Kunden als Mieter nur dann herausgibt, wenn dort **keine „Negativmerkmale"**, wie etwa negative Schufa-Eintragungen[51] oder sonstige Negativmerkmale wie Pfändungen, Ratenzahlungsrückstände etc. vorliegen. So kann der Vermieter quasi eine **„indirekte Überprüfung" des Mieters** vornehmen. Erhält der Mieter keine Bankbürgschaft, so sollte an ihn auch nicht vermietet werden.

Praxistipp

!

Bei der Wohnraumvermietung und der Gewerberaumvermietung hat die Vereinbarung der Gestellung einer Mietsicherheit durch eine Bankbürgschaft den Vorteil, dass die Bank eine solche nur herausgibt, wenn bezüglich des Kunden als Mieter **keine Negativmerkmale** vorliegen. Erhält der Mieter keine Bürgschaft, so sollte an diesen nicht vermietet werden.

50 *Fischer*, NZM 2003, 497, 499 ff.; Schmidt-Futterer/*Blank*, § 551 BGB Rn 17.

51 Schufa Holding AG, früher Schufa e. V. = Schutzgemeinschaft für allgemeine Kreditsicherung.

b) Privatpersonen

84 Die Bürgschaft durch Privatpersonen zur Sicherung der Ansprüche des Vermieters gegenüber dem Mieter erfolgt in der Regel beim Wohnraummietvertrag durch die Eltern des Mieters, wenn es sich um eine Studentenunterkunft oder die erste Wohnung handelt, soweit der Mieter sich noch in der Ausbildung befindet oder aber der Geschäftsführer oder Vorstand einer juristischen Person neben dieser persönlich haften soll. Neben der Problematik einer wirksamen Verpflichtung zu einer selbstschuldnerischen Bürgschaft auf erste Anforderung unter Verzicht auf die Einrede der Vorausklage bei Privatpersonen lässt sich in der Regel die **Leistungsfähigkeit** mangels Kenntnis der persönlichen und wirtschaftlichen Verhältnisse des Bürgen nicht sicher beurteilen. Wenn der Bürge jedoch wirtschaftlich leistungsfähig ist, dann wäre es für ihn ein Leichtes, dem Vermieter zur Sicherung seiner Ansprüche eine Bankbürgschaft zur Verfügung zu stellen. Ist ihm dies nicht möglich, so bestehen begründete Zweifel an der Leistungsfähigkeit des Bürgen und sollte zumindest überdacht werden, ob eine Vermietung an den Mieter mit einem derartigen Bürgen nicht zu riskant ist, da dann zumindest begründete Zweifel an der Leistungsfähigkeit des Mieters und des Bürgen bestehen.

c) Unternehmen

85 Bei der Anmietung von Wohnraum kommt es bisweilen vor, dass die Bürgschaft durch eine beschränkt haftende juristische Person (AG, GmbH, Limited, Unternehmergesellschaft haftungsbeschränkt) erfolgen soll, wenn es sich z. B. um die Wohnung eines leitenden Mitarbeiters, Geschäftsführers oder Vorstandes einer juristischen Person handelt. Auch hier lässt sich die wirtschaftliche **Leistungsfähigkeit** des Bürgen nicht zweifelsfrei beurteilen. Begründete Zweifel hier sind insbesondere dann gegeben, wenn es sich um eine Limited oder eine Unternehmergesellschaft haftungsbeschränkt handelt, da diese **nur mit dem Gesellschaftsvermögen haften** und dieses auch in nicht nennenswerter Form vorhanden sein kann. Auch hier gilt, wenn der Mieter und/oder der potenzielle Bürge in Form einer juristischen Person solvent sind, dann sollte es diesen auch möglich sein, zur Absicherung des Vermieters eine Bankbürgschaft vorzulegen. Ist dies nicht der Fall, so sollte die Vermietung an den Mieter vor dem Hintergrund der sich abzeichnenden Risiken zumindest kritisch überdacht werden.

III. Schuldbeitritt

Von der Bürgschaft abzugrenzen ist der sog. Schuldbeitritt, indem ein Dritter sich gegenüber dem Vermieter vertraglich **gleichrangig neben dem Mieter verpflichtet,** auf Zahlungsansprüche des Vermieters gegenüber dem Mietschuldner zu zahlen. Eine klare Abgrenzung nimmt die Rechtsprechung hierzu jedoch selbst dann, wenn der Dritte ausdrücklich die „persönliche Haftung übernimmt" bzw. die „Verpflichtungen selbstschuldnerisch" übernimmt, nicht vor. Einerseits wird in der Übernahme der persönlichen Haftung ein Schuldbeitritt gesehen[52] sowie andererseits in der selbstschuldnerischen Verpflichtung eine Bürgschaftserklärung mit dem Verzicht auf die Einrede der Vorausklage.[53] Eine solche Abgrenzung kann jedoch dahingestellt bleiben, da bei einem persönlichen Schuldbeitritt durch eine Privatperson oder eine juristische Person die gleichen Bedenken hinsichtlich der wirtschaftlichen Leistungsfähigkeit bestehen wie bezüglich der Bürgen. Ein **Schuldbeitritt ist keine Alternative zur Mietsicherheit.** 86

IV. Sparbuch

Die Verpfändung des Guthabens eines Sparbuches oder die Sicherungsabtretung der Ansprüche aus einem Sparbuch stellen neben der Barkaution und der Bankbürgschaft eine seltene Form der Mietsicherheit insbesondere im Bereich der Wohnraumvermietung dar. Vor diesem Hintergrund soll sich die Behandlung dieser Form der Mietsicherheit auf die Grundzüge und die Nachteile beschränken. 87

1. Verpfändung des Sparbuches

Die Verpfändung eines Sparbuches setzt zunächst voraus, dass der Mieter über ein entsprechendes auf seinen Namen lautendes Sparbuch mit entsprechendem Guthaben verfügt oder dies erst einrichtet. Die Verpfändung erfolgt durch eine entsprechende **Verpfändungsvereinbarung** mit dem Vermieter und ist dem **kontoführenden Bankinstitut anzuzeigen,** was in der Praxis regelmäßig dazu führt, dass zugunsten des Vermieters ein **Sperrvermerk** im Sparbuch angebracht wird. Dies führt dann in der weiteren Folge dazu, dass sowohl der Vermieter als auch der Mietschuldner nur einvernehmlich über das Sparbuch verfügen können, sodass der Vermieter nur mit Zustimmung des Mieters auf das Guthaben zugrei- 88

52 OLG Düsseldorf, Urt. v. 14.12.2000 – 10 U 134/98 – ZMR 2001, 882, 883.
53 LG Gießen, Urt. v. 19.10.1994 – 1 S 376/94 – ZMR 1995, 33.

fen kann und diesen ggf. im Rahmen eines Klageverfahrens in Anspruch nehmen muss, was unpraktikabel ist.

2. Sicherungsabtretung eines Sparbuchguthabens

89 Bei der Sicherungsabtretung des Guthabens eines Sparbuches verfügt der Mieter über ein auf seinen Namen lautendes Sparbuch mit entsprechendem Guthaben oder richtet dieses auf seinen Namen ein. Die **Sicherungsabtretungsvereinbarung** zwischen dem Vermieter und Mieter erfolgt in der Praxis regelmäßig dergestalt, dass das Sparbuch vom Mieter an den Vermieter übergeben wird, was durch „schlüssiges Verhalten" wirksam erfolgt.[54]

Beispiel
Der Vermieter vereinbart mit dem Mieter eine Mietsicherheit von 1.800,00 €. Der Mieter übergibt dem Vermieter ein Sparbuch mit mindestens 1.800,00 € Guthaben. Die Sicherungsabtretung des Guthabens vom Mieter an den Vermieter ist durch **„schlüssiges Verhalten"** vereinbart und vollzogen worden.

---

90 Hat der Mieter vor der Übergabe des Sparbuches an den Vermieter einen **Sperrvermerk** der Bank anbringen lassen, so können **Vermieter und Mieter nur einvernehmlich** über das Sparbuchguthaben verfügen. Auf die Ausführungen zur Verpfändung kann insoweit Bezug genommen werden. Besteht ein solcher Sperrvermerk nicht, so kann der Vermieter mit dem Sparbuch in der Hand ohne Zustimmung des Mietschuldners auf das Sparbuchguthaben zurückgreifen und sich das Guthaben von der Bank auszahlen lassen.

Praxistipp
Wenn die Mietsicherheit durch ein Sparbuch erbracht werden soll, dann immer darauf achten, dass es **keinen Sperrvermerk** hat, da ansonsten die Auszahlung nur bei Zustimmung des Mieters erfolgt.

---

3. Vereinfachung durch ein Vermietersparbuch

91 Einfacher und sicherer ist es jedoch, wenn bei der Erbringung der Mietsicherheit durch ein Sparbuchguthaben fehlerträchtige vertragliche Vereinbarungen in Form der Verpfändung oder Sicherungsabtretung vermieden werden und der Mieter entweder direkt ein **auf den Vermieter ausgestelltes Sparbuch** einrich-

54 LG Dortmund, Urt. v. 5.12.2006 – 1 S 23/06 – WuM 2007, 73.

tet und dieses übergibt oder aber der Vermieter ein auf sich selbst ausgestelltes Sparbuch eröffnet und der Mieter das Guthaben von seinem Sparbuch hierauf transferiert.

Praxistipp !
Wenn die Mietsicherheit durch ein Sparbuch erfolgen soll, dann sollte dieses immer **auf den Namen des Vermieters** lauten und der Mieter ggf. das Guthaben von seinem Sparbuch dorthin transferieren.

V. Verpfändung und Sicherungsübereignung von Wertpapieren und Wertgegenständen

Diese Formen der Mietsicherung sind in der Praxis kaum relevant, sodass auf 92
eine ausführliche Darstellung hierzu verzichtet wird. Auch hier bedarf die Verpfändung oder Sicherungsübereignung einer entsprechenden Vereinbarung zwischen den Mietvertragsparteien. Der **wesentliche Nachteil** liegt jedoch darin, dass Wertpapiere und Wertgegenstände hinsichtlich ihres Wertes Schwankungen unterliegen und sich in der Regel nicht sehr gut verwerten lassen, um Bargeld für die Befriedigung der Zahlungsansprüche des Vermieters zu realisieren.

D. Pfändung der Mietsicherheiten durch andere Gläubiger des Mieters

In der Praxis relevant ist die Pfändung von Kautionsrückzahlungsansprüchen 93
des Mietschuldners gegenüber dem Vermieter sowie von Ansprüchen auf Rückgabe/Freigabe von Sparguthaben eines auf den Namen des Mieters lautenden Sparbuches. Gerade bei Mietschuldnern, welche in Zahlungsschwierigkeiten geraten sind, längerfristig nicht zahlen oder gar Mietnomaden sind, geht dies in der Praxis damit einher, dass auch sonstige Gläubiger des Mietschuldners diesen gerichtlich auf Zahlung in Anspruch nehmen und im Rahmen der Abgabe der eidesstattlichen Versicherung über die Vermögensverhältnisse auch Kenntnis davon erlangen, dass ein Kautionsguthaben beim Vermieter besteht, in welches dann vollstreckt wird.

Eine solche Vollstreckung **tangiert den Bestand der Mietsicherheit nicht** 94
und damit auch nicht die Verwertungsmöglichkeiten des Vermieters zur Befriedigung seiner eigenen Ansprüche gegenüber dem Mietschuldner. Dies liegt darin begründet, dass ein Dritter nur die Ansprüche des Mieters pfänden kann, welche dieser auch tatsächlich gegenüber dem Vermieter hat. Dies können bei

einem bestehenden Mietverhältnis nur zukünftige Ansprüche auf Rückzahlung der Kaution bei der Beendigung des Mietverhältnisses sein. Besteht ein Kautionsrückzahlungsanspruch des Mietschuldners deswegen nicht, weil der Vermieter wegen seiner Ansprüche mit diesen aufgerechnet hat, so besteht auch kein Anspruch, welcher der Pfändung durch den Dritten unterliegt. Der Vermieter behält seine Sicherheit und die Verwertungsmöglichkeit. Der Dritte geht ganz oder teilweise leer aus.

E. Fazit

95 Die Sicherung des Vermieters durch die gängigen Mietsicherheiten ist – insbesondere im Wohnraummietrecht – wegen der **begrenzten Sicherungssumme** bei Langzeitschuldnern und Mietnomaden bereits von Anfang an unzureichend.

96 Der Vermieter muss abwägen, ob er sich für eine Barkaution oder eine Bankbürgschaft entscheidet.

97 Dabei muss er wissen, dass es bei der Durchsetzung seiner Forderungen im Rahmen einer **Mietbürgschaft** gegenüber dem Bürgen Schwierigkeiten und Verzögerungen geben kann, bis er über das Geld verfügt. Die **Barkaution** hat demgegenüber den Vorteil, dass der Vermieter nach Beendigung des Mietverhältnisses problemlos auch Kleinforderungen aufrechnen kann. Bei der Bürgschaft besteht dagegen das Problem, dass der Bürge einfach die Zahlung verweigern kann und der Vermieter einen Prozess führen muss.

98 Problematisch ist bei der **Barkaution** beim Wohnraummietvertrag, dass diese in drei Monatsraten gezahlt werden kann. Zahlt z. B. der Mietschuldner – was in der Praxis gerade bei Mietnomaden vorkommt – die ersten zwei Mieten und Betriebskostenvorauszahlungen sowie die ersten beiden Raten der Barkaution bereits nicht, dann hat der Vermieter nach nur knapp mehr als einem Monat (ein Monat und vier Tage) Mietzeit einen Forderungsausfall in Höhe von vier Mieten und zwei Betriebskostenvorauszahlungen.

99 Demgegenüber ist die Bürgschaft sofort zu Beginn des Mietverhältnisses in voller Höhe zu übergeben. In jedem Fall muss eine Bürgschaft als **selbstschuldnerische Bürgschaft auf erste Anforderung** unter Verzicht auf die Einrede der Vorausklage durch eine Großbank. Möchte der Vermieter, dass der Mietinteressent die Mietsicherheit durch eine solche Bankbürgschaft gibt, so muss er **bereits im Mietvertrag** ein entsprechendes Bürgschaftsmuster vereinbaren, da es keine allgemeingültigen Regelungen gibt und Banken gerne die Möglichkeit nutzen, in der Bürgschaft darauf zu verweisen, dass sie sich durch Hinterlegung des Bürgschaftsbetrages aus der Verpflichtung befreien können. Dazu kann das folgende Muster dienen, das schon im Mietvertrag enthalten sein muss:

Bürgschaftsmuster
„Mietkautionsbürgschaft

Bürge ... (Name und Anschrift des Bürgen)

Vermieter ... (Name und Anschrift des Vermieters)

Mieter ... (Name und Anschrift des Mieters)

Mietobjekt ... (genaue Bezeichnung; Datum des Mietvertrags; Beginn des Mietverhältnisses)
Der Bürge verpflichtet sich gegenüber dem Vermieter, für die Erfüllung aller sich aus dem vorbezeichneten Mietverhältnis ergebenden, auch zukünftigen Verbindlichkeiten, gleich aus welchem Rechtsgrund, einzustehen. Erfasst werden insbesondere Verbindlichkeiten zur Zahlung der Miete, Betriebs-, Mietneben- und Heizkosten sowie Schadenersatzansprüche nebst Kosten, Zinsen und solche Forderungen, die erst nach Beendigung des Mietverhältnisses im Zusammenhang mit dessen Abwicklung, der Rechtsverfolgung und Zwangsvollstreckung entstehen.
Die Mietbürgschaft ist selbstschuldnerisch, unbedingt und unbefristet ***zur Zahlung auf erstes Anfordern*** *sowie unter Verzicht auf das Recht zur Hinterlegung, zur Anfechtung und zur Aufrechenbarkeit mit bestrittenen oder nicht rechtskräftig festgestellten Forderungen sowie auf das Recht auf Befreiung durch Hinterlegung. Außerdem verzichtet der Bürge auf die Erhebung der Einrede der Verjährung gegenüber Ansprüchen des Vermieters für den Fall, dass der Vermieter im Falle einer Barkaution berechtigt wäre, auch nach Eintritt der Verjährung noch die Aufrechnung gemäß § 215 BGB zu erklären.*
Die Haftung des Bürgen ist begrenzt auf den Höchstbetrag von ... € (3 Monatsnettomieten)
Der Bürge erklärt, dass er die Bürgschaft nicht wegen einer erheblichen Verschlechterung der Vermögenslage des Mieters kündigt.
Der Bürge erklärt, dass ihm der Inhalt des Mietvertrags bekannt ist.

Ort, Datum

Unterschrift des Bürgen"

Zahlt der vertragsuntreue Mieter oder Mietnomade später im laufenden Mietvertrag nicht (mehr) und gibt er nach einer Kündigung die Mietsache an den Vermieter nicht zurück, so muss der Vermieter auf Räumung und Herausgabe klagen. Dabei wird oftmals gerade bei geübten Langzeitmietschuldnern und insbesondere Mietnomaden eine Zeitspanne in Richtung von deutlich über einem Jahr erreicht und im Einzelfall mehr, da die Mietschuldner sämtliche Möglichkeiten der Verzögerung zu nutzen wissen. 100

Durch die gesetzliche Beschränkung auf drei Monatsmieten als höchst zulässige Sicherheit, gleichgültig, ob als Barkaution oder als Bürgschaft oder teilweise durch eines der Sicherungsmittel vereinbart, bietet die Mietkaution insoweit ohnehin nur eine beschränkte Sicherheit, weil sie derartige Mietausfälle bereits der Höhe nach nicht abdecken kann. 101

Dennoch muss der Vermieter die optimale Form der Mietsicherheit vereinbaren und diese als **einen Baustein von mehreren Sicherungsmaßnahmen** des Vermieters sehen. Die Gesamtheit aller dieser Bausteine führt dann zumindest zu 102 einer gewissen Sicherung des Vermieters. Unerlässlich sind daher vorbeugende Maßnahmen wie die Informationsbeschaffung über den Mieter und dessen sorgfältige Auswahl.[55]

! **Praxistipp**

Es gilt: **Nur Bares ist Wahres**; nur in diesem Fall kann der Vermieter problemlos über die Kaution verfügen. Die Verwertung der Bürgschaft ist im Einzelfall sehr schwierig, mit der Barkaution kann der Vermieter aufrechnen, auch noch nach Eintritt der Verjährung seiner Forderung.

Der Vorteil der Bürgschaft gegenüber der Barkaution und anderen Sicherheiten in Geld liegt ausschließlich darin, dass der Mietschuldner eines Wohnraummietverhältnisses die Sicherheit nicht in Raten zahlen darf. Der Vermieter verfügt von Anfang des Mietverhältnisses an über die volle zulässige Sicherheit. Die Übergabe der Schlüssel zur Mietsache kann **Zug um Zug** gegen die Übergabe der Bürgschaftsurkunde erfolgen. Bis dahin hat der Vermieter ein **Zurückbehaltungsrecht**. Eine Bank gibt eine Bankbürgschaft im Allgemeinen nur dann heraus, wenn der Mietinteressent auch kreditwürdig ist. Das kann der Vermieter als einfache und kostenfreie Prüfung der Bonität des Mietinteressenten durch die Bank ansehen. Ein Mietinteressent, der keine Bankbürgschaft erhält, ist möglicherweise nicht kreditwürdig und auch nicht in der Lage, die Verpflichtungen aus dem Mietverhältnis zu erfüllen. Abzuraten ist allerdings von sog. Kautionsversicherungen, weil die Bonität nicht in der Art und Weise geprüft wird wie bei der Hingabe einer Bürgschaft durch die Hausbank des Mieters.

---

55 Vgl. dazu die ausführliche Darstellung in Kap. 4.

Kapitel 7 Verwertung der Sicherheit (Kaution)

A. Überblick

Da die Mietkaution eine treuhänderische Leistung des Mieters darstellt, ist nach Beendigung des Mietverhältnisses eine **Rechnungslegung und Abrechnung der Kaution** durch den Vermieter gegenüber dem Mieter erforderlich. 1

Während der Vermieter im **laufenden Mietverhältnis** nur mit Forderungen gegenüber dem Mieter mit der Kaution aufrechnen kann, die unstreitig oder rechtskräftig, d. h. durch rechtskräftiges Urteil, festgestellt sind, kann der Vermieter im **beendeten Mietverhältnis** sämtliche ihm aus dem Mietverhältnis nach seiner Auffassung zustehenden Forderungen gegenüber dem Mieter aufrechnen, d. h. insbesondere mit Ansprüchen auf **rückständige Mieten**, Ansprüchen aus **Nebenkostenabrechnungen** sowie **Schadensersatzansprüchen wegen Beschädigungen der Mietwohnung oder nicht durchgeführter Schönheitsreparaturen.** 2

Dem Mieter steht demgegenüber ein **Anspruch auf Rechnungslegung** nach Beendigung des Mietverhältnisses über die Kaution zu. 3

Entgegen landläufig verbreiteter Mieterauffassung ist der Mieter bei Beendigung des Mietverhältnisses **nicht berechtigt**, die **letzten Monatsmieten vor Beendigung des Mietvertrages mit dem Kautionsguthaben zu verrechnen**, also das Kautionsguthaben gegen Ende des Mietverhältnisses „abzuwohnen". Hierauf sollte sich der Vermieter auch keinesfalls einlassen, da zu diesem Zeitpunkt keinesfalls für den Vermieter absehbar ist, ob er die Mietsicherheit nicht noch für anderweitige Ansprüche gegen den Mietschuldner, etwa wegen Schäden an den Mieträumen, benötigt. 4

Der Vermieter sollte bei Beendigung des Mietverhältnisses und Abrechnung über die Kaution bzw. Inanspruchnahme des Bürgen bei Erhalt einer Mietkautionsbürgschaft **möglichst kurz nach Beendigung des Mietverhältnisses** sämtliche, ihm gegenüber dem Mietschuldner zustehenden Forderungen auflisten bzw. den Bürgen insoweit in Anspruch nehmen, da insbesondere wegen Schadensersatzansprüchen des Vermieters wegen Veränderungen bzw. Beschädigungen der Mietwohnung eine äußerst kurze sechsmonatige Verjährungsfrist gilt. 5

B. Abrechnungsfrist bei Beendigung und Rückgabe

I. Prüfungs- und Überlegungsfrist des Vermieters

6 Der Vermieter ist **nicht** unmittelbar bei Beendigung des Mietvertrages und Rückgabe der Mieträume zur Abrechnung und Rückzahlung bzw. Herausgabe der Mietkaution gegenüber dem Mieter verpflichtet. Vielmehr steht dem Vermieter nach Beendigung des Mietvertrages und Rückgabe bzw. Rückerlangung der Mietwohnung eine Prüfungs- und Überlegungsfrist hinsichtlich der Prüfung seiner Ansprüche gegenüber dem Mietschuldner zu.

7 Die Frage der Länge dieser Prüfung und Überlegungsfrist ist nicht unstreitig. Nach inzwischen wohl herrschender Auffassung in der Rechtsprechung ist aber dem Vermieter mangels anderweitiger vertraglicher Regelungen **eine Frist von bis zu sechs Monaten** nach Rückgabe der Mieträume als Prüfungs- und Überlegungsfrist hinsichtlich der Geltendmachung von Aufrechnungsforderungen gegenüber der Mietkaution zuzubilligen. Dies ist auch deshalb sachgerecht, weil Ansprüche des Vermieters wegen Veränderung oder Verschlechterung der Mietsache gem. § 548 Abs. 1 BGB in sechs Monaten, gerechnet ab dem Zeitpunkt, in dem die Mietwohnung zurückgegeben wird, verjähren.

8 Die formularvertragliche Vereinbarung einer längeren Abrechnungsfrist als sechs Monate gegenüber dem Kautionsrückzahlungsanspruch des Mietschuldners dürfte wohl wegen Verstoßes gegen § 307 BGB unwirksam sein.

! **Praxistipp**
Der Vermieter sollte unbedingt binnen einer Frist von sechs Monaten ab der Rückgabe der Mieträume dem Mieter eine Abrechnung über dessen Kautionsguthaben unter Aufrechnung bzw. Verrechnung der Gegenansprüche des Vermieters erteilen bzw. innerhalb dieser Frist eine Mietkautionsbürgschaft in Anspruch nehmen.

II. Ablauf und Überschreitung der Abrechnungsfrist

9 Überschreitet der Vermieter die Prüfungs- und Überlegungsfrist von sechs Monaten, so wird der Kautionsrückzahlungsanspruch des Mieters fällig und kann dann gegenüber dem Vermieter klageweise geltend gemacht werden. Der Vermieter kann in diesem Falle dann seine Forderungen im Wege der Aufrechnung gegenüber dem Kautionsrückzahlungsanspruch des Mietschuldners bzw. im Wege der Widerklage vor Gericht, sofern die Aufrechnungsforderungen des Vermieters den Kautionsrückzahlungsanspruch übersteigen, geltend machen.

Voraussetzung hierfür ist allerdings, dass zu diesem Zeitpunkt die Forderungen des Vermieters, insbesondere die Schadensersatzforderungen, noch nicht gem. § 548 Abs. 1 BGB verjährt sind. 10

Eine **Ausnahme** von der sechsmonatigen Überlegungs- bzw. Abrechnungs- 11 frist gilt hinsichtlich von Forderungen aus **noch ausstehenden Betriebskostenabrechnungen**, wenn eine Abrechnungsreife von Betriebskostenforderungen nach § 556 Abs. 3 BGB zum Zeitpunkt des Ablaufes der Überlegungsfrist von sechs Monaten noch nicht eingetreten ist.

Allgemein wird davon ausgegangen, dass die Einbehaltung und spätere 12 Abrechnung eines Kautionsguthabens in Höhe eines zu erwartenden Abrechnungsfehlbetrages aus der noch ausstehenden Betriebskostenabrechnung auch nach Ablauf der Abrechnungsfrist zulässig ist, wenn eine gewisse Wahrscheinlichkeit dafür vorhanden ist, dass Nachzahlungsansprüche aus der noch abzurechnenden Betriebskostenperiode gegeben sind.[1]

Standen dem Mieter aus mehreren zurückliegenden Abrechnungszeiträumen 13 Betriebskostenguthaben zu, dürfte bei gleichbleibenden sonstigen Verhältnissen ein Einbehalt wegen einer noch ausstehenden Betriebskostenabrechnung nicht zulässig sein.

Praxistipp !

Steht zum Zeitpunkt des Ablaufes der sechsmonatigen Abrechnungsfrist über die Mietkaution noch eine Betriebskostenabrechnung gegenüber dem Mietschuldner aus, so kann der Vermieter von dem Kautionsguthaben einen Einbehalt in Höhe eines zu erwartenden Nachzahlungsbetrages aus der ausstehenden Betriebskostenabrechnung auch über den Sechsmonatszeitraum hinaus einbehalten.

III. Vorrangige Verrechnung mit Schadensersatzansprüchen

Wie bereits mehrfach erwähnt, unterliegen Schadensersatzansprüche des Ver- 14 mieters gegenüber dem Mietschuldner wegen Veränderungen oder Verschlechterungen der Mieträume, also **insbesondere Schadensersatzansprüche wegen Beschädigungen der Mieträume** während der Mietzeit des Vermieters bzw. wegen nicht durchgeführter, wirksam vertraglich auf den Mietschuldner übertragenen Schönheitsreparaturen gem. § 548 Abs. 1 BGB einer äußerst kurzen Verjährungsfrist von lediglich sechs Monaten, gerechnet ab dem Zeitpunkt der Rückgabe der Mieträume.

1 BGH, Urt. v. 18.1.2006 – VIII ZR 71/05 –.

15 Ein Ablauf der Verjährungsfrist führt zwar nicht dazu, dass der Vermieter seinen Schadensersatzanspruch verliert, allerdings kann der Mietschuldner dem Vermieter bei Ablauf der Verjährungsfrist die **Einrede der Verjährung** gegenüber dem Anspruch des Vermieters entgegenhalten, die eine sog. rechtshindernde Einrede darstellt, mit der Folge, dass der Vermieter seinen Schadensersatzanspruch gegenüber dem Vermieter nicht mehr erfolgreich, insbesondere nicht mehr gerichtlich, durchsetzen kann.

16 Die Erfahrung zeigt, dass insbesondere sich nicht vertragsgerecht verhaltende Mieter und Mietnomaden, auch ohne anwaltliche Beratung bzw. Vertretung, mit diesen Verjährungsregelungen bestens vertraut sind, sodass es hier für den Vermieter von entscheidender Bedeutung ist, darauf zu achten, **Ansprüche, insbesondere Schadensersatzansprüche nach § 548 Abs. 1 BGB, nicht verjähren zu lassen.**

17 Da gegenüber der kurzen Verjährungsfrist für Schadensersatzansprüche des Vermieters gegenüber dem Mietschuldner von lediglich sechs Monaten Ansprüche des Vermieters wegen rückständiger Mieten bzw. Betriebskostennachzahlungen erst nach einer Verjährungsfrist von drei Jahren, gerechnet ab dem Ende des Jahres (31. Dezember), in welchem die Ansprüche entstanden sind, verjähren, ist es für den Vermieter daher **dringend geboten**, im Rahmen der Abrechnung des Kautionsguthabens **vorrangig innerhalb der sechsmonatigen Abrechnungsfrist die Schadensersatzansprüche des Vermieters gegenüber dem Mietschuldner zu verrechnen.**

18 Bei der **Barkaution** führt die Verrechnung seitens des Vermieters mit einem Schadensersatzanspruch innerhalb der Sechsmonatsfrist nämlich zu einer **Aufrechnungslage zwischen dem Kautionsrückzahlungsanspruch des Mieters und einer (Geld-) Forderung** des Vermieters auf Schadensersatz, die es dem Vermieter erlaubt, auch nach der kurzen Verjährungsfrist von Schadensersatzansprüchen von lediglich sechs Monaten noch eine Aufrechnung seiner Ansprüche mit der Mietkaution – etwa in einem Prozess – zu erklären, wenn sich die Forderungen bereits vor der Verjährung fällig gegenübergestanden haben (§§ 387, 389 BGB), weil die Geldforderung des Vermieters und der Anspruch des Mietschuldners auf Rückgabe der (Bar-) Kaution **gleichwertige Forderungen** i. S. v. § 387 BGB, nämlich Geldforderungen, sind.

19 Bei der **Mietkaution in Form einer Bankbürgschaft** besteht diese Möglichkeit der Schaffung einer Aufrechnungslage, die auch nach Ablauf der kurzen sechsmonatigen Verjährungsfrist Bestand hat, nicht, wenn die Aufrechnungslage bereits während der sechsmonatigen Verjährungsfrist bestand.

20 Es ist daher bei dem Vorliegen einer Mietkaution in Form einer Bankbürgschaft **zwingend erforderlich**, dass der Bürge rechtzeitig vor Ablauf der Sechsmonatsfrist auf Zahlung aus der Bürgschaft in Anspruch genommen wird und,

für den Fall, dass der Bürge nicht innerhalb der sechsmonatigen Verjährungsfrist Zahlung auf die Schadensersatzforderungen leistet, der Mieter **vor Ablauf der sechsmonatigen Verjährungsfrist klageweise oder durch Mahnverfahren** wegen Schadensersatzansprüchen in Anspruch genommen wird, um den Ablauf der Verjährungsfrist durch gerichtliche Maßnahmen rechtzeitig gem. § 204 Abs. 1 Nr. 1 bzw. Nr. 3 BGB zu hemmen.

Die Geltendmachung von Schadensersatzansprüchen des Vermieters in Geld 21
gegenüber dem Mietschuldner setzt natürlich voraus, dass der Vermieter seine **Schadensersatzansprüche auch betragsmäßig beziffern** kann.

Aus diesem Grunde sollte der Vermieter unmittelbar nach Rückgabe der 22
Mieträume etwaige Schäden an den Mieträumen prüfen und sich **zum Zwecke der Bezifferung seiner Schadensersatzansprüche** für die festgestellten Schäden an den Mieträumen **Kostenvoranschläge** hinsichtlich der voraussichtlichen Kosten der Schadensbeseitigung durch anerkannte Fachfirmen unverzüglich einholen.

Beachten muss der Vermieter hierbei, dass es die Grundsätze des Schadens- 23
ersatzrechtes bedingen, dass der Vermieter auf der Basis von Kostenvoranschlägen **lediglich die Nettobeträge der Kostenvoranschläge** gegenüber dem Mietschuldner geltend machen kann, nicht jedoch die in den Kostenvoranschlägen jeweils ausgewiesene, auf die Schadensbeseitigung entfallende **Umsatzsteuer**. Diese kann im Schadensersatzrecht nur dann gefordert werden, wenn sie tatsächlich angefallen ist, mithin also **nur auf der Basis einer Rechnung über die Schadensbeseitigung die Umsatzsteuer verlangt werden kann**, nicht jedoch auf der Basis eines Kostenvoranschlages (§ 249 Abs. 2 S. 2 BGB).

Will der Vermieter daher auch die auf die Schadensbeseitigungskosten ent- 24
fallende Umsatzsteuer vom Mietschuldner erstattet verlangen, muss die Schadensbeseitigung innerhalb der sechsmonatigen Verjährungsfrist ausgeführt werden und dem Vermieter eine, die Umsatzsteuer ausweisende Rechnung der beauftragten Fachfirma vorliegen.

Praxistipp !

Nach Rückgabe der Mieträume sollte der Vermieter **so schnell wie möglich Schäden an den Mieträumen feststellen und die Schadensbeseitigungskosten durch die Einholung von Kostenvoranschlägen ermitteln bzw. die Schäden beseitigen lassen**, um seine Schadensersatzansprüche vor Ablauf der kurzen sechsmonatigen Verjährungsfrist gegenüber dem Mieter beziffern und geltend machen zu können.

Ist es dem Vermieter vor **Ablauf der kurzen sechsmonatigen Verjährungsfrist** 25
seiner Schadensersatzansprüche gegenüber dem Mietschuldner nicht möglich, die Schäden beseitigen zu lassen und entsprechende Rechnungen über die Scha-

densbeseitigungskosten mit Umsatzsteuerausweis vorzulegen und kann der Vermieter **zunächst nur seine Schadensersatzansprüche auf der Basis von Kostenvoranschlägen** ohne Umsatzsteuer mit der vorhandenen Mietkaution vor Ablauf der sechsmonatigen Verjährungsfrist verrechnen, so bleibt dem Vermieter nur, **vor Ablauf der sechsmonatigen Verjährungsfrist Feststellungsklage** auf Feststellung gegenüber dem ehemaligen Mieter zu erheben, dass dieser verpflichtet ist, dem Vermieter auch alle weiteren Schäden, namentlich die Umsatzsteuer, aus der Beschädigung der Mieträume zu erstatten, um wiederum insoweit den Ablauf der Verjährungsfrist durch gerichtliche Maßnahmen zu hemmen.

IV. Verrechnung auf sonstige Vermieterforderungen

26 Soll die Verrechnung der Mietkaution auf **sonstige Forderungen des Vermieters** erfolgen, namentlich auf **Forderungen aus rückständigen Mieten, Nutzungsentschädigungen oder rückständigen Betriebskostennachforderungen**, besteht die im vorstehenden Abschnitt dargestellte Eile wie bei den Schadensersatzansprüchen des Vermieters nicht, da diese Ansprüche nicht einer kurzen sechsmonatigen Verjährungsfrist unterliegen, sondern innerhalb **der normalen Regelverjährungsfrist von drei Jahren**, gerechnet ab dem Ende des Jahres, in welchem die Ansprüche entstanden sind, bei Mieten also ab dem Ende des Jahres, in welchem die Mieten zu zahlen waren, bei Betriebskostennachforderungen ab dem Ende des Jahres, in welchem der Nachzahlungsanspruch aufgrund Abrechnung fällig geworden ist, verjähren (§§ 195, 199 Abs. 1 BGB).

27 Diese Ansprüche inklusive Verzugszinsen können daher regelmäßig **auch noch nach Ablauf der sechsmonatigen Verjährungsfrist** gegenüber dem Mietkautionsguthaben des Mieters bzw. gegenüber einem Mietkautionsbürgen zur Verrechnung gestellt werden.

V. Abrechnungs- und Aufrechnungserklärung

28 Wie bereits in Abschnitt I dargestellt, ist nach Beendigung des Mietverhältnisses und Rückgabe der Mietsache der Vermieter verpflichtet, dem Mieter im Rahmen einer **Rechnungslegung Abrechnung über die Mietkaution zu erteilen.**

29 Der Inhalt der Kautionsabrechnung muss dabei den Anforderungen des § 259 BGB (Rechnungslegung) entsprechen. Insbesondere muss sich aus der Kautionsabrechnung die **aktuelle Höhe der Kautionssumme inklusive Zinsen** ergeben. **Gegenforderungen** bzw. Verrechnungsforderungen des Vermieters, die dieser mit dem Kautionsguthaben verrechnen will, müssen in der Kautionsabrechnung

wie auch in einer Bürgschaftsinanspruchnahme **nachvollziehbar nach Grund und Höhe** dargelegt werden.[2] Bei Schadensersatzansprüchen sollten hier der Kautionsabrechnung die bereits erwähnten Kostenvoranschläge bzw. Rechnungen für die Schadensbeseitigung in Kopie beigefügt werden.

Etwaige **Bankgebühren**, die für die Auflösung des Kautionskontos entste- 30
hen, sind vom Mieter zu tragen. Werden Sie vom Vermieter verauslagt, so können sie von der Kautionssumme in Abzug gebracht werden.[3]

Die Abrechnungs- und Aufrechnungserklärung des Vermieters hinsicht- 31
lich der Mietkaution muss dem Mieter bzw. seinem Bevollmächtigten zugehen, weshalb für einen entsprechenden **Zugangsnachweis der Kautionsabrechnung** (Versendung per Postzustellungsurkunde oder Einschreiben/Rückschein) vermieterseits gesorgt werden sollte.

Muster Kautionsabrechnung

„Rolf Muster
Musterstraße 11
10119 Musterstadt

Einschreiben/Rückschein
Petra Mustermann
Rosengasse 19
10119 Musterstadt

Musterstadt, den ...

Mietverhältnis Musterstr. 11, 10119 Musterstadt

Sehr geehrte Frau Mustermann,
nach Beendigung des Mietverhältnisses rechne ich über die von Ihnen bei Beginn des Mietverhältnisses geleistete Mietkaution wie folgt ab:
Mietkaution einschließlich Zinsen gemäß Bescheinigung der B-Bank Musterstadt vom ________ ___________ €

abzüglich Gegenforderungen, mit denen ich in der nachstehenden Reihenfolge aufrechne:
Reparaturkosten des beschädigten Waschbeckens im Bad gemäß Rechnung der Firma _____ vom _____________ ________ €
Reparaturkosten des beschädigten Parketts im Wohnzimmer gemäß Rechnung der Firma _____ vom _____________ ________ €
Rückständige Miete für den Monat ______ 20__ ________ €
Rückständige Betriebskosten (Fehlbetrag) aus der Betriebskostenabrechnung für den Abrechnungszeitraum 01.01. bis 31.12.20__ vom _________ _________ €

---

2 Schmidt-Futterer/*Blank*, § 551 BGB Rn 96.
3 Schmidt-Futterer/*Blank*, § 551 BGB Rn 96.

Saldo ________ €
Zur Zahlung des vorstehenden Fehlbetrages in Höhe von ________ € fordere ich Sie unter Fristsetzung bis spätestens zum ___________ auf mein Konto bei der B-Bank Musterstadt IBAN _________ BIC ________ auf.

Nach fruchtlosem Fristablauf müssen Sie mit der klageweisen Durchsetzung meiner noch offenstehenden Ansprüche aus dem beendeten Mietverhältnis rechnen.

Mit freundlichen Grüßen"

Kapitel 8
Das Vermieterpfandrecht

A. Überblick/Problemstellung

Das Vermieterpfandrecht ist ein **gesetzliches Pfandrecht zugunsten des Vermieters,** das durch die dauerhafte Einbringung einer dem Mieter gehörenden **pfändbaren** Sache in den Mietbereich kraft Gesetzes, also ohne Vereinbarung der Parteien, an dieser Sache[1] entsteht. Die betreffende Sache muss im Eigentum des Mieters stehen und pfändbar sein. Der Mieter muss die Sache körperlich und nicht nur vorübergehend in die Mietsache – Wohnung oder Gewerberaum – eingebracht haben. Für das Vermieterpfandrecht bedarf es im Gegensatz zu anderen Sicherungsmitteln zugunsten des Vermieters, wie z. B. der Mietkaution, keiner Vereinbarung der Mietvertragsparteien. Vielmehr entsteht es kraft Gesetzes. Es ist damit das einzige zugunsten des Vermieters gesetzlich geregelte Sicherungsinstrument. Im Bereich der Wohnraummiete ist es wegen der **nur eingeschränkten Sicherungswirkung** als Sicherungsmittel des Vermieters nicht sehr bedeutend im Gegensatz zur Mietkaution. Die geschickte Kombination beider Absicherungen kann durchaus die Sicherung des von einem nicht zahlenden Mieter betroffenen Vermieters erhöhen. 1

I. Praktische Relevanz

Das Vermieterpfandrecht spielt in der Praxis hauptsächlich im Gewerberaummietrecht – wegen z. B. werthaltiger Maschinen oder Waren – und beim Wohnraummietrecht allenfalls bei „normalen" Mietschuldnern eine Rolle. Bei geübten Langzeitmietschuldnern und Mietnomaden geht das Vermieterpfandrecht in der Regel mangels werthaltiger Pfandsachen ins Leere, obwohl gerade dort erhebliche Forderungen des Vermieters relevant sind. 2

In der eingangs genannten **Studie[2] zum Phänomen Mietnomaden** wurden betroffene private Vermieter dazu befragt, wie lange die Dauer von der Einstellung der Zahlungen durch den Mieter bis zur erfolgreichen Räumung der Mietsache war. Dies ergab, dass bei Mietnomaden, welche ihre Zahlung bereits in den ersten drei Monaten des Mietvertrages eingestellt haben, die **Rechtsverfolgungsdauer** 3

---

1 Sachen im Sinne des Gesetzes sind nur körperliche Gegenstände (§ 90 BGB).

2 *Artz/Jacoby*, S. 33, siehe Kap. 1.

im Durchschnitt 15,5 Monate betrug. In dieser Zeit laufen erhebliche Forderungen des Vermieters auf.

Beispiel

Bei einem Wohnraummietvertrag ist eine Barkaution in Höhe von drei Monatsmieten vereinbart. Die Miete beträgt 600,00 € und die Betriebskostenvorauszahlung 200,00 € und muss bis zum dritten Werktag des Monats im Voraus gezahlt werden. Der Mieter zahlt von Anfang an nicht. Bilanz der unbezahlten Forderungen des Vermieters:

1 Monat und 4 Tage nach Mietbeginn:	
2 x Kaution à 600,00 € =	1.200,00 €
2 x Miete à 600,00 € =	1.200,00 €
2 x Betriebskosten à 200,00 € =	400,00 €
Zwischensaldo:	**2.800,00 €**
2 Monate und 4 Tage nach Mietbeginn:	
Weitere 1 x Kaution	600,00 €
Weitere 1 x Miete	600,00 €
Weitere 1 x Betriebskosten	200,00 €
Zwischensaldo:	**4.200,00 €**
3 Monate und 4 Tage nach Mietbeginn:	
Weitere 1 x Miete	600,00 €
Weitere 1 x Betriebskosten	200,00 €
Saldo:	**5.000,00 €**

Pro Monat erhöht sich der Saldo um 800,00 €, sodass nach 15,5 Monaten eine offene Forderung von 14.600,00 € entstanden ist.

II. Zweck

4 Sämtliche Ansprüche des Vermieters aus dem Mietvertrag sowie der etwaigen Beendigung – teilweise auch zukünftige und noch nicht fällige Ansprüche – werden durch das Vermieterpfandrecht zugunsten des Vermieters gesichert.[3] Dieser soll die Möglichkeit erhalten, durch die Verwertung in Form der Versteigerung der Pfandgegenstände seine Zahlungsansprüche gegenüber dem Mieter aus dem Versteigerungserlös zu befriedigen. Dabei kommt es insbesondere darauf an, das Vermieterpfandrecht – im Rahmen des Möglichen – taktisch klug zu nutzen.

5 Ein **„mittelbarer" taktischer Einsatz des Vermieterpfandrechts** war durch die Vollstreckung von Ansprüchen auf Räumung und Herausgabe der Mietsache nach dem sog. **Berliner Modell**[4] möglich. Dabei wurde pauschal ein Pfandrecht

---

3 BGH, Urt. v. 18.1.2006 – VIII ZR 71/05 –.

4 Vgl. hierzu im Kap. 20 Rn 51 ff.

an allen Sachen des Mieters und der Mitbewohner ohne Rücksicht auf die Rechtmäßigkeit geltend gemacht und bei der Zwangsräumung durch den Gerichtsvollzieher wurden nur die Bewohner außer Besitz gesetzt und geräumt, was die sehr hohen Umzugs- und Lagerkostenvorschüsse[5] ersparte. Was der Vermieter nicht verwertet, können die Bewohner selbst wegschaffen. Mittlerweile hat der Gesetzgeber diese **beschränkte Vollstreckung** gesetzlich geregelt,[6] sodass es des Rückgriffs auf das Vermieterpfandrecht nicht mehr bedarf.

III. Grenzen

Die Grenzen der Absicherung des Vermieters durch das Vermieterpfandrecht sind 6
einerseits rechtlicher und andererseits tatsächlicher Art. Das Pfandrecht des Vermieters erstreckt sich nur auf Sachen, die im Eigentum des Mieters stehen. Nicht umfasst sind Sachen im **Eigentum Dritter,** der Mitbewohner oder der Untermieter sowie unpfändbare Sachen (§§ 562 Abs. 1 BGB, 811 ZPO). Außerdem kann das Pfandrecht nur für Miete und Betriebskostenvorauszahlung für das laufende Jahr sowie das folgende Jahr geltend gemacht werden und nicht für zukünftige Entschädigungsansprüche (§ 562 Abs. 2 BGB). In tatsächlicher Hinsicht besteht die Grenze für die Sicherungswirkung in Form des **wirtschaftlichen Verwertungserlöses** einerseits darin, dass die von dem Mieter eingebrachten Sachen nicht werthaltig sind und andererseits darin, dass der Mieter mit seinen Sachen über Nacht auszieht und untertaucht und der Vermieter keinen Zugriff auf die Sachen hat. Daher ist sowohl bei der Gewerbe- als auch insbesondere bei der Wohnraumvermietung eine ausreichende Sicherung des Vermieters durch die Mietsicherheit alleine bei längerfristigem Zahlungsverzug des Mieters und insbesondere bei einem Mietnomaden gerade nicht gegeben.

B. Entstehung des Vermieterpfandrechts

I. Entstehungsgrundlage

Das Vermieterpfandrecht **entsteht kraft Gesetz** gem. § 562 Abs. 1 BGB beim 7
Wohnraummietvertrag, was entsprechend für den Gewerberaummietvertrag gilt,

---

5 Bei einer Wohnung mit 75 m² Wohnfläche bis zu 5.000,00 € und bei einem Einfamilienhaus mit 150 m² Wohnfläche bis zu 10.000,00 €.

6 § 885a ZPO: Beschränkter Vollstreckungsauftrag.

§ 578 Abs. 1 i. V. m. § 562 Abs. 1 BGB, wenn die weiteren gesetzlichen Voraussetzungen erfüllt sind.

II. Vermieterforderungen

8 Bei den durch das Vermieterpfandrecht grundsätzlich gesicherten Forderungen ist zwischen dem Umfang der Sicherung und der (beschränkten) Geltendmachung des Pfandrechtes zu unterscheiden.[7]

1. Gesicherte Forderungen

9 Das Vermieterpfandrecht sichert **sämtliche mietrechtlichen Zahlungsansprüche** des Vermieters gegenüber dem Mieter, also insbesondere für Miete, Betriebskosten, Nutzungsentschädigung, Schadensersatz, Verzugskosten und Prozesskosten.[8]

2. Nicht gesicherte Forderung

10 Nicht gesichert von dem Vermieterpfandrecht wird – nach einer teilweise vertretenen Auffassung – der Anspruch des Vermieters auf Leistung einer **Kaution,**[9] wenn diese (noch) nicht gezahlt wurde. Begründet wird dies damit, dass es sich zwar um eine gesetzlich vorgesehene Forderung des Vermieters handele, jedoch das sog. Kumulationsverbot gelte, wonach der Vermieter keine doppelte Sicherheit dergestalt verlangen könne, dass er einerseits durch das Pfandrecht gesichert werde und andererseits durch die Kaution.[10] Diese Auffassung verkennt, dass es gerade bei Vertragstreue des Mieters der Normalfall ist, dass dem Vermieter neben der Kaution auch das Vermieterpfandrecht zur Seite steht.

---

7 Schmidt-Futterer/*Lammel*, § 562 BGB Rn 38.

8 Schmidt-Futterer/*Lammel*, § 562 BGB Rn 38.

9 Schmidt-Futterer/*Lammel*, § 562 BGB Rn 41; a. A. Staudinger/*Emmerich*, § 562 Rn 27.

10 Schmidt-Futterer/*Lammel*, § 562 BGB Rn 41 (streitig).

III. Eigentum des Mieters an den Pfandgegenständen

Der Mieter muss Eigentümer der zu pfändenden Sachen sein. Eine **Klausel im Mietvertrag,** dass der Mieter Eigentümer der eingebrachten Sachen ist, führt nicht zu deren Pfändbarkeit, wenn der Mieter tatsächlich kein Eigentümer ist.[11] 11

1. Kein gutgläubiger Pfandrechtserwerb durch den Vermieter

Einen „gutgläubigen Pfandrechtserwerb", indem der Vermieter gutgläubig davon ausgeht, dass die vom Mieter eingebrachten Sachen in seinem Eigentum stehen, gibt es nicht.[12] Ist der Mieter nicht Eigentümer der Sache, so kann kein Pfandrecht entstehen. 12

Praxistipp !

Macht der Mieter im Rahmen des Vermieterpfandrechts geltend, dass er nicht Eigentümer der Sachen ist und/oder behauptet er einen Eigentumsvorbehalt oder eine Sicherungsübereignung, so sollte sich der Vermieter fachkundiger **juristischer Hilfe**[13] bedienen, um den Einwand prüfen zu lassen und seine Rechte zu wahren.

2. Eigentumsvorbehalt

Im **Gewerbemietraumbereich** kommt es häufig vor, dass sich in der Mietsache Sachen in Form von Waren, Maschinen etc. befinden, die nicht im Eigentum des Vermieters, sondern eines Dritten (in der Regel des Lieferanten der Sache) stehen und unter „Eigentumsvorbehalt" geliefert wurden. Der Eigentumsvorbehalt bedeutet, dass die Sache zwar **weiterhin im Eigentum des Dritten steht,** jedoch die Sache bereits an den Mieter übergeben wurde und von diesem in die Mietsache eingebracht wurde. Nach der Vereinbarung zwischen dem Dritten und dem Mieter soll das Eigentum an dieser Sache aber erst auf den Mieter übergehen, wenn dieser den Kaufpreis vollständig beglichen hat. Im **Wohnraummietbereich** kommt der Eigentumsvorbehalt z. B. beim Ratenzahlungskauf von hochwertigen Elektrogeräten (Flachbildfernseher) oder bei Möbeln vor. 13

11 OLG Koblenz, Urt. v. 25.1.2007 – 2 U 1524/06 –.

12 Schmidt-Futterer/*Lammel*, § 562 BGB Rn 20.

13 Z. B. Vermietervereinigung oder Rechtsanwalt.

a) Pfandrecht am Anwartschaftsrecht

14 Solange der Mieter noch nicht Eigentümer der Sache geworden ist, kann der Vermieter jedoch den bei der Ratenzahlung bereits eingeleiteten und noch nicht abgeschlossenen Eigentumserwerb des Mieters an der Sache, das sog. **Anwartschaftsrecht, pfänden.** Werden dann die letzte Rate oder die letzten Raten gezahlt, so erwirbt der Mieter ohne weiteres Zutun das vollständige Eigentum an der Sache, die mit dem Vermieterpfandrecht belastet ist.

15 Wendet der **Gewerberaummieter** im Rahmen der Pfändung ein, dass die gepfändeten Sachen unter einem Eigentumsvorbehalt stehen, so macht es durchaus Sinn, sich den Eigentümer benennen zu lassen, um einerseits die Richtigkeit der Angaben zu prüfen und andererseits mit diesem abzuklären, ob und welche Restzahlungen noch offen sind. Wenn zum vollständigen Eigentumserwerb nur noch wenige Restraten zu zahlen sind, so kann es wirtschaftlich vernünftig sein, die Restraten an den (Noch-)Eigentümer zu zahlen, damit das **vollständige Eigentum** auf den Mieter übergeht und das volle Vermieterpfandrecht an der Sache selbst entsteht. Ist die Sache werthaltig und hat die Restzahlung nur einen im Verhältnis dazu geringen Betrag ausgemacht, so kann der Vermieter durch die spätere Verwertung in Form der Versteigerung der Sache einen Erlös erzielen, um seine mietvertraglichen Forderungen gegenüber dem Mieter zu befriedigen.

16 Im **Wohnraummietrecht** haben die Sachen des säumigen Mieters in der Regel keinen sehr hohen Wert und bringen meist keinen angemessenen Erlös, sodass dort diese Vorgehensweise sich auf besondere Ausnahmefälle beschränkt.

Beispiel

Der Gewerberaummieter hat eine Maschine für 24.000,00 € auf Ratenzahlung und unter Eigentumsvorbehalt gekauft. Es sind nur noch drei Raten à 1.000,00 € offen. Der Vermieter zahlt 3.000,00 € an den Verkäufer und lässt die Maschine mit einem Erlös von 9.000,00 € nach Abzug der Kosten versteigern. Der Vermieter erhält im Ergebnis 6.000,00 €, die er mit den Forderungen gegen den Mieter verrechnen kann.

---

b) Erlöschen des Pfandrechts

17 Wählt der Vermieter diesen Weg nicht und hat er (nur) das Pfandrecht an dem eingeleiteten Eigentumserwerb, also dem sog. Anwartschaftsrecht, so läuft er Gefahr, dass dieses Pfandrecht wieder erlischt. Dies ist dann der Fall, wenn der vollständige Eigentumserwerb durch den Mieter deshalb nicht zustande kommt, weil er einvernehmlich mit dem Dritten den zugrundeliegenden Vertrag (in der Regel einen Kaufvertrag) in zulässiger Weise durch einen **Aufhebungsvertrag**

aufhebt[14] oder der Dritte als Verkäufer wegen des Zahlungsverzuges des Mieters von dem **Vertrag zurücktritt.**[15]

Praxistipp !

Wird ein Pfandrecht des Vermieters an Sachen geltend gemacht, die wegen einer Ratenzahlungsvereinbarung mit dem Lieferanten bzw. Verkäufer unter Eigentumsvorbehalt gelieferten wurden, so sollte sich der Vermieter mit dem Lieferanten in Verbindung setzen, um die **Richtigkeit zu prüfen** und abzuklären, ob ggf. die **„Ablösung"** der Restforderung des Lieferanten gegenüber dem Mieter Sinn macht, um das vollständige Pfandrecht und damit die Verwertungsmöglichkeit an der Sache zu erhalten.

---

3. Sicherungsübereignung

Die insbesondere im Zusammenhang mit dem Gewerberaummietrecht vorkom- 18
mende Kollision des Vermieterpfandrechtes mit einer Sicherungsübereignung bedeutet, dass der Mieter als Eigentümer einer Sache das Eigentum an dieser Sache zur Sicherung einer Forderung eines Dritten gegenüber dem Mieter an diesen Dritten sicherungsübereignet hat. Der Mieter hat dann kein Eigentum mehr an der Sache.

In der Praxis erfolgt dies einerseits so, dass der Mieter zur **Sicherung eines** 19
Darlehensrückzahlungsanspruches eines Dritten bezahlte Warenbestände oder bezahlte Maschinen aus seinem Eigentum in das Sicherungseigentum des Dritten durch Vereinbarung überträgt. Hierbei wird die sicherungsübereignete Sache nicht an den Dritten übergeben, sondern bleibt im Besitz des Mieters, damit er z. B. eine Maschine weiter nutzen kann.

Andererseits gibt es auch die Konstellation, dass dem Mieter Waren oder 20
Maschinen geliefert werden, die bereits zuvor an einen Dritten (z. B. Bank) sicherungsübereignet wurden, weil die Bank dem Mieter ein Darlehen entweder für die Anschaffung der Sache oder allgemein für seinen Geschäftsbetrieb gewährt hat. Zahlt der Mieter an den Dritten das Darlehen zurück, so fällt das Sicherungseigentum zurück an den Mieter. Zahlt der Mieter das Darlehen an den Dritten nicht zurück, so kann dieser ggf. – hier kommt es auf den Einzelfall an – die sicherungsübereignete Sache verwerten. Bei einer Kollision zwischen Vermieterpfandrecht und Sicherungsübereignung kommt es für die Frage, ob ein Vermieterpfandrecht an der Sache besteht oder nicht, auf die **zeitliche Rangfolge** an.

---

14 BGH, Urt. v. 10.10.1984 – VIII ZR 244/83 – NJW 1985, 376.

15 Schmidt-Futterer/*Lammel*, § 562 BGB Rn 25.

a) Sicherungsübereignung nach Einbringung der Sache

21 Wird zuerst die im Eigentum des Mieters stehende Sache in die Mietsache eingebracht und dann von dem Mieter an einen Dritten sicherungsübereignet, so geht das (vorrangige) Vermieterpfandrecht der Sicherungsübereignung vor. Das **Sicherungseigentum ist mit dem Vermieterpfandrecht belastet.**[16] In diesem Fall kann der Vermieter die sicherungsübereignete Sache herausverlangen und durch deren Versteigerung verwerten sowie sich bezüglich seiner Ansprüche befriedigen.

b) Sicherungsübereignung vor Einbringung der Sache

22 Bringt der Mieter eine bereits an einen Dritten sicherungsübereignete Sache in die Mietsache ein, so entsteht daran **kein Vermieterpfandrecht,** da nicht der Mieter, sondern der Dritte (Sicherungs-)Eigentümer der Sache ist.[17] Der Vermieter sollte daher genau prüfen und sich möglichst belegen lassen, zu **welchem Zeitpunkt** die Vereinbarung über die Sicherungsübereignung an den Dritten erfolgt ist. Wird die gesicherte Forderung allerdings vollständig bezahlt, so fällt das (Sicherungs-)Eigentum an den Mieter zurück und das Pfandrecht des Vermieters entsteht kraft Gesetzes.

23 Wenn für den Eigentumsrückerwerb des Mieters nur noch wenige Restraten zu zahlen sind, so kann es durchaus Sinn machen, wenn der Vermieter überprüft, ob nicht er bei Zahlungsunfähigkeit des Mieters die Restraten an den Dritten zahlt, damit das Eigentum an den Mieter zurückfällt und damit durch die **Ablösung das Vermieterpfandrecht an der Sache entsteht.** Ist die Sache werthaltig und hat die Restzahlung nur einen im Verhältnis dazu geringen Betrag ausgemacht, so kann der Vermieter durch die spätere Verwertung in Form der Versteigerung der Sache einen Erlös erzielen, um seine mietvertraglichen Forderungen gegenüber dem Mieter zu befriedigen.[18]

! **Praxistipp**

Bei dem Einwand des Mieters und/oder eines Dritten, dass die Sache an einen Dritten sicherungsübereignet sei, muss der Vermieter immer genau prüfen, **zu welchem Zeitpunkt** dies geschehen ist, da hiervon abhängt, ob ein Vermieterpfandrecht an der Sache besteht oder nicht. Besteht ein Vermieterpfandrecht nicht, so sollte der Vermieter bei einem durch Sicherungsübereignung gesicherten Ratenzahlungskredit des Mieters prüfen, ob sich die **Ablösung** lohnt, damit das Pfandrecht entsteht und der Vermieter die Sache verwerten kann.

---

16 OLG Düsseldorf, Urt. v. 16.12.1998 – 11 U 33/98 – ZMR 1999, 474.
17 Schmidt-Futterer/*Lammel*, § 562 BGB Rn 25.
18 Siehe oben Rn 17.

4. Mitbewohner

Wird die Mietsache nicht nur durch den Mieter bewohnt, sondern von Angehörigen oder anderen Mitbewohnern, die nicht Mieter sind, so entsteht **kein Vermieterpfandrecht** an den Sachen, die den Mitbewohnern gehören und die diese in die Mietsache eingebracht haben, weil es einerseits an einer vertraglichen Beziehung (**Mietvertrag**) als Voraussetzung für das Vermieterpfandrecht fehlt und andererseits **kein Eigentum** des Mieters vorliegt. Dies führt in der Praxis oftmals zu Problemen in der Durchsetzung des Vermieterpfandrechtes, da der „geübte Mietschuldner" bei dem Vorhandensein von Mitbewohnern oder Angehörigen in der Wohnung behauptet, dass gerade die werthaltigen Sachen sich nicht in seinem Eigentum befänden und für den Fall einer Pfändung die angeblichen Eigentümer gegen den Vermieter wegen ihres Eigentums, ggf. im Rahmen einer Drittwiderspruchsklage gegen die Pfändung dieser Sachen vorgehen würden. 24

5. Ehegatten

Wird die Wohnung von Ehegatten bewohnt, so ist zu unterscheiden, ob beide Ehegatten Mieter sind oder der Mietvertrag nur mit einem Ehegatten abgeschlossen wurde. 25

a) Beide Ehegatten Mieter

Sind beide Ehegatten Mieter, so besteht kraft Gesetz das Vermieterpfandrecht an allen von diesen eingebrachten Sachen, welche im Eigentum der (beiden) Mieter stehen. 26

b) Nur ein Ehegatte Mieter

Haben die Ehegatten den Güterstand der **Gütergemeinschaft** gewählt, so unterfallen alle im Eigentum der Ehegatten stehenden und eingebrachten Sachen dem Vermieterpfandrecht; also auch die Sachen des Ehegatten, welcher nicht Mieter ist. Bei den **anderen Güterständen** erstreckt sich das Pfandrecht nur auf die Sachen, die im Eigentum desjenigen Ehegatten stehen, der auch Mieter ist. Auch hier besteht die Problematik, dass der „geübte Mietschuldner" den Mietvertrag selbst – ohne seinen Ehegatten – abschließt und später außergerichtlich oder gar gerichtlich einwendet, die gepfändeten werthaltigen Sachen stünden im Alleineigentum seines Ehegatten, der nicht Mieter ist. 27

Praxistipp
Bei der Vermietung an Personenmehrheiten (z. B. Ehegatten, Lebensgemeinschaften, Wohngemeinschaften etc.) immer **alle Personen als Mieter** in den Vertrag aufnehmen, da sich dann nicht nur die mietvertraglichen Verpflichtungen – also insbesondere die Zahlungsansprüche – gegen alle richten und der Vermieter damit mehrere Gesamtschuldner hat, sondern sich auch das Vermieterpfandrecht auf das Eigentum aller Personen erstreckt.

6. Untermieter

28 Der Vermieter hat **kein Pfandrecht** an den Sachen im Eigentum des Untermieters, da dieser nicht Vertragspartner eines (direkten) Mietvertrages mit dem Vermieter ist. Der Vermieter hat – soweit nicht entsprechend mietvertraglich vereinbart – auch keinen grundsätzlichen Anspruch darauf, dass der Mieter seine **Ansprüche und Sicherheiten gegenüber dem Untermieter** an den Vermieter abtritt, damit dieser seine Forderungen hieraus befriedigen kann.

Praxistipp
Der Vermieter sollte im Rahmen des Mietvertrages mit dem Mieter regeln, dass zur Sicherung seiner Ansprüche (gegenüber dem Mieter) **Ansprüche des Mieters gegenüber seinem Untermieter** auf Zahlung der Miete und Betriebskostenvorauszahlung sowie das Vermieterpfandrecht aus dem Untermietverhältnis auf den Vermieter durch **Abtretung** übergehen.

Klauselmuster
„§ Sicherheitsleistung:
... Der Mieter tritt zur Sicherung der Ansprüche des Vermieters diesem gegenüber an den die Abtretung annehmenden Vermieter bereit jetzt folgende gegenwärtigen und/oder zukünftigen Ansprüche gegen seinen Untermieter ab: 1. Ansprüche auf Miete und Betriebskosten. 2. Ansprüche aus dem Vermieterpfandrecht."

IV. Einbringen der Sachen in die Mietsache

1. Einbringungshandlung

29 Das „Einbringen" der im Eigentum des Mieters stehenden Sache in die Mietsache wird wie folgt definiert: *„Die zielgerichtete, willensgetragene Ortsänderung der Sachen in Ausübung der mietvertraglichen Gebrauchsrechte in den durch das Mietverhältnis vermittelten Machbereich des Vermieters."*[19] Grob vereinfacht bedeutet

19 Schmidt-Futterer/*Lammel*, § 562 BGB Rn 31.

dies, dass der Mieter **bewusst und gewollt** eine in seinem Eigentum stehende Sache in die von ihm angemietete Mietsache verbringt.

Beispiel
Der Mieter kauft sich eine neues – zusätzliches[20] – TV und erhält dieses vom Händler übereignet und – wie vereinbart – geliefert sowie angeschlossen. Der Mieter ist Eigentümer des TV geworden und dieses wurde mit Kenntnis und mit dem Willen des Mieters in die Mietsache eingebracht, damit sie dort nicht nur vorübergehend verbleibt. Das Vermieterpfandrecht ist wirksam entstanden.

Das Einbringen von Sachen ist aber auch dann gegeben, wenn mit dem Willen 30 **bereits vorhandene Sachen des Mieters dort belassen werden** und in das Eigentum des Mieters übergegangen sind. Dies z. B. dann, wenn der Mieter vom Vormieter Sachen (z. B. eine Küche oder Einrichtungsgegenstände) zum Eigentum erworben hat und in der Wohnung belässt.[21]

Beispiel
Der Mieter kauft vom vorherigen Mieter Möbel und bekommt das Eigentum daran übertragen. Die Möbel bleiben in der Wohnung. Der Mieter ist Eigentümer der Möbel und hat diese in die Mietsache eingebracht. Das Vermieterpfandrecht besteht.

---

2. Grenzen

Das Einbringen einer Sache in die Mietsache ist dann nicht gegeben, wenn dies 31 **ohne oder entgegen dem Willen des Mieters erfolgt,** indem z. B. eine dritte Person seine Sachen in die Mietsache verbringt.[22]

Beispiel
Entgegen dem Willen des Mieters wird der neu gekaufte Computer des Mieters nicht wie vereinbart an seine Firmenanschrift geliefert, sondern in seine Wohnung. Ein Vermieterpfandrecht ist nicht entstanden.

In zeitlicher Hinsicht ist die Grenze dort gesetzt, wo das Mietverhältnis beendet 32 ist. Nach der **rechtlichen Beendigung des Mietverhältnisses** kann an den

---

20 Nur dieses ist pfändbar.

21 Schmidt-Futterer/*Lammel*, § 562 BGB Rn 33.

22 Schmidt-Futterer/*Lammel*, § 562 BGB Rn 32.

dann eingebrachten Sachen des Mieters kein Vermieterpfandrecht mehr begründet werden.[23]

Beispiel
Nach Ende des Mietvertrages bringt der Mieter Sachen in die Mietsache ein. Es kann kein Vermieterpfandrecht mehr entstehen.

---

3. Unpfändbare Sachen

33 Von dem Vermieterpfandrecht sind grundsätzlich ausgeschlossen die unpfändbaren Sachen (§ 562 Abs. 1 S. 1 BGB i. V. m. § 811 ZPO).

Praxistipp
Macht der Mieter im Rahmen des Vermieterpfandrechts geltend, dass es sich um **unpfändbare Sachen** des Mieters handele, so sollte sich der Vermieter fachkundiger **juristischer Hilfe**[24] bedienen, um den Einwand prüfen zu lassen und die Rechte des Vermieters zu wahren. Nachfolgend ist die gesetzliche Regelung wiedergegeben:

> § 811 ZPO Unpfändbare Sachen:
> *„(1) Folgende Sachen sind* ***der Pfändung nicht unterworfen:***
> 1. *die dem persönlichen Gebrauch oder dem Haushalt dienenden Sachen, insbesondere Kleidungsstücke, Wäsche, Betten, Haus- und Küchengerät, soweit der Schuldner ihrer zu einer seiner Berufstätigkeit und seiner Verschuldung angemessenen, bescheidenen Lebens- und Haushaltsführung bedarf; ferner Gartenhäuser, Wohnlauben und ähnliche Wohnzwecken dienende Einrichtungen, die der Zwangsvollstreckung in das bewegliche Vermögen unterliegen und deren der Schuldner oder seine Familie zur ständigen Unterkunft bedarf;*
> 2. *die für den Schuldner, seine Familie und seine Hausangehörigen, die ihm im Haushalt helfen, auf vier Wochen erforderlichen Nahrungs-, Feuerungs- und Beleuchtungsmittel oder, soweit für diesen Zeitraum solche Vorräte nicht vorhanden und ihre Beschaffung auf anderem Wege nicht gesichert ist, der zur Beschaffung erforderliche Geldbetrag;*
> 3. *Kleintiere in beschränkter Zahl sowie eine Milchkuh oder nach Wahl des Schuldners statt einer solchen insgesamt zwei Schweine, Ziegen oder Schafe, wenn diese Tiere für die Ernährung des Schuldners, seiner Familie oder Hausangehörigen, die ihm im Haushalt, in der Landwirtschaft oder im Gewerbe helfen, erforderlich sind; ferner die zur Fütterung und zur Streu auf vier Wochen erforderlichen Vorräte oder, soweit solche Vorräte nicht vorhanden sind und ihre Beschaffung für diesen Zeitraum auf anderem Wege nicht gesichert ist, der zu ihrer Beschaffung erforderliche Geldbetrag;*
> 4. *bei Personen, die Landwirtschaft betreiben, das zum Wirtschaftsbetrieb erforderliche Gerät und Vieh nebst dem nötigen Dünger sowie die landwirtschaftlichen Erzeugnisse,*

---

23 Schmidt-Futterer/*Lammel*, § 562 BGB Rn 35.
24 Z. B. Vermietervereinigung oder Rechtsanwalt.

soweit sie zur Sicherung des Unterhalts des Schuldner, seiner Familie und seiner Arbeitnehmer oder zur Fortführung der Wirtschaft bis zur nächsten Ernte gleicher oder ähnlicher Erzeugnisse erforderlich sind;

4a. bei Arbeitnehmern in landwirtschaftlichen Betrieben die ihnen als Vergütung gelieferten Naturalien, soweit der Schuldner ihrer zu seinem und seiner Familie Unterhalt bedarf;

5. bei Personen, die aus ihrer körperlichen oder geistigen Arbeit oder sonstigen persönlichen Leistungen ihren Erwerb ziehen, die zur Fortsetzung dieser Erwerbstätigkeit erforderlichen Gegenstände;

6. bei den Witwen und minderjährigen Erben der unter Nummer 5 bezeichneten Personen, wenn sie die Erwerbstätigkeit für ihre Rechnung durch einen Stellvertreter fortführen, die zur Fortführung dieser Erwerbstätigkeit erforderlichen Gegenstände;

7. Dienstkleidungsstücke sowie Dienstausrüstungsgegenstände, soweit sie zum Gebrauch des Schuldners bestimmt sind, sowie bei Beamten, Geistlichen, Rechtsanwälten, Notaren, Ärzten und Hebammen die zur Ausübung des Berufes erforderlichen Gegenstände einschließlich angemessener Kleidung;

8. bei Personen, die wiederkehrende Einkünfte der in den §§ 850 bis 850b bezeichneten Art beziehen, ein Geldbetrag, der dem der Pfändung nicht unterworfenen Teil der Einkünfte für die Zeit von der Pfändung bis zu dem nächsten Zahlungstermin entspricht;

9. die zum Betrieb einer Apotheke unentbehrlichen Geräte, Gefäße und Waren;

10. die Bücher, die zum Gebrauch des Schuldners und seiner Familie in der Kirche oder Schule oder einer sonstigen Unterrichtsanstalt oder bei der häuslichen Andacht bestimmt sind;

11. die in Gebrauch genommenen Haushaltungs- und Geschäftsbücher, die Familienpapiere sowie die Trauringe, Orden und Ehrenzeichen;

12. künstliche Gliedmaßen, Brillen und andere wegen körperlicher Gebrechen notwendige Hilfsmittel, soweit diese Gegenstände zum Gebrauch des Schuldners und seiner Familie bestimmt sind;

13. die zur unmittelbaren Verwendung für die Bestattung bestimmten Gegenstände.

(2) Eine in Absatz 1 Nr. 1, 4, 5 bis 7 bezeichnete Sache kann gepfändet werden, wenn der Verkäufer wegen einer durch Eigentumsvorbehalt gesicherten Geldforderung aus ihrem Verkauf vollstreckt. Die Vereinbarung des Eigentumsvorbehaltes ist durch Urkunden nachzuweisen.“

Unpfändbar sind also letztlich die Gegenstände, die der Mieter unmittelbar zum 34
Leben oder zur Ausübung seiner Erwerbstätigkeit benötigt, also z. B. Leibwäsche und sonstige normale Kleidung, Haushaltsgegenstände wie Geschirr und Besteck für den Alltagsgebrauch, Möbel, Bettwäsche, **ein** Rundfunkgerät und **ein** Fernseher, Telefon, Nahrungsmittel, Feuerungs- und Beleuchtungsmittel,[25] Bücher und Ähnliches.

25 Vgl. im Einzelnen die Darstellung bei Zöller/*Stöber*, § 811 Rn 16 ff.

35 Pfändbar sind die nicht unbedingt benötigten Gegenstände, z. B. ein Klavier oder eine Videokamera,[26] eine Luxusuhr[27] usw.

C. Erlöschen des Vermieterpfandrechtes und Selbsthilferecht

I. Erlöschen des Vermieterpfandrechtes gem. § 562a BGB

36 Das Vermieterpfandrecht besteht nur so lange, als sich die Sache im sog. **Herrschaftsbereich des Vermieters** befindet, also solange sich die Sache noch auf dem Grundstück der Mietsache befindet, es sei denn, die Wegschaffung der Gegenstände erfolgt ohne Wissen oder unter Widerspruch des Vermieters.

1. Entfernung der Sachen vom Grundstück

37 Das Entfernen der Sachen vom Grundstück der Mietsache ist sozusagen der „Gegenakt" zu dem Einbringen der Sachen in die Mietsache. Das Entfernen der Sache vom Grundstück ist dann gegeben, wenn der Mieter **bewusst und gewollt** die in seinem Eigentum stehenden Sachen entfernt, etwa in Form eines Auszuges oder aber auch der Auslagerung von einzelnen Sachen.

Beispiel
Der Mieter beauftragt ein Umzugsunternehmen und lässt seine Sachen abtransportieren.

2. Mangelnde Kenntnis des Vermieters

38 Trotz des Entfernens der Sachen von dem Grundstück der Mietsache erlischt das Pfandrecht des Vermieters dann nicht, wenn dies **ohne Wissen des Vermieters** geschieht (§ 562a BGB). Dies ist in der Praxis regelmäßig dann der Fall, wenn der Vermieter nicht vor Ort an der Mietsache ansässig ist und damit keine unmittelbare Wahrnehmung hat.

26 AG Essen DGVZ 1998, 30.

27 Hier kann ggf. eine sog. Austauschpfändung bewirkt werden, indem der Gerichtsvollzieher dem Mietschuldner eine billige, aber funktionsfähige Uhr, die der Gläubiger ihm zu diesem Zweck gegeben hat, im Austausch überlässt. Ähnlich lässt sich mit teuren Fernsehgeräten verfahren.

3. Widerspruch des Vermieters

Ebenfalls erlischt das Pfandrecht des Vermieters durch Entfernung der Sachen von dem Grundstück der Mietsache dann nicht, wenn der Vermieter zwar Kenntnis hat, jedoch der Entfernung der Sachen gegenüber dem Mieter ausdrücklich widerspricht (§ 562a S. 1 BGB). 39

a) Widerspruchserklärung und -adressat

Der Widerspruch gegen das Entfernen der Sachen vom Grundstück der Mietsache ist durch den Vermieter ausdrücklich, d. h. **mündlich oder schriftlich** zu erklären. **Erklärungsadressat ist der Mieter.** Die Erklärung gegenüber unbeteiligten Dritten wie etwa Mitbewohnern, Familienmitglieder oder Mitarbeitern des Umzugsunternehmens ist nicht ausreichend. Will sich der Vermieter nach Entfernen der Sachen vom Grundstück auf den Fortbestand des Vermieterpfandrechtes berufen, so muss er beweisen, dass er der Entfernung widersprochen hat.[28] Der geübte Mietschuldner wird daher über Nacht verschwinden und die Räumung und Wegschaffung der Sachen durch Dritte vornehmen lassen, sodass dem Vermieter kein wirksamer Widerspruch möglich ist. Der Vermieter kann dem Mieter wegen der Zahlungsrückstände – insbesondere im Falle der Kündigung – auch die Inanspruchnahme des Pfandrechtes frühzeitig schriftlich anzeigen und der Entfernung widersprechen. Die Zustellung sollte mit Zustellungsnachweis erfolgen.[29] 40

Praxistipp !

Der Vermieter sollte bei Zahlungsverzug und insbesondere einer Kündigung das Vermieterpfandrecht gleichzeitig **ausdrücklich geltend machen und der Entfernung der Pfandsachen widersprechen.** Die Zustellung sollte mit Zustellungsnachweis erfolgen.

---

b) Widerspruch ausgeschlossen

Der Widerspruch ist jedoch dann mit der Folge, dass durch die Entfernung der Sachen von dem Grundstück das Pfandrecht wirksam erlischt, ausgeschlossen, wenn die Entfernung der Sachen den gewöhnlichen Lebensverhältnissen entspricht oder wenn die zurückbleibenden Sachen zur Sicherung des Vermieters offenbar ausreichen (§ 562a S. 2 BGB). 41

---

28 AG Köln, Urt. v. 20.5.1983 – 221 C 496/82 – WuM 1985, 123; Schmidt-Futterer/*Lammel*, § 562a BGB Rn 27.

29 Vgl. hierzu die Ausführungen zur Zustellung der Kündigung Kap. 12.

aa) Entfernung im Rahmen der gewöhnlichen Lebensverhältnisse

42 Zu den „gewöhnlichen Lebensverhältnissen" gehört es, dass der Mieter Sachen, welche er nicht mehr benötigt, entfernt, defekte Sachen zur Reparatur gibt und Sachen mit in den Urlaub nimmt. Die Grenze ist jedoch dann erreicht, wenn der Mieter **alle wertvollen Gegenstände wegschafft.**[30]

bb) Entfernung im regelmäßigen Geschäftsbetrieb

43 Dieses Merkmal ist nicht mehr ausdrücklich gesetzlich geregelt, jedoch in dem Merkmal „im Rahmen der gewöhnlichen Lebensverhältnisse" aufgegangen und besteht damit fort.[31] Zum „regelmäßigen Geschäftsbetrieb" gehört es, dass Waren aus dem **Warenlager gegen Bezahlung** verkauft werden und neue Waren geliefert werden, sodass das Vermieterpfandrecht dann an diesen Sachen besteht. Ferner ist dies der Fall, wenn Sachen zur **Reparatur oder zum auswärtigen Einsatz** vorübergehend entfernt werden. Zur abschließenden Beurteilung kommt es auf den jeweiligen Einzelfall an, welchen konkreten Geschäften der Mieter nachgeht und was diesbezüglich im Rahmen der gewöhnlichen Lebensverhältnisse zugrunde zu legen ist.

44 Eine Grenze ist jedoch dann gegeben, wenn die Sachen im Rahmen eines **Räumungsverkaufes oder eines Insolvenzverfahrens** weggeschafft werden, weil der **Geschäftsbetrieb eingestellt** wird.[32]

cc) Zurückbleibende Sachen zur Sicherung des Vermieters offenbar ausreichend

45 Sind die in der Mietsache zurückbleibenden Sachen zur Sicherung des Vermieters offenbar – also ohne weitergehende konkrete Prüfung – ausreichend, so ist ein Widerspruchsrecht des Vermieters nicht gegeben. Dies liegt darin begründet, dass der Vermieter bezüglich seiner Ansprüche zwar gesichert, jedoch **nicht übersichert** werden soll.

dd) Folge des fehlenden Widerspruchsrechtes

46 Ist der Vermieter nicht berechtigt, der Entfernung der Sachen von dem Grundstück der Mietsache zu widersprechen, so führt die **Entfernung der Sachen zum**

---

30 MüKo-BGB/*Artz*, § 562a Rn 10.

31 Schmidt-Futterer/*Lammel*, § 562a BGB Rn 14.

32 OLG Köln, Urt. v. 19.9.1983 – 12 U 40/83 – ZIP 1984, 89, 90.

Erlöschen des Vermieterpfandrechtes. Dem liegt der Gedanke zugrunde, dass das Pfandrecht zwar der Sicherung der Ansprüche des Vermieters gegenüber dem Mieter dienen soll, jedoch der Wohnraummieter und insbesondere der Gewerberaummieter in seiner Lebensführung/Geschäftsführung nicht unangemessen beeinträchtigt werden soll und die Handlungsfreiheiten des Mieters insbesondere dann fortbestehen sollen, wenn genügend Sachen zur Sicherung der vermieterseitigen Ansprüche zurückbleiben.

II. Erlöschen des Vermieterpfandrechts gem. § 562b Abs. 2 BGB

Ist das Vermieterpfandrecht nicht bereits beim Entfernen der Sachen vom Grund- 47
stück der Mietsache gem. § 562a BGB erloschen,[33] so kann das Vermieterpfandrecht aber auch noch später erlöschen, wenn der Vermieter (später) erstmalige Kenntnis von dem Entfernen der Sachen erlangt und es unterlässt, innerhalb der einmonatigen **Klagefrist Klage auf Herausgabe** zu erheben (§ 562b Abs. 2 S. 2 BGB).

III. Selbsthilferecht des Vermieters

Der Vermieter ist ausnahmsweise im Wege der Selbsthilfe berechtigt, die dem 48
Pfandrecht unterliegende Sache im Falle des Auszuges des Mieters in seinen Besitz zu nehmen (§ 562b Abs. 1 BGB).

1. Auszug des Mieters

Das Selbsthilferecht des Vermieters beschränkt sich darauf, die Entfernung der 49
dem Pfandrecht unterliegenden Sachen vom Grundstück der Mietsache zu vereiteln, indem er ihm die Sachen ab- und in Besitz nimmt, wenn der Mieter auszieht (§ 562b Abs. 1 S. 2). Voraussetzung ist also die Entfernung der Sachen **im Rahmen eines eingeleiteten Auszuges** des Mieters.

2. Widerspruchsberechtigung des Vermieters

Ferner ist Voraussetzung für die Ausübung des Selbsthilferechtes durch den Ver- 50
mieter, dass er berechtigt ist, der Entfernung der Sachen vom Grundstück der

33 Vgl. oben Rn 40.

Mietsache zu widersprechen. Es muss sich also um eine pfändbare Sache handeln.[34]

3. Inbesitznahme der Sachen durch Vermieter

51 Die sog. Inbesitznahme der Sachen des Mieters erfolgt so, dass der Vermieter den Mieter daran hindert, die dem Pfandrecht unterfallenden Sachen von dem Grundstück zu entfernen und diese in seine Obhut nimmt. Praktisch erfolgt dies – ggf. unter **Hinzuziehung der Polizei** – dergestalt, dass der Mieter daran gehindert wird, die Sachen aus der Wohnung herauszuschaffen. Diese Sachen bleiben vielmehr in der Wohnung oder den Gewerberäumen und der Besitz an den Sachen geht durch Übergabe der Mietsache in Form der Schlüsselrückgabe durch den Mieter an den Vermieter über. Der Vermieter kann aber auch werthaltige pfändbare Sachen des Mieters beim Abtransport an sich und unter Verschluss nehmen.

Beispiel
Der Vermieter hindert den Mieter am Abtransport dessen Modelleisenbahn oder nimmt diese auf dem Weg im Treppenhaus an sich und unter Verschluss.

---

52 In der Praxis scheitert eine dahingehende Vorgehensweise des Vermieters jedoch gerade in den Fällen der Langzeitmietschuldner und Mietnomaden entweder daran, dass diese gar keine werthaltige und pfändbare Habe besitzen oder einfach über Nacht ausziehen und untertauchen oder sogar gewaltbereit sind, sodass der Vermieter zum eigenen Selbstschutz auf die Ausübung des Selbsthilferechtes verzichtet und verzichten sollte.

Praxistipp
Bei der Ausübung des Selbsthilferechts des Vermieters in Form der Vereitelung der Entfernung der Sachen vom Grundstück und der eigenen Inbesitznahme sollte der Vermieter den **Nutzen** (Werthaltigkeit der relevanten Sachen des Mieters) gegenüber den **Risiken** (Gewaltbereitschaft des Mieters) sorgfältig abwägen und im Zweifel – soweit zeitlich möglich – den Weg über die Erwirkung einer einstweiligen Unterlassungsverfügung durch das Gericht wählen. Ist dies dem Vermieter zeitlich nicht möglich, dann kann er immer noch der Entfernung der Sachen widersprechen und auf Herausgabe klagen.

---

34 Siehe oben Rn 33.

4. Einstweilige Unterlassungsverfügung

Wenn die Voraussetzungen für das Selbsthilferecht des Vermieters in der vorgenannten Form gegeben sind, dann kann der Vermieter gegenüber dem Mieter auch eine einstweilige Unterlassungsverfügung bei Gericht erwirken, durch welche dem Mieter untersagt wird, die dem Pfandrecht unterstehenden Sachen bei **Androhung eines Zwangsgeldes oder ersatzweise Zwangshaft** zu unterlassen. Die einstweilige Verfügung kann bei ordnungsgemäßer Beantragung und Glaubhaftmachung des Sachverhaltes in der Regel noch am Tage des frühzeitigen Antragseinganges bei Gericht ergehen und dann durch den Gerichtsvollzieher-Eildienst am gleichen oder spätestens am nächsten Tag dem Mieter wirksam zugestellt werden, sodass diesem im Falle des Verstoßes die erheblichen Folgen in Form des Zwangsgeldes oder alternativ der Zwangshaft drohen. 53

Der Nachteil liegt aber auch hier darin, dass bei Langzeitmietschuldnern und Mietnomaden entweder keine werthaltigen Pfandsachen vorhanden sind oder diese schon ausgezogen und verschwunden sind, sodass die Unterlassungsverfügung einerseits unter wirtschaftlichen Gesichtspunkten keinen Sinn macht und andererseits der Vermieter zu spät von dem drohenden und dann vollzogenen Auszug Kenntnis erlangt. Nach Wegschaffung der Sachen ist eine einstweilige Unterlassungsverfügung nicht mehr möglich. 54

Nicht Geringschätzen sollte der Vermieter aber die Möglichkeit, einen werthaltigen Pkw des Mietschuldners, den dieser in der gemieteten Garage oder auf einem vom Vermieter angemieteten Abstellplatz abgestellt hat. Auch dieser Pkw ist grundsätzlich pfändbar. Der Vermieter sollte sein Vermieterpfandrecht ausüben, eine Unterlassungsverfügung beantragen und dann durch geeignete Maßnahmen verhindern, dass der Pkw vom Mietschuldner entfernt werden kann, z. B. durch Anbringen einer starken Kette, einer Parkkralle o. Ä. Damit der Vermieter nicht seinerseits eine strafrechtliche Nötigung begeht, sollte er sich hier durch einen Rechtsanwalt beraten lassen. 55

Praxistipp !

Werden gerichtliche Schritte erforderlich, so sollte der Vermieter sich fachkundiger **juristischer Hilfe**[35] bedienen.

---

35 Z. B. Rechtsanwalt.

D. Abwendung des Pfandrechtes durch Sicherheitsleistung gem. § 562c BGB

56 Der Mieter kann das Pfandrecht durch die Erbringung einer Sicherheitsleistung abwenden, indem er für jede einzelne Pfandsache eine deren Wert entsprechende Sicherheit zugunsten des Vermieters leistet (§ 562c BGB). Die Sicherheitsleistung erfolgt in der Regel durch die **Hinterlegung** von Geld oder Wertpapieren sowie für den Fall, dass dies nicht möglich ist, durch die Stellung eines **tauglichen Bürgen** (§ 232 BGB). Die Abwendung durch den Mieter ist in der Praxis wenig relevant, da gerade der Mietschuldner und insbesondere der Langzeitschuldner oder Mietnomade keine Mittel dafür haben und auch keine taugliche Bürgschaft bekommen.

> § 232 BGB Arten:
> *„(1) Wer Sicherheit zu leisten hat, kann dies bewirken*
> *durch Hinterlegung von Geld oder Wertpapieren,*
> *durch Verpfändung von Forderungen, die in das Bundesschuldbuch oder in das Landesschuldbuch eines Landes eingetragen sind,*
> *durch Verpfändung beweglicher Sachen,*
> *durch Bestellung von Schiffshypotheken an Schiffen oder Schiffsbauwerken, die in einem deutschen Schiffsregister oder Schiffsbauregister eingetragen sind,*
> *durch Bestellung von Hypotheken an inländischen Grundstücken,*
> *durch Verpfändung von Forderungen, für die eine Hypothek an einem inländischen Grundstück besteht, oder durch Verpfändung von Grundschulden oder Rentenschulden an inländischen Grundstücken.*
> *(2) Kann die Sicherheit nicht in dieser Weise geleistet werden, so ist die Stellung eines tauglichen Bürgen zulässig."*

Beispiel
Der Mieter hinterlegt zur Sicherung der Ansprüche des Vermieters in Höhe des Wertes der jeweiligen Pfandsache einen Geldbetrag bei der **Hinterlegungsstelle des zuständigen Amtsgerichts** am Ort der Mietsache. Darüber erstellt das Gericht eine Urkunde mit der Angabe der Daten des Mieters, des Vermieters und des Hinterlegungsgrundes sowie des Hinterlegungsbetrages. Diese Urkunde übergibt der Mieter dem Vermieter. Das Pfandrecht erlischt. Ausgezahlt wird der hinterlegte Betrag an den, der den Anspruch hierauf dem Gericht nachweist.

E. Ausübung des Vermieterpfandrechtes

57 Die Ausübung des Vermieterpfandrechtes erfolgt durch die **Besitzverschaffung des Vermieters** an den Pfandsachen oder die **Geltendmachung des Vermieterpfandrechtes.** Hierunter ist jedes Verhalten des Vermieters zu verstehen, mit dem

er hinsichtlich der bestimmten Pfandobjekte sein Pfandrecht durchsetzen will.[36] Hierzu ist nicht unbedingt die Beschreitung des Rechtsweges, wie Klage auf Herausgabe oder vorzugsweise Befriedigung, erforderlich; ausreichend ist auch das Bemühen, die Entfernung der Sache aus dem Mietobjekt zu verhindern.[37]

Beispiel
Der Vermieter erklärt gegenüber dem Mieter wegen seiner mietvertraglichen Forderungen die Geltendmachung des Pfandrechtes an den pfändbaren Sachen des Mieters und verlangt deren Herausgabe zwecks Verwertung. Der Entfernung der Sachen widerspricht er.
Oder der Vermieter versucht gegenüber dem Mieter (nur) das Entfernen der Pfandsachen beim Auszug unter Hinweis auf sein Pfandrecht daran zu verhindern, was nicht gelingt, und widerspricht deren Entfernung.

I. Tatsächliche Besitzverschaffung

Die tatsächliche Besitzverschaffung des Vermieters an den Pfandsachen kann in zwei Formen erfolgen: 58

1. Ausübung des Selbsthilferechtes des Vermieters

Eine Besitzverschaffung ist vollzogen, wenn der Vermieter im Rahmen seines Selbsthilferechtes die Entfernung der Sachen vom Grundstück vereitelt hat und sich in den Besitz der Sache gebracht hat. 59

2. Herausgabe der Sachen durch den Mieter

Denkbar ist aber auch, dass der Mieter die dem Pfandrecht unterfallenden Sachen – nach Aufforderung und/oder Widerspruch des Vermieters – an den Vermieter herausgibt oder diese im Rahmen der Rückgabe der Mietsache in Form der Schlüsselübergabe an den Vermieter zurücklässt sowie diesem hierdurch den Besitz an den Pfandsachen einräumt. 60

---

36 Schmidt-Futterer/*Lammel*, § 562 BGB Rn 43.
37 Schmidt-Futterer/*Lammel*, § 562 BGB Rn 43.

II. Herausgabeansprüche des Vermieters

61 Hat der Vermieter (noch) keinen Besitz an den Pfandsachen erlangt, so kann er auf der Grundlage des Pfandrechtes die Herausgabe der Pfandsachen verlangen. Hierbei ist zu unterscheiden, ob sich die Pfandsachen noch in der Mietsache befinden oder aber vom Mieter bereits entfernt wurden.

1. Pfandsachen noch in der Wohnung des Mieters

62 In diesem Falle hat der Vermieter einen im Wege der Klage durchsetzbaren gesetzlichen Anspruch auf Herausgabe der in der Wohnung befindlichen Pfandsachen.

a) Herausgabeanspruch nach § 1231 BGB

63 Ist das Vermieterpfandrecht wirksam entstanden, so hat der Vermieter gegenüber dem Mieter einen **gesetzlichen Herausgabeanspruch** nach § 1231 BGB, damit der Vermieter die Pfandsache im Wege der öffentlichen Versteigerung verkaufen und sich aus dem Erlös befriedigen kann. Die Herausgabeansprüche an den Pfandsachen muss der Vermieter erforderlichenfalls im Wege der Klage durchsetzen. Bis das Gericht eine Entscheidung trifft, hat der Mietschuldner, dem zu der Klage durch das Gericht rechtliches Gehör gewährt werden muss, jedoch regelmäßig die Sachen weggeschafft.

b) Kein Selbsthilferecht des Vermieters

64 Das Selbsthilferecht des Vermieters nach § 562b Abs. 1 BGB beschränkt sich darauf, den Mieter im Falle des Auszuges daran zu hindern, die Pfandsachen vom Grundstück zu entfernen sowie die Pfandsachen vermieterseitig in Besitz zu nehmen. Ein Selbsthilferecht, die Sachen zur Verwertung aus der Wohnung des Mieters herauszuholen, hat der Vermieter nicht. Insbesondere hat er folgende (Selbsthilfe-)Rechte zur Sicherung und Durchsetzung seiner pfandrechtlichen Ansprüche nicht:

aa) Keine Wegnahme der Pfandgegenstände

Der Vermieter darf sich nicht eigenmächtig den Besitz an den Pfandgegenständen in der Wohnung des Mieters verschaffen.[38] Dies wäre **verbotene Eigenmacht** (§ 858 BGB) des Vermieters. Der Mieter darf sich in diesem Fall sogar mit Gewalt wehren (§ 859 Abs. 1 BGB) oder später die Herausgabe der Sachen verlangen und ggf. gerichtlich durchsetzen. 65

bb) Kein Eindringen in die Mietsache

Insbesondere darf der Vermieter zum Zwecke der Besitzverschaffung an den Pfandgegenständen nicht – auch wenn er noch einen Schlüssel zur Mietsache hat – in die Mietsache eindringen. Dies selbst dann nicht, wenn im Mietvertrag eine dies erlaubende **formularmäßige Klausel** enthalten ist, da diese unwirksam ist.[39] Hinzu kommt, dass dies strafrechtlich den Tatbestand des **Hausfriedensbruches** (§ 123 BGB) darstellen würde. 66

Klauselmuster
Unwirksame Formular-Klausel im Mietvertrag:
„Der Mieter berechtigt den Vermieter, die Mietsache auch ohne den Mieter oder in Abwesenheit des Mieters zu betreten."

---

cc) Kein Austausch der Schlösser

Auch der Austausch der Schlösser zur Mietsache, um die Pfandgegenstände gegen Wegnahme des Mieters zu sichern, ist unzulässig.[40] 67

2. Pfandsachen wurden vom Mieter entfernt

Wurden die Pfandsachen von dem Mieter von dem Grundstück der Mietsache entfernt und ist das Pfandrecht nicht erloschen, so hat der Vermieter gegenüber dem Mieter oder einem etwaigen Dritten, welcher die Pfandsache in Besitz genommen hat, einen Anspruch auf Herausgabe, welchen der Vermieter erforderlichenfalls gerichtlich geltend machen kann. 68

---

38 OLG Stuttgart, Urt. v. 10.4.2008 – 13 U 139/07 – MietRB 2009, 130; Schmidt-Futterer/*Lammel*, § 562 BGB Rn 49.

39 OLG München, Urt. v. 12.1.1989 – 29 U 2366/88 – WuM 1989, 123, 128.

40 OLG Düsseldorf, Urt. v. 10.11.1994 – 10 U 26/94 – DWW 1998, 342.

a) Herausgabeanspruch nach § 562b Abs. 2 BGB

69 Hat der Mieter die Pfandsache vom Grundstück der Mietsache entfernt und ist das Vermieterpfandrecht nicht nach § 562a BGB erloschen, so hat der Vermieter einen Herausgabeanspruch nach § 562b Abs. 2 BGB gegenüber dem Mieter.

b) Kein Selbsthilferecht

70 Auch hier steht dem Vermieter kein Selbsthilferecht – insbesondere nicht nach § 562b Abs. 1 BGB – zur Seite, um sich selbst in den Besitz der Pfandsachen zu bringen.

c) Klage und Klagefrist

71 Der Herausgabeanspruch des Vermieters an den Pfandsachen kann im Wege der gerichtlichen Klage geltend gemacht werden. Hierfür besteht eine **Klagefrist von einem Monat,** welche in dem Zeitpunkt beginnt, in welchem der Vermieter von der Entfernung der Sachen Kenntnis erlangt hat (§ 562b Abs. 2 S. 2 BGB). Hierbei handelt es sich um eine sog. **Ausschlussfrist,** deren Lauf nicht gehemmt oder unterbrochen werden kann. Erhebt der Vermieter die Herausgabeklage nicht innerhalb der Monatsfrist seit Kenntnis, so erlischt das Vermieterpfandrecht an den Sachen, womit auch der daraus resultierende Herausgabeanspruch erlischt.

F. Verwertung der Pfandsachen

72 Zur Verwertung der Pfandsachen zur Befriedigung des Vermieters bedarf es eines Zahlungsanspruches des Vermieters gegenüber dem Mieter, welcher auch von dem Pfandrecht gedeckt sein muss. Die Verwertung erfolgt nicht etwa einfach durch Verkauf der Sachen durch den Vermieter, sondern nach den besonderen Verwertungsvorschriften für Pfandsachen.

I. Anspruch des Vermieters auf Zahlung aus dem Mietverhältnis

73 Zunächst muss ein Zahlungsanspruch des Vermieters gegenüber dem Mieter auf der **Grundlage des Mietverhältnisses** bestehen. Hierunter fallen alle Ansprüche auf Zahlung von Miete, Betriebskosten, Nutzungsentschädigung, Schadensersatz sowie Verzugskosten z. B. in Form von Rechtsverfolgungskosten.

II. Forderung vom Pfandrecht gedeckt

Die insoweit relevante Forderung des Vermieters gegenüber dem Mieter muss von dem Pfandrecht gedeckt sein, da hinsichtlich der zugrundeliegenden Einzelforderungen eine **zeitliche Begrenzung** besteht, welche danach unterscheidet, ob es sich um Entschädigungsforderungen oder die Miete/Betriebskostenvorauszahlung handelt (§ 562 Abs. 2 BGB). 74

1. Miete und Betriebskostenvorauszahlung

Vom Vermieterpfandrecht sind nur solche Forderungen gedeckt, welche in der Gegenwart und Zukunft nicht über das **laufende und das folgende Mietjahr** hinausgehen. Das Mietjahr berechnet sich nach dem vertraglich vereinbarten Beginn des Mietverhältnisses jeweils nach dem darauffolgenden Zeitjahr und nicht nach dem Kalenderjahr. Es ist also immer vom Beginn des Mietverhältnisses zu rechnen. 75

2. Entschädigungsforderungen

Entschädigungsforderungen, d. h. Schadensersatzansprüche wegen der Verletzung von Haupt- und Nebenpflichten des Mietvertrages, sind vom Vermieterpfandrecht **nur für die Vergangenheit umfasst,** nicht jedoch für die Zukunft. Der Vermieter ist aber nicht gehindert, die zunächst zukünftigen Forderungen durch eine spätere erneute Geltendmachung eines Pfandrechtes in dessen Sicherungsumfang einzubeziehen.[41] 76

Praxistipp !

Bei zukünftigen Entschädigungsforderungen/Schadensersatzansprüchen ist die Geltendmachung des Vermieterpfandrechtes später erneut zu wiederholen, um diese in den – nur zurückwirkenden – Sicherungsumfang des Pfandrechtes einzubeziehen.

III. Insolvenz des Mieters

Wird über das Vermögen des Mieters das Insolvenzverfahren eröffnet, so hat dies auf das Pfandrecht des Vermieters folgende Folgen: 77

41 Staudinger/*Emmerich*, § 562 Rn 31; Schmidt-Futterer/*Lammel*, § 562 BGB Rn 47.

1. Recht zur abgesonderten Befriedigung aus dem Pfandgegenstand

78 Da der Pfandgegenstand im Eigentum des Mieters mit der Eröffnung des Insolvenzverfahrens zum Gegenstand der Insolvenzmasse wird, führt dies für den Vermieter zum Recht auf „abgesonderte Befriedigung aus dem Pfandgegenstand" in dem Insolvenzverfahren (§ 50 Abs. 1 InsO). Der Insolvenzverwalter verwertet die in seinem Besitz befindlichen Pfandsachen durch freihändigen Verkauf und zahlt den Erlös abzüglich der Kosten an den Pfandgläubiger/Vermieter bis zur Höhe seiner Forderung aus (§§ 166 Abs. 1 und 170 Abs. 1 InsO).

> § 50 Abs. 1 InsO Abgesonderte Befriedigung der Pfandgläubiger
> *„(1) Gläubiger, die an einem Gegenstand der Insolvenzmasse ein rechtsgeschäftliches Pfandrecht, ein durch Pfändung erlangtes Pfandrecht oder ein gesetzliches Pfandrecht haben, sind nach Maßgabe der §§ 166 bis 173 für Hauptforderung, Zinsen und Kosten zur abgesonderten Befriedigung aus dem Pfandgegenstand berechtigt."*

> § 166 Abs. 1 InsO Verwertung beweglicher Gegenstände
> *„(1) Der Insolvenzverwalter darf eine bewegliche Sache, an der ein Absonderungsrecht besteht, freihändig verwerten, wenn er die Sache in seinem Besitz hat."*

> § 170 Abs. 1 InsO Verteilung des Erlöses
> *„(1) Nach der Verwertung einer beweglichen Sache oder einer Forderung durch den Insolvenzverwalter sind aus dem Verwertungserlös die Kosten der Feststellung und der Verwertung des Gegenstands vorweg für die Insolvenzmasse zu entnehmen. Aus dem verbleibenden Betrag ist unverzüglich der absonderungsberechtigte Gläubiger zu befriedigen."*

2. Beschränkung des Pfandrechtes im Insolvenzverfahren

79 Im Insolvenzverfahren kann das Pfandrecht des Vermieters nur wegen der **Miete der letzten zwölf Monate** vor der Eröffnung des Verfahrens geltend gemacht werden (§ 50 Abs. 2 InsO). Sonstige Zahlungsansprüche des Vermieters und für den Zeitraum vorher kann dieser jedoch unabhängig von dem Pfandrecht zur Insolvenztabelle anmelden. Diese werden dann – wenn genügend Insolvenzmasse vorhanden ist – mit einer bestimmten Quote befriedigt.

> § 50 Abs. 2 InsO Abgesonderte Befriedigung der Pfandgläubiger
> *„(2) Das gesetzliche Pfandrecht des Vermieters oder Verpächters kann im Insolvenzverfahren wegen der Miete oder Pacht für eine frühere Zeit als die letzten zwölf Monate vor der Eröffnung des Verfahrens sowie wegen der Entschädigung, die infolge einer Kündigung des Insolvenzverwalters zu zahlen ist, nicht geltend gemacht werden. Das Pfandrecht des Verpächters eines landwirtschaftlichen Grundstücks unterliegt wegen der Pacht nicht dieser Beschränkung."*

Praxistipp
Wird über das Vermögen des Mieters das Insolvenzverfahren eröffnet, so sollte der Vermieter gegenüber dem Insolvenzverwalter sein **Vermieterpfandrecht anzeigen und die Forderungen zur Insolvenztabelle anmelden.** Die erforderlichen Formulare kann der Vermieter bei dem Insolvenzverwalter anfordern und erhält diese in der Regel auch online bei dem zuständigen Amtsgericht.

IV. Verjährung von Ansprüchen des Vermieters

In der Praxis kann es durchaus vorkommen, dass insbesondere Ansprüche des Vermieters wie Schadensersatzansprüche wegen der Veränderung oder der Verschlechterung der Mietsache, welche der **sechsmonatigen Verjährung** seit dem Zeitpunkt der Rückgabe der Mietsache unterliegen (§ 548 Abs. 1 BGB), während der Verwertung der Pfandsachen verjähren. Dies ist jedoch **unschädlich,** da die Verjährung von Ansprüchen, die durch ein Vermieterpfandrecht gesichert sind, den Gläubiger/Vermieter nicht daran hindern, seine Befriedigung aus der Pfandsache im Wege deren Verwertung zu realisieren (§ 216 Abs. 1 BGB). 80

V. Pfändung der Pfandsachen durch Dritte

Ferner kommt es in der Praxis gerade bei Langzeitmietschuldnern und Mietnomaden vor, dass diese durch Dritte gerichtlich auf Zahlung in Anspruch genommen wurden und diese dann gegenüber dem Mieter die Zwangsvollstreckung betreiben, im Rahmen derer pfändbare Sachen des Mieters durch den **Gerichtsvollzieher** gepfändet werden. Dann kollidiert das sog. Pfändungspfandrecht des Dritten mit dem Pfandrecht des Vermieters. 81

Praxistipp
Kommt es zu einer Kollision unterschiedlicher Pfandrechte, so sollte sich der Vermieter fachkundiger **juristischer Hilfe**[42] bedienen.

1. Begrenzung des Vermieterpfandrechtes

Wird bei dem Mieter eine dem Pfandrecht des Vermieters unterliegende Sache für einen anderen Gläubiger gepfändet, so kann der Vermieter diesem gegenüber sein Vermieterpfandrecht nicht wegen der **Miete** für eine frühere Zeit als das 82

42 Z. B. Vermietervereinigung oder Rechtsanwalt.

letzte Jahr vor der Pfändung geltend machen (§ 562d BGB). **Alle anderen Zahlungsansprüche** aus dem Mietvertrag sind hiervon nicht berührt und sind vom Vermieterpfandrecht umfasst.[43]

2. Vorzugsweise Befriedigung des Vermieters

83 Der Vermieter hat einen Anspruch auf vorzugsweise Befriedigung aus der Pfandsache. Das bedeutet, die Pfandsache wird durch Versteigerung verkauft und der Erlös fließt (nach Abzug der Kosten) vorrangig bis zur vollständigen Befriedigung der Ansprüche dem Vermieter zu und erst danach dem anderen Gläubiger.

3. Rechtsschutz des Vermieters

84 Ein Rechtsmittel gegen die Pfändung der Sache durch einen Dritten als Gläubiger hat der Vermieter nicht, da er nicht Eigentümer der Sache ist. Seinen Anspruch auf vorzugsweise Befriedigung kann der Vermieter gegenüber dem Dritten als Gläubiger und ggf. dem Mieter im Wege der **Klage** geltend machen (§ 805 Abs. 1 ZPO) und im Wege des **vorläufigen Rechtsschutzes** einen Anspruch auf Hinterlegung des Erlöses gerichtlich gegenüber Dritten als Gläubiger und ggf. dem Mieter geltend machen, welcher den durch das Pfandrecht gesicherten Forderungen des Vermieters entspricht (§§ 805 Abs. 4, 769 BGB).

85 In der Praxis bedeutet dies, dass der Vermieter sein Pfandrecht und den daraus resultierenden Anspruch auf Verwertung in Form der Versteigerung und Befriedigung aus dem Erlös auch bei der Pfändung der Pfandgegenstände durch einen Dritten behält, wobei lediglich die Einbuße hinzunehmen ist, dass die Mietzinsforderungen nicht mehr gesichert sind, welche älter als zwölf Monate seit der Pfändung sind.

VI. Pfandverkauf

86 Die Befriedigung des Vermieters erfolgt durch den Pfandverkauf (§ 1228 Abs. 1 BGB). Die weiteren Einzelheiten hierzu sind in den §§ 1288 ff. BGB geregelt. Kernstück ist die öffentliche Versteigerung gem. der §§ 1235 ff. BGB. Auf die Darstellung der Einzelheiten wird an dieser Stelle verzichtet, da insbesondere der private Vermieter dies nicht ohne fachkundige Unterstützung realisieren kann.

---

43 Schmidt-Futterer/*Lammel*, § 562d BGB Rn 10.

VII. Befriedigung aus dem Pfanderlös und Abrechnung

Aus dem Pfanderlös kann der Vermieter seine Ansprüche gegenüber dem Mieter befriedigen und muss dies gegenüber dem Mieter abrechnen. 87

1. Befriedigung des Vermieters aus dem Pfanderlös

Wird die Pfandsache des Mieters durch Versteigerung verwertet, so sind hiervon die Kosten der Versteigerung abzusetzen. Der Erlös fließt dem Vermieter zu und befriedigt seine Zahlungsansprüche (§ 1247 S. 1 BGB). 88

2. Abrechnung des Vermieters

Die Abrechnung des Vermieters erfolgt zweistufig so, wie bei der Inanspruchnahme einer Mietsicherheit durch den Vermieter; nur bedarf es keiner zusätzlichen Aufrechnung. 89

Dazu hat der Vermieter zunächst seine **Ansprüche gegenüber dem Mieter** konkret und prüffähig darzulegen. Bei Ansprüchen auf Miete und Betriebskostenvorauszahlung ist dies unproblematisch unter Hinweis auf den bestehenden Mietvertrag möglich. Handelt es sich bei den Ansprüchen des Vermieters um Schadensersatzansprüche, so hat er entsprechend prüffähige **Nachweise/Belege** in Form von Kostenvoranschlägen oder Rechnungen sowie alternativ eines Sachverständigengutachtens mit Bezifferung der Kosten vorzulegen. Entsprechendes gilt beispielsweise für Rechtsverfolgungskosten in Form von Gerichts- und Anwaltskosten. 90

Diesen Ansprüchen hat der Vermieter im Rahmen der Abrechnung die **Erlöse aus der Versteigerung** der Pfandsachen abzüglich der hierfür angefallenen Kosten gegenüberzustellen und insgesamt gegenüber dem Mieter prüffähig abzurechnen. 91

Beispiel

Anschreiben an den Mieter:

„Betr.: Pfandverwertung/Abrechnung

Sehr geehrter Mieter,

nach der Verwertung der Pfandgegenstände rechne ich wie folgt ab:

Erlös Pfandgegenstand 1	*+ 800,00 €*
Erlös Pfandgegenstand 2	*+ 250,00 €*
Erlös Pfandgegenstand 3	*+ 200,00 €*
Abzüglich Kosten	*– xxx,00 €*
Zwischensaldo:	*+ x.xxx,00 €*

Dem stehen meine folgenden Forderungen an Sie gegenüber:

Schadensersatzansprüche gem. Rechnung	*– 550,00 €*
Rückständige Miete/Betriebskosten	*– 1.600,00 €*
Betriebskostennachforderung	*– 117,00 €*
Zwischensaldo:	*– 2.267,00 €*
Schlusssaldo:	***– x.xxx,00 €***

Ich fordere Sie auf, meine verbleibende Restforderung in Höhe des Schlusssaldos bis zum TT.MM.JJJJ[44] *auf das Vermieterkonto zu zahlen.*
Sie haben die Mietsache mit Schäden an den Türen und Zargen zurückgegeben, welche über den vertragsgemäßen Gebrauch der Mietsache hinausgehen und diese Schäden trotz meiner schriftlichen Aufforderung und Fristsetzung nicht beseitigt. Die Beseitigungskosten haben Sie daher als Schadensersatz zu tragen.
Ferner haben Sie die Miete und Betriebskostenvorauszahlung für die Monate MM/JJJJ und MM/JJJJ nicht gezahlt. Außerdem ist die Nachzahlung aus der Betriebskostenabrechnung für das Jahr JJJJ trotz Mahnung noch offen.

Mit freundlichen Grüßen

Vermieter“

G. Fazit

92 Die Sicherung des Vermieters durch das gesetzliche Vermieterpfandrecht ist **unzureichend;** insbesondere bei Langzeitschuldnern und Mietnomaden. Dies liegt im Wesentlichen einerseits darin begründet, dass von dem Vermieterpfandrecht die **unpfändbaren Gegenstände** ebenso ausgenommen sind wie das **Eigentum Dritter** (beispielsweise bei Sachen des Mieters, welche unter Eigentumsvorbehalt angeschafft wurden) oder vor der Einbringung an Dritte sicherungsübereignet wurden. Hinzu tritt, dass die Miete und Betriebskostenvorauszahlung nur für das laufende Mietjahr und das folgende Mietjahr gesichert wird sowie nur die zurückliegenden Schadensersatzansprüche. In tatsächlicher Hinsicht ergibt sich die Unzulänglichkeit des Vermieterpfandrechtes in der Praxis dadurch, dass durch den Mieter die **Eigentumsverhältnisse verschleiert** werden; dies insbesondere durch Mitbewohner, welche nicht Mieter sind.

93 Gerade bei Langzeitschuldnern und Mietnomaden als „erfahrenen Mietschuldnern“ drohen einerseits bei der Insolvenz oder der Pfändung durch Dritte weitere Begrenzungen und tritt andererseits hinzu, dass die Habe des Mieters oftmals **keinen nennenswerten Wert** hat oder der Mieter diese im Rahmen des

44 T = Tag, M = Monat, J = Jahr.

Auszuges über Nacht wegschafft und untertaucht. Auch wenn es viele denkbare Konstellationen gibt, in welchen der Schutz des Vermieters unzureichend ist, ist es wichtig, dass der Vermieter insoweit taktisch klug agiert und das Vermieterpfandrecht als **einen Baustein von mehreren Sicherungsmaßnahmen** des Vermieters sieht. Die Gesamtheit all dieser Bausteine führt dann zumindest zu einer gewissen Sicherung des Vermieters. Wichtig sind daher vorbeugende Maßnahmen wie die Informationsbeschaffung über den Mieter und dessen sorgfältige Auswahl.

Der wesentliche Effekt des Vermieterpfandrechtes bestand bis zur gesetzlichen Neuregelung der Räumungsvorschriften zugunsten des Vermieters jedoch in der „taktischen Nutzung" des Vermieterpfandrechtes im Rahmen der Räumungsvollstreckung als reine Außerbesitzsetzung des Mieters nach dem sog. **Berliner Modell.**[45] Dabei wurde das Vermieterpfandrecht an allen – auch unpfändbaren – Sachen des Mieters und/oder dem Eigentum sonstiger Bewohner ohne Rücksicht auf die Rechtmäßigkeit geltend gemacht und nur der Mieter und die sonstigen Bewohner geräumt, wodurch die erheblichen Kosten für das Umzugsunternehmen und die Lagerkosten entfallen. Der geräumte Mieter und sonstige Bewohner können dann die vom Vermieter freigegeben Sachen selbst oder unter eigener Kostentragung entfernen. Da mittlerweile in § 885a ZPO der beschränkte Vollstreckungsauftrag geregelt ist, der für alle Räumungsvollstreckungen anwendbar ist, bedarf es der Inanspruchnahme des Vermieterpfandrechts nicht mehr. 94

Praxistipp !

Wenn die Ausübung des Vermieterpfandrechtes im Rahmen der hier aufgezeigten rechtlichen und tatsächlichen Grenzen **wirtschaftlich sinnvoll** möglich ist, dann sollte vermieterseitig hiervon Gebrauch gemacht werden.

---

45 Vgl. hierzu im Kap. 51 ff.

Kapitel 9
Abmahnung bei Zahlungsverzug oder sonstigen Vertragsverletzungen des Mieters

A. Erforderlichkeit

1 Bei einer Abmahnung handelt es sich um eine rechtsgeschäftsähnliche, dem Schutz des Mieters dienende, einseitige, **empfangsbedürftige Erklärung**. Zweck der Abmahnung ist, den Mieter darüber zu informieren, welches tatsächliche Verhalten vom Vermieter missbilligt wird und ihm Gelegenheit zur Abhilfe zu geben. Auch ein Mieter, der vorsätzlich die Miete nicht zahlt, genießt diesen Schutz.

2 § 543 Abs. 3 BGB regelt, dass **grundsätzlich** eine **Abhilfefrist** gesetzt oder eine **Abmahnung** erfolgen muss, bevor das Mietverhältnis wegen einer Verletzung mietvertraglicher Pflichten gekündigt werden kann, **es sei denn**, dass

- eine Frist oder Abmahnung offensichtlich **keinen Erfolg** verspricht,
- die sofortige Kündigung aus **besonderen Gründen** unter Abwägung der beiderseitigen Interessen gerechtfertigt ist oder
- der Mieter mit der **Entrichtung der Miete** i. S. d. § 543 Abs. 2 Nr. 3 BGB in **Verzug** ist,[1] also grundsätzlich mit Mietzahlungen in Höhe von zwei Bruttomonatsmieten. Dies ist die hinsichtlich **Mietnomaden** einschlägige Alternative. Um also einen bereits zu Beginn des Mietverhältnisses zahlungsunwilligen Mieter, d. h. einen typischen Mietnomaden, kündigen zu können, bedarf es **keiner Abmahnung**, sofern der Mietrückstand hoch genug ist.

Dies gilt für alle Arten von Mietverhältnissen.

3 Stellt der Mieter den vertragswidrigen Gebrauch der Mietsache oder sein sonstiges vertragswidriges Verhalten nach einer Abmahnung ein, kann eine kurz danach erklärte, aber noch nicht zugegangene Kündigung nicht mehr wirksam werden.

B. Inhalt und Begründung der Abmahnung

4 Grundsätzlich muss dem nicht vertragstreuen Mieter eine Abhilfefrist gesetzt werden, weil die Erfolglosigkeit einer Abmahnung erst nach Ablauf einer angemessenen Frist feststeht.

---

1 Vgl. BGH, Urt. v. 11.3.2009 – VIII ZR 115/08 – WuM 2009, 231.

Die Abmahnung kann **formfrei**, also grundsätzlich auch mündlich erklärt werden. Von Letzterem ist jedoch dringend abzuraten, weil der Vermieter im Rechtsstreit darzulegen und zu beweisen hat, dass er eine Abmahnung ausgesprochen hat. Ebenso ist er hinsichtlich des **Zugangs** der Abmahnung beim Mieter beweispflichtig **(siehe dazu Kap. 13).** 5

Aus der Abmahnung muss sich zweifelsfrei ergeben, welche konkrete Vertragsverletzung der Vermieter beanstandet und künftig abgestellt wissen will.[2] Der Mieter muss also – mündlich oder schriftlich – aufgefordert werden, ein genau bezeichnetes Fehlverhalten zu ändern oder aufzugeben; allgemeine Hinweise auf die sich aus dem Mietvertrag ergebenden Pflichten reichen nicht aus. Der Mieter muss in der Lage sein, das kritisierte Verhalten von seinem übrigen Verhalten zu unterscheiden und sich darauf einstellen können. 6

Beispiel

Soll der störende Mieter wegen Ruhestörungen abgemahnt werden, müssen ihm die einzelnen Vertragsverstöße nach genauem Datum und Uhrzeit, Dauer, Intensität und Art der Störung dargelegt werden. Lediglich ein pauschaler Hinweis darauf, dass der Mieter sich oft laut verhält, reicht nicht aus.

C. Absender und Adressat der Abmahnung

Sind mehrere Mieter Vertragspartner des Vermieters, muss die Abmahnung allen Mietern zugehen; ebenso muss die Abmahnung bei mehreren Vermietern durch alle Vermieter ausgesprochen werden.[3] 7

Praxistipp

Ist einer von mehreren Mietern „verschwunden", empfiehlt es sich, dessen Aufenthalt frühzeitig, ggf. durch eine Anfrage bei dem zuständigen Einwohnermeldeamt, zu ermitteln. Im Falle eines ergebnislosen Verlaufs kann eine Abmahnung über das zuständige Amtsgericht gem. § 132 Abs. 2 BGB öffentlich und damit rechtswirksam zugestellt werden.

An die verbliebenen Mietmieter ist eine Zustellung der Abmahnung nur dann wirksam möglich, wenn sich die Mieter im Mietvertrag gegenseitig Empfangsvollmacht erteilt haben. Dies ist auch formularmäßig möglich.[4] Allerdings darf die Möglichkeit, eine solche Vollmacht jederzeit zu widerrufen, nicht ausgeschlossen sein.[5]

---

2 Schmidt-Futterer/*Blank*, § 541 BGB Rn 5.

3 Schmidt-Futterer/*Blank*, § 541 BGB Rn 5 f.

4 Str., dafür BGH NJW 1997, 3437.

5 Schmidt-Futterer/*Börstinghaus*, § 558 BGB Rn 49 ff.

8 Erklärt einer von mehreren Vermietern oder ein Dritter namens des Vermieters oder der Vermieter die Abmahnung, muss dem Schreiben eine auf ihn lautende **Originalvollmacht** beigefügt werden, der klar zu entnehmen ist, dass sie den Bevollmächtigten zum Ausspruch der Abmahnung berechtigt. Eine Kopie der Vollmacht reicht nicht aus. Bei einer Mehrheit von Vermietern muss die Vollmacht durch sämtliche Vermieter unterzeichnet werden. Wird eine Vollmachtsurkunde nicht vorgelegt, kann der Mieter die Abmahnung analog § 174 Abs. 1 BGB zurückweisen. Das muss allerdings unverzüglich geschehen, also innerhalb von ca. einer Woche nach Erhalt der Abmahnung. Die Abmahnung ist dann unwirksam. Personen, die anstelle des Vermieters dessen Befugnisse ausüben wie z. B. ein Betreuer, ein Insolvenzverwalter oder ein Zwangsverwalter stehen dem Vermieter gleich.

9 Der Erwerber einer Wohnung ist erst dann aus eigenem Recht befugt, den Mieter abzumahnen, wenn er als Eigentümer der Wohnung in das Grundbuch eingetragen wurde. Nach neuerer Rechtsprechung kann der Veräußerer den Erwerber aber ermächtigen, diese Rechte schon vor Eigentumsumschreibung auszuüben.[6]

10 Die Abmahnung muss auch dann an den Mieter der Wohnung gerichtet werden, wenn der vertragswidrige Gebrauch durch einen nicht am Vertrag beteiligten Dritten erfolgt, der zum Haushalt des Mieters gehört oder dem der Mieter die Wohnung oder Teile der Wohnung zum (Mit-)Gebrauch überlassen hat.

11 Ob neben der Abmahnung bzw. Fristsetzung zwingend die außerordentliche fristlose Kündigung des Mietverhältnisses angedroht werden muss, ist streitig. Eine wohl im Vormarsch befindliche Auffassung hält die Kündigungsandrohung für entbehrlich.[7] Es empfiehlt sich jedoch, die außerordentliche fristlose und auch eine hilfsweise fristgemäße Kündigung des Mietverhältnisses vorsichtshalber für den Fall der Wiederholung der Vertragsverletzung oder nicht erfolgenden Abstellung ständigen vertragswidrigen Verhaltens anzudrohen.

D. Praktische Umsetzung

12 Die folgenden Muster können dazu dienen, in entsprechenden Fällen, dem nicht vertragstreuen Mieter eine rechtswirksame Abmahnung zu erteilen; sie sind auf den Einzelfall anzupassen:

6 BGH, Urt. v. 19.3.2014 – VIII ZR 203/13 – NZM 2014, 385.

7 Vgl. BGH, Urt. v. 13.6.2007 – VIII ZR 281/06 – NZM 2007, 561.

Muster: Abmahnung wegen fortgesetzt unpünktlicher Mietzahlung durch den Vermieter selbst

„Mietverhältnis ...straße in ...stadt; Mietvertrag vom ...

Sehr geehrte/r Frau/Herr ...,
ich nehme Bezug auf den im Betreff genannten Mietvertrag. Die von Ihnen geschuldete Miete ist nach § ... des Mietvertrages jeweils monatlich im Voraus, spätestens am dritten Werktag des jeweiligen Monats zu zahlen, dies entspricht der gesetzlichen Regelung des § 556b Abs. 1 BGB. Gemäß § ... des Mietvertrages kommt es für die Rechtzeitigkeit der Zahlung auf den Zeitpunkt des Eingangs auf dem Mietkonto an.
Bei der Prüfung der Zahlungseingänge habe ich festgestellt, dass Sie die Miete bereits seit dem Monat Januar 2014 ständig verspätet zahlen. Im Einzelnen wurden die von Ihnen veranlassten Zahlungen meinem Mietkonto wie folgt gutgeschrieben:
Die Miete für den Monat Januar 2014 ist erst am 19.1.2014,
die Miete für den Monat Februar 2014 ist erst am 8.2.2014,
die Miete für den Monat März 2014 ist erst am 10.3.2014,
die Miete für den Monat April 2014 ist erst am 16.4.2014,
die Miete für den Monat Mai 2014 ist erst am 23.5.2014,
auf dem Mietkonto eingegangen.
Damit haben Sie die Mieten nicht zum vertraglichen vereinbarten Fälligkeitszeitpunkt gezahlt und gegen Ihre mietvertraglichen Verpflichtungen verstoßen.
Daher mahne ich diesen Vertragsverstoß hiermit ab und fordere Sie auf, die Miete in Zukunft pünktlich zu dem vereinbarten Zahlungstermin zu zahlen.
Sollten Sie noch ein einziges Mal die Miete verspätet zahlen, so werde ich das Mietverhältnis wegen der ständigen verspäteten Mietzahlungen und der damit von Ihnen begangenen Vertragsverstöße fristlos, hilfsweise fristgemäß kündigen.

Grußformel/Unterschrift“

Muster: Abmahnung wegen Störung des Hausfriedens durch einen Rechtsanwalt

„Mietverhältnis ...straße in ...stadt; Mietvertrag vom ...

Sehr geehrte/r Frau/Herr ...,
unter Vorlage einer auf uns lautenden Vollmacht zeigen wir an die Interessen der/s Frau/Eheleute/Herrn ..., Ihrer/s Vermieterin/Vermieters, zu vertreten.
Wir nehmen Bezug auf den im Betreff genannten Mietvertrag. Sowohl Ihre ebenfalls im 1. Obergeschoss wohnenden Nachbarn als auch die Bewohner der im Erdgeschoss und im 2. Obergeschoss gelegenen Wohnungen haben sich nunmehr wiederholt über aus Ihren Mieträumen dringenden erhebliche Lärmbelästigungen beschwert. Die Störungen erfolgen überwiegend in den späten Abendstunden bzw. nachts, sodass andere Hausbewohner aus dem Schlaf geweckt wurden.
Sie sollen sich lautstark streiten, Zimmertüren zuschlagen, Musik in weit über Zimmerlautstärke hinausgehender Lautstärke hören ...
Im Einzelnen sind folgende Vorfälle mitgeteilt worden:
1. Am ...... in der Zeit von ... bis ... waren aus Ihrer Wohnung folgende Geräusche zu hören:
....
2. Am ...... in der Zeit von ... bis ... waren aus Ihrer Wohnung folgende Geräusche zu hören:
....

3. Am ...... in der Zeit von ... bis ... waren aus Ihrer Wohnung folgende Geräusche zu hören:

....

usw.

Durch derartiges Verhalten stören Sie den Hausfrieden nachhaltig. Dies ist weder Ihren Nachbarn noch unserer Mandantschaft zumutbar. Es besteht keine Bereitschaft, die von Ihnen verursachten Störungen weiter hinzunehmen.

Namens unserer/s Mandantin/en und unter Bezugnahme auf die uns erteilte Vollmacht mahnen wir Sie daher hiermit ab und fordern Sie auf, derartige Störungen des Hausfriedens künftig zu unterlassen.

Im Wiederholungsfalle wird unsere Mandantschaft das Mietverhältnis wegen schuldhafter Vertragsverletzungen fristlos, hilfsweise fristgemäß kündigen.

Grußformel/Unterschrift"

Kapitel 10
Einschaltung Dritter

A. Allgemeines

Ist der nicht zahlende Mieter nicht zahlungsunwillig, sondern **zahlungsunfähig**, 1
kann die Inanspruchnahme Dritter, die die primären Verpflichtungen des Mieters aus dem Mietvertrag erfüllen, geboten sein. In Rede stehen hier insbesondere die mietvertraglichen Verpflichtungen

- Mietzahlung,
- Sicherheitsleistung (Kaution),
- Nachforderungen aus Betriebskostenabrechnungen und
- Kosten erforderlicher (geschuldeter) Schönheitsreparaturen.

Dabei ist zu unterscheiden zwischen der finanziellen Unterstützung, die der 2
Mieter persönlich in Anspruch nehmen muss, sowie der Maßnahme Vermögenssorge, die (auch) der Vermieter veranlassen kann, um die Mietzahlungen zu gewährleisten und mögliche Schäden von der Mietsache, etwa deren Verwahrlosung, abzuwenden.

B. Amt für soziale Arbeit

Zuständige Behörde für die Bewilligung von Wohngeld oder Wohngeldzuschüs- 3
sen ist das Amt für soziale Arbeit („Sozialamt"). Bei diesem kann der Mieter unter Offenlegung seiner wirtschaftlichen Verhältnisse einen Antrag auf Bewilligung von sozialen Leistungen stellen. Dem Vermieter ist es nicht möglich, diesen Antrag für den Mieter zu stellen. Der Vermieter hat hinsichtlich des Bewilligungsverfahrens auch keinen Auskunftsanspruch gegen die Behörde. Er ist also darauf angewiesen, dass sein zahlungsunfähiger Mieter tätig wird und etwaige behördlicherseits gestellte Auflagen selbstständig erfüllt. Bedauerlicherweise sind Mietnomaden in der Regel nicht wohngeldberechtigt oder sind jedenfalls nicht dazu bereit, die erforderlichen Anträge zu stellen und/oder die entsprechenden Belege vorzulegen.

Praxistipp !

Der Vermieter sollte sich daher bei auflaufenden Mietrückständen nicht vertrösten lassen, dass das Amt die rückständigen Mieten „schon übernehmen" werde. Den Vermieter vertrösten zu wollen, ist eine typische Mietnomadentaktik, die zur Vorsicht gemahnen sollte. Es wird dringend empfohlen, das Mietverhältnis außerordentlich fristlos zu kündigen, sobald zwei Monatsmieten offenstehen. Dem Mieter entsteht infolgedessen kein Nachteil, wenn er die beantragte Sozialleistung bewilligt bekommt. Er hat die Möglichkeit, die Kündigung innerhalb der Schonfrist durch Nachzahlung aller offenen Mieten und ggf. zwischenzeitlich fällig gewordener Nutzungsentschädigungszahlungen zu heilen.

---

4 Die zeitnah ausgesprochene fristlose Kündigung des Mietverhältnisses erhöht die Motivation des Mieters tätig zu werden und führt diesem im Einzelnen vor Augen, welche Mieten rückständig sind.[1]

5 Hinzu kommt, dass dem Vermieter bereits durch die Dauer eines ggf. erforderlichen Räumungsklageverfahrens von durchschnittlich sechs Monaten und dem bis zur etwaigen Räumungsvollstreckung vergehenden weiteren Zeitraum eine erhebliche finanzielle Einbuße, die sich um jeden Monat weiteren Zuwartens entsprechend erhöht, entsteht, sofern die angekündigte Nachzahlung der offenen Mieten und die Übernahme der fällig werdenden Nutzungsentschädigungszahlungen nicht erfolgt.

6 Da das Amt für soziale Arbeit durch die Bewilligung staatlicher Unterstützung nicht Vertragspartner des Vermieters wird, ist es dem Vermieter nicht möglich, Ansprüche aus dem Mietvertrag unmittelbar gegenüber der Behörde geltend zu machen. Sein Vertragspartner bleibt weiterhin ausschließlich der Mieter. Nur dieser ist ggf. passivlegitimiert, also Beklagter im Zahlungs-, Räumungs- oder Schadensersatzprozess.

7 Erbringt die Behörde bereits die ggf. im Mietvertrag vereinbarte Sicherheitsleistung, erfolgt dies regelmäßig in Form einer Bürgschaft, auf die der Vermieter bei Mietende unter Darlegung seiner Ansprüche aus dem Mietverhältnis Zugriff nehmen kann. Der Mieter kann diese Inanspruchnahme nicht verhindern, indem er einer Auszahlung der Kaution widerspricht.

! **Praxistipp**
Viele Sozialämter gewähren auch eine Barkaution, wenn der Vermieter vor Vertragsschluss darauf besteht. Gleichwohl erfolgt die Abrechnung und Rückzahlung nach Ende des Mietverhältnisses immer mit dem Mieter, nicht mit dem Sozialamt, es sei denn, der Mieter hat seinen Rückzahlungsanspruch an das Amt abgetreten.

---

8 Ist der Mieter der Auffassung, der Zugriff auf die Kaution sei zu Unrecht erfolgt, muss er den Rückzahlungsanspruch gegenüber dem Vermieter gerichtlich geltend machen.

1 Siehe dazu Kap. 11 Muster 1, Rn 80.

Fettnapf !
Für derartige Verfahren wird dem Mieter regelmäßig **Prozesskostenhilfe** gewährt, weshalb dringend davon abzuraten ist, die Sicherheitsleistung im Vertrauen darauf, dass der Mieter sich nicht wehren werde, rechtsgrundlos in Anspruch zu nehmen.

Zwar haben viele wohngeldberechtigte Mieter – insbesondere die „professionellen" Mietnomaden – nichts mehr zu verlieren, weil sie die Vermögensauskunft (früher „Offenbarungseid") bereits abgegeben haben; keineswegs trifft dies jedoch auf alle auf staatliche Unterstützung angewiesenen Mieter zu. 9

Das Amt für soziale Arbeit gewährt dem wohngeldberechtigten Mieter bei 10 Inanspruchnahme des Kautionsbetrages ein Darlehen in entsprechender Höhe, um das es sich durchaus lohnen kann zu streiten, wenn der Mieter der Auffassung ist, die Inanspruchnahme erfolge unberechtigt. In der Regel erhält der Mieter, wie bereits ausgeführt, für den angestrengten Prozess Prozesskostenhilfe, weil keine Auseinandersetzung über die Inanspruchnahme einer Mietkaution mutwillig, also ohne jegliche Aussicht jedenfalls teilweise zu obsiegen, erfolgt.

C. Ordnungsamt

Mit dem Mietnomadentum wird zu Recht regelmäßig nicht nur die **Nichtzahlung** 11 der fälligen Forderungen aus dem Mietverhältnis, sondern auch die vollständige **Verwahrlosung** des Mietobjekts assoziiert.

Bedauerlicherweise hilft das Ordnungsamt im Ergebnis weder hinsichtlich 12 des erstgenannten noch hinsichtlich des zweitgenannten Problems.

Zahlt der Mieter nicht, weil er zahlungsunfähig ist, ist wie im Vorangegange- 13 nen ausgeführt ggf. das Amt für soziale Arbeit zuständig.

Lässt der **Mietnomade und Messie** die innegehaltene Wohnung verwahr- 14 losen, womit nicht gemeint ist, dass diese nicht aufgeräumt oder nicht geputzt wird, sondern dass innerhalb der Mietsache nicht entsorgter Müll gelagert wird, mit der Folge, dass beispielsweise auch aus der Wohnung dringender Gestank im Treppenhaus wahrzunehmen ist, kommen Maßnahmen nach dem **Infektionsschutzgesetz** in der Regel nicht infrage. Denn diese setzen einen Befall des Mülls mit **meldepflichtigen Krankheitserregern** voraus, was nur in Ausnahmefällen der Fall ist. **Gestank** alleine stellt **keine Gesundheitsgefährdung** dar.

Auch Maßnahmen nach den **Polizei- und Ordnungsbehördengesetzen** 15 sind bei Vermüllung im privaten Haushalt grundsätzlich **nicht möglich**. Ein Einschreiten der Polizei- und Ordnungsbehörden kommt nur dann in Betracht, wenn der Mieter

- in das soziale Umfeld beeinträchtigender Weise sozial oder psychisch auffällig ist/wird,
- Außenstehende gefährdet,
- gegen das Tierschutzgesetz verstößt,
- eine Gefahrenlage für die Baustatik schafft,
- Brandgefahren setzt oder
- sich in akuter (Lebens-)Gefahr befindet.

16 Sofern eine Person bei einer Wohnungsvermüllung ersichtlich nicht in der Lage ist, die Folgen zu erkennen, kann lediglich versucht werden, eine Betreuung einzurichten. Diese **Betreuungsanregung** kann durch jedermann beim **Amtsgericht** erfolgen. Eine solche Betreuungsanordnung kann auch bezüglich der Maßnahme Vermögenssorge erfolgen. Diese kann (auch) der Vermieter anregen.

17 Durch die Vermüllung einer Wohnung wird das Wohl der Allgemeinheit oder der Umwelt regelmäßig nicht beeinträchtigt; es findet auch keine unerlaubte Ablagerung statt. Auch aufgrund des **Abfallrechts** ist daher ein Vorgehen nicht möglich.

18 Solange keine Seuchengefahr gegeben ist, hat die örtliche Ordnungsbehörde also weder eine Verpflichtung noch eine Möglichkeit, gegen die Vermüllung im privaten Haushalt vorzugehen. Der Vermieter kann, wie noch auszuführen sein wird, ausschließlich den Zivilrechtsweg beschreiten.

D. Polizei/Staatsanwaltschaft

19 Grundsätzlich kann derjenige, der einen Vertrag abschließt und seine aus diesem folgenden Verpflichtungen nicht erfüllt, von dem anderen Vertragspartner nur **zivilrechtlich** auf Erfüllung und/oder Schadensersatz in Anspruch genommen werden; er macht sich **nicht** wegen Betrugs strafbar.

20 Anders ist dies bei einer speziellen Form des Betrugs i. S. d. § 263 Abs. 1 StGB, dem sog. **Eingehungsbetrug**. Einen solchen begeht, wer eine Leistung verspricht, obwohl ihm bereits im Zeitpunkt des Vertragsschlusses bekannt ist, diese nicht erbringen zu können oder wollen.

21 Unterschreibt der Mieter also einen Mietvertrag in dem Wissen, die vereinbarte Miete von vorneherein nicht zahlen zu können oder zu wollen, täuscht er den Vermieter in strafrechtlich relevanter Weise, denn er erregt bei dem Vermieter den Irrtum, zur Zahlung der monatlichen Miete **willens und in der Lage** zu sein. Es handelt sich bei dieser Art von täuschendem Mieter um den typischen Mietnomaden. In der obergerichtlichen Rechtsprechung ist allgemein anerkannt, dass, wer eine Leistung in Anspruch nimmt, damit schlüssig erklärt, bei Fällig-

keit zahlen zu können.[2] Dies soll gerade bei Schuldverhältnissen wie Mietverhältnissen, die in der Regel auf längere Dauer angelegt sind, gelten, weil der Vermieter ein besonderes Interesse daran hat, einen solventen und zahlungsbereiten Mieter, und gerade keinen Mietnomaden, als Vertragspartner zu bekommen.[3]

Mietnomaden **verteidigen** sich gegen den Vorwurf des Eingehungsbetrugs 22
regelmäßig mit der Behauptung, sie seien bei Vertragsschluss davon ausgegangen, ihrer Mietzahlungsverpflichtung fristgemäß und vollständig nachkommen zu können.

Dem ist zu begegnen, indem ermittelt wird, wie im Zeitpunkt des Mietver- 23
tragsabschlusses die finanzielle Situation sowie die Einkommensverhältnisse des Mieters waren. Es ist also insbesondere herauszufinden, ob es zu diesem Zeitpunkt oder bereits vor dem Abschluss des Mietvertrags laufende **Mahnverfahren** oder bereits **Eintragungen in das Schuldnerregister** gab und/oder der Mieter möglicherweise bereits **Privatinsolvenz** angemeldet hat. Verlangt der Vermieter eine unterzeichnete Selbstauskunft des Mieters, erteilen Mietnomaden insoweit regelmäßig falsche Auskünfte und versichern wahrheitswidrig deren Richtigkeit. Auch dies ist von strafrechtlicher Relevanz.

Sind die von dem Mietnomaden verschwiegenen, aber bereits **vor oder bei** 24
Mietvertragsabschluss gegebenen erheblich zerrütteten finanziellen Verhältnisse nachweisbar, muss der Mietnomade – so die Rechtsprechung[4] – zumindest damit gerechnet haben, den Vertrag nicht erfüllen zu können. Damit sind die Voraussetzungen für die **Annahme eines Eingehungsbetrugs** erfüllt. Der Mietnomade wird wegen Eingehungsbetrugs verurteilt.

Bedauerlicherweise hat der Vermieter nur insoweit etwas von der Verurtei- 25
lung des Mietnomaden, als dieser dann vorbestraft ist; also allenfalls Genugtuung. Auf seiner Forderung bleibt der Vermieter dennoch regelmäßig sitzen, weil diese, selbst wenn ein Titel vorliegt, bei dem in der Regel – jedenfalls offiziell – vermögenslosen Mietnomaden nicht beizutreiben ist.

---

2 Vgl. Nachweise bei *Tröndle/Fischer*, 50. Aufl. 2001, § 263 Rn 7 b).

3 OLG Hamm, Beschl. v. 6.11.2001 – 2 Ss 301/02 –.

4 Siehe Rn 1.

Muster: Strafanzeige

„An die Staatsanwaltschaft
bei dem Landgericht ...

Betrifft: Anmietung einer Wohnung; Verdacht auf Eingehungsbetrug u. a.

Sehr geehrte Damen und Herren,
ich setze Sie über folgenden Sachverhalt in Kenntnis:

... Sachverhaltsschilderung ...
z. B. Mein Mieter, Herr X, hat mit dem in Kopie beigefügten Mietvertrag vom ... meine Wohnung in Ort/Straße zu einer monatlichen Miete von ... € gemietet. Er hat von Anfang keine Miete gezahlt.
...
Ich erstatte Strafanzeige (und stelle Strafantrag)[5] *unter allen rechtlichen Gesichtspunkten.*
Ich bitte um Unterrichtung über den Verfahrensgang.

Mit freundlichen Grüßen
Grußformel/Unterschrift"

E. Bürge

26 Die Mietbürgschaft ist in § 551 BGB gesetzlich geregelt. Insbesondere normiert § 551 Abs. 1 BGB, dass eine Sicherheitsleistung – so die Mietvertragsparteien bei Mietvertragsabschluss ausdrücklich **vereinbart** haben, dass eine solche zu erbringen ist – **höchstens** das Dreifache der auf einen Monat entfallenden Miete ohne die als Pauschale oder Vorauszahlung ausgewiesenen Betriebskosten betragen darf. Zum Nachteil des Mieters von den Regelungen des § 551 BGB abweichende Vereinbarungen sind grundsätzlich unwirksam, § 551 Abs. 4 BGB.

27 Konnte das Mietverhältnis wegen einer trotz Fälligkeit – zu der bis zum Inkrafttreten des Mietrechtsänderungsgesetzes im Jahr 2013 eine gesetzliche Regelung nicht vorhandenen war – nicht erbrachten Sicherheitsleistung bislang nicht fristlos wegen Zahlungsverzugs gekündigt werden, hat sich dies mit Neueinführung des § 569 Abs. 2a BGB geändert. Nunmehr kann der Vermieter (auch) fristlos kündigen, wenn der Mieter mit einer Sicherheitsleistung nach § 551 BGB in Höhe eines Betrags im Verzug ist, der der zweifachen Monatsmiete entspricht. § 551 Abs. 2 S. 2 u. 3 BGB regelt nunmehr ausdrücklich, dass ein Drittel der Sicherheitsleistung zu Beginn des Mietverhältnisses fällig ist und die weiteren Teilzahlungen in gleicher Höhe zusammen mit den unmittelbar folgenden Mietzahlungen fällig werden. Gerät der Mieter mit der Zahlung eines Kautionsbetrages, der

5 Zwar ist Betrug kein Antragsdelikt, die vorsorgliche Antragsstellung schadet jedoch nicht.

zwei Monats**netto**mieten beträgt oder übersteigt, in Verzug, kann das Mietverhältnis fristlos gekündigt werden.[6]

Praxistipp

!

Der Vermieter sollte dringend sämtliche zur Verfügung stehenden Kündigungsmöglichkeiten ausschöpfen, wenn sich bereits unmittelbar zu Beginn des Mietverhältnisses Zahlungsschwierigkeiten des Mieters in der Art abzeichnen, dass dieser die fälligen Mietzahlungen und/oder Kautionsraten nicht oder nicht vollständig leistet; es sollte ggf. parallel sowohl wegen Mietzahlungsverzugs als auch wegen nicht gezahlter Kautionsraten gekündigt werden, sobald aus dem einen oder anderen Grund der Mieter für zwei aufeinanderfolgende Termine mit der Entrichtung der Miete oder eines nicht unerheblichen Teils der Miete in Verzug ist, § 543 Abs. 2 Ziff. 3 a) BGB bzw. in einem Zeitraum, der sich über mehr als zwei Termine erstreckt, mit der Entrichtung der Miete in Höhe eines Betrages in Verzug ist, der die Miete für zwei Monate erreicht, § 543 Abs. 2 Ziff. 3 b) BGB. Sobald bei Vereinbarung einer Sicherheitsleistung in Höhe von drei Monatsnettomieten zwei Kautionsraten nicht gezahlt wurden, kann bereits wegen des Zahlungsverzugs mit zwei Monatsnettomieten fristlos gekündigt werden.

Keine Anwendung findet § 551 Abs. 4 BGB auf eine Sicherheit, die dem Vermieter zur Abwendung einer Kündigung wegen Zahlungsverzugs gewährt wird. Darauf, ob der Bürge eine derartige Sicherheit unaufgefordert beigebracht oder der Vermieter eine zusätzliche Sicherheit verlangt hat, kommt es jedenfalls im laufenden Mietverhältnis nicht an.[7] 28

Muster: Bürgschaftsübernahme während des laufenden Mietverhältnisses

„Hiermit übernehme ich

Name, Anschrift, Geburtsdatum ...

die Bürgschaft für sämtliche Ansprüche, insbesondere Mieten, Nutzungsentschädigungen, Betriebskostennachforderungen, Schadensersatz etc. aus dem Mietvertrag vom ... zwischen

Name, Anschrift ... (Vermieter)

und

Name, Anschrift, Geburtsdatum ... (Mieter)

über die im ... Geschoss der Liegenschaft ... gelegene Wohnung.

Ich verzichte auf die Einrede der Vorausklage und jegliches Widerrufsrecht. Des Weiteren verpflichte ich mich, auf erste Anforderung des Vermieters Zahlung zu leisten; die Leistung wird an keine Bedingung geknüpft.

Die Bürgschaft erlischt bei Rückgabe der Mietsache automatisch mit dem Erlöschen sämtlicher Forderungen des Vermieters.

Datum/Unterschrift“

---

6 Zu weiteren Einzelheiten siehe Kap. 6.

7 BGH, Urt. v. 10.4.2013 – VIII ZR 379/12 –.

Kapitel 11
Kündigung

A. Allgemeines

1 Soweit ein Vermieter beabsichtigt, ein Mietverhältnis mit einem Mietnomaden zu beenden, bleibt ihm, bei Ablehnung des Abschlusses eines Mietaufhebungsvertrages, auch durch den **nicht vertragstreuen Mieter**, lediglich die Möglichkeit der Kündigung. Die Kündigung ist an gesetzlich vorgeschriebene Voraussetzungen geknüpft.

2 Aus Sicht des Vermieters unterscheidet das Mietrecht zwischen den folgenden Kündigungsformen:
- die ordentliche Kündigung gem. § 573 Abs. 1 BGB,
- die außerordentliche fristlose Kündigung gem. §§ 543 Abs. 1, 569 BGB und
- die außerordentliche fristgemäße Kündigung gem. §§ 573d, 575a BGB.

3 Beide Mietvertragsparteien sind zwar gleichermaßen berechtigt, ein Mietverhältnis zu kündigen, allerdings unterliegen die Kündigungsvoraussetzungen für den **Vermieter strengeren Anforderungen** als für den Mieter. Das gilt ebenso für Mieter, die hartnäckig ihre Miete nicht zahlen und dies möglicherweise schon von Anfang an nicht vorhatten, mithin auch für Mietnomaden. Der Vermieter benötigt vor Ausspruch der Kündigung eines unbefristeten Wohnraummietverhältnisses grundsätzlich gem. § 573 Abs. 1 BGB das Vorliegen eines berechtigten Interesses bei der ordentlichen Kündigung und gem. § 543 Abs. 1 BGB eines wichtigen Grundes bei der außerordentlichen fristlosen Kündigung. Im Gegensatz zum unbefristeten Mietverhältnis endet ein befristetes Mietverhältnis gem. § 542 BGB automatisch nach Ablauf der vereinbarten Mietzeit. Vor diesem Hintergrund ist eine ordentliche Kündigung eines derartigen Mietverhältnisses nicht erforderlich und die Regelung des § 573 BGB findet auf befristete Mietverhältnisse keine Anwendung. Die außerordentliche fristgemäße oder fristlose Kündigung bleibt allerdings auch bei einem befristeten Mietverhältnis möglich.

4 Die Kündigung stellt eine einseitige und empfangsbedürftige Willenserklärung dar, die ab Zugang beim Erklärungsempfänger, etwa beim Mietnomaden, ihre Wirkung entfaltet. Dabei muss das Wort „Kündigung“ nicht explizit genannt werden. Es genügt, dass der Wille zur einseitigen Vertragsbeendigung klar zum Ausdruck kommt.[1] Zwar ist eine Kündigung unter einer Bedingung regelmäßig

1 Palandt/*Weidenkaff*, § 542 Rn 12.

unzulässig, allerdings ist eine Bedingung unschädlich, soweit sie nur rechtlicher Natur ist. So kann insbesondere eine außerordentliche fristlose Kündigung und hilfsweise für den Fall ihrer rechtlichen Unwirksamkeit die ordentliche fristgemäße Kündigung erklärt werden.[2]

B. Erklärender und Adressat der Kündigung

Die Kündigung kann von beiden Mietvertragsparteien erklärt werden, folglich 5
sowohl von Vermieter- als auch Mieterseite. Besteht eine Mietvertragspartei aus einer **Personenmehrheit**, beispielsweise auf der Vermieterseite ein Ehepaar, so müssen auch alle auf dieser Seite stehenden Personen die Kündigung erklären. Anderenfalls liegt eine unwirksame Teilkündigung vor.

Die kündigende Person kann sich **vertreten lassen**. Sollte ein Vertreter eine 6
Kündigung aussprechen, ist dieser allerdings verpflichtet, der Kündigung eine vom Kündigungsberechtigten unterschriebene Originalvollmacht als Nachweis seiner Berechtigung beizufügen. Eine per Telefax übermittelte Vollmacht oder Kopie genügt diesem Erfordernis jedoch nicht. Ansonsten steht dem Mietschuldner das Recht zu, die Kündigung gem. **§ 174 Abs. 1 BGB zurückzuweisen** mit der Folge ihrer Unwirksamkeit. Allerdings muss die Zurückweisung der Kündigung in diesem Fall unverzüglich, d. h. ohne schuldhaftes Zögern erfolgen. Regelmäßig fällt hierunter ein Zeitraum von bis zu zwei Wochen nach Zugang der Kündigungserklärung.

Praxistipp !
Soweit der Kündigungsberechtigte den Kündigungsempfänger noch vor Ausspruch der Kündigung von der Vertretungsbefugnis informiert hatte, kann dieser die Kündigung gem. § 174 S. 2 BGB nicht zurückweisen. Dies ist beispielsweise der Fall, soweit ein Vermieter eine Hausverwaltung mit der Betreuung seiner Immobilie beauftragt und die Mieter vorab über deren Tätigwerden und die Befugnis zur Abgabe und Entgegennahmen von Kündigungen in Kenntnis gesetzt hatte.

Adressat einer Kündigungserklärung ist der jeweilige Mietvertragspartner. Exis- 7
tiert eine Personenmehrheit auf der Seite der Kündigungsempfänger, so ist die Kündigung immer gegenüber allen Personen auszusprechen. Haben also mehrere zahlungsrückständige Mieter oder Mietnomaden den Vertrag abgeschlossen, so muss diese gegenüber allen erklärt werden. Auch soweit einer der nicht zahlenden Mieter bereits ausgezogen ist, muss dennoch gegenüber allen Mietern gekün-

2 Palandt/*Weidenkaff*, § 542 Rn 17.

digt werden.[3] Beim Bestehen von unklaren Vertragsverhältnissen sollte die Kündigung vorsichtshalber gegenüber allen im Mietvertrag aufgeführten Personen erklärt werden.

C. Außerordentliche fristlose Kündigung

I. Voraussetzungen

8 An sich gewährt das Gesetz dem Vermieter die Möglichkeit, das Mietverhältnis sofort zu beenden, wenn der Mieter seine Verpflichtung zur Mietzahlung verletzt. Aber auch in anderen Mietverhältnissen kann es vorkommen, dass dessen Fortsetzung einer Vertragspartei aus wichtigem Grund nicht mehr zumutbar ist. Insoweit hat der Gesetzgeber mit § 543 BGB die Möglichkeit vorgesehen, sowohl unbefristete als auch befristete Mietverhältnisse ohne Einhaltung von Kündigungsfristen aus wichtigem Grund kündigen zu können. Das Schutzbedürfnis des jeweiligen Mietvertragspartners gebietet es, dass eine derart rigorose Beendigung eines Mietverhältnisses nur dann wirksam sein kann, wenn ein wichtiger Grund vorliegt, bei dessen Vorliegen die Fortführung des Mietverhältnisses dem Vermieter im Einzelfall unter Abwägung aller Umstände nicht zumutbar ist. § 543 BGB fordert eine umfassende **Interessenabwägung**, bei der alle Umstände des Einzelfalls und die beidseitigen Interessen der Mietvertragsparteien zu berücksichtigen sind. Die Pflichtverletzung muss dabei nicht schuldhaft erfolgen, allerdings kommt es hierauf bei der Interessenabwägung oftmals entscheidend an.

1. Vorliegen eines wichtigen Grundes

9 § 543 Abs. 2 BGB benennt beispielhaft Gründe, die zum Ausspruch einer außerordentlichen fristlosen Kündigung berechtigen.

a) Zahlungsverzug gem. § 543 Abs. 2 Nr. 3 BGB

10 Die Nichtzahlung der Miete stellt den in der Praxis häufigsten Grund zur fristlosen Kündigung dar, insbesondere bei grundloser Zahlungsverweigerung durch den Mieter und bei Mietnomaden. Der § 543 Abs. 2 Nr. 3 BGB beschreibt konkret, unter welchen Bedingungen der Mietrückstand derart erheblich ist, dass er den Vermieter zu einer fristlosen Kündigung berechtigt:

---

3 Schmidt-Futterer/*Blank*, § 542 BGB Rn 31.

- Der Mieter muss für zwei aufeinanderfolgende Termine mit der Entrichtung der Miete oder eines nicht unerheblichen Teils der Miete in Verzug sein, wobei zusätzlich nach § 569 Abs. 3 Nr. 1 BGB, bei nicht nur zum vorübergehenden Gebrauch vermietetem Wohnraum, der rückständige Teil der Miete nur dann nicht unerheblich ist, wenn er die Miete für einen Monat übersteigt.
- Der Mieter befindet sich in einem Zeitraum, der sich über mehr als zwei Termine erstreckt, mit der Entrichtung der Miete in Höhe eines Betrages in Verzug, der die Miete für zwei Monate erreicht.

Für die Berechnung des Vorliegens dieser Voraussetzungen ist relevant, dass mit 11 dem Begriff „Miete" die Mietzahlung inklusive Betriebskostenvorauszahlung zu verstehen ist. Verweigert ein Mietnomade noch vor Erreichen dieser Rückstandshöhen die zukünftigen Mietzahlungen, ist eine fristlose Kündigung ausnahmsweise auch bereits vorher gerechtfertigt, da dem Vermieter ein Zuwarten mit der Folge einer Erhöhung des Schadens nicht zumutbar ist.[4]

Verzug tritt dabei gem. § 286 Abs. 2 Nr. 1 BGB auch ohne vorherige Mahnung 12 des von Zahlungsausfällen betroffenen Vermieters ein, da die Fälligkeit der Miete dem Datum nach bestimmt und insoweit entbehrlich ist. Dies gilt nicht für den Fall, dass der Zahlungsverzug für den Vermieter offensichtlich auf einem Versehen und nicht einer Zahlungsunwilligkeit oder Zahlungsunfähigkeit beruht.

Praxistipp !

In der Praxis kommt es regelmäßig vor, dass der Mietnomade sich bei Zahlungsverzug nicht auf eine bloße Zahlungsunwilligkeit beruft, sondern die Miete aufgrund angenommener oder angeblicher Mietmängel zumindest teilweise einbehält. Stellt sich nach ausgesprochener Kündigung im Räumungsprozess heraus, dass die Mietminderung unberechtigt oder überhöht war, kommt es für die Wirksamkeit der Kündigung darauf an, ob die Nichtzahlung der Miete gem. § 286 Abs. 4 BGB auf einem Verschulden des Mietschuldners beruhte. Ob dies der Fall war, ist letztlich immer eine Frage des Einzelfalls. Ein Verschulden wird am ehesten zu bejahen sein, soweit offensichtlich kein Mietmangel vorlag und der Mietnomade die Mietzahlung dennoch gemindert hat. Schwieriger ist diese Frage bei tatsächlichem Vorliegen eines Mietmangels und einer überhöhten Mietminderung zu beurteilen. Der Mietnomade hat jedenfalls selbst in den Fällen, in denen er die Ursache eines Mangels der Mietsache fehlerhaft einschätzt, die Nichtzahlung der Miete oder Mietminderung zu vertreten, soweit ihm Vorsatz oder Fahrlässigkeit gem. § 276 Abs. 1 S. 1 BGB zur Last fällt. Für eine mildere Haftung besteht kein Anlass, da es dem Mietschuldner unbenommen ist, die Miete bei Zweifeln unter Vorbehalt zu zahlen, sodass ihm die Möglichkeit bleibt, eine gerichtliche Klärung seiner Rechte herbeizuführen, ohne dem Risiko einer fristlosen

4 BGH, Urt. v. 9.3.2005 – VIII ZR 394/03 – NZM 2005, 538.

Kündigung ausgesetzt zu sein.[5] Wenn der Mietnomade rechtlich beraten ist und sich dieser Rat als falsch herausstellt, entschuldigt das den Mietnomaden nicht. Er kann dann den Berater in Regress nehmen.

---

b) Zahlungsverzug mit Sicherheitsleistung

13 Ein wichtiger Grund zur außerordentlichen fristlosen Kündigung liegt für den Vermieter gem. §569 Abs. 2a BGB vor, soweit der Mieter mit einer Sicherheitsleistung nach §551 BGB in Höhe eines Betrages in Verzug ist, der der zweifachen Monatsmiete entspricht. Bei der Berechnung der Monatsmiete finden die Betriebskostenvorauszahlungen keine Berücksichtigung. Einer Abhilfefrist oder einer Abmahnung bedarf es nicht.

c) Unpünktliche Mietzahlungen

14 Die Miete ist gem. § 556b Abs. 1 BGB zu Beginn, spätestens bis zum dritten Werktag eines jeden Monats zu entrichten. Für die Rechtzeitigkeit der Zahlung kommt es auf den Eingang der Zahlung beim Vermieter an. Erfolgt die Zahlung später, gerät der Mieter in Zahlungsverzug. Fortlaufende unpünktliche Mietzahlungen können den Vermieter zur fristlosen Kündigung berechtigen, soweit eine vorhergehende Abmahnung des Vermieters erfolglos war. Vor Ausspruch der Kündigung ist daher eine zur Abhilfe gesetzte Frist oder eine Abmahnung zwingend erforderlich.[6] Nach einer Abmahnung muss das Verhalten des Mietschuldners geeignet sein, das Vertrauen des Vermieters auf eine zukünftige pünktliche Mietzahlung wieder herzustellen. Letztlich verbleibt es insoweit immer bei einer Einzelfallentscheidung. Ein adäquates Verhalten des Mietschuldners kann jedoch insbesondere dann nicht gegeben sein, wenn dieser keine Reaktion auf die Abmahnung zeigt und sein Verhalten hiernach weiterhin fortsetzt, wie es insbesondere bei Mietnomaden oft festzustellen ist. Deshalb kann es auch bereits genügen, soweit der Mieter nach erfolgter Abmahnung nur ein einziges Mal wiederholt seiner Zahlungsverpflichtung nicht pünktlich nachkommt.[7]

! **Praxistipp**
Die Abmahnung wegen unpünktlicher Mietzahlungen sollte die Androhung der fristlosen Kündigung für den Fall enthalten, dass der Mietschuldner ab dem nächsten Zahlungstermin seiner

5 BGH, Urt. v. 11.7.2012 – VIII ZR 138/11 –.
6 BGH, Urt. v. 28.11.2007 – VIII ZR 145/07 – NZM 2008, 121.
7 BGH, Urt. v. 11.1.2006 – VIII ZR 364/04 –.

pünktlichen Zahlungsverpflichtung nicht nachkommt. Sollte die Zahlung daraufhin wiederum verspätet beim Vermieter zugehen, sollte die Kündigung ernsthaft in Betracht gezogen werden, da eine Duldung ggf. zu einem Verlust dieser Kündigungsmöglichkeit ohne Ausspruch einer erneuten Abmahnung führen kann.[8]

---

d) Vertragswidriger Gebrauch

Ein vertragswidriger Gebrauch liegt vor, wenn der Mietnomade die Mietsache 15
nicht gemäß dem mietvertraglich vereinbarten Nutzungszweck verwendet. Dies kann insbesondere der Fall sein, soweit der Mieter eine Wohnung teilweise auch zu gewerblichen Zwecken nutzt, ohne die Erlaubnis des Vermieters eingeholt zu haben. Vor Ausspruch einer fristlosen Kündigung ist die erfolglose Aufforderung des Mieters zur Unterlassung oder Abmahnung erforderlich.

e) Störung des Hausfriedens

In der Praxis zählen lärmbedingte Störungen zu den häufigsten Gründen für eine 16
Kündigung wegen Beeinträchtigung des Hausfriedens. Insbesondere innerhalb der Ruhezeiten kann eine Lärmbeeinträchtigung derart wesentlich sein, dass sie eine fristlose Kündigung rechtfertigen kann. Hingegen ist die Zulässigkeit einer Kündigung aufgrund von Lärmbeeinträchtigungen außerhalb der Ruhezeiten an den jeweiligen Umständen des Einzelfalls zu beurteilen.

Gemäß § 569 Abs. 2 BGB liegt ein wichtiger Grund zur außerordentlichen frist- 17
losen Kündigung vor, wenn eine Vertragspartei den Hausfrieden nachhaltig stört. Der Begriff des Hausfriedens beschreibt, dass sich jede Mietpartei bei Nutzung der Mieträume so verhalten muss, dass die anderen Mieter nicht beeinträchtigt werden.[9] Die Störung des Hausfriedens muss dabei **nicht schuldhaft** erfolgen. Allerdings ist ein Verschulden des Mietnomaden bei der Abwägung der Zumutbarkeit einer Fortsetzung des Mietverhältnisses zu berücksichtigen. Eine Störung ist nachhaltig, wenn sie zu einem Dauerzustand wird. Hierfür reicht es aus, wenn sie häufiger vorkommt. Deshalb reichen einzelne Störungen für eine Kündigung nicht aus.[10] Besteht auf Mieterseite eine Personenmehrheit, ist eine Kündigung aller Mieter bereits gerechtfertigt, soweit ein Mieter den Hausfrieden stört. Grundsätzlich ist das Setzen einer Abhilfefrist oder eine Abmahnung erforderlich.

---

8 LG Heilbronn, Urt. v. 21.8.1991 – 1a S 308/91 Be – ZMR 1991, 388.
9 Schmidt-Futterer/*Blank*, § 569 BGB Rn 19.
10 Schmidt-Futterer/*Blank*, § 569 BGB Rn 22.

Praxistipp
Im Kündigungsschreiben sind die einzelnen Vorfälle mit Zeitpunkt, Dauer und Art der Lärmbelästigung anzugeben. Ideal ist die Vorlage eines Lärmprotokolls.

f) Beleidigungen, Tätlichkeiten und weitere Straftaten

18 Eine Beleidigung, üble Nachrede oder Tätlichkeit zulasten des Vermieters, zu der sich manche Mietnomaden hinreißen lassen, stellt eine Straftat dar und ist deshalb als Vertragsverletzung zu qualifizieren. Ob eine gegen den Vermieter verübte Straftat eine fristlose außerordentliche Kündigung des Mietverhältnisses rechtfertigt, beurteilt sich anhand der Umstände des Einzelfalls. Dies gilt insbesondere für eine vonseiten des Mietnomaden begangene **Beleidigung**, die beispielsweise aus einer Provokation heraus erfolgen kann. Grundsätzlich rechtfertigen nur schwerwiegende Beleidigungen eine fristlose Kündigung.[11] Eine **Tätlichkeit** hingegen ist besonders verwerflich und rechtfertigt in der Regel die Kündigung, soweit nicht der Vermieter selbst Gewalt angewandt hatte.[12]

g) Gefährdung der Mietsache durch Sorgfaltspflichtverletzung

19 Ein wichtiger Grund liegt gem. § 543 Abs. 2 Nr. 2 Alt. 1 BGB vor, wenn der Mieter die Mietsache durch Vernachlässigung der ihm obliegenden Sorgfalt erheblich gefährdet. Diese Gefährdung wird insbesondere regelmäßig von Mietnomaden begangen. Die **Obhutspflicht** des Mieters gegenüber der Mietsache stellt seine relevanteste Sorgfaltspflicht dar. Hiernach ist diese derart pfleglich zu behandeln, dass sie ausschließlich der durch den vertragsgerechten Gebrauch bedingten Verschlechterungen unterworfen ist. Weiterhin ist erforderlich, dass die konkrete Verletzung der Obhutspflicht die Mietsache erheblich gefährdet. Das Verkommenlassen oder das übermäßige Lagern von Müll in den Mieträumlichkeiten durch den Mietnomaden stellt jedenfalls grundsätzlich einen wichtigen Grund in diesem Sinne dar, da hierdurch die Bausubstanz der Wohnung gefährdet wird.[13]

11 Schmidt-Futterer/*Blank*, § 543 BGB Rn 187.
12 Schmidt-Futterer/*Blank*, § 543 BGB Rn 191.
13 Schmidt-Futterer/*Blank*, § 543 BGB Rn 60.

h) Unerlaubte Gebrauchsüberlassung an Dritte

Eine außerordentliche, fristlose Kündigung kommt weiterhin nach §543 Abs. 2 Nr. 2 Alt. 2 BGB in Betracht, wenn der Mieter den Gebrauch der Mietsache unbefugt einem Dritten überlässt und dieser die Gebrauchsüberlassung trotz abgelaufener Abhilfefrist nicht beendet. Hierunter fallen etwa die Untervermietung oder unentgeltliche Überlassung zumindest eines Teils der Mietsache durch den Mietnomaden an einen Dritten. Zur vorübergehenden Aufnahme von Besuchern oder zur dauerhaften Aufnahme von Familienangehörigen sowie anderen Personen, mit denen der Mietnomade in einem engen Verhältnis steht, ist dieser dagegen berechtigt, soweit keine Überbelegung eintritt.[14] 20

Praxistipp !

Der Vermieter sollte im Falle einer unerwünschten Gebrauchsüberlassung eine Abmahnung und anschließende Kündigung ohne schuldhaftes Zögern gegenüber einem Mietnomaden verfolgen. Eine Kündigung wegen unbefugter Gebrauchsüberlassung kann nämlich ausgeschlossen sein, wenn der Vermieter die nicht genehmigte Gebrauchsüberlassung wissentlich unbeanstandet über einen längeren Zeitraum hingenommen hat.[15]

---

2. Abmahnung und Abhilfefrist

Das Gesetz gewährt dem Vermieter gem. §543 Abs. 3 BGB die Möglichkeit, bei Vertragsverletzungen eine Abhilfefrist zu setzen oder eine Abmahnung auszusprechen. In beiden Konstellationen darf bei Nichtabhilfe durch den Mieter die fristlose Kündigung ausgesprochen werden. Bei Personenmehrheiten auf Mieterseite ist zwingend darauf zu achten, dass die Abhilfefrist/Abmahnung gegenüber allen Mietvertragspartnern erklärt wird. Eine Abhilfefrist ist erforderlich, soweit die Pflichtverletzung noch andauert. Bei erheblicher Pflichtverletzung, wie sie bei Mietnomaden regelmäßig vorliegt, kann auch eine unverzügliche Frist zur Abhilfe angemessen sein. Ist die Pflichtverletzung bereits beendet, ist eine Abmahnung möglich. 21

Bei der **Begründung** der Abmahnung/Abhilfefrist ist zu beachten, dass insbesondere die Schilderung der vorgeworfenen Vertragsverletzung detailliert dargestellt werden muss. Etwaige Zeugen für die Pflichtverletzung des Mietnomaden sind zu benennen. Ebenso ist die Androhung der Kündigung bei Fortsetzung der Vertragsverletzung zu formulieren. 22

---

14 Schmidt-Futterer/*Blank*, §543 BGB Rn 71.

15 OLG Düsseldorf, Urt. v. 5.9.2002 – 10 U 105/01 – ZMR 2001, 39.

23 Ausnahmsweise ist eine Abmahnung oder das Setzen einer Abhilfefrist gem. § 543 Abs. 3 BGB **entbehrlich**, soweit sie offensichtlich keinen Erfolg verspricht. Die Entbehrlichkeit liegt bei Mietnomaden in der Regel vor. Dies kann insbesondere der Fall sein, soweit der Mieter im Vorhinein eine Abhilfe verweigert hat,[16] die Beseitigung innerhalb einer angemessenen Frist unmöglich ist oder bei bestimmten Rückständen mit der Mietzahlung. Bei schweren Pflichtverletzungen, die zu einer erheblichen Störung des Vertrauensverhältnisses führen, ist eine vorherige Abmahnung ebenfalls entbehrlich, da die Vertrauensgrundlage auch durch eine Abmahnung nicht wiederhergestellt werden könnte.[17]

II. Rückwirkende Unwirksamkeit der Kündigung

24 Die außerordentliche fristlose Kündigung wegen Zahlungsverzugs gem. § 543 Abs. 2 S. 1 Nr. 3 BGB ist nach § 543 Abs. 2 S. 2 BGB ausgeschlossen, wenn der Vermieter vor Ausspruch der Kündigung befriedigt wird. Voraussetzung ist, dass eine **vollständige** Befriedigung des Vermieters eingetreten sein muss, Teilzahlungen auf die rückständige Miete durch den zahlungsrückständigen Mieter genügen nicht.[18]

25 Nach § 543 Abs. 2 S. 3 BGB wird eine bereits ausgesprochene Kündigung nachträglich unwirksam, soweit sich der Mietschuldner durch Aufrechnung von seiner Schuld befreien konnte und die Aufrechnung unverzüglich, also ohne schuldhaftes Zögern, nach Zugang der Kündigung erklärt hat.

26 Bei Wohnraummietverhältnissen gilt zudem, dass die Kündigung nach § 569 Abs. 3 Nr. 2 S. 1 BGB auch dann nachträglich unwirksam wird, wenn der Vermieter spätestens bis zum Ablauf einer **Schonfrist** von zwei Monaten nach Eintritt der Rechtshängigkeit des Räumungsanspruchs (Zeitpunkt der Zustellung der Räumungsklage beim Mieter[19]) hinsichtlich der fälligen Miete und der fälligen Nutzungsentschädigung nach § 546a Abs. 1 BGB (Mietforderung nach Ausspruch der Kündigung) vollständig befriedigt wird oder sich eine öffentliche Stelle zur Befriedigung verpflichtet. Solche öffentliche Stellen können regelmäßig Träger der Sozialhilfe, Wohngeldstellen oder auch karitative Verbände sein. Umfasst sind insoweit die Fälle, in denen der Mieter nach Ausspruch einer fristlosen Kündigung aufgrund Zahlungsverzugs nicht ausgezogen ist, weshalb der Vermieter

16 BGH, Urt. v. 22.10.1975 – VIII ZR 160/74 – NJW 1976, 796.
17 BGH, Urt. v. 15.9.2010 – XII ZR 188/08 – NZM 2010, 901.
18 LG Wiesbaden, Urt. v. 22.6.2012 – 3 S 114/11 –.
19 Schmidt-Futterer/*Blank*, § 569 BGB Rn 38.

ihn auf Räumung verklagen musste. Der besondere Schutz des Wohnraummieters macht es möglich, dass selbst zu diesem späten Zeitpunkt der Mieter und sogar der Mietnomade die Kündigung durch vollständigen Ausgleich der Mietrückstände unwirksam machen kann. Es müssen lediglich sämtliche Mietrückstände bis zum Zeitpunkt der Zahlung, nicht der Kündigung, ausgeglichen werden. Zu den Mietrückständen zählen keine Schadensersatzansprüche beispielsweise in Form von Rechtsanwaltskosten, Betriebskostennachzahlungen oder Kautionsrückstände.

Praxistipp !
Der Vermieter sollte den Räumungsrechtsstreit bei Eintreten dieser Fallkonstellation für erledigt erklären. In der Folge wird regelmäßig der Mietschuldner mit den Kosten des Rechtsstreits belastet werden, da die anfänglich begründete Räumungsklage erst nachträglich aufgrund einer Handlung des Mieters unbegründet geworden ist.

Eine nachträgliche Unwirksamkeit der Kündigung kommt allerdings gem. § 569 Abs. 3 Nr. 2 S. 2 BGB nicht in Betracht, soweit eine Kündigung vor weniger als zwei Jahren bereits auf diese Weise unwirksam geworden ist. Hierzu sind auch Kündigungen des Vermieters zu zählen, bei denen der Vermieter bereits vor Einreichung der Klage bei Gericht vonseiten des Mieters befriedigt wurde. Innerhalb eines Zeitraumes von zwei Jahren darf der Mieter folglich nur einmal derart vorgehen. 27

Ein nachträglicher Ausgleich der Mietrückstände innerhalb der Frist des § 569 Abs. 3 Nr. 2 BGB lässt zwar eine fristlose Kündigung unwirksam werden, nicht dagegen auch ohne Weiteres eine **hilfsweise erklärte fristgemäße Kündigung**. Eine nachträgliche Zahlung ist allerdings bei der Prüfung, ob der Mietschuldner nach § 573 Abs. 2 Nr. 1 BGB seine vertraglichen Pflichten schuldhaft nicht unerheblich verletzt hat, zu berücksichtigen.[20] 28

Ferner kann der Vermieter gem. § 569 Abs. 3 Nr. 3 BGB nach rechtskräftiger Verurteilung des Mietnomaden zur Zahlung einer **Mieterhöhung** nach §§ 558 ff. BGB das Mietverhältnis wegen Zahlungsverzugs nicht vor Ablauf von zwei Monaten nach rechtskräftiger Verurteilung kündigen, wenn nicht die Voraussetzungen der außerordentlichen fristlosen Kündigung schon wegen der bisher geschuldeten Miete erfüllt sind. Bei langwierigen Gerichtsverfahren über die Zulässigkeit einer Mieterhöhung können sich die Mieterhöhungsbeträge durchaus zu Rückständen addieren, die für sich genommen bereits zur fristlosen Kündigung berechtigen würden. In diesem Fall wird dem säumigen Mieter ein Zeitraum von zwei 29

20 BGH, Urt. v. 16.2.2005 – VIII ZR 6/04 –.

Monaten nach Rechtskraft des Urteils zugebilligt, um die Mietrückstände auszugleichen, wenn nicht bereits die Mietrückstände ohne die Mieterhöhungsbeträge eine außerordentliche fristlose Kündigung ermöglichen.

III. Inhalt und Formerfordernisse

30 Stellt der Vermieter einen wichtigen Grund zur außerordentlichen Kündigung des Mietverhältnisses fest, sollte die Kündigung oder Abmahnung gegenüber dem Mietnomaden möglichst zeitnah erfolgen, denn eine Verzögerung kann den Eindruck verstärken, dass der Grund tatsächlich als nicht so schwerwiegend empfunden wird. Dennoch soll ein bestimmtes Zuwarten dem fristlos kündigenden Vermieter nicht zum Nachteil gereichen, auch da ihm bei einer derart schwerwiegenden Entscheidung eine gewisse Überlegungsfrist eingeräumt werden muss.[21]

31 Grundsätzlich gelten bei der außerordentlichen fristlosen Kündigung dieselben Begründungs- und Formerfordernisse wie bei der ordentlichen fristgemäßen Kündigung. Ein besonderes Augenmerk muss auf die **Begründung des wichtigen Grundes** gelegt werden. Dieser muss derart genau beschrieben werden, dass es dem Mietnomaden problemlos möglich ist, diesen nachzuvollziehen.

- Bei einem Zahlungsverzug als wichtigem Grund genügt die Bezifferung der rückständigen Gesamtmiete.[22]
- Wird die Kündigung auf eine sonstige Vertragsverletzung gestützt, so ist eine hinreichende Beschreibung des Kündigungssachverhalts erforderlich. Auch muss sich aus dem Kündigungsschreiben ergeben, ob dieses Verhalten bereits abgemahnt worden ist und dass der gekündigte Mieter eine weitere gleichartige Vertragsverletzung begangen hat.
- Bei einer Kündigung wegen Zahlungsunpünktlichkeit sollte der Vermieter die Zahlungseingänge der maßgeblichen vergangenen Monate aufführen, damit der Mietschuldner Gelegenheit hat, die maßgeblichen Zeiträume nachzuvollziehen.
- Wird die Kündigung aufgrund einer Vielzahl von Vertragsverletzungen begründet, müssen diese jeweilig im Kündigungsschreiben dargelegt werden. Insbesondere muss aufgeführt werden, wann und wo der Mieter die Vertragsverstöße begangen hat.

21 BGH, Urt. v. 21.3.2007 – XII ZR 36/05 – NZM 2007, 400.

22 Schmidt-Futterer/*Blank*, § 569 BGB Rn 78.

Eine **Bezugnahme** auf frühere Schreiben oder Abmahnungen ist möglich, wobei es sich anbietet, diese dem Schreiben nochmals in Kopie beizufügen. Generell sollte jegliche Korrespondenz mit einem Mietnomaden insbesondere für die zukünftige gerichtliche Auseinandersetzung genau dokumentiert werden. Der Vermieter sollte in der Kündigung eine Frist zum Auszug und zur Rückgabe der Mietsache setzen. Zieht der Mietnomade nach Fristablauf nicht aus, sollte unverzüglich Räumungsklage erhoben werden, damit der Vermieter die zweimonatige Frist des § 569 Abs. 3 Nr. 2 BGB in Gang setzt. 32

D. Außerordentliche fristgemäße Kündigung

Eine außerordentliche fristgemäße Kündigung führt als Sonderkündigungsrecht zu einer vorzeitigen Beendigung des Mietverhältnisses. Diese Kündigungsform ist sowohl für unbefristete Mietverhältnisse (§ 573d BGB) als auch für befristete Mietverhältnisse (§ 575a BGB) vorgesehen. Insoweit wird gesetzlich vorgeschrieben, dass für die außerordentliche Kündigung durch den Vermieter zwingend ein berechtigtes Interesse und damit ein Kündigungsgrund vorliegen muss. 33

I. Mietverhältnis über 30 Jahre

Ein Mietvertrag, der für eine längere Zeit als 30 Jahre geschlossen worden ist, kann gem. § 544 BGB von jeder Vertragspartei nach Ablauf von 30 Jahren nach Überlassung der Mietsache außerordentlich mit der gesetzlichen Frist des § 573d Abs. 2 BGB gekündigt werden. Die Kündigung ist jedoch unzulässig, soweit der Mietvertrag für die Lebenszeit des Vermieters oder Mieters geschlossen worden ist. Insoweit handelt es sich um einen befristeten Vertrag, der mit dem Tod einer der Parteien endet. Hiervon ist jedoch nicht der Fall erfasst, dass ein unbefristetes Mietverhältnis länger als 30 Jahre andauert. Insoweit kommen die allgemeinen Kündigungsregelungen zur Anwendung. Der § 544 BGB gilt allerdings aufgrund derselben Ausgangslage dennoch, wenn im Vertrag das Kündigungsrecht einer Partei für mehr als 30 Jahre ausgeschlossen wurde. Durch diese Regelung soll nach dem Willen des Gesetzebers verhindert werden, dass Vertragsparteien oder ihre Rechtsnachfolger für mehrere Generationen an einen Mietvertrag gebunden sind. 34

II. Tod des Mieters

35 Ein Mietverhältnis besteht auch nach dem Tod eines Mieters fort. Das Gesetz regelt daher in den §§ 563, 563a, 564 BGB, wer nach dem Todesfall in das Mietverhältnis eintritt. Da dem Vermieter, anders als bei der ursprünglichen Eingehung des Mietverhältnisses, kein Auswahlrecht zusteht, wird ihm als Kompensation gem. § 563 Abs. 4 BGB ein Recht zur **außerordentlichen Kündigung** des Mietverhältnisses mit der gesetzlichen Frist des § 573d Abs. 2 BGB zugestanden, soweit in der Person des in das Mietverhältnis Eintretenden ein wichtiger Grund vorliegt. Das Kündigungsrecht kann innerhalb eines Monats nach Kenntniserlangung des Eintritts vonseiten des Vermieters ausgeübt werden. Das Vorliegen eines wichtigen Grundes beurteilt sich nach den Umständen des Einzelfalls. Entscheidend ist darauf abzustellen, dass dem Vermieter kein unzumutbarer Mieter aufgezwungen werden darf, wobei die Umstände der Unzumutbarkeit in der Person des Mieters liegen müssen. Es müssen insoweit konkrete objektive Umstände gegeben sein, subjektive Befürchtungen des Vermieters reichen nicht aus.[23] Dies kann etwa der Fall sein, wenn der Mieter bereits in der Vergangenheit den Hausfrieden nicht nur unerheblich gestört hat oder dem Vermieter als Mietnomade bekannt ist. Gerade auch die Gefahr der Zahlungsunfähigkeit kann einen wichtigen Grund darstellen, da der Vermieter sich auf kein Mietverhältnis einlassen muss, bei dem er Zahlungsstörungen zu erwarten hat. Somit sollte der Vermieter unverzüglich, nachdem er von dem Eintritt einer mit dem Mieter in Hausgemeinschaft lebenden Person in das Mietverhältnis erfahren hat, Informationen über dessen Einkommenssituation verlangen,[24] damit er entscheiden kann, ob er das Mietverhältnis wegen eines wichtigen Grundes in der Person des Eintretenden kündigen kann. Dafür hat er nur einen Monat Zeit, sodass Eile geboten ist.

36 Herkunft, sexuelle Orientierung oder die Zugehörigkeit zu einer Randgruppe stellen keinen wichtigen Grund dar. Beruft sich der Vermieter dennoch auf derartige Gründe, macht er sich schadensersatzpflichtig nach dem allgemeinen Gleichbehandlungsgesetz.

III. Zwangsversteigerung

37 Damit möglichst hohe Gebote für ein zu versteigerndes Objekt erzielt werden, wird dem Ersteher eines Grundstücks in der Zwangsversteigerung gem. § 57a

23 Schmidt-Futterer/*Streyl*, § 563 BGB Rn 69.
24 Siehe Kap. 4.

ZVG ein außerordentliches Kündigungsrecht mit der gesetzlichen Frist des § 573d Abs. 2 BGB gewährt. Die Ausübung des Kündigungsrechts muss allerdings zwingend zum erstmöglichen Termin erfolgen. Außerdem benötigt der Vermieter ein berechtigtes Interesse.[25]

IV. Sonstige erleichterte Kündigungen

Grundsätzlich darf ein Mietverhältnis zwar nur als Ganzes gekündigt werden. 38
Ausnahmsweise ist jedoch gem. § 573b BGB eine Teilkündigung ohne Vorliegen eines berechtigten Interesses möglich, soweit **nicht zum Wohnen bestimmte Nebenräume oder Grundstücksteile** betroffen sind. Dies kann beispielsweise ein Dachspeicher oder Gartengrundstück sein. Bedingung ist allerdings, dass die Kündigung darauf beruht, Wohnraum zum Zweck der Vermietung zu schaffen oder den neu zu schaffenden und den vorhandenen Wohnraum mit Nebenräumen oder Grundstücksteilen auszustatten. Gemäß § 573b Abs. 2 BGB beträgt die Kündigungsfrist unabhängig von der Mietdauer immer drei Monate.

Eine erleichterte Kündigung ist möglich, wenn es sich gem. § 549 Abs. 2 39
BGB um Räume handelt, die vom Kündigungsschutz ausgenommen sind, etwa Räume, die nur zum **vorübergehenden Gebrauch** überlassen worden sind. Weiterhin sind auch Räume in **Studenten- und Jugendwohnheimen** sowie öffentlich angemieteter und möblierter Wohnraum umfasst, soweit Letzterer nicht zum dauernden Gebrauch an den Mieter und seine Familie vermietet ist.

Erleichterte Kündigungen sind gem. § 573a BGB auch für Räume möglich, 40
die sich in der Wohnung des Vermieters befinden, und für Wohnraum im Zweifamilienhaus. Bei Kündigungen von Wohnraum im Zweifamilienhaus oder von Räumen, die Teil der vom Vermieter selbst genutzten Wohnung sind, braucht der Vermieter Kündigungsgründe nicht anzugeben. Dafür verlängert sich jedoch die Kündigungsfrist um drei Monate.

E. Ordentliche fristgerechte Kündigung

I. Voraussetzungen

Ein unbefristetes Mietverhältnis kann durch den Vermieter bei Vorliegen der 41
in § 573 BGB normierten Voraussetzungen ordentlich gekündigt werden. Eine

25 Siehe Rn 41 ff.

ordentliche Kündigungsmöglichkeit scheidet bei Vorliegen eines Zeitmietvertrages aus. Gleiches gilt, soweit die Mietvertragsparteien einen **Kündigungsausschluss** vereinbart haben. Ein solcher beinhaltet die Vereinbarung, dass sowohl Vermieter als auch Mieter innerhalb eines fest vereinbarten Zeitraumes auf die Ausübung der ordentlichen Kündigung verzichten. Ein solcher Kündigungsverzicht wird regelmäßig aus Sicht des Vermieters abgeschlossen, um eine nicht erwünschte übermäßige hohe Fluktuation zu vermeiden. Der Mieter hingegen hat die Sicherheit, dass ihm das Mietobjekt mindestens für den Zeitraum des Kündigungsausschlusses zur Verfügung stehen wird, soweit er seine Pflichten aus dem Mietvertrag erfüllt, was allerdings bei einem Mietnomaden nicht der Fall sein wird.

II. Inhalt und Formerfordernisse

1. Berechtigtes Interesse des Vermieters

42 Gemäß § 573 BGB kann ein Vermieter ein Mietverhältnis über Wohnraum lediglich bei Vorliegen eines berechtigten Interesses ordentlich kündigen. Beispielhaft führt der § 573 Abs. 2 BGB Fälle für das Vorliegen eines berechtigten Interesses an. Diese Aufzählung ist allerdings nicht abschließend. Es kommen daneben weitere Fallkonstellationen in Betracht, denen allerdings eine vergleichbare Bedeutung zukommen muss.

43 Nicht erforderlich ist berechtigtes Interesse für die Kündigung der folgenden Wohnraummietverhältnisse:

- Wohnraum, der nur zum vorübergehenden Gebrauch vermietet ist (§ 549 Abs. 2 Nr. 1 BGB);
- Wohnraum, der vom Vermieter selbst bewohnten, möblierten Wohnung, sofern dieser dem Mieter nicht zum dauerhaften Gebrauch mit seiner Familie oder Haushaltsangehörigen überlassen worden ist (§ 549 Abs. 2 Nr. 2);
- Wohnraum, den eine juristische Person des öffentlichen Rechts oder ein anerkannter Träger der öffentlichen Wohlfahrtspflege angemietet hat, um ihn Personen mit dringendem Wohnungsbedarf zu überlassen, wenn sie den Mieter bei Vertragsschluss auf die Zweckbestimmung des Wohnraums hingewiesen hat (§ 549 Abs. 2 Nr. 3 BGB);
- Wohnraum in einem Studenten- oder Jugendwohnheim (§ 549 Abs. 3 BGB);
- Wohnraum in einem vom Vermieter selbst bewohnten Gebäude mit nicht mehr als zwei Wohnungen (§ 573a Abs. 1 BGB);
- Wohnraum innerhalb der vom Vermieter selbst bewohnten Wohnung (§ 573a Abs. 2 BGB);

- nicht zum Wohnen bestimmte Nebenräume oder Teile eines Grundstücks, wenn die Kündigung auf diese Räume oder Grundstücksteile beschränkt ist und bezweckt ist, Wohnraum zum Zwecke der Vermietung zu schaffen oder den neu zu schaffenden und den vorhandenen Wohnraum mit Nebenräumen oder Grundstücksteilen auszustatten (§ 573b Abs. 1 BGB).

Soweit ein einheitliches Mietverhältnis sowohl über Wohnraum- als auch über 44
Gewerbemieträumlichkeiten in einem sog. **Mischmietverhältnis** zustande gekommen ist, kommt es für die Frage, ob ein berechtigtes Interesse für den Ausspruch einer Kündigung erforderlich ist, entscheidend darauf an, ob die Räumlichkeiten überwiegend zu Gewerbe- oder Wohnzwecken genutzt werden. Ist Letzteres der Fall, ist das Vorliegen eines berechtigten Interesses auf Vermieterseite geboten.

a) Eigenbedarf

Der Vermieter darf die Wohnung wegen Eigenbedarfs kündigen, soweit er diese 45
für sich, seine Familienangehörigen oder Angehörige seines Haushalts benötigt (§ 573 Abs. 2 Nr. 2 BGB). Der Eigenbedarf stellt den häufigsten Grund für die Kündigung eines Mietverhältnisses durch den Vermieter dar und ist Ausdruck des Gedankens, dass der Eigentümer i. S. d. Art. 14 GG über sein Eigentum frei verfügen darf. Gleichwohl gebietet der gesetzliche Schutz des Mieters, und folglich ebenso des Mietnomaden, eine rechtliche Prüfung, ob ein vorgetragener Eigenbedarf auf nachvollziehbaren Erwägungen beruht, alternativ befriedigt werden kann bzw. rechtsmissbräuchlich erfolgt.[26] So darf der Vermieter nicht kündigen, wenn ihm eine weitere adäquate freistehende Wohnung zur Verfügung steht. Der bloße Wunsch des Vermieters, die eigene Wohnung zu bewohnen, genügt nicht, vielmehr muss er einen tatsächlichen Bedarf haben. Insoweit ist der Vermieter verpflichtet, plausible Gründe zu benennen, weshalb er oder eine andere privilegierte Person die vermietete Wohnung bewohnen muss.[27] Hierbei genügt es zur Begründung des Eigenbedarfs, dass der Vermieter die Absicht hat, eine Wohnung zu rein beruflichen Zwecken zu nutzen.[28] Besteht lediglich Bedarf des Vermieters an einzelnen Räumlichkeiten einer Wohnung, kann hierauf allerdings keine Teilkündigung wegen Eigenbedarfs gestützt werden.

---

26 Schmidt-Futterer/*Blank*, § 573 BGB Rn 43.
27 Schmidt-Futterer/*Blank*, § 573 BGB Rn 59a.
28 BGH, Urt. v. 26.9.2012 – VIII ZR 330/11 –.

aa) Der privilegierte Personenkreis

46 Das Gesetz gewährt dem Vermieter die Geltendmachung von Eigenbedarf lediglich bei beabsichtigter Eigennutzung oder soweit er die Mietsache für einen privilegierten Personenkreis benötigt.

47 **Eigennutzung** ist gegeben, soweit der Vermieter selbst die Wohnung für sich benötigt. Bei mehreren Vermietern genügt es, wenn die Räume von einem der Vermieter genutzt werden sollen.[29]

48 **Familienangehörige,** für die der Vermieter auf Eigenbedarf berufen kann, sind der Ehegatte sowie Verwandte und Verschwägerte in gerader Linie (Eltern, Großeltern, Kinder, Enkel, Urenkel), Verwandte in der Seitenlinie bis zum 3. Grad (Geschwister, Nichten und Neffen) und die Verschwägerten in der Seitenlinie bis zum 2. Grad (Schwiegereltern, Schwager).[30] Soweit allerdings eine entferntere Verwandtschaft besteht, etwa bei einem Cousin oder Schwager, genügt diese allein genommen nicht, um Eigenbedarf zu begründen. Vielmehr müssen weitere besondere Umstände hinzutreten, die eine enge Bindung darlegen oder der Vermieter muss der Person gegenüber derart rechtlich oder moralisch zur Fürsorge verpflichtet sein, dass daraus eine Verantwortung für deren Wohnbedarf resultiert.[31]

49 **Haushaltsangehörige** stellen alle Personen dar, die seit längerer Zeit auf Dauer mit dem Vermieter in einer Hausgemeinschaft zusammenleben. Eine eigenständige Bedeutung kommt diesem Tatbestandsmerkmal nur zu, soweit diese Person nicht ohnehin zu den privilegierten Verwandten des Vermieters zählt.[32] Dies können beispielsweise Pflegeeltern, Pflegekinder oder das Haushaltspersonal sein.

bb) Vorhersehbarkeit des Eigenbedarfs

50 Kündigt der Vermieter eine Wohnung innerhalb eines relativ kurzen Zeitraums nach deren Überlassung, so wird ihm regelmäßig vonseiten des Mietschuldners vorgeworfen, dass ihm der zukünftig entstehende Eigenbedarf bereits bei Mietvertragsschluss bekannt war. Allerdings ist eine Kündigung wegen Eigenbedarfs auch bei einem erst wenige Jahre dauernden Mietverhältnis nicht rechtsmissbräuchlich, wenn der Eigenbedarf bei Abschluss des Mietvertrages nicht abseh-

---

29 Schmidt-Futterer/*Blank*, § 573 BGB Rn 45.
30 Schmidt-Futterer/*Blank*, § 573 BGB Rn 54.
31 BGH, Urt. v. 3.3.2009 – VIII ZR 247/08 –.
32 Schmidt-Futterer/*Blank*, § 573 BGB Rn 51.

bar war.[33] Zwar handelt ein Vermieter **rechtsmissbräuchlich**, wenn er Wohnraum auf unbestimmte Zeit vermietet, obwohl er entschlossen ist oder zumindest erwägt, ihn selbst zu nutzen. Insoweit dürfen dem Mietschuldner die hieraus resultierenden Belastungen nicht zugemutet werden, wenn der Vermieter ihn nicht über seine Absicht oder zumindest die Aussicht einer begrenzten Mietdauer aufklärt. Allerdings liegt kein rechtsmissbräuchliches Verhalten vor, wenn der Vermieter den zukünftigen Eigenbedarf zwar hätte erkennen können, bei Mietvertragsschluss jedoch weder entschlossen war, diesen geltend zu machen, noch dies ernsthaft in Betracht gezogen hatte. Dass den Vermieter keine Pflicht für eine „Bedarfsvorschau" trifft, führt zu keiner Schutzlosigkeit des Mieters. Soweit dieser nämlich das Risiko zukünftiger Entwicklungen auf sich nehmen möchte, steht es ihm frei, einen Kündigungsausschluss mit dem Vermieter zu vereinbaren.[34]

Praxistipp !
Sollte bereits bei Mietvertragsschluss feststehen, dass der Wohnraum aus Gründen des Eigenbedarfs benötigt wird, sollte der Vermieter einen qualifizierten Zeitmietvertrag (§ 575 BGB) abschließen, um möglichen rechtlichen Auseinandersetzungen bei Beendigung des Mietverhältnisses aus dem Weg zu gehen.

---

cc) Vorhandensein einer Alternativwohnung

Eigenbedarf kann nicht geltend gemacht werden, wenn eine alternative leerstehende oder freiwerdende Wohnung dem Vermieter zur Verfügung steht. Entscheidend kommt es insoweit darauf an, ob die freiwerdende Wohnung geeignet ist, den Wohnbedarf im Vergleich zur gekündigten Wohnung ohne größere Einbuße zu befriedigen. Sollte dies nicht der Fall sein, kann eine Anbietpflicht einer freiwerdenden vergleichbaren Alternativwohnung gegenüber einem gekündigten Mietschuldner bestehen.[35] Als Alternativwohnung muss der Vermieter dem Mieter jedoch nur Wohnungen im gleichen Haus oder der gleichen Wohnanlage anbieten.[36] Eine Anbietpflicht freiwerdender Wohnungen besteht aber nur bis zum Ablauf der Kündigungsfrist. Die Anbietpflicht besteht allerdings nicht, wenn im Laufe der Kündigungsfrist ein anderer Mieter seine Wohnung kündigt, dessen Kündigungsfrist jedoch nach derjenigen des wegen Eigenbedarfs gekündigten 51

---

33 BGH, Urt. v. 20.3.2013 – VIII ZR 233/12 –.
34 BGH, Urt. v. 4.2.2015 – VIII ZR 154/14 –.
35 OLG Karlsruhe, Beschl. v. 27.1.1993 – 3 RE-Miet 2/92 –.
36 BGH, Urt. v. 9.7.2003 – VIII ZR 311/02 –.

Mieters abläuft.[37] Dies allerdings nur, soweit keine wesentlichen Gründe vorliegen, die gegen den Abschluss eines neuen Mietverhältnisses mit dem Mieter sprechen, die allerdings bei einem Mietnomaden regelmäßig vorliegen werden. Dies kann außerdem auch der Fall sein, wenn der Vermieter einem Dritten die Vermietung der freiwerdenden Wohnung bereits zugesagt hat.[38]

dd) Überhöhter Wohnbedarf

52 Mit einer Kündigung darf kein weit überhöhter Wohnbedarf des Vermieters geltend gemacht werden. Insoweit dürfen die vorgetragenen Wohnbedürfnisse des Vermieters jedoch nicht durch andere Vorstellungen ersetzt werden. Es kommt vielmehr entscheidend darauf an, ob die Beanspruchung der größeren Wohnung durch den Vermieter plausibel begründet werden kann. Ebenso liegt ein Nutzungsinteresse des Vermieters vor, wenn der Vermieter in eine kleinere Wohnung umziehen möchte, weil ihm die bisherige Wohnung zu groß geworden ist.[39]

ee) Vorgetäuschter Nutzungs- oder Überlassungswille

53 Gibt ein Vermieter lediglich vor, dass er die Wohnung selbst nutzen oder einem Angehörigen überlassen will, obwohl er tatsächlich keinen entsprechenden Nutzungs- oder Überlassungswillen hat, so ist die Kündigung unwirksam und er ist **Schadensersatzansprüchen** des Mieters ausgesetzt. Insoweit ist von einer derartigen Vorgehensweise gegenüber einem nichtzahlenden Mietnomaden grundsätzlich abzuraten, auch wenn sie auf den ersten Blick nachvollziehbar erscheinen mag. Der Schadensersatz erstreckt sich u. a. auf Umzugskosten, die Maklercourtage und den Ausgleich einer höheren Miete für die neue Wohnung. Soweit der Eigenbedarf noch vor Ablauf der Kündigungsfrist wegfällt, trifft den Vermieter zwecks Vermeidung von Schadensersatzansprüchen die Mitteilungspflicht gegenüber dem Mieter und das Mietverhältnis ist auf Verlangen des Mieters bzw. des Mietnomaden fortzuführen.

37 BGH, Urt. v. 4.6.2008 – VIII ZR 292/07 –.
38 BGH, Urt. v. 9.7.2003 – VIII ZR 311/02 –.
39 Schmidt-Futterer/*Blank*, § 573 BGB Rn 98.

b) Hinderung angemessener wirtschaftlicher Verwertung

Ein berechtigtes Interesse zur ordentlichen Kündigung liegt nach § 573 Abs. 2 Nr. 3 BGB vor, soweit der Vermieter an einer angemessenen wirtschaftlichen Verwertung gehindert ist und ihm hieraus nicht hinzunehmende Nachteile erwachsen. Dies kann aufgrund des gesetzlichen Schutzes des Mieters und damit auch des Mietnomaden an seiner Wohnung lediglich ein Interesse des Vermieters mit einigem Gewicht sein. Dieser Kündigungstatbestand wird von den Gerichten daher und auch wegen dessen Komplexität eng ausgelegt, weshalb ihm in der Praxis nur eine geringe Bedeutung zukommt. Keine Verwertungskündigung kann insbesondere für den häufigen Fall angenommen werden, dass der Vermieter beabsichtigt, eine Wohnung im Anschluss **teurer zu vermieten**. Dies gilt auch für eine **beabsichtigte Umwandlung** einer vermieteten Wohnung in eine Eigentumswohnung mit anschließender Veräußerung. Eine Verwertung liegt beispielsweise vor bei Verkauf, Abriss, Sanierung, Umbau oder Modernisierung eines Gebäudes. Der ersatzlose Abriss eines Wohngebäudes stellt jedoch keine Verwertungskündigung dar.[40] 54

aa) Verkaufsabsicht

Der geplante **Verkauf** des Hauses oder einer Eigentumswohnung stellt den praktisch häufigsten Fall der Verwertungskündigung dar. Dies gilt, soweit eine Wohnung in vermietetem Zustand nicht oder nur zu einem erheblich geringeren Kaufpreis als in nicht vermietetem Zustand veräußert werden kann. Der Vermieter muss seine Verkaufsbemühungen im Allgemeinen darlegen. Hierfür kann bereits eine Maklerauskunft oder ein Sachverständigengutachten ausreichen. Es ist nicht geboten, dass der Vermieter mehrfache erfolglose Verkaufsversuche unternimmt, um diese in der Kündigung darlegen zu können. 55

Ab welchem Betrag ein **erheblicher wirtschaftlicher Nachteil** anzunehmen ist, kann nicht pauschal festgelegt werden, sondern ist einzelfallabhängig zu bestimmen. Das Vorliegen eines erheblichen wirtschaftlichen Nachteils des Vermieters als Voraussetzung der Verwertungskündigung muss bei einer Abwägung des Verwertungsinteresses des Vermieters gegenüber dem Bestandsinteresse des Mieters überwiegen. Eine Verwertung ist angemessen, wenn sie von vernünftigen, nachvollziehbaren Erwägungen getragen wird, die nicht zwingend wirtschaftlicher Natur sein müssen.[41] 56

---

40 BGH, Urt. v. 24.3.2004 – VIII ZR 188/03 –.
41 BGH, Urt. v. 9.2.2011 – BGH VIII ZR 155/10 –.

57 Dies können beispielsweise sein:[42]

- Verkauf einer vermieteten Wohnung, um eine größere Wohnung zur Deckung des Familienbedarfs zu kaufen,
- Verkauf eines vermieteten Objekts, weil der Vermieter den Kaufpreis zur Finanzierung eines Wohnhauses benötigt,
- Verkauf der Mietwohnung, um die eigene selbstgenutzte Wohnung zu finanzieren,
- Verkauf einer Wohnung anlässlich der Ehescheidung oder
- Verkauf zur Deckung geschäftlicher Verbindlichkeiten.

bb) Sanierungs- oder Modernisierungsmaßnahmen

58 Eine Verwertungskündigung kann zudem begründet sein, soweit der Vermieter wegen des Bestehens eines Mietverhältnisses eine Sanierungs- oder Modernisierungsmaßnahme nicht ausüben kann. Dies ist insbesondere der Fall, wenn die Mietsache bei Durchführung der Maßnahme nicht mehr in ihrer ursprünglichen Gestalt vorhanden ist. Zu beachten ist allerdings, dass eine bloße erhebliche Erschwerung der Modernisierung nicht ausreicht. Auch genügt es nicht, soweit die Wohnung zur Durchführung der Maßnahme vorübergehend geräumt werden muss.[43] In der Praxis können Sanierungs- und Modernisierungsmaßnahmen eine Verwertungskündigung deshalb nur selten stützen.

59 Soweit für die vorgesehenen Modernisierungsarbeiten eine **Duldungspflicht** nach §555d BGB besteht, kommt keine Verwertungskündigung in Betracht, da der Vermieter sein wirtschaftliches Interesse auch ohne Ausspruch der Kündigung umsetzen kann.[44]

cc) Abriss des Gebäudes

60 Eine Verwertungskündigung kann ferner darin begründet sein, dass ein Gebäude abgerissen und durch einen Neubau ersetzt werden soll. Dies wurde beispielsweise angenommen für ein erheblich sanierungsbedürftiges Gebäude, dessen Lebensdauer selbst bei aufwändigen Sanierungsarbeiten höchstens für zehn Jahre hätte verlängert werden können und welches durch einen günstigeren Neubau mit insgesamt sechs Wohnungen ersetzt werden konnte.[45] Zwar muss

42 Schmidt-Futterer/*Blank*, §573 BGB Rn 159.
43 Schmidt-Futterer/*Blank*, §573 BGB Rn 159.
44 Schmidt-Futterer/*Blank*, §573 BGB Rn 185.
45 BGH, Urt. v. 28.1.2009 – VIII ZR 7/08 –.

zum Zeitpunkt des Zugangs der Kündigung noch keine Abrissgenehmigung vorliegen, allerdings muss relativ gesichert sein, dass die Genehmigung auch erteilt werden wird.

c) Schuldhafte Vertragsverletzung

Verletzt der Mieter seine mietvertraglichen Pflichten schuldhaft in nicht unerheb- 61
lichem Maße, steht dem Vermieter gem. § 573 Abs. 2 Nr. 1 BGB ein Kündigungsrecht zu. Der Kündigungstatbestand setzt ein **schuldhaftes Verhalten** des Mietnomaden voraus, weshalb dieser die Pflichtverletzung vorsätzlich oder fahrlässig begangen haben muss. Insoweit unterscheidet sich die Norm insbesondere von der außerordentlichen fristlosen Kündigung. Eine Pflichtverletzung von **Familien- oder Haushaltsangehörigen** muss der Mietnomade gem. § 278 BGB gegen sich gelten lassen, wenn diese mit ihm gemeinsam die Wohnung bewohnen. Für das Verhalten seiner Besucher haftet der Mietnomade allerdings in der Regel nicht.[46]

Die Erheblichkeit der Vertragsverletzung bedingt nicht zwingend, dass sie 62
gewichtige Folgen nach sich zieht. Dennoch muss sie eine gewisse Bedeutung für den Vermieter oder die übrigen Mieter haben. Solche Pflichtverletzungen können etwa sein:

- vertragswidriger Gebrauch der Mietsache,
- Zahlungsunpünktlichkeit,
- Zahlungsrückstände oder
- Störung des Hausfriedens.

Die ordentliche Kündigung kann im Gegensatz zur außerordentlichen fristlosen 63
Kündigung aus wichtigem Grund auch aufgrund einer weniger schwerwiegenden Vertragsverletzung begründbar sein. Eine **Abmahnung** der Vertragsverletzung ist im Gegensatz zur fristlosen Kündigung gem. § 543 Abs. 3 BGB grundsätzlich nicht erforderlich.[47] Im Vergleich zur fristlosen Kündigung kann insbesondere ein über einen längeren Zeitraum anhaltender Zahlungsverzug des Mietnomaden mit kleineren Mietanteilen, der sich nicht über mehrere aufeinanderfolgende Monate erstreckt, eine fristgemäße Kündigung rechtfertigen, da er eine Beeinträchtigung der finanziellen Berechnungen des Vermieters darstellt. Die fristgemäße Kündigung erfasst im Unterschied zur fristlosen Kündigung insbesondere auch Mietrückstände, die aus nicht periodisch wiederkehrenden Zahlungsverpflichtungen

---

46 Schmidt-Futterer/*Blank*, § 573 BGB Rn 20.

47 BGH, Urt. v. 28.11.2007 – VIII ZR 145/07 –.

herrühren. Dies kann der Fall sein, soweit der Mietschuldner Forderungen des Vermieters aus Betriebskostenabrechnungen oder der Kaution nicht begleicht. Das Erheblichkeitskriterium ist dann erfüllt, wenn der Zahlungsverzug der Höhe nach einer Monatsmiete entspricht und die Forderung länger als einen Monat fällig ist.[48]

! **Praxistipp**

Oftmals bestehen Abgrenzungsschwierigkeiten, ob eine Vertragsverletzung des Mietnomaden eine außerordentliche fristlose Kündigung rechtfertigen kann oder lediglich für eine ordentliche fristgemäße Kündigung ausreicht. In diesen Fällen kann wegen der gleichen Vertragsverletzung sowohl eine fristlose Kündigung als auch hilfsweise, für den Fall ihrer Unwirksamkeit, eine ordentliche Kündigung ausgesprochen werden.

---

2. Form

64 Gemäß § 568 Abs. 1 BGB hat die Kündigung von Mietverhältnissen **schriftlich** zu erfolgen. Folglich entfaltet eine mündlich ausgesprochene Kündigung keinerlei Rechtsfolgen. Zur Einhaltung der Schriftform ist insbesondere erforderlich, dass diese auch vom Kündigungsberechtigten unterschrieben wird. Die Schriftform kann auch durch Einhaltung der elektronischen Form gem. §§ 126 Abs. 3, 126a BGB ersetzt werden. Dafür muss der Kündigungsberechtigte die Kündigung mit seinem Namen und einer qualifizierten elektronischen Signatur versehen. Folglich kann eine Kündigungserklärung nicht wirksam per E-Mail erklärt werden. Eine vom Schriftformerfordernis abweichende mietvertragliche Klausel ist unwirksam.

65 Im Kündigungsschreiben sind gem. § 573 Abs. 3 BGB die **Kündigungsgründe** anzugeben. Es ist geboten, einen Kündigungsgrund stets detailliert darzustellen, damit der Mieter einerseits eine Prüfungsmöglichkeit hat und dieser andererseits einer rechtlichen Überprüfung standhält. Eine Bezugnahme auf frühere dem Mietnomaden zugegangene Schreiben ist zulässig. Es bietet sich insoweit an, diese dem Kündigungsschreiben nochmals beizufügen. Bei der Eigenbedarfskündigung muss der Vermieter einen konkreten Sachverhalt darlegen, auf den er das Interesse der Bedarfsperson an der Erlangung der Mietsache stützt. Hierzu zählt die Angabe der bisherigen Wohnverhältnisse und aller Vorteile, die mit dem Bezug der Wohnung verbunden sind.[49] Soweit eine Kündigung nicht oder nicht ausreichend begründet ist, ist sie unwirksam. Eine Heilung der Unwirksamkeit kann auch nicht durch ein Nachschieben von Gründen bewirkt werden, vielmehr

---

48 Schmidt-Futterer/*Blank*, § 573 BGB Rn 28.
49 BGH, Urt. v. 27.6.2007 – VIII ZR 271/06 –.

müsste wiederum eine Kündigung ausgesprochen werden. Die Anforderungen an den Inhalt eines Kündigungsschreibens sind jedoch nicht derart zu überspannen, dass dem Vermieter die Erlangung der Wohnung in unzumutbarer Weise erschwert wird.

Für die **Eigenbedarfskündigung** reicht es aus, dass der Vermieter die Person 66
bezeichnet, für die er die Wohnung benötigt, und deren Interesse an der Erlangung der Wohnung darlegt.[50]

Bei der **Verwertungskündigung** sind zwar die Gründe und nachvollzieh- 67
bare Zahlen konkret darzulegen. Eine ins Detail gehende Kalkulation braucht der Vermieter jedoch der Kündigung nicht beizulegen.[51]

Die Angabe, zu welchem Zeitpunkt das Mietverhältnis mit dem Mietnomaden 68
beendet wird, ist für die Wirksamkeit der Kündigung nicht erforderlich. Es genügt daher zum nächstmöglichen Zeitpunkt zu kündigen, wobei eine genaue Bezeichnung allerdings im Eigeninteresse des Vermieters liegt.

III. Kündigungsfristen

Für die ordentliche fristgemäße Kündigung sind von beiden Mietvertragsparteien 69
gem. § 573c Abs. 1 BGB vorgeschriebene Kündigungsfristen einzuhalten. Die Kündigung ist spätestens am dritten Werktag eines Kalendermonats zum Ablauf des übernächsten Monats zulässig. Entscheidend für den Lauf der Kündigungsfrist ist damit deren Zugang beim Mietnomaden.

Der Mieter kann jederzeit mit dreimonatiger Frist kündigen. Nach § 573c 70
Abs. 2 BGB gilt allerdings für den Vermieter eine insoweit **verlängerte Kündigungsfrist**, als dass sich nach einem Zeitraum von fünf und acht Jahren seit Überlassung des Wohnraums die Frist um jeweils drei Monate verlängert. Diese sog. **asymmetrischen Kündigungsfristen** stellen ein Ärgernis aufseiten der Vermieter dar, berücksichtigen sie doch ausschließlich die Mobilitätsinteressen des Mieters. Es findet insoweit keine gesetzliche Berücksichtigung, ob der Vermieter etwa aus gesundheitlichen Gründen kurzfristigen Bedarf an seiner Erdgeschosswohnung hat oder die Nachbarwohnung für sein Pflegepersonal benötigt.

Eine kürzere Kündigungsfrist gilt gem. § 573c Abs. 3 BGB bei **möblierten** 71
Zimmern innerhalb einer vom Vermieter selbst bewohnten Wohnung gem. § 549 Abs. 2 Nr. 2 BGB. Hiernach können Vermieter und Mieter spätestens am 15. eines Monats zum Ablauf dieses Monats kündigen.

---

50 BGH, Urt. v. 6.7.2011 – VIII ZR 317/10 –.

51 LG Wiesbaden WM 1997, 486.

72 Die Kündigungsfrist für den Vermieter verlängert sich zudem gem. § 573a Abs. 1 S. 2 BGB um drei Monate bei einem vom Vermieter selbst bewohnten Gebäude mit nicht mehr als zwei Wohnungen oder bei Wohnraum innerhalb der vom Vermieter selbst bewohnten Wohnung.

73 Ein Abweichen von der gesetzlichen Kündigungsfrist zum Nachteil des Mieters ist unwirksam (§ 573a Abs. 4 BGB).

F. Nebenerklärungen

74 Als Vorsichtsmaßnahme sollte der Vermieter mit der Kündigung gegenüber einem Mietnomaden ausdrücklich einer **Verlängerung des Mietverhältnisses nach § 545 BGB widersprechen**. Verbleibt der Mietschuldner nämlich nach Beendigung des Mietverhältnisses in der Wohnung, kann schlüssig ein Mietverhältnis auf unbestimmte Zeit begründet werden, wenn der Vermieter nicht spätestens innerhalb von zwei Wochen nach der an sich erfolgten Beendigung des Mieterverhältnisses erklärt, dass er einer Verlängerung bzw. Neubegründung des Mietverhältnisses widerspricht. Bei der ordentlichen fristgemäßen Kündigung ist der Hinweis auf die Widerspruchsmöglichkeit in der Kündigung zwar unschädlich, jedoch möglicherweise nicht ausreichend. Zumindest einige Gerichte verlangen einen engen zeitlichen Zusammenhang zwischen dem Hinweis und dem Zeitpunkt der Beendigung des Mietverhältnisses. Folglich sollte der Vermieter sicherheitshalber kurz vor Ablauf der Kündigungsfrist nochmals einen Widerspruch nachsenden.

75 Zudem hat der Vermieter den Mietnomaden bei fristgemäßen Kündigungen von Wohnraummietverhältnissen gem. § 568 Abs. 2 BGB auf die Möglichkeit des **Widerspruchs gegen die Kündigung** sowie dessen Form und Frist gem. §§ 574 ff. BGB hinzuweisen. Hiernach kann der Mieter der Kündigung widersprechen, soweit die Beendigung des Mietverhältnisses für ihn, seine Familie oder einen anderen Angehörigen seines Haushalts eine Härte bedeuten würde, die auch unter Würdigung der berechtigten Interessen des Vermieters nicht zu rechtfertigen ist. Diese Widerspruchsmöglichkeit wird von Mietnomaden gerne genutzt, um den Auszug aus der Mietwohnung hinauszuzögern. Der Hinweis sollte ebenfalls bereits mit der Kündigung erfolgen. Ein Verweis auf die einschlägigen Normen genügt dabei nicht, vielmehr muss der gesetzliche Wortlaut im Wesentlichen wiedergegeben werden. Wird der Hinweis versäumt, kann der Mietnomade seinen Widerspruch noch im ersten Termin eines Räumungsrechtsstreits erheben. Kündigt der Vermieter hingegen ein Mietverhältnis außerordentlich fristlos, findet die Sozialklausel gem. § 574 Abs. 1 S. 2 keine Anwendung, weshalb es auch keiner Belehrung bedarf.

Unter einer **besonderen Härte**, welche das Widerspruchsrecht des Mietnomaden begründen kann, sind alle Nachteile zu verstehen, die infolge der Vertragsbeendigung auftreten können. Die kündigungstypischen Belastungen wie etwa Umzug oder Wohnungssuche reichen nicht aus, um einen Widerspruch zu begründen. Hingegen kann etwa eine schwere Krankheit, eine Schwangerschaft oder eine akute Suizidgefahr eine derartige Härte darstellen. Der in der Praxis häufigste Härtegrund ist allerdings in § 547 Abs. 2 BGB normiert, nämlich die **fehlende Beschaffungsmöglichkeit von angemessenem Ersatzwohnraum** zu zumutbaren Bedingungen. Damit allerdings ein Widerspruchsrecht wegen fehlenden Ersatzwohnraums besteht, müssen besondere Voraussetzungen durch den Mietnomaden erfüllt worden sein. Dieser muss sich in zumutbarer Art und Weise um Ersatzwohnraum bemüht haben.[52] Welche konkreten Bemühungen vom Mieter erwartete werden, ist abhängig von den Umständen des Einzelfalls. Der Mieter ist jedenfalls verpflichtet, seine Bemühungen, Ersatzwohnraum zu finden, vor Gericht darzulegen.[53] Die Gerichte stellen hohe Anforderungen an die Nachweispflicht des Mieters. 76

Selbst wenn der Mietnomade eine Härte nachweisbar darlegt, bedeutet dies nicht zwangsläufig, dass diese auch sein Widerspruchsrecht begründet. Vielmehr muss die Härte auch unter Würdigung der **berechtigten Interessen des Vermieters** nicht zu rechtfertigen sein. Insoweit hat das Gericht folglich eine umfassende Interessenabwägung zwischen den Nachteilen, die zulasten des Mietnomaden bei einer Beendigung des Mietverhältnisses zu erwarten sind, gegenüber denjenigen, die der Vermieter bei Fortführung des Mietverhältnisses erleidet, durchzuführen. Soweit der Vermieter nachweislich vor Gericht dokumentieren kann, welche Schäden ihm durch die Fortsetzung des Mietverhältnisses mit einem Mietnomaden drohen, dürfte die Interessenabwägung in der Regel zugunsten des Vermieters ausfallen. 77

G. Einschaltung eines Rechtsanwalts

Bei komplizierteren Kündigungssachverhalten ist grundsätzlich die Einschaltung eines Rechtsanwalts oder die Konsultation eines Vermieterverbandes noch vor beabsichtigter Kündigung eines Mietverhältnisses mit einem Mietnomaden geboten, um etwaigen Schäden auf Vermieterseite durch eine rechtsfehlerhafte Vorgehensweise vorzubeugen. Es darf insoweit nicht unterschätzt werden, dass 78

52 LG Berlin, Urt. v. 22.6.1999 – 64 S 32/99 –.
53 OLG Köln, Urt. v. 10.3.2003 – 16 U 72/02 –.

Fehler in der Kündigungserklärung hohe Schäden verursachen können. Gewisse Kündigungen, wie beispielsweise der Ausspruch einer Eigenbedarfs- oder Verwertungskündigung, bedürfen aufgrund ihrer Komplexität und Fehleranfälligkeit zwingend einer anwaltlichen Bearbeitung. Unzureichende Angaben bei diesen Kündigungen zählen zu den häufigsten Fehlern, wie die umfangreiche Rechtsprechung hierzu zeigt. Aber auch bei einfach gelagerten Sachverhalten sollte der Vermieter spätestens bei Erhebung der Räumungsklage einen Rechtsanwalt einschalten. Insofern sei daran erinnert, dass es gerade Ziel eines Mietnomaden ist, das soziale Mietrecht derart für sich zu nutzen, um möglichst lange kostenfrei die Mietwohnung zu bewohnen. Hier gilt es, durch eine adäquate rechtsanwaltliche Beratung bereits zu einem frühen Stadium entgegenzuwirken. Jede Verzögerung aufgrund einer nicht sachgemäßen Vorgehensweise wird in der Regel umgehend vom Mietnomaden zu seinen Gunsten genutzt und verursacht damit weitergehende Schäden auf Vermieterseite.

H. Kostentragung

79 Die Kosten einer Kündigung sind grundsätzlich von der kündigenden Person zu tragen. Dies gilt jedoch nicht, soweit die Kündigung aufgrund einer Vertragsverletzung des Kündigungsempfängers ergeht, was bei einem Mietnomaden die Regel ist. Insoweit steht dem Kündigenden ein Schadensersatzanspruch zu, der insbesondere auch die **Rechtsanwaltskosten** umfassen kann. Da auch insoweit eine Schadensminderungspflicht gilt, darf der kündigende Vermieter nur dann einen Anwalt in Anspruch nehmen, wenn dies aufgrund des Kündigungssachverhalts geboten ist.[54] Die Anwaltskosten eines privaten, rechtsunkundigen Vermieters sind in einfach gelagerten Fällen grundsätzlich nicht erstattungsfähig. Die Gerichte gehen beispielsweise davon aus, dass bei klarer Rechtslage, wie einem Zahlungsverzug über zwei Monaten, die Einschaltung eines Rechtsanwaltes nicht geboten ist. Ausnahmsweise gilt dies nicht, wenn der Vermieter an der Wahrnehmung seiner Interessen gehindert ist. Sollte der Kündigungssachverhalt allerdings rechtliche Schwierigkeiten aufweisen, werden die Kosten des Rechtsanwalts als Schadensersatz anerkannt. Gewerbliche Großvermieter haben bei Zahlungsverzugskündigungen aufgrund klarer Sachlage grundsätzlich ihre Anwaltskosten selbst zu tragen.[55]

---

54 Schmidt-Futterer/*Blank*, § 542 BGB Rn 99.

55 BGH, Urt. v. 6.10.2010 – VIII ZR 271/09 –.

I. Mustertexte

I. Außerordentliche fristlose Kündigung gem. §§ 543 Abs. 1, 569 BGB

Muster

„Absender: (Vermieter) 80

Anschrift: (Mieter)

Betr.: Außerordentliche fristlose Kündigung Ihres Mietverhältnisses

Sehr geehrter Herr/Frau...,
mit Mietvertrag vom ... haben Sie die Wohnung in ... gemietet. Die Wohnung wurde Ihnen zum ... überlassen.
Hiermit kündige ich diesen Mietvertrag zum ... außerordentlich fristlos aus wichtigem Grund. Hilfsweise kündige ich das Mietverhältnis ordentlich zum ... unter Einhaltung der gesetzlichen Frist.
Die Kündigung begründe ich wie folgt:
Seit dem ... dieses Jahres gehen von Ihrer Wohnung zahlreiche Lärmbelästigungen durch laute Musik aus. Diese erfolgen insbesondere regelmäßig zu den Ruhe- und Nachtzeiten.
So haben Sie

- *am ... in der Zeit zwischen ... und ... Uhr laute Musik gehört.*
- *(ausführlich weitere Ruhestörungen aufführen).*

Aufgrund dieses Sachverhalts habe ich Ihnen bereits zwei Abmahnungen am ... und ... zustellen lassen. Die Abmahnungen hänge ich diesem Schreiben in Kopie an. Für den Fall weiterer Vertragsverstöße wurde Ihnen die fristlose Kündigung des Mietverhältnisses angedroht.
Die hilfsweise ordentliche Kündigung erfolgt aufgrund desselben Sachverhalts.
Der Ordnung halber weise ich Sie gemäß § 568 Abs. 2 BGB darauf hin, dass Sie dieser Kündigung gemäß § 574 BGB widersprechen können. Der Widerspruch muss schriftlich erfolgen und spätestens zwei Monate vor Ablauf der Kündigungsfrist bei mir eingehen. Ein Widerspruch hat nur Erfolg, soweit die Beendigung des Mietverhältnisses für Sie, Ihre Familie oder einen anderen Angehörigen Ihres Haushalts eine Härte bedeuten würde, die auch unter Würdigung meiner berechtigten Interessen nicht zu rechtfertigen ist. Ihr Widerspruchsschreiben muss die Gründe für Ihren Widerspruch enthalten.
Ich bitte darum, mir die Wohnung bis zum ... geräumt und in vertragsgemäßem Zustand gemeinsam mit allen bei Wohnungsübergabe ausgehändigten Schlüsseln zurückzugeben. Insoweit bitte ich um rechtzeitige Terminvereinbarung für die Wohnungsabnahme. Bei nicht rechtzeitiger Rückgabe der Wohnung werde ich für die Dauer der Vorenthaltung eine Nutzungsentschädigung von Ihnen verlangen.
Schließlich widerspreche ich einer Verlängerung des Mietverhältnisses gemäß § 545 BGB.

Mit freundlichen Grüßen

(Ort und Datum)

____

(Originalunterschrift aller Vermieter)"

II. Ordentliche fristgerechte Kündigung gem. § 573 Abs. 1 BGB

Muster

81 *„Absender: (Vermieter)*

Anschrift: (Mieter)

Betr.: Ordentliche Kündigung Ihres Mietverhältnisses

Sehr geehrter Herr/Frau...,
mit Mietvertrag vom ... haben Sie die Wohnung in ... gemietet. Die Wohnung wurde Ihnen zum ... überlassen.
Hiermit kündige ich diesen Mietvertrag zum ... ordentlich und unter Einhaltung der gesetzlichen Frist wegen Eigenbedarfs.
Die Kündigung begründe ich wie folgt:
Mein Sohn wird in einem Monat heiraten und beabsichtigt Ihre Wohnung zusammen mit seiner zukünftigen Ehefrau zu beziehen. Zurzeit bewohnen mein Sohn und seine zukünftige Ehefrau zwei getrennte Mietwohnungen, die jeweils für die Begründung eines gemeinsamen Haushalts zu klein sind. Die derzeitig von Ihnen angemietete Wohnung ist hingegen von der Größe und Zimmeranzahl optimal für einen Zwei-Personen-Haushalt geeignet. Da ich neben der Ihnen vermieteten Eigentumswohnung keine weiteren Immobilien besitze, steht mir keine alternative freie Wohnung zur Verfügung, welche ich meinem Sohn und seiner zukünftigen Ehefrau anbieten könnte.
Der Ordnung halber weise ich Sie gemäß § 568 Abs. 2 BGB darauf hin, dass Sie dieser Kündigung gemäß § 574 BGB widersprechen können. Der Widerspruch muss schriftlich erfolgen und spätestens zwei Monate vor Ablauf der Kündigungsfrist bei mir eingehen. Ein Widerspruch hat nur Erfolg, soweit die Beendigung des Mietverhältnisses für Sie, Ihre Familie oder einen anderen Angehörigen Ihres Haushalts eine Härte bedeuten würde, die auch unter Würdigung meiner berechtigten Interessen nicht zu rechtfertigen ist. Ihr Widerspruchsschreiben muss die Gründe für Ihren Widerspruch enthalten.
Ich bitte darum, mir die Wohnung bis zum ... geräumt und in vertragsgemäßem Zustand gemeinsam mit allen bei Wohnungsübergabe ausgehändigten Schlüsseln zurückzugeben. Insoweit bitte ich um rechtzeitige Terminvereinbarung für die Wohnungsabnahme. Bei nicht rechtzeitiger Rückgabe der Wohnung werde ich für die Dauer der Vorenthaltung eine Nutzungsentschädigung von Ihnen verlangen.
Schließlich widerspreche ich einer Verlängerung des Mietverhältnisses gemäß § 545 BGB.

Mit freundlichen Grüßen

(Ort und Datum)

____

(Originalunterschrift aller Vermieter)"

Kapitel 12
Die Zustellung empfangsbedürftiger Willenserklärungen wie Abmahnung und Kündigung

A. Allgemeines

Viele nicht zahlende Mieter berufen sich darauf, rechtsgestaltende Erklärungen des Vermieters überhaupt nicht erhalten zu haben. 1

Anders als nicht empfangsbedürftige Willenserklärungen, die bereits mit ihrer Abgabe wirksam werden, bedarf es für das Wirksamwerden einer einseitigen empfangsbedürftigen Willenserklärung i. S. d. § 130 Abs. 1 S. 1 BGB sowohl der **Abgabe** der Erklärung durch den Erklärenden als auch eines **Zugangs** der Erklärung bei dem Erklärungsempfänger. 2

Abgegeben ist die Willenserklärung, wenn sie mit Willen des Erklärenden in den Verkehr gebracht worden ist. Die Erklärung muss an den oder die Erklärungsempfänger gerichtet werden. Ist sie dies nicht, bleibt die Erklärung auch dann wirkungslos, wenn sie dem richtigen Empfänger (mehr oder weniger zufällig) zugeht.[1] 3

Zugegangen ist die Erklärung, wenn sie so in den Herrschaftsbereich des Empfängers gelangt ist, dass dieser unter üblichen Umständen die Möglichkeit hat, vom Inhalt der Erklärung Kenntnis zu nehmen.[2] Vollendet ist der Zugang, wenn die Kenntnisnahme durch den oder die Empfänger möglich und nach der Verkehrsanschauung zu erwarten ist.[3] Bis 18:00 Uhr in den Briefkasten eingelegte Briefe gelten grundsätzlich als am Tag des Briefeinwurfs zugegangen.[4] 4

Die Abmahnung oder Kündigung wird also mit ihrem Zugang wirksam. **Beweispflichtig** für den **Zugang** der Erklärung ist der **Vermieter**. Er kann im (Räumungs-)Prozess also allein deshalb unterliegen, weil er den Zugang des Kündigungsschreibens oder ggf. der der Kündigung vorangegangenen Abmahnung nicht nachweisen kann. Gerade bei einem nicht zahlenden Mieter oder gar einem Mietnomaden muss der Vermieter auf die rechtssichere Zustellung achten. 5

Die Möglichkeiten, einen **Zugangsnachweis** zu führen, sind vielfältig, jedoch nicht in demselben Maße zielführend. 6

---

1 Palandt/*Heinrichs*, § 130 Rn 4.
2 BGHZ 67, 271; BGH NJW 1980, 990.
3 Palandt/*Heinrichs*, § 130 Rn 5.
4 Palandt/*Heinrichs*, § 130 Rn 6.

! **Praxistipp**
Es empfiehlt sich, die Art der Zustellung im **Adressfeld** des Schreibens anzugeben, um den oder die Mieter nach Möglichkeit von einem unberechtigten Bestreiten des Zugangs abzuhalten. Ein solcher Zusatz wäre z. B. „Durch Boten" oder „Per Einwurf-Einschreiben".

B. Durch Boten

7 Die Zustellung durch einen „Boten", bei dem es sich um jeden beliebigen Dritten handeln kann, ist zu bevorzugen, selbst wenn sie möglicherweise mit einigem Aufwand verbunden ist, etwa weil Mieter und Vermieter nicht am selben Ort wohnen. Grundsätzlich ist der Vermieter bereits am Tag der Zustellung des Schreibens in der Lage, dessen Zugang beim Mieter nachzuweisen. Bestreitet der Mieter den Zugang des Schreibens im Räumungsprozess, wird der Bote als Zeuge für dessen Zustellung benannt.

! **Praxistipp**
Es ist wichtig, dass der Bote den **Inhalt** des von ihm zuzustellenden Schreibens **kennt**; ansonsten könnte sich der Mieter erfolgreich auf den Standpunkt stellen, ihm sei ein anderes als das in Rede stehende Schreiben zugestellt worden.
Auf einer Abschrift der Abmahnung/des Kündigungsschreibens sollte der Bote das **Datum** und die **Uhrzeit** der Zustellung vermerken, um anlässlich einer Zeugenvernehmung ggf. zu den Umständen der Zustellung substantiiert aussagen zu können. Außerdem kann es, insbesondere bei großen Wohnanlagen oder wenn sich der Briefkasten an einer außergewöhnlichen Stelle auf dem Grundstück befindet, sinnvoll sein, eine solche Besonderheit oder in welchen Briefschlitz genau („der dritte von links in der zweiten Reihe von oben") eingeworfen wurde, zu notieren oder auch ein Foto von der Briefkastenanlage mit dem Namen des Mieters aufzunehmen. Es ist wichtig, dass der Bote die Zustellung des Schreibens ggf. nachvollziehbar und plausibel schildern kann. Ferner sollte der Zeuge sinnvollerweise auch bezeugen können, dass dem Kündigungsschreiben ggf. eine **Vollmacht** des Vermieters beigefügt war. Dies ist in dem Fall gewährleistet, wenn der Zeuge das Schreiben nebst Vollmacht persönlich eincouvertiert oder beim Eincouvertieren zugegen ist.

C. Per Einschreiben/Rückschein

8 Die Übersendung durch ein Einschreiben mit Rückschein ist ungeeignet, da der Mieter den Zugang einfach vereiteln kann, indem er das Schreiben nicht entgegennimmt und das sodann bei der Post hinterlegte Schreiben nicht abholt. Selbst wenn der Nachweis, dass ein Benachrichtigungsschein über die Hinterlegung

des Schreibens bei der Post in den Briefkasten eingelegt wurde, zu führen wäre, würde dies für einen Zugangsnachweis nicht ausreichen.[5]

D. Per Einwurf-Einschreiben

Geeigneter ist die Zustellung durch ein Einwurf-Einschreiben, da jedes Schreiben bei seiner Aufgabe bei der Post einen **individuellen Code** erhält, der eingescannt wird und es ermöglicht, den Weg des Schreibens und seine Zustellung beim Adressaten über das Internet nachzuvollziehen. Der **Einlieferungsbeleg** sollte aufbewahrt werden; das Gleiche gilt hinsichtlich der unbedingt über eine Internetabfrage bei der Deutschen Post auszudruckenden ersichtlichen **Zustellungsbenachrichtigung**. Diese beiden Belege ermöglichen es, einen vom Mieter zu widerlegenden Anscheinsbeweis[6] für den Zugangsnachweis zu führen; allerdings treten bei der Sachbearbeitung durch die Post gelegentlich Fehler auf, die dann zulasten des beweispflichtigen Vermieters gehen. 9

E. Durch Gerichtsvollzieher

Auch die Zustellung durch den Gerichtsvollzieher ermöglicht den Erhalt eines **sicheren Nachweises** darüber, dass dem Mieter ein Schriftstück zugegangen ist. Die Zustellung ist auf diese Weise jedoch teurer als die Zustellung durch einen „Boten". Geregelt ist die Zustellung durch den Gerichtsvollzieher in §§ 166 ff., 182 ZPO. Sie erfolgt entweder durch die Übergabe des Schreibens an den Mieter/Mietnomaden bzw. eine in seinem Haushalt angetroffene Person oder bei Abwesenheit des Mieters/Mietnomaden durch dessen Benachrichtigung und die Niederlegung des Schreibens. Die Zustellung gilt dann jedenfalls gem. § 132 BGB als erfolgt, selbst wenn der Mieter das Schreiben nicht abholt. Die Zustellung durch den Gerichtsvollzieher kann sicher nachgewiesen werden, hat aber den Nachteil, dass sie einerseits aufwändiger zu veranlassen ist und der Vermieter andererseits den Nachweis der Zustellung erst nach rund einer Woche, keinesfalls am selben Tag, erlangen kann. 10

5 Palandt/*Heinrichs*, § 130 Rn 6.
6 Palandt/*Heinrichs*, § 130 Rn 21.

Muster: Zustellungsauftrag an den Gerichtsvollzieher

„An das
Amtsgericht ...
–Verteilungsstelle für Gerichtsvollzieheraufträge –

In Sachen
.... (Vermieter/in) / .... (Mieter(in)

überreiche ich anliegend
Abmahnung vom ... / Kündigung vom ...

mit der Bitte,
an Herrn/Frau/Eheleute ..., Anschrift, zuzustellen
und die Zustellungsurkunde an mich zurückzusenden.

Grußformel/Unterschrift"

F. Durch öffentliche Zustellung

11 Gemäß § 132 Abs. 2 BGB kann eine öffentliche Zustellung des Schreibens nach den für die öffentliche Ladung geltenden Vorschriften der ZPO, also §§ 185 ff. ZPO, erfolgen, sofern der Mieter/Mietnomade „verschwunden" ist, also der aktuelle Aufenthaltsort/die aktuelle Anschrift nicht ermittelt werden kann. Die öffentliche Zustellung wird auf Antrag des Vermieters durch das zuständige Amtsgericht bewirkt.

12 Dem Vermieter wird auch dann, wenn der Mieter/Mietnomade sich schlichtweg geweigert hat, ihm seine neue Anschrift mitzuteilen oder der Mieter/Mietnomade die Wohnung in einer „Nacht-und-Nebel-Aktion" unbemerkt verlassen hat, zugemutet, erhebliche Anstrengungen und Kosten aufzuwenden, um die neue Anschrift des Mieters/Mietnomaden zu ermitteln. Zur Adressermittlung kommen die Einwohnermeldeamtsanfrage, die Nachfrage bei früheren Nachbarn, dem Arbeitgeber oder die Recherche durch eine auf Adressermittlungen spezialisierte Detektei, wie z. B. die Firma Infodatex, in Betracht. Auch eine Recherche im Internet in den sog. sozialen Medien wird teilweise von den Gerichten schon gefordert. Bei den durch die Adressermittlung entstehenden Kosten handelt es sich um Kosten der Rechtsverfolgung, die ggf. als Schaden ersetzt verlangt werden können.

Muster: Antrag auf öffentliche Zustellung eines Schriftstücks

„An das
Amtsgericht ...

Da die Zustellung des als Anlage beigefügten

Schreibens vom ...

an

Herrn/Frau Eheleute ..., vormals wohnhaft (Adresse)

derzeit nicht möglich ist, beantrage ich, die öffentliche Zustellung dieses Schriftstücks zu bewilligen.

Begründung:
Der Aufenthalt der/des Herrn/Frau Eheleute ... ist nicht bekannt; er/sie ist unbekannt verzogen. Er/sie hat/haben die vormals in meinem Anwesen (Adresse) innegehaltene Wohnung verlassen, ohne mir eine neue Anschrift mitzuteilen. Personen, welchen der Aufenthalt der/des Herrn/Frau Eheleute ... bekannt sein könnte, sind mir nicht bekannt.
Eine Anfrage beim Einwohnermeldeamt ist, wie aus der als Anlage beigefügten Mitteilung vom ... ersichtlich ist, erfolglos geblieben. Auch die Ermittlungsbemühungen der Fa. Infodatex haben kein verwendbares Ergebnis gebracht.
Sollte das Gericht weitere Angaben für erforderlich halten, wird um einen Hinweis gebeten.

Grußformel/Unterschrift“

Kapitel 13
Aufhebungs- und Abwicklungsvertrag

A. Überblick

1 Der Aufhebungsvertrag stellt eine Möglichkeit für den von einem nicht zahlenden Mieter betroffenen Vermieter dar, sich schnell von dem Mietschuldner und insbesondere von einem Mietnomaden zu lösen und wieder in den Besitz der Mietsache zu kommen.

2 Bei einem Aufhebungs- und Abwicklungsvertrag handelt es sich um einen Vertrag, im Rahmen dessen ein zwischen denselben Vertragsparteien bestehender vorheriger Vertrag (vorzeitig) durch die **Vereinbarung einer Aufhebung** beendet wird und die sich daran anschließende **Abwicklung des Vertrages** im Einzelnen zwischen den Parteien konkret geregelt wird.[1] Ein Anwendungsgebiet eines Aufhebungsvertrages ist in der Praxis auch das Wohn- oder Gewerberaummietrecht, um eine Kündigung zu vermeiden oder – ggf. modifiziert – zu bestätigen.

3 Abzugrenzen ist der Aufhebungsvertrag von den sog. **einseitigen vermieterseitigen Maßnahmen,** wie etwa der Kündigung, der Geltendmachung von Zahlungs- und/oder Räumungs- und Herausgabeansprüchen oder der Erhebung der Klage bis hin zur Zwangsvollstreckung, welche der Vermieter jeweils ohne Mitwirkung und sogar entgegen dem Willen des Mietschuldners einseitig durchsetzen kann. Demgegenüber ist es für den Aufhebungsvertrag erforderlich, dass beide Vertragsparteien, also Vermieter und Mietschuldner, sich auf eine Aufhebung und Abwicklung des Mietverhältnisses vertraglich einigen, was in der Praxis stets ein **wechselseitiges Nachgeben** bedeutet, wobei der Aufhebungsvertrag in geeigneten Fällen für den Vermieter – zu den Einzelheiten nachfolgend – durchgreifende **wirtschaftliche und rechtliche Vorteile** haben kann, auch wenn der Vermieter selbst gewisse „Abstriche" machen muss.

B. Zweck

4 Vor dem Hintergrund des bereits dargestellten zeitlichen Verlaufes von der Kündigung eines Mietvertrages wegen Zahlungsverzuges über die Klage auf Zahlung, Räumung und Herausgabe sowie schlussendlich der Räumung im Wege der

---

1 LG Gießen, Urt. v. 2.4.1997 – 1 S 514/96 – ZMR 1997, 471.

Zwangsvollstreckung, was im ungünstigsten Fall mehrere Jahre in Anspruch nehmen kann, stellt der Aufhebungsvertrag für den Vermieter unter mehreren Gesichtspunkten eine **sinnvolle Alternative** dar, wenn es ihm gelingt, mit dem Mietnomaden eine solche Vereinbarung wirksam und zu für den Vermieter akzeptablen Bedingungen abzuschließen.

So lässt sich durch einen Aufhebungsvertrag entweder eine erforderliche 5 Kündigung wegen Zahlungsverzuges vermeiden oder eine solche durch einen Aufhebungsvertrag bestätigen und ein **Beendigungszeitpunkt** konkret zwischen den Parteien festlegen. Hiervon abweichend kann eine **Räumungsfrist** vereinbart werden, welche es dem Mietschuldner ermöglicht, Ersatzräumlichkeiten zu finden und anzumieten, um umzuziehen. Daneben können **Zahlungs- und Herausgabeansprüche** zwischen den Vertragsparteien in unterschiedlichster Form ebenso geregelt werden sowie die Beseitigung von **Schäden** oder der Zustand, in welchem die Mietsache zurückzugeben ist.[2]

Idealerweise hält sich der Mietschuldner an die getroffenen Vereinbarungen, 6 sodass eine zeitnahe **einvernehmliche Erledigung** eintritt. Aber selbst dann, wenn der Vermieter mit dem Mieter einen Aufhebungsvertrag mit der Regelung diverser Regelungspunkte geregelt hat und der Mietschuldner sich hieran nicht hält, hat der Vermieter durch den Aufhebungsvertrag einerseits seine **rechtliche Position** deutlich ebenso verbessert wie seine **Beweissituation** sowie andererseits damit das Prozessrisiko reduziert, mit welchem das Kostenrisiko sinkt. Schließlich ist es in dieser Konstellation auch möglich, dass die Parteien sich auf der Basis des außergerichtlichen Aufhebungsvertrages im Wege eines **gerichtlichen Vergleiches** in derselben oder modifizierter Form frühzeitig einigen können.

C. Grenzen

Die wesentliche Grenze eines Aufhebungsvertrages liegt in der Praxis darin, ob 7 und mit welchem vertraglichen Inhalt der Mietschuldner überhaupt bereit ist, mit dem Vermieter einen Aufhebungsvertrag abzuschließen. Bei geübten Langzeitmietschuldnern oder Mietnomaden fehlt es in der Praxis häufig bereits an der **grundsätzlichen Bereitschaft** zu einer einvernehmlichen Einigung. Darüber hinausgehend wird der Mietschuldner versuchen, seine Position gegenüber dem Vermieter auszunutzen und zu einem Aufhebungsvertrag nur bereit sein, wenn

2 Schmidt-Futterer/*Blank*, nach § 542 BGB Rn 28 f.

der Vermieter ihm in bestimmten Positionen insbesondere **wirtschaftlich entgegenkommt.**[3]

8 Neben diesen grundlegenden Grenzen ist zu berücksichtigen, dass auch ein Aufhebungsvertrag nicht **sittenwidrig** sein darf und – bei Wohnraum – auch keine **Vertragsstrafe** enthalten darf, da dies wegen Verstoßes gegen § 555 BGB zur Unwirksamkeit der dahingehenden Klauseln oder darüber hinausgehend führen kann. Schlussendlich ist der Aufhebungsvertrag **kein Titel,** aus welchem der Vermieter vollstrecken könnte. Auch bei dem Abschluss eines Aufhebungsvertrages kann dem Mietschuldner auf Antrag und bei Vorliegen der gesetzlichen Voraussetzungen über den Räumungstermin hinausgehend durch das Gericht **Räumungsschutz** gewährt werden.

9 Demnach kommt es für die Verhandlung und insbesondere den Abschluss eines Aufhebungsvertrages im Wesentlichen darauf an, dass der Vermieter seine **tatsächliche und insbesondere rechtliche Position** gegenüber dem Mietschuldner kennt sowie das ihm mögliche Entgegenkommen, um den Abschluss eines Aufhebungsvertrages mit dem Mietschuldner zu realisieren. Hierbei ist es wichtig, dass der Vermieter sorgfältig auch unter **wirtschaftlichen Gesichtspunkten** gegenüber den ansonsten drohenden tatsächlichen und wirtschaftlichen Nachteilen Kosten (wirtschaftliche Abstriche) und Nutzen sorgfältig abwägt.

! **Praxistipp**
Werden an die Vergünstigungen zugunsten des Mietschuldners, um diesen zum Abschluss und der Erfüllung des Aufhebungsvertrages zu motivieren, **konkrete geeignete Bedingungen** geknüpft, so treten die wirtschaftlichen Abstriche des Vermieters nur dann ein, wenn der Mietschuldner die Vereinbarung auch rechtzeitig und vollständig erfüllt. Andernfalls entfallen die Vergünstigungen und dem Vermieter bleiben aber immer noch die sonstigen Vorteile in Form der **getroffenen Vereinbarungen** und der **besseren Beweismöglichkeiten.**

D. Praktische Umsetzung

10 Für die praktische Umsetzung eines Aufhebungsvertrages wird die Initiative in der Regel vom Vermieter ausgehen müssen, da dieser ein wesentliches Interesse daran hat, seine tatsächliche und rechtliche Position mit den daraus resultierenden wirtschaftlichen Folgen gegenüber dem Mieter zu verbessern. Dazu ist es zunächst erforderlich, dass der Vermieter sich nicht nur Gedanken über seine eigenen zu regelnden Interessen macht, sondern gleichermaßen auch bedenkt,

3 Schmidt-Futterer/*Blank*, nach § 542 BGB Rn 30.

welche **Interessenlage der Mietschuldner** hat, um diesem in gewissen Punkten ein Entgegenkommen anzubieten, damit der Mietschuldner zum Abschluss des Aufhebungsvertrages motiviert wird. Steht der Vermieter allerdings einem hartnäckigen Zahlungsverweigerer gegenüber, wird er nur mit der Inaussichtstellung eines Forderungsverzichts und einer Zahlung an den Mietnomaden dessen Interesse wecken.

Wenn der Vermieter sowohl seine Interessenlage als auch die des Mietschuldners gegenübergestellt und gegeneinander abgewogen hat, ist er auch in der Lage, die einzelnen Regelungspunkte zu konkretisieren und für sich selbst als **Verhandlungsgrundlage** vorzuformulieren. Erst wenn diese vorbereitenden Umsetzungen durch den Vermieter erfolgt sind, macht es Sinn, mit konkreten Vertragsverhandlungen an den Mietschuldner heranzutreten, um mit diesem einen wirksamen Aufhebungsvertrag abzuschließen. 11

Praxistipp !

Jeder Eintritt in Vertragsverhandlungen sollte – so auch beim Aufhebungsvertrag – gründlich vorbereitet sein und nicht spontan erfolgen. Einen wesentlichen Faktor für einen erfolgreichen Abschluss bildet die Vorbereitung.

I. Regelungsinteressen

Bei der Vorbereitung eines Aufhebungsvertrages sollte der Vermieter neben seinen eigenen zu verfolgenden Interessen diesen auch die Interessenlage des Mietschuldners **konkret gegenüberstellen.** 12

1. Vermieterinteressen

Die Vermieterinteressen bei einem gestörten Wohn- oder Gewerberaummietvertrag lassen sich in der Regel wie folgt beschreiben: 13

a) Beendigung und Beendigungszeitpunkt des Mietvertrages

Für den Vermieter ist es wichtig, dass der Mietvertrag zwischen den Parteien zu einem bestimmten Zeitpunkt beendet ist bzw. beendet wird. Ist der Mietvertrag noch ungekündigt, so geht das Interesse des Vermieters dahin, die Beendigung und den **Beendigungszeitpunkt** mit genauem Datum zu regeln. Ist das Mietverhältnis zu einem bestimmten Zeitpunkt gekündigt, so geht das Interesse des Vermieters dahin, die **Wirksamkeit der Kündigung** und des Kündigungszeitpunk- 14 tes zu bestätigen, damit der Mietschuldner nachher nicht mehr über die Frage der Wirksamkeit der Kündigung und deren Beendigungszeitpunkt streiten kann.

b) Räumungs- und Herausgabeansprüche sowie Zeitpunkt

15 Hier geht das Interesse des Vermieters einerseits dahin, konkret zu regeln, **was durch den Mietschuldner herauszugeben ist** und z. B. welche und wie viele Schlüssel zur Mietsache herauszugeben sind, als auch klar zu definieren und zu vereinbaren, zu welchem **Zeitpunkt die Räumung und Herausgabe** zu erfolgen hat.

c) Zustand der Mietsache bei Herausgabe

16 Gerade bei säumigen Mietschuldnern geht der Zahlungsverzug oftmals mit nicht ausgeführten **Schönheitsreparaturen** und/oder durch den Mietnomaden verursachten **Schäden** an der Mietsache einher, sodass der Vermieter ein Interesse daran hat, dass in dem Aufhebungsvertrag der konkrete Zustand, die **Renovierungsrückstände** und/oder die Schäden im Einzelnen konkret benannt werden sowie geregelt wird, ob und in welcher Form (z. B. Ausführung durch den Mietschuldner oder Zahlung) diese Mängel und Schäden beseitigt bzw. in Geld abgegolten werden sollen. So entzieht sich der Vermieter in jedem Fall einem späteren Streit über den Bestand der vorgenannten Unzulänglichkeiten sowie deren Verantwortung.

d) Zahlungsrückstände

17 Hierbei ist für den Vermieter von Bedeutung, dass im Rahmen des Aufhebungsvertrages die **Zahlungsrückstände konkret bezeichnet** und seitens des Mietschuldners dem Grunde sowie der Höhe nach **anerkannt** werden, damit der Mietschuldner insbesondere später keine Einwendungen dem Grunde und der Höhe nach gegen die Ansprüche geltend machen kann. Hat der Mietschuldner diesbezüglich Einwendungen beispielsweise in Form von Mängeln erhoben, so ist es auch im Interesse des Vermieters, diese Punkte zu regeln.

e) Rechtsverfolgungskosten

18 Hier besteht die gleiche Interessenlage wie bezüglich der sonstigen Zahlungsrückstände.

f) Druckmittel zur Durchsetzung des Aufhebungsvertrages

Weiterhin geht das Interesse des Vermieters im Rahmen des Aufhebungsvertrages auch dahin, die Verpflichtungen des Mietschuldners nicht nur zu vereinbaren, sondern diesem gegenüber auch ein **„Druckmittel"** zu haben, um ohne eine gerichtliche Inanspruchnahme seine Ansprüche gegenüber dem Mietschuldner durchzusetzen. 19

g) Kaution

Abschließend geht das Interesse des Vermieters bezüglich der Kaution dahin, diese nicht „voreilig" in irgendeiner Form gegen Ansprüche gegenüber dem Mietschuldner zu verrechnen, sondern diese möglichst lange „außen vor zu halten", damit der Vermieter nach Rückgabe der Mietsache die Möglichkeit behält, mit **Schadensersatzansprüchen aufzurechnen,** welche der sehr kurzen sechsmonatigen Verjährung seit dem Zeitpunkt der Rückgabe der Mietsache unterliegen. 20

Praxistipp !

Der Vermieter sollte vor der Aufnahme von Verhandlungen mit dem Mietschuldner seine eigenen Interessen/Forderungen kennen und definieren, ggf. durch eine fachliche Beratung seine rechtliche Position kennenlernen und überlegen, wo er bereit ist, gewisse Abstriche zu machen, damit der Mietschuldner einem Aufhebungsvertrag zustimmt.

---

2. Mieterinteressen

Nur wenn der Vermieter im Rahmen der Vorbereitung eines Aufhebungsvertrages auch die Mieterinteressen hinreichend berücksichtigt, wird es ihm gelingen, mit dem Mietschuldner einen auch für diesen interessanten Aufhebungsvertrag abzuschließen, da dieser nur dann zu einem solchen bereit sein wird, wenn dieser auch für ihn gewisse Vorteile bietet. 21

Praxistipp !

Ziel des Aufhebungsvertrages ist es nicht, eine Maximalforderung des Vermieters zu realisieren, sondern in einer bereits bestehenden Problemsituation zugunsten des Vermieters eine Schadensbegrenzung zu betreiben.

---

a) Vorzeitige Beendigung des Mietvertrages

Auch der Mietschuldner kann unter gewissen Umständen ein Interesse daran haben, das Mietverhältnis mit den daraus resultierenden Verpflichtungen vorzeitig, d. h. unter Abkürzung der Kündigungsfristen, zu beenden. 22

b) Wirtschaftliche Entlastung des Mietschuldners

23 Da gerade der Wohnraummieter selbst dann, wenn er seine monatlichen Zahlungen nicht geleistet hat, einerseits seinen besonderen Schutz durch das Wohnraummietrecht kennt und andererseits vor diesem Hintergrund um die langen Laufzeiten von Kündigungen, über Klage bis zur Räumung weiß, so geht dessen – wenn auch rechtsgrundloses – Interesse dahin, sein Entgegenkommen gegenüber dem Vermieter zu seinen eigenen Gunsten zu **kapitalisieren.** So wird das Interesse des Mietschuldners dahin gehen, zumindest eine wirtschaftliche Entlastung durch einen Teilerlass seiner Verbindlichkeiten oder durch einen teilweisen oder vollständigen Erlass seiner Verpflichtungen bezüglich der Renovierung oder Beseitigung von Schäden an der Mietsache zu realisieren.

24 So unangenehm und wirtschaftlich nachteilig es auch ist, zur Durchsetzung der eigenen Rechte wirtschaftliche Einbußen hinzunehmen, so sinnvoll kann dies zur **Vermeidung weitergehender wirtschaftlicher Schäden** sein, womit die „Bedienung“ dahingehender Interessen des Mietschuldners dessen Vergleichsbereitschaft und damit den Abschluss eines Aufhebungsvertrages mit den daraus immer noch bestehenden Vorteilen zugunsten des Vermieters gewährleisten kann.

! **Praxistipp**
Vor einem Aufhebungsvertrag sollte der Vermieter sehr wohl Kosten (wirtschaftliche Abstriche) und Nutzen abwägen und sich auch eine wirtschaftliche Grenze setzen, bevor er einen solchen Vertrag tatsächlich abschließt.

---

c) Kaution

25 Das Interesse des Mieters wird zudem dahin gehen, sein Kautionsguthaben in die Verhandlungen miteinzubeziehen, auch wenn der Kautionsrückzahlungsanspruch erst nach Ablauf von sechs Monaten seit der Rückgabe der Mietsache zugunsten des Mietschuldners überhaupt erst fällig wird.

! **Praxistipp**
Nur wenn der Vermieter sich auch in die Situation des Mietschuldners versetzen kann, kann er den Überblick über die Gesamtsituation für sich und seine Interessen bei den Vertragsverhandlungen nutzen.

II. Regelungspunkte

Im Rahmen des Aufhebungsvertrages lassen sich zwischen den Vertragsparteien in Person des Vermieters und des Mietschuldners bis an die Grenzen der Sittenwidrigkeit oder gesetzlichen Unzulässigkeit im Rahmen der Vertragsfreiheit der Parteien sämtliche individuellen Besonderheiten in der Beendigung und Abwicklung eines Wohn- oder Gewerberaummietvertrages **individuell regeln.** An dieser Stelle werden daher nur die „Regelungseckpunkte" eines mietrechtlichen Aufhebungsvertrages mit den gängigen Varianten unter Berücksichtigung der bereits dargestellten wechselseitigen Interessenlagen besprochen. 26

1. Beendigung und Beendigungszeitpunkt des Mietvertrages

Der Beendigungszeitpunkt eines Mietvertrages ist durch die Mietvertragsparteien 27
frei verhandelbar und frei vereinbar. Hierbei ist darauf hinzuweisen, dass der Beendigungszeitpunkt nicht mit dem Zeitpunkt der Räumung und Herausgabe der Mietsache übereinstimmen muss, da die Parteien auch einen Beendigungszeitpunkt sowie Zeitpunkt für die Räumung und Herausgabe der Mietsache getrennt im Rahmen einer zusätzlich dem Mietschuldner zu gewährenden Räumungsfrist vereinbaren können. Bezüglich des Beendigungszeitpunktes und der erforderlichen Regelungen ist zwischen dem ungekündigten sowie dem gekündigten Mietvertrag zu unterscheiden.

a) Mietvertrag ungekündigt

Ist der Mietvertrag zwischen den Parteien ungekündigt, so wird die Beendigung 28
ausschließlich durch den Aufhebungsvertrag vereinbart und durch Vereinbarung des konkreten Datums des Beendigungszeitpunktes bestimmt.

Klauselmuster

„Die Parteien sind darüber einig, dass der Mietvertrag vom TT/MM/JJJJ zum Ablauf des TT/MM/JJJJ endet."

---

b) Mietvertrag gekündigt

In diesem Fall können die Mietvertragsparteien entweder eine Vereinbarung wie 29
bei einem ungekündigten Mietvertrag treffen oder aber vereinbaren, dass die konkret mit Datum bezeichnete Kündigung des Vermieters zu einem bestimmten Zeitpunkt – wie in der Kündigungserklärung ausgesprochen – oder zu einem

abweichenden Zeitpunkt zwischen den Parteien wirksam sein soll und damit das Mietverhältnis zwischen den Parteien beendet ist.

Klauselmuster
„Die Parteien sind darüber einig, dass der Mietvertrag vom TT/MM/JJJJ durch die vermieterseitige Kündigung vom TT/MM/JJJJ zum Ablauf des TT/MM/JJJJ endet."

c) Widerspruch gegen Neubegründung des Mietvertrages

30 Damit sich der Mietschuldner bei der etwaigen Duldung der Nutzung über den Beendigungszeitpunkt nicht auf eine stillschweigende Fortsetzung (§ 545 BGB) oder Neubegründung des Mietvertrages berufen kann, sollte der Vermieter dem ausdrücklich in der Vereinbarung widersprechen bzw. dies vereinbaren.

> § 545 BGB Stillschweigende Verlängerung des Mietverhältnisses
> *„Setzt der Mieter nach Ablauf der Mietzeit den Gebrauch der Mietsache fort, so verlängert sich das Mietverhältnis auf unbestimmte Zeit, sofern nicht eine Vertragspartei ihren entgegenstehenden Willen innerhalb von zwei Wochen dem anderen Teil erklärt."*

Klauselmuster
„Durch die etwaige Duldung der Nutzung der Mietsache durch den Mieter über den Beendigungszeitpunkt hinaus wird der Mietvertrag nicht fortgesetzt oder ein solcher nicht neu begründet. Dies gilt auch für die Gewährung einer Räumungsfrist."

2. Räumung und Herausgabe der Mietsache und Zeitpunkt

31 Hierbei sollte zwischen den Parteien insbesondere konkret vereinbart werden, **was herauszugeben** ist und **zu welchem Termin** die Herausgabe erfolgen soll. Erfolgt die Herausgabe der Mietsache dann nicht zu diesem Zeitpunkt, so hat der Vermieter gegenüber dem Mietschuldner bis zum Zeitpunkt der tatsächlichen Räumung und Herausgabe der Mietsache einen Anspruch auf eine **Nutzungsentschädigung** in Höhe der bisherigen Miete und Betriebskostenvorauszahlung.[4]

Klauselmuster
„Der Mieter verpflichtet sich, die Mietsache nebst Schlüssel (Anzahl und Bezeichnung) bis zum TT/MM/JJJJ an den Vermieter geräumt und in vertragsgemäßem Zustand herauszugeben."

4 Schmidt-Futterer/*Streyl*, § 546a BGB Rn 54, 57.

a) Gegenstand der Herausgabe

Insbesondere dann, wenn zwischen den Mietvertragsparteien streitig ist, was konkret – beispielsweise in Form von mitvermieteten Inventargegenständen – vermietet wurde, sollten die Parteien im Rahmen des Aufhebungsvertrages das, was im Rahmen der Räumung und Herausgabe an den Vermieter herauszugeben ist, konkret – erforderlichenfalls in Form einer **Liste oder Inventarliste** – zur Vermeidung von späteren Streitigkeiten hierüber regeln. Hierbei sollte insbesondere dann, wenn Angaben im Mietvertrag selbst fehlen, eine Regelung über Art und Anzahl der zurückzugebenden **Schlüssel** zur Mietsache erfolgen. 32

Klauselmuster

„... Hierbei verpflichtet sich der Mieter, insbesondere folgende Sachen an den Vermieter herauszugeben: (Ausführliche Auflistung mit Beschreibung) Ferner sind folgende Schlüssel herauszugeben: (Anzahl und Bezeichnung)"

---

b) Termin zur Räumung und Herausgabe

Der Termin zur Räumung und Herausgabe der Mietsache an den Vermieter sollte konkret, also mit Angabe eines Datums im Aufhebungsvertrag, angegeben werden. Dieser Termin kann im Rahmen der Gewährung einer **Räumungsfrist** auch terminlich nach dem durch den Aufhebungsvertrag vereinbarten Beendigungszeitpunkt des Mietvertrages liegen. Auch in diesem Fall schuldet der Mietschuldner bis zum Zeitpunkt der tatsächlichen Rückgabe der Mietsache an den Vermieter eine **Nutzungsentschädigung** in Höhe der bisherigen Miete und Betriebskostenvorauszahlung. 33

Klauselmuster

„... Die Räumung und Herausgabe der Mietsache hat bis spätestens zum TT/MM/JJJJ zu erfolgen."

---

3. Zustand der Mietsache bei Rückgabe

Insbesondere dann, wenn der Mieter die geschuldeten **Renovierungsarbeiten** an der Mietsache nicht oder nicht ordnungsgemäß ausgeführt und/oder sogar **Schäden** an der Mietsache verursacht hat, sollten einerseits im Rahmen des Aufhebungsvertrages die diesbezüglichen Unzulänglichkeiten konkret bezeichnet angegeben sowie andererseits geregelt werden, wie diesbezüglich zwischen den Vertragsparteien verfahren werden soll. 34

Klauselmuster 1

„... Die Endrenovierung wird dem Mieter erlassen. Er hat lediglich die Tapeten zu entfernen und die Mietsache besenrein zu übergeben."

Klauselmuster 2

„... Die Kosten für den Austausch der Bodenfliesen in der Küche trägt der Mieter. Der Vermieter stellt hierzu die erforderlichen Fliesen."

a) Mängel- und Schadensliste

35 Bei Mängeln und Schäden an der Mietsache durch nicht ausgeführte oder unzulängliche Renovierungsmaßnahmen sowie bei mieterseitig zu vertretenden Schäden an der Mietsache sollten die Mietvertragsparteien eine Begehung durchführen sowie eine **Liste mit konkreter Mangel- und Schadensbezeichnung** – optimalerweise mit ergänzender **Lichtbilddokumentation** – erstellen und in den Aufhebungsvertrag aufnehmen und **regeln, dass der Mietschuldner hierfür haftet,** sodass späterer Streit über Art und Umfang der diesbezüglichen Umstände sowie der Kostentragung vermieden werden kann.

Klauselmuster

*„Die Parteien sind darüber einig, dass an der Mietsache folgende **vom Mieter zu vertretende Schäden und Unzulänglichkeiten** gemäß der Lichtbildanlage bestehen, **für welche der Mieter haftet**: (Ausführliche nummerierte Auflistung mit Beschreibung)."*

b) Regelung über Mängel und Schäden

36 Neben der tatsächlichen Feststellung zwischen den Mietvertragsparteien sollten diese im Rahmen des Aufhebungsvertrages eine Regelung darüber treffen, **welche Partei etwaige Mängel an der Mietsache beseitigt.** Dies kann sowohl dergestalt erfolgen, dass der Mietschuldner bestimmte Mängel- und Schadensbeseitigungsarbeiten selbst übernimmt oder die Kosten hierfür trägt, aber auch die Verpflichtungen zugunsten des Mietschuldners beispielsweise dahingehend modifiziert werden können, dass dieser nicht die renovierte Rückgabe der Mietsache, sondern lediglich mit entfernten Tapeten und Teppichböden besenrein schuldet. Letztlich können dem Mietschuldner dahingehende Verpflichtungen auf tatsächliche Ausführung und/oder Zahlung **teilweise bis ganz erlassen werden.**

Klauselmuster

„... Die Schäden zu den Positionen 1, 5 und 7 hat der Mietschuldner bis zur Rückgabe der Mietsache auf seine Kosten zu beseitigen. Die Schäden zu den Positionen 3, 4 und 6 hat der Mietschuldner nicht zu beseitigen, wenn er den Aufhebungsvertrag vollständig und rechtzeitig erfüllt. Erfüllt er den Aufhebungsvertrag nicht rechtzeitig und vollständig, so hat er auch diese Schäden zu beseitigen."

---

4. Zahlungsrückstände Miete und Betriebskostenvorauszahlung

Bei den in der Praxis in dieser Konstellation stets bestehenden Zahlungsrück- 37
ständen sollten die Mietvertragsparteien sowohl eine Regelung hinsichtlich **Art und Höhe der Zahlungsrückstände** sowie deren **Zusammensetzung** treffen als auch eine Vereinbarung darüber, wie zwischen den Parteien mit den Zahlungsrückständen verfahren wird.

a) Anerkenntnis durch den Mietschuldner

Im Rahmen des Aufhebungsvertrages sollten die bestehenden Zahlungsrück- 38
stände hinsichtlich ihrer Art (z. B. Miete und Betriebskostenvorauszahlung), dem Fälligkeitszeitpunkt (z. B. Monat Januar 2012) und dem genauen Betrag wiedergegeben bzw. aufgelistet werden. Die Forderungen, auf welche sich die Vertragsparteien verständigen, sollte der Mietschuldner **vorbehaltlos ausdrücklich** im Rahmen des Aufhebungsvertrages **anerkennen.**

Klauselmuster

„Der Vermieter hat gegenüber dem Mietschuldner folgende Zahlungsansprüche: [Auflistung nach Art der Forderung, Zeitpunkt der Fälligkeit und Betrag]
Diese Forderungen erkennt der Mieter vorbehaltlos an."

---

b) Vereinbarung über die Zahlungsansprüche

Wie dann zwischen den Parteien bezüglich der Zahlungsansprüche des Vermie- 39
ters gegenüber dem Mietschuldner verfahren wird, ist im Aufhebungsvertrag zu regeln. So besteht beispielsweise die Möglichkeit, dass der Vermieter dem Mietschuldner die **Ratenzahlung** mit oder ohne **Verzinsung** einräumt, wobei dann die Parteien einen konkreten Ratenzahlungsplan mit monatlichem Betrag, monatlicher Zahlungsfrist (z. B. bis zum 15. des jeweiligen Monats) und dem Beginn der Ratenzahlung (z. B. beginnend mit dem Monat Januar 2011) erstellen sollten. Ferner kann zwischen den Parteien ein **teilweiser bis vollständiger Erlass** durch den Vermieter geregelt werden.

Klauselmuster 1

„... Dem Mieter wird Ratenzahlung in Höhe von monatlich ... €, zahlbar bis zum 15. des Monats, beginnend mit dem Monat April 2012 gewährt. Gerät der Mieter mit der Zahlung mehr als 10 Kalendertage in Verzug, so entfällt die Ratenzahlungsvereinbarung."

Klauselmuster 2

„... Dem Mieter werden 30 % der Forderung erlassen, wenn er den Restbetrag bis zum 30.4.2013 zahlt."

---

5. Rechtsverfolgungskosten

40 Auch bei den Rechtsverfolgungskosten handelt es sich um Zahlungsansprüche, sodass sich die vorangehenden Ausführungen auch hierauf beziehen.

6. Druckmittel des Vermieters

41 Jede vertragliche Vereinbarung ist nur dann sinnvoll, wenn sich die Vertragsparteien an sie halten oder ein Vertragspartner erforderlichenfalls einseitig seine vertraglichen Ansprüche gegenüber dem anderen Vertragspartner – hier Mieter – durchsetzen kann.

a) Notarielles Schuldanerkenntnis mit Vollstreckungsunterwerfung

42 Da der Aufhebungsvertrag kein Titel ist, müsste der Vermieter gegenüber dem Mietschuldner bedarfsweise seine Ansprüche auf der Grundlage des Aufhebungsvertrages gerichtlich durchsetzen, um dann ein Urteil als vollstreckungsfähigen Titel gegenüber dem Mietschuldner zu erhalten. Dies könnte der Vermieter jedoch dadurch abkürzen, dass er mit dem Mieter den Aufhebungsvertrag in Form eines **notariellen Aufhebungsvertrages** mit Schuldanerkenntnis des Mietschuldners und dessen **Unterwerfung unter die Zwangsvollstreckung** in sein gesamtes Vermögen abschließt.

43 Dieser sicherlich für den Vermieter wünschenswerten Form eines Mietaufhebungsvertrages kommt im Wohnraummietrecht eine kaum nennenswerte praktische Relevanz zu, wohingegen dies beim Gewerberaummietrecht teilweise anders ist. Im Gewerberaummietrecht hat nämlich der Vermieter bei Zahlungsrückständen auch für Versorgungsleistungen, wie etwa der Versorgung mit Strom, unter bestimmten weiteren Voraussetzungen die Möglichkeit, die **Versorgung des**

Gewerberaummieters einzustellen.[5] Mit diesem schwerwiegenden Druckmittel lassen sich dann im Gewerberaummietrecht die vermieterseitigen Interessen besser durchsetzen, als auch der Mietschuldner dazu bewogen werden kann, ein notarielles Schuldanerkenntnis mit Zwangsvollstreckungsunterwerfung abzugeben.

b) Vertragsstrafe

Da in anderen Rechtsgebieten bei Aufhebungsverträgen Vertragsstrafen verein- 44
bart werden, erscheint dies grundsätzlich auch für das Mietrecht naheliegend. Hier ist jedoch zwischen dem Wohnraummietrecht und dem Gewerberaummietrecht hinsichtlich der Frage der Zulässigkeit zu unterscheiden.

aa) Wohnraummietrecht

Nach § 555 BGB ist eine Vereinbarung unwirksam, durch die sich der Vermieter 45
eine Vertragsstrafe vom Mieter versprechen lässt. Zwar bezieht sich die Regelung direkt auf den Wohnraummietvertrag, erfasst jedoch auch den Aufhebungsvertrag bezüglich eines Wohnraummietvertrages, da der Wohnraummietvertrag hierdurch lediglich modifiziert wird und es damit bei einer mietvertraglichen Regelung zu einem Wohnraummietvertrag bleibt.

bb) Gewerberaummietvertrag

Demgegenüber ist bei einem Gewerberaummietvertrag die Vereinbarung einer 46
Vertragsstrafe gem. dem § 339 ff. BGB möglich.[6] Der Vermieter kann daher im Rahmen des mietrechtlichen Aufhebungsvertrages mit dem Mietschuldner bei einem Gewerberaummietvertrag für den Fall der **Nichterfüllung der Verpflichtungen** des Mietschuldners aus dem Aufhebungsvertrag eine angemessene Vertragsstrafe mit dem Mietschuldner vereinbaren, welche dieser für den Fall des Verstoßes gegen den Aufhebungsvertrag an den Vermieter zu zahlen hat. So hat der Vermieter gegenüber dem Gewerberaummieter ein gewisses Druckmittel.

---

5 BGH, Urt. v. 6.5.2009 – XII ZR 137/07 – WM 2009, 469.
6 Schmidt-Futterer/*Blank*, § 555 BGB Rn 10.

Klauselmuster

„... Für den Fall der Nichterfüllung einer oder mehrerer folgender Regelungen (genaue Bezeichnung einer oder mehrerer Klauseln) dieses Aufhebungsvertrages verpflichtet sich der Mieter zur Zahlung einer Vertragsstrafe an den Vermieter in Höhe von ... €."

c) Verfallklausel

47 Auch wenn dem Wohnraumvermieter nicht das Instrument einer Vertragsstrafe gegenüber dem Mietschuldner zur Seite steht, so besteht sowohl für den Wohnraumvermieter als auch für den Gewerberaumvermieter die Möglichkeit, durch eine sog. Verfallklausel den Mietschuldner zur Vertragstreue und Erfüllung des Aufhebungsvertrages zu motivieren, indem für den Fall der Nichteinhaltung einzelner Klauseln des Aufhebungsvertrages zugunsten des Mietschuldners vereinbarte **Vergünstigungen wegfallen.**

! **Praxistipp**

Durch die Verfallklausel(n) wird auch sichergestellt, dass der Mietschuldner die Vergünstigungen nur erhält, wenn er den Aufhebungsvertrag auch rechtzeitig und vollständig erfüllt, da diese ansonsten entfallen. Der **vertraglich anerkannte Anspruch** des Vermieters gegenüber dem Mieter entfällt damit jedoch nicht und liefert dem Vermieter eine Beweiserleichterung für die gerichtliche Rechtsverfolgung.

48 So kann im Rahmen des Aufhebungsvertrages beispielsweise vereinbart werden, dass die **Ratenzahlungsvereinbarung** hinfällig wird und der offenstehende Restbetrag sofort fällig und zahlbar ist. Der **Erlass oder Teilerlass** von Zahlungsansprüchen oder Mängelbeseitigungsansprüchen kann bei teilweiser Nichterfüllung des Aufhebungsvertrages ebenso entfallen wie sonstige Vergünstigungen zugunsten des Mietschuldners.

49 Bezüglich aller relevanten Fallgruppen ist jedoch darauf zu achten, dass explizit geregelt wird, bei Nichterfüllung welcher **konkreten Klausel** des Aufhebungsvertrages welche konkrete Regelung oder Vergünstigung zugunsten des Mietschuldners in welcher Form entfällt.

Klauselmuster 1

„... Hat der Mieter die vereinbarte Beseitigung der Schäden gemäß (genaue Bezeichnung der Klausel) nicht bis zur Rückgabe der Mietsache vorgenommen, so verpflichte er sich zu einer Schadensersatzzahlung in Höhe von ... € an den Vermieter."

Klauselmuster 2

„... Gerät der Mieter mit der Ratenzahlung mehr als 10 Kalendertage in Verzug, so entfällt die Ratenzahlungsvereinbarung und ist der offene Restbetrag sofort fällig."

d) Abstands- oder Aufwendungsersatzzahlungen

Neben der „Sanktion" durch Wegfall von Vergünstigungen zugunsten des Mietschuldners bei der teilweisen Nichteinhaltung von Regelungen des Aufhebungsvertrages besteht auch die umgekehrte Möglichkeit dahingehend, mit dem Mietschuldner für den Fall der Erfüllung des Aufhebungsvertrages Abstands- oder Aufwendungsersatzzahlungen **zugunsten des Mieters** zu vereinbaren. 50

Auch wenn es bereits gedanklich schwerfallen mag, dem sich rechtswidrig verhaltenden Mietschuldner auch noch Geld dafür zu zahlen, dass man als Vermieter sein eigenes Eigentum zurückbekommt, so kann im Einzelfall unter wirtschaftlichen Gesichtspunkten beispielsweise ein **Umzugskostenzuschuss** der wesentliche Auslöser dafür sein, dass ein säumiger Mietschuldner auszieht, wenn er beispielsweise anderweitig die Umzugskosten gar nicht realisieren kann. Derartige Regelungen sollten jedoch vonseiten des Vermieters sehr wohl erwogen werden und die Hintergründe bei dem Mietschuldner geklärt werden sowie das **„allerletzte Mittel"** für eine Aufhebungsvereinbarung darstellen. 51

Klauselmuster

„... Wenn der Mieter den Aufhebungsvertrag vollständig und rechtzeitig erfüllt, dann zahlt der Vermieter sofort einen Umzugskostenzuschuss in bar in Höhe von ... € an den Mieter."

e) Kaution

Die Möglichkeit des Vermieters, mit seinen Ansprüchen gegenüber dem Mietschuldner gegen dessen Kautionsrückzahlungsanspruch aufzurechnen, sollte sich der Vermieter auch bei einem Aufhebungsvertrag möglichst bis zum Schluss aufsparen, da er auch bei einem Aufhebungsvertrag erst nach der Räumung und Rückgabe der Mietsache beurteilen kann, ob und welche Schäden denn tatsächlich durch den Mietschuldner zurückgelassen wurden und damit darauf angewiesen sein kann, bezüglich dieser Schadensersatzansprüche gegenüber dem Mietschuldner, welche gem. § 548 Abs. 1 BGB der kurzen **sechsmonatigen Verjährung** seit dem Zeitpunkt der Rückgabe der Mietsache unterliegen, mit dem Kautionsrückzahlungsanspruch vorrangig aufzurechnen. 52

Klauselmuster

„Die Abrechnung der Kaution erfolgt nach der Erfüllung des Aufhebungsvertrages durch den Mieter innerhalb der üblichen Frist."

! **Praxistipp**

Je umfassender und komplexer (z. B. auflösende und/oder aufschiebende Bedingungen) die mit dem Mietschuldner zu treffenden Regelungen im Rahmen eines Aufhebungsvertrages sind, umso mehr sollte der Vermieter darüber nachdenken, sich entweder vor den Vertragsverhandlungen mit dem Mietschuldner **anwaltlich beraten zu lassen** oder spätestens bei Abschluss eines konkreten Aufhebungsvertrages **anwaltlich vertreten zu lassen**, was auch dergestalt möglich ist, dass der Mietaufhebungsvertrag im Hintergrund unter Inanspruchnahme fachlicher Hilfe erstellt wird und nach außen nur der Vermieter in Erscheinung tritt.

III. Vorgehensweise des Vermieters

53 Wie der Vermieter im Einzelnen gegenüber dem Mietschuldner bei der Überprüfung der Verhandlungsbereitschaft des Mietschuldners und den Verhandlungen mit dem Mieter mit dem Ziel eines Aufhebungsvertrages vorgeht, hängt von der Vielzahl der **sehr individuellen Einzelfälle,** der Persönlichkeit der beteiligten Mietvertragsparteien, der Vorgeschichte zwischen Vermieter und Mieter ebenso ab wie beispielsweise dem Verhandlungsgeschick des Vermieters, welches aber auch in der Praxis durch den Mietschuldner dadurch konterkariert werden kann, dass sich der Mieter selbst deutlich unterlegen fühlt und daher aus einem bloßen „Abwehreffekt" heraus blockiert, sodass es zu keinem Aufhebungsvertrag kommt.

54 Die Praxis zeigt jedoch, dass sich die besten Erfolge beim Abschluss eines mietrechtlichen Aufhebungsvertrages einerseits dann erzielen lassen, wenn beide Parteien fachkundig vertreten sind und daher die Sache emotionsfrei auf der Ebene der jeweiligen Vertreter verhandelt und nach Maßgabe der Vorgaben der jeweiligen Vertragspartei dann abgeschlossen wird. Andererseits verlaufen Verhandlungen mit dem Ziel eines mietrechtlichen Aufhebungsvertrages dann erfolgreich, wenn beide Mietvertragsparteien die Verhandlungen unmittelbar – also ohne beispielsweise die Hinzuziehung eines Vertreters nur auf einer Seite – führen.

! **Praxistipp**

Zu warnen ist der Vermieter – dies zeigt die Praxis – vor eigenen Verhandlungen mit „Mietervereinigungen", da diese oftmals weder in der Lage sind, „über den Tellerrand zu blicken" noch die Zeit für eine qualifizierte Bearbeitung haben und daher dazu neigen, den einzelnen Fall ohne

Ergebnis förmlich „totzuschreiben", was der Vermieter aber erst rückblickend bemerkt und dann wertvolle Zeit verloren hat.

Für die Anbahnung und Verhandlungsführung durch den Vermieter empfiehlt 55
sich in den Kernpunkten folgende Vorgehensweise:

1. Klärung der grundsätzlichen Voraussetzungen

Um erfolgreich in die Vertragsverhandlungen einzusteigen, sollte der Vermieter – 56
nach seiner eigenen, oben beschriebenen Vorbereitung – folgende Vorfragen bezüglich des Mietschuldners klären:

- Ist der Mietschuldner überhaupt erreichbar/ansprechbar und **zu Gesprä- 57
chen/Verhandlungen bereit?
  Soweit dies nicht der Fall ist, sind Verhandlungen über einen Aufhebungsvertrag zwischen den Mietvertragsparteien von vornherein ausgeschlossen. Dem Vermieter bleibt dann nur noch der Versuch, einseitig einen Aufhebungsvertrag unter Berücksichtigung der mutmaßlichen Interessen auch des Mieters zu formulieren und diesem in der Hoffnung zu übermitteln, dass der Mieter auf Verhandlungen einsteigt.
- Zeigt der Mietschuldner die Bereitschaft, auch auf die **Belange des Vermie- 58
ters einzugehen?
  Sinn und Zweck des Aufhebungsvertrages ist es, insbesondere die Belange des Vermieters – soweit wie möglich – zu seinen Gunsten zu regeln und hierbei nur die Belange des Mieters insoweit zu berücksichtigen, als dies dazu erforderlich ist, überhaupt einen Aufhebungsvertrag zu schließen. Sperrt sich der Mietschuldner daher grundsätzlich gegen die Belange des Vermieters, so können Verhandlungen zwischen den Parteien relativ frühzeitig als gescheitert bzw. aussichtslos angesehen werden.
- Ist der Mietschuldner bereit, teilweise nachzugeben und eine **Lösung der 59
bestehenden Problematik zu schaffen?
  Im Optimalfall ist der Mieter unter Berücksichtigung der wechselseitigen Interessen auch bereit, seinen bisherigen Standpunkt (teilweise) aufzugeben und dem Vermieter im Sinne einer einvernehmlichen Gesamtlösung entgegenzukommen. Wenn diese wesentliche Voraussetzung gegeben ist, macht es zwischen den Parteien Sinn, in die Vertragsverhandlungen vertieft einzusteigen.

Praxistipp
Wenn der Mietschuldner keinen fachlichen Vertreter hat, dann sollte der Vermieter die Vorverhandlungen selbst führen und sich ggf. nur im Hintergrund fachlich beraten lassen, damit sich der Mietschuldner nicht unterlegen fühlt und aus Unsicherheit blockiert.

2. Rahmenbedingungen und Form der Verhandlungen

60 Die optimalen Rahmenbedingungen für Vertragsverhandlungen zwischen Vermieter und Mieter zu finden sowie auf Vermieterseite die richtige Form, um möglichst weitreichend die eigenen Interessen im Rahmen eines Aufhebungsvertrages durchzusetzen, wird im Einzelfall sehr unterschiedlich sein und von der konkreten Situation sowie den beteiligten Persönlichkeiten abhängen. Daher lassen sich an dieser Stelle nur grundsätzliche „Eckpunkte" benennen, welche der Vermieter möglichst berücksichtigen sollte:

- Als **Ort für Verhandlungen** sollte der Vermieter nicht den eigenen Wohnsitz oder das eigene Büro wählen, sondern optimalerweise die Verhandlungen an einem neutralen Ort durchführen oder für den Fall, dass ein solcher nicht zur Verfügung steht, bei dem Mieter. Nur so hat der Vermieter die Möglichkeit, bei einem erforderlich werdenden einseitigen Abbrechen der Verhandlungen sich durch Entfernen der Situation zu entziehen, ohne dass er den Mietschuldner aus den eigenen Räumlichkeiten verweisen muss.
- Auch wenn der Vermieter gegenüber dem Mietschuldner bezüglich seiner konkreten Ansprüche einen Rechtsanspruch hat, sollte der Vermieter die Verhandlungen andersherum dergestalt einleiten, dass er auf die Situation und die **Interessenlage des Mieters** eingeht und diesem Lösungen aufzeigt, in welche dann sukzessive je nach Reaktion des Mietschuldners auch die Belange des Vermieters eingebaut werden.
- Selbst wenn der Vermieter durchaus berechtigt sein mag, das Verhalten des Mietschuldners zu monieren/zu rügen, sollte dies bewusst unterbleiben, um die Voraussetzungen für eine **einvernehmliche Lösung** entsprechend der Interessenlage des Vermieters zu schaffen. Bei Vorwürfen etc. besteht ansonsten die Gefahr, dass der Mieter vorzeitig „blockiert".
- Werden umgekehrt seitens des Mietschuldners – egal ob berechtigt oder unberechtigt – Vorwürfe gegenüber dem Vermieter erhoben, so sollte der Vermieter dies dahingehend „auffangen", dass er dem Mietschuldner mitteilt, dass man **nicht über die Vergangenheit** reden, sondern für die Zukunft eine konstruktive und einvernehmliche Lösung finden wolle.
- Um dem Mietschuldner im Rahmen der Verhandlungen und der Mitwirkung des Mieters hieran – worauf der Vermieter zwingend zum Abschluss eines Aufhebungsvertrages angewiesen ist – die notwendige Motivation zu geben,

sollte der Vermieter auch die Interessenlage des Mietschuldners abfragen und durch **Wiederholung und Zusammenfassung** bestätigen, dass er auch dessen Belange wahrgenommen hat.

- Vordergründig orientiert an den Belangen des Mieters sollte der Vermieter hiermit seine Belange und insbesondere seine Interessenlage kombinieren und unter Berücksichtigung dessen dem Mietschuldner gemeinsame **konstruktive Lösungen konkret aufzeigen** und diese mit dem Mieter verhandeln.
- **Drohungen** mit dem Gericht und strafrechtliche Schritte sollte der Vermieter im Rahmen der Verhandlungen vermeiden, da diese nur zu einem „Blockieren" der Vergleichsverhandlungen durch den Mietschuldner führen können. Wenn gerichtliche Schritte angezeigt sind oder eine Strafanzeige geboten ist, dann sollte dieser Schritt ohne vorherige Ankündigung nach einem endgültigen Scheitern der Verhandlungen gegangen werden.
- Haben sich die Parteien auf eine gemeinsame Basis eines Aufhebungsvertrages verständigt, so kann und sollte der Vermieter es übernehmen, einen **Vertragsentwurf schriftlich zu fixieren** und dem Mietschuldner diesen zwecks Unterzeichnung und Abschluss vorzulegen.
- Sind die Vergleichsverhandlungen – einstweilen – gescheitert, so sollte der Vermieter dem Mietschuldner nicht voreilig das endgültige Scheitern der Verhandlungen anzeigen, sondern mitteilen, dass er die geführten Verhandlungen nunmehr überdenken wird, damit er sich die **Möglichkeit für eine konstruktive Weiterführung der Verhandlungen** nicht abschneidet.

Die vorgenannten Grundregeln sollte der Vermieter im Rahmen der Vertragsverhandlungen nicht starr verwenden, sondern für sich im Hinterkopf behalten, um den Verhandlungsverlauf zu seinen eigenen Gunsten möglichst optimal zu gestalten. Bei den Verhandlungen sollte sich der Vermieter nicht derartig selbst unter Druck setzen, dass er zwingend einen Aufhebungsvertrag abschließen muss, da dies bei ungünstigen Konstellationen – bei welchen ein Aufhebungsvertrag nicht geschlossen werden sollte – nur mit erheblichen Nachteilen zulasten des Vermieters einhergeht, sodass unter Abwägung aller Umstände dann ein Rechtsstreit zielführender sein kann. 61

Praxistipp !

Der Gewinner bei einem Rechtsstreit mit einem potenziellen Langzeitmietschuldner oder Mietnomaden – dies gilt nicht für den normalen Mietschuldner – ist nicht der Vermieter, welcher kostenträchtig sein Recht in Form eines Urteils durchgesetzt, weiteren Schaden erlitten hat und diesen ggf. später gegenüber dem Mietschuldner wirtschaftlich nicht durchsetzen kann, sondern derjenige, welcher das Maximum zu seinen Gunsten im jeweiligen Einzelfall einvernehmlich und schnell vereinbart und erhalten sowie damit eine größtmögliche Schadensbegrenzung betrieben hat.

IV. Aufhebungs- und Abwicklungsvertrag

62 Für den Aufhebungsvertrag als Modifikation des ursprünglichen Wohn- und Gewerberaummietvertrages gelten grundsätzlich die gleichen Hinweise wie für den Wohn- oder Gewerberaummietvertrag selbst.

1. Form

63 Grundsätzlich besteht für den Aufhebungsvertrag, durch welchen ein Mietvertragsverhältnis (vorzeitig) beendet wird, **kein Schriftformerfordernis.**[7] Darüber hinaus ist die Vereinbarung des Mietaufhebungsvertrages sowie der dort getroffenen Abwicklungsregelungen grundsätzlich auch formlos – also sogar durch schlüssiges Verhalten ohne ausdrückliche Erklärung der Vertragsparteien – möglich. Dies gilt selbst dann, wenn der Mietvertrag selbst schriftlich abgeschlossen worden ist, die Schriftform kraft Gesetz zu beachten war (§§ 126, 544, 550 BGB) oder dies im Rahmen des Mietvertrages vertraglich vereinbart wurde (§ 127 BGB).[8]

64 Dies kann jedoch in der Praxis dahingestellt bleiben, da der Vermieter, wenn er sich auf für ihn günstige Regelungen in dem Mietaufhebungsvertrag mit Abwicklungsvereinbarung beruft, diese ggf. auch gegenüber dem Mietschuldner beweisen muss, wobei eine **vertragliche Urkunde** ein **optimales Beweismittel** zugunsten des Vermieters darstellt.

! **Praxistipp**
Den Mietaufhebungsvertrag **immer schriftlich** abschließen und **von allen Vertragsparteien unterschreiben lassen**!

---

2. Vertragsparteien

a) Vermieter/Mieter

65 Die Vertragsparteien des Mietaufhebungsvertrages müssen notwendigerweise mit den **Mietvertragsparteien** des aufzuhebenden und abzuwickelnden Mietvertrages übereinstimmen, sodass der Vertrag zwischen sämtlichen Vermietern und sämtlichen Mietern des Mietvertrages abgeschlossen werden muss.[9]

---

7 Schmidt-Futterer/*Blank*, nach § 542 BGB Rn 6.
8 Palandt/*Grüneberg*, § 311 Rn 7.
9 Schmidt-Futterer/*Blank*, nach § 542 BGB Rn 2.

b) Mitbewohner

Erweitert werden sollte der Aufhebungsvertrag über die Mietvertragsparteien hinausgehend auch auf die Mitbewohner der Mietsache insbesondere hinsichtlich der Verpflichtung zur **Räumung und Herausgabe der Mietsache.** Denn nur so hat der Vermieter einen eindeutig im Wege des Aufhebungsvertrages auch gegenüber dem Mitbewohner geregelten Anspruch auf Räumung und Herausgabe der Mietsache. 66

Praxistipp !

In jedem Fall neben allen Mietvertragsparteien die **Mitbewohner** in den Aufhebungsvertrag als Vertragsparteien aufnehmen und den Vertrag auch durch diese unterschreiben lassen.

---

3. Anfechtung des Aufhebungsvertrages

Da es sich auch bei dem mietrechtlichen Aufhebungsvertrag um einen zivilrechtlichen Vertrag handelt, können die Vertragsparteien grundsätzlich bei Vorliegen der gesetzlichen Voraussetzungen ihre **Willenserklärungen** auf Abschluss des Aufhebungsvertrages beispielsweise wegen Täuschung, Irrtums oder Drohung **wirksam gem. §§ 119 ff. BGB anfechten,** sodass dann der Aufhebungsvertrag zwischen den Parteien nicht bestehen würde. 67

Um einerseits dem Vermieter für den Fall der Täuschung durch den Mietschuldner die Anfechtungsmöglichkeit zu geben sowie andererseits dem Mietschuldner die Möglichkeit der Anfechtung wegen Täuschung oder Drohung zu entziehen, sollte der Vermieter darauf achten, dass in dem Aufhebungsvertrag deutlich aufgenommen wird, auf welcher **Grundlage** der Vertrag abgeschlossen wird und **von wem diese Grundlagen/Angaben stammen** sowie dokumentiert werden, dass die Vertragsparteien den Aufhebungsvertrag verhandelt haben, **Bedenkzeit** hatten und erst dann abgeschlossen haben. Dahingehende Inhalte können den Regelungen des Aufhebungsvertrages vorgeschaltet in einer sog. Präambel aufgenommen werden. 68

Praxistipp !

Die **Anfechtbarkeit** des Aufhebungsvertrages sollte bei einem vom Vermieter ohne fachliche Beratung erstellten Vertrag **nicht vertraglich ausgeschlossen werden,** da der Vermieter die Konsequenzen zu seinen Lasten nicht überschauen kann. Gleiches gilt für eine allgemeine **Abgeltungsklausel,** wonach bei Erfüllung des Aufhebungsvertrages keine beiderseitigen Ansprüche mehr bestehen.

---

4. Gerichtlicher Aufhebungsvertrag

69 Der Vollständigkeit halber ist darauf hinzuweisen, dass die Mietvertragsparteien einen Aufhebungs- und Abwicklungsvertrag auch dann noch schließen können, wenn der Vermieter gegenüber dem Mietschuldner bereits Klage auf Zahlung sowie Räumung und Herausgabe erhoben hat. Dies kann nach entsprechenden Vorverhandlungen der Parteien durch einen **gerichtlichen Vergleich** mit entsprechendem Inhalt erfolgen, wobei das gerichtliche Protokoll über den Vergleich dann einen **gerichtlichen Titel** darstellt, aus welchem der Vermieter gegenüber dem Mietschuldner erforderlichenfalls auch die Zwangsvollstreckung betreiben kann.

E. Muster-Aufhebungsvertrag

Muster: Aufhebungs- und Abwicklungsvertrag

70 *„Zwischen*

(Name und Anschrift)

– nachfolgend als „Vermieter" bezeichnet –

und

1. (Name und Anschrift)

– nachfolgend als „Mieter" bezeichnet –

2. (Name und Anschrift)

– nachfolgend als „Mitbewohner" bezeichnet –

wird das Folgende vereinbart:

1. Vertragsaufhebung

Die Parteien sind darüber einig, dass der Mietvertrag vom TT/MM/JJJJ durch die vermieterseitige Kündigung vom TT/MM/JJJJ zum Ablauf des TT/MM/JJJJ endet.

Durch die etwaige Duldung der Nutzung der Mietsache durch den Mieter über den Beendigungszeitpunkt hinaus wird der Mietvertrag nicht fortgesetzt oder ein solcher nicht neu begründet. Dies gilt auch für die Gewährung einer Räumungsfrist.

2. Zahlungsansprüche

Der Vermieter hat gegenüber dem Mieter folgende Zahlungsansprüche: (Auflistung nach Art der Forderung, Zeitpunkt und Betrag) Diese Forderungen erkennt der Mieter vorbehaltlos an.

3. Ratenzahlung

Dem Mieter wird Ratenzahlung in Höhe von monatlich ... €, zahlbar bis zum 15. des Monats, beginnend mit dem Monat August 2015 gewährt. Gerät der Mieter mit der Zahlung mehr als 10 Kalendertage in Verzug, so entfällt die Ratenzahlungsvereinbarung und ist der offene Restbetrag sofort fällig.

4. Räumung und Herausgabe

Der Mieter verpflichtet sich, die Mietsache nebst Schlüssel (Anzahl und Bezeichnung) bis zum TT/MM/JJJJ an den Vermieter geräumt und in vertragsgemäßem Zustand herauszugeben.

Der Mitbewohner verpflichtet sich, die Mietsache zum vorgenannten Termin zu räumen und herauszugeben.
Der Mieter verpflichtet sich, insbesondere folgende Sachen an den Vermieter herauszugeben: (ausführliche Auflistung mit Beschreibung)

5. Mängel und Schäden
Die Endrenovierung wird dem Mieter erlassen. Er hat lediglich die Tapeten zu entfernen und die Mietsache besenrein zu übergeben.
Die Parteien sind darüber einig, dass an der Mietsache folgende vom Mieter zu vertretende Schäden gemäß der Lichtbildanlage bestehen: (ausführliche nummerierte Auflistung mit Beschreibung)
Die Schäden zu den Positionen 1, 5 und 7 hat der Mieter bis zur Rückgabe der Mietsache auf seine Kosten zu beseitigen. Die Schäden zu den Positionen 3, 4 und 6 hat der Mieter nicht zu beseitigen, wenn er den Aufhebungsvertrag vollständig und rechtzeitig erfüllt. Erfüllt er den Aufhebungsvertrag nicht rechtzeitig und vollständig, so hat er auch diese Schäden zu beseitigen.

6. Abfindung/Zuschuss
Wenn der Mieter (und ggf. der Mitbewohner) den Aufhebungsvertrag vollständig und rechtzeitig erfüllt, dann zahlt der Vermieter sofort einen Umzugskostenzuschuss in bar in Höhe von ... € an den Mieter.

7. Kaution
Die Abrechnung der Kaution erfolgt nach der Erfüllung des Aufhebungsvertrages durch den Mieter innerhalb der üblichen Frist.

8. Salvatorische Klausel
Sollte eine der vorgenannten Reglungen ganz oder teilweise unwirksam sein, so sind sich die Vertragsparteien darüber einig, dass der Aufhebungsvertrag im Übrigen hiervon unberührt fortbestehen soll und die unwirksame Klausel durch eine solche ersetzt werden soll, welche wirksam dem Ziel der Regelung am nächsten kommt.

(Ort und Datum)

____

Unterschrift Vermieter

(Ort und Datum)

____

Unterschrift Mieter

(Ort und Datum)

____

Unterschrift Mitbewohner"

Praxistipp

!

Der Vermieter sollte immer auch die **„salvatorische Klausel"** mit vereinbaren, damit nicht durch unwirksame Klauseln Regelungslücken entstehen.

F. Fazit

71 Der mietrechtliche Aufhebungs- und Abwicklungsvertrag bietet für den von einem nicht zahlenden Mietschuldner oder gar einem Mietnomaden betroffenen Vermieter einerseits die Möglichkeit, einen Rechtsstreit mit der daraus resultierenden **günstigeren Kostenfolge** ebenso zu vermeiden wie das Auflaufen **weiterer Mietrückstände oder Schadensersatzansprüche** während der Prozessdauer. Andererseits ist der Vermieter jedoch auf die **Mitwirkung des Mietschuldners** angewiesen und wird den Abschluss eines solchen Vertrages mit dem Mieter nur dann realisieren können, wenn er tatsächliche und/oder **wirtschaftliche Abstriche** bezüglich seiner eigenen Ansprüche in Kauf nimmt. Aus diesem Grund sollte der Vermieter insbesondere die wirtschaftlichen Vor- und Nachteile anhand des konkreten Einzelfalles sehr sorgfältig unter Berücksichtigung dessen, was mit dem Mietschuldner verhandelbar und korrespondierend hierzu vonseiten des Vermieters durchsetzbar ist, abwägen.

72 Ferner besteht bei der Verhandlung und dem Abschluss eines Aufhebungsvertrages zwischen Vermieter und Mietschuldner aufseiten des Vermieters das Risiko, dass die Regelung der einzelnen Punkte nicht in der gebotenen Form/Inhalt erfolgt sind, was für den Vermieter dann, wenn sich der Mietschuldner nicht an die Vereinbarung hält oder sich auf eine teilweise Unwirksamkeit oder Anfechtbarkeit beruft, weitreichende, auch wirtschaftliche Folgen haben kann. Dies liegt beim Aufhebungsvertrag in der Besonderheit, dass hierbei nicht wie bei dem Mietvertrag in der Regel auf ein anerkanntes Vertragsformular zurückgegriffen werden kann, welches lediglich ergänzt und ausgefüllt bzw. angekreuzt werden muss, sondern jeder einzelne Punkt **individuell frei verhandelt und vereinbart** werden muss, was für den Laien die **Fehlerträchtigkeit** proportional zu der erforderlichen Vielzahl der Regelungen in dem Aufhebungsvertrag erhöht.

! **Praxistipp**

Je höher die Anzahl der im Aufhebungsvertrag zu treffenden Regelungen ist und diese mit Bedingungen verknüpft sind, umso mehr sollte der Vermieter über eine fachkundige Beratung im Vorfeld oder über eine fachkundige Vertretung nachdenken, welche in der gebotenen Form den Aufhebungsvertrag rechtssicher erstellt.

---

73 Ist beispielsweise zwischen den Vertragsparteien nur der konkrete Beendigungszeitpunkt des Mietvertrages zu regeln und für den Fall der vertragsgemäßen Rückgabe der Mietsache zu diesem Zeitpunkt ein Teilerlass der Forderungen des Vermieters gegenüber dem Mietschuldner zu vereinbaren, so kann dies der Vermieter selbst ohne großes Risiko gestalten. Mit der Anzahl der weiteren Klauseln bis hin zum vollständigen Spektrum der möglichen Regelungen steigt jedoch das

Fehlerrisiko, sodass der Vermieter insbesondere dann anwaltlichen Rat/Unterstützung erwägen sollte, wenn eine Vielzahl von Punkten mit wechselseitigen Abhängigkeiten, Bedingungen und Verfallregelungen in verschachtelter Form kombiniert zu vereinbaren sind.

So sehr ein Mietaufhebungsvertrag bei der Kooperationsbereitschaft des 74
Mietschuldners zu zeitnahen und wirtschaftlich interessanten Lösungen zugunsten des Vermieters beitragen kann, so wenig aussichtsreich kann im konkreten Einzelfall der Abschluss eines solchen Mietaufhebungsvertrages dann sein, wenn es sich bei dem Mietschuldner um einen **geübten Langzeitmietschuldner oder sogar einen Mietnomaden** handelt. Diese sind in der Praxis oftmals entweder nicht kontakt- oder gar verhandlungsbereit, und soweit dies dennoch der Fall sein sollte, sind die dortigen wirtschaftlichen Forderungen als Gegenleistung für eine Räumung und Herausgabe häufig dermaßen überzogen, dass sie für einen Vermieter bereits unter rein wirtschaftlichen Gesichtspunkten in der Regel nicht akzeptabel sind.

Letztlich kommt es jedoch auch in dieser Konstellation auf den konkreten 75
Einzelfall an, da auch ein schmerzhafter Teilverzicht auf Forderungen bei einem kurzfristigen Auszug dann sinnvoll sein kann, wenn beispielsweise absehbar ist, dass sich selbst eine rechtlich begründete Forderung nach Titulierung bei dem Mietschuldner **wirtschaftlich nicht durchsetzen lässt.** Aus diesem Grund sollte jeder Vermieter bei einem gestörten Mietverhältnis und der erforderlichen Beendigung des Mietverhältnisses in jedem Fall – also auch bei Langzeitmietschuldnern und Mietnomaden – prüfen, ob und unter welchen Konditionen ein Aufhebungsvertrag sinnvoll abgeschlossen werden kann.

Praxistipp !

Ob und inwieweit ein Aufhebungs- und Abwicklungsvertrag mit dem Mieter zu Bedingungen abgeschlossen werden kann, welche für den Vermieter in der konkreten Situation eine auch wirtschaftlich sinnvolle Lösung darstellen, ist einzelfallabhängig. In jedem Fall sollte der Vermieter diese einvernehmliche Lösungsform für sich konkret prüfen und im geeigneten Fall umsetzen.

Kapitel 14
Faktische Beendigung des Mietverhältnisses

A. Überblick

1 Mietverträge und sich aus ihnen ergebende Kündigungsfristen haben den Zweck, den sich vertragsgerecht verhaltenden Parteien **Rechtssicherheit** hinsichtlich der Dauer eines Mietverhältnisses zu vermitteln. Der Vermieter muss darauf vertrauen können, dass er bis zu einem bestimmten Zeitpunkt eine Mietzahlung erhält. Der Mietschuldner hingegen muss sich darauf verlassen können, dass er bis zu einem gewissen Zeitpunkt die Wohnung nutzen kann.

2 Kündigungsfristen gewähren eine Übergangszeit für beide Vertragsparteien, um Gelegenheit zur Neuorientierung zu erhalten. Der Vermieter kann sich einen neuen Mieter suchen, um keine Unterbrechung bei den Mietzahlungen erleiden zu müssen. Der Mieter hat Gelegenheit, sich nach einer neuen Wohnung umzusehen. Ein Eingriff in diesen **Vertrauenstatbestand** durch eine der beiden Vertragsparteien ist nur bei gesetzlich vorgeschriebenen Tatbeständen möglich. Es gibt klare Regeln, die es bei Beendigung eines Mietverhältnisses zu beachten gilt. Nicht nur der Mieter darf keine faktische Beendigung des Mietverhältnisses durch Auszug und Einstellung der Mietzahlung bewirken. Auch der Vermieter ist gehalten, den gesetzlich vorgeschriebenen Weg bei beabsichtigter Beendigung des Mietverhältnisses zu befolgen. Eine Schaffung vollendeter Tatsachen zieht **Konsequenzen** für die sich nicht gesetzeskonform verhaltende Partei nach sich.

B. Auszug ohne Kündigung

3 Zieht der Mietschuldner aus dem Mietobjekt aus, obwohl keine Kündigung vorliegt, ist dieser grundsätzlich zur vollständigen **Vertragserfüllung** verpflichtet und muss insbesondere die Zahlung von Miete und Betriebskosten fortsetzen. Gleiches gilt, soweit eine Kündigungsfrist nicht abgelaufen ist. Insoweit hat der Vermieter gem. § 535 Abs. 2 BGB einen Anspruch darauf, die Miete bis zum Fristende zu erhalten, weil rechtlich keine Beendigung des Mietverhältnisses stattgefunden hat. Eine Mietzahlungsverpflichtung besteht allerdings nicht, soweit der Vermieter die Wohnung in der Zeit nach Auszug an einen neuen Mieter vermietet oder aber selbst nutzt. Hieran ändert sich auch dann nichts, wenn das Mietob-

jekt durch einen neuen Mieter oder den Vermieter nur zu Renovierungszwecken genutzt und noch nicht bewohnt wird.[1]

Sollte ein **Auszug des Mietnomaden ohne Kündigung** erfolgt sein, liegt es ausschließlich in der Entscheidungsgewalt des Vermieters, ob dieser den Mietschuldner an den Mietvertrag binden oder ihn gewähren lässt. Für letztere Variante bietet sich der Abschluss eines Aufhebungsvertrages an, um hierdurch die Rechte und Pflichten der Mietvertragsparteien verbindlich regeln zu können. Letztlich kann keine pauschale Empfehlung abgegeben werden, wie in einer derartigen Situation zu verfahren ist. Dies ist stets eine Einzelfallentscheidung und hängt maßgeblich u. a. von der Vorgeschichte, etwaig bereits vorhandenen Zahlungsansprüchen und einer Einschätzung der Person des Mietnomaden ab. 4

Praxistipp !

Bei einem Auszug des Mietnomaden ohne vorherige Kündigung stellen sich dem Vermieter zwangsläufig **zahlreiche Fragen**, deren Beantwortung maßgeblich von dem Umstand beeinflusst wird, ob das Mietobjekt ordnungsgemäß und unbeschädigt zurückgegeben wurde:

- In welchem Zustand befindet sich das Mietobjekt?
- Hat der Mietnomade Einrichtungsgegenstände in der Wohnung belassen und wie soll mit diesen verfahren werden?
- Besteht eine Verpflichtung des Mietnomaden zur Durchführung von Schönheitsreparaturen?
- Ist noch über die Betriebskosten abzurechnen?
- Wurde eine Mietkaution gezahlt, über die nach Vertragsende abzurechnen ist?

Zur Vorsicht ist zu raten, wenn die Wohnung nach einem vorzeitigen Auszug 5
eines Mietnomaden **weitervermietet** wird. Hierin könnte ein Gericht erkennen, dass der Vermieter das Mietverhältnis mit dem Mietschuldner endgültig beenden wollte. Soweit dies nicht der Fall gewesen ist, hat der Vermieter darzulegen, dass die Weitervermietung ausschließlich erfolgte, um den Mietausfall möglichst gering zu halten und der bisherige zahlungsrückständige Mieter gerade nicht aus seiner Haftung entlassen werden sollte.[2] Hierzu sollten alle Umstände dokumentiert werden, die den **nicht vorhandenen Willen** des Mietnomaden erneut einzuziehen beweisen. Ist davon auszugehen, dass der Vermieter den Mieter auch für die Zeit nach der Weitervermietung aus dem fortbestehenden Mietvertrag in Anspruch nehmen will, so ist anzunehmen, dass die Weitervermietung lediglich im Rahmen der Schadensbegrenzung erfolgt ist.[3] Konnte bei der Wiedervermie-

1 AG Lörrach, Urt. v. 24.2.1999 – 3 C 2250/98 –.
2 Schmidt-Futterer/*Blank*, nach § 542 BGB Rn 9.
3 Schmidt-Futterer/*Blank*, nach § 542 BGB Rn 9.

tung nur eine geringere Miethöhe erzielt werden, kann der Vermieter Schadensersatz vom bisherigen Schuldner, also hier dem Mieter, in Höhe der Differenz beanspruchen.

I. Mit Rückgabe der Mietsache

1. Ordnungsgemäße Rückgabe der Mietsache

6 Der Mieter ist gem. §546 BGB verpflichtet, das Mietobjekt in einem **vertragsgerechten** Zustand zurückzugeben. Dies bedeutet insbesondere, dass auch der Mietnomade etwaige **Schönheitsreparaturverpflichtungen** erfüllt und den **ursprünglichen Zustand** wiederhergestellt haben muss. Da der Mietnomade gem. §538 BGB Veränderungen oder Verschlechterungen, die durch einen vertragsgemäßen Gebrauch entstanden sind, nicht zu vertreten hat, darf er die Mietsache in dem Zustand zurückgeben, der durch einen solchen Gebrauch entstanden ist.[4] Gibt der Mietnomade nach Beendigung des Mietverhältnisses die Wohnung nicht zurück, so kann der Vermieter gem. §546a BGB für die Dauer der Vorenthaltung als Nutzungsentschädigung die vereinbarte oder die ortsübliche Miete verlangen.

7 Mehrere Mieter haften für die Rückgabe der Mietsache als **Gesamtschuldner** gem. §431 BGB. Das bedeutet, dass der von Mietnomaden betroffene Vermieter sowohl alle Mietschuldner gemeinsam als auch einzeln auf Rückgabe in Anspruch nehmen kann. Jeder Mietschuldner haftet bei der Rückgabe gegenüber dem Vermieter außerdem nicht nur für eigenes Verschulden, sondern auch für das Verschulden der Mitmieter. Dies deshalb, da nicht nur die Aufgabe des eigenen Besitzes, sondern auch die Besitzaufgabe durch die Mitmieter geschuldet wird. Alle Mieter haben auf die vollständige Besitzverschaffung an den Vermieter mitzuwirken.[5] Das gilt selbst dann, wenn ein Mietschuldner die Wohnung tatsächlich selbst nie bewohnt hat. Deshalb reicht eine bloße Erklärung eines zahlungsrückständigen Mieters, dass er die Wohnung selbst nicht bewohne, nicht aus, um seine Pflichten zu erfüllen.[6]

8 Der **tatsächliche Zustand** einer Wohnung ist für das Vorliegen einer Rückgabe im Sinne des Gesetzes **bedeutungslos**.[7] Es ist zu unterscheiden zwischen Nichterfüllung und Schlechterfüllung. Wird die Pflicht zur Rückgabe als solcher

4 Schmidt-Futterer/*Streyl*, §546 BGB Rn 18.
5 Schmidt-Futterer/*Streyl*, §546 BGB Rn 64.
6 Schmidt-Futterer/*Streyl*, §546 BGB Rn 65.
7 BGH, Urt. v. 10.1.1983 – VIII ZR 304/81 –.

verletzt, dann liegt ein Fall der Nichterfüllung vor. Eine Schlechterfüllung liegt vor, soweit die Wohnung in einem nicht vertragsgemäßen Zustand zurückgegeben wurde.[8] Folglich liegt grundsätzlich keine Vorenthaltung vor, wenn der Vermieter die Räume in einem **verwahrlosten Zustand** bzw. mit noch vorhandenem Inventar des Mietnomaden zurückerhält. Eine Teilleistung des Mietschuldners bei der Rückgabe muss dem Vermieter allerdings noch zumutbar sein.[9] Dies ist nur der Fall, soweit der Vermieter an der anschließenden Nutzung nicht vollständig gehindert wird. Aus nachvollziehbaren Gründen lehnen manche Vermieter eine Rücknahme von verwahrlosten Wohnungen pauschal ab. Nach Ansicht der Rechtsprechung stellt dies jedoch keinen Grund dar, der den Vermieter berechtigt, eine Rücknahme zurückzuweisen.

Nur ausnahmsweise liegt eine Vorenthaltung vor, wenn sich aus Art und 9
Umfang der vom Mietnomaden zurückgelassenen Gegenstände ergibt, dass dem Vermieter eine **Inbesitznahme unmöglich** ist.[10] Für die Beseitigung von Schäden und die Entfernung von zurückgelassenen Gegenständen stehen dem Vermieter jedenfalls Schadensersatzansprüche gegen den Mietnomaden zu. Zudem kann der Vermieter aufgrund der eintretenden Verzögerung Ersatz für seinen Mietausfall bis zur Weitervermietung geltend machen, wenn er einen Ersatzmieter hatte, der bereit war, die Miete zu zahlen.

Gleiches gilt, soweit der Mietnomade die Wohnung zwar vollständig geräumt 10
hat, allerdings seiner wirksamen vertraglichen Verpflichtung zur Durchführung von **Schönheitsreparaturen nicht nachgekommen** ist. In dieser Konstellation ist die Rückgabepflicht zwar erfüllt, aber dennoch schuldet der Mietschuldner weiterhin die Ausführung der Schönheitsreparaturen. Wenn der Mietnomade in der Folge unter Fristsetzung fruchtlos aufgefordert wurde, dieser Verpflichtung nachzukommen, kann der Vermieter auch Schadensersatz in Höhe der zur Durchführung der Schönheitsreparaturen notwendigen Kosten und ggf. Nutzungsersatz verlangen. Zur ordnungsgemäßen Rückgabe besteht keine Verpflichtung des Vermieters, dem säumigen Mieter einen Übergabetermin anzubieten. Ausschließlich der Mieter ist rechtlich zur Rückgabe verpflichtet, weshalb dieser dem Vermieter die Rückgabe in der gesetzlich und mietvertraglich vorgeschriebenen Weise anbieten muss. Der Rückgabetermin muss vor der Beendigung des Mietverhältnisses liegen. Der Mietschuldner hat dem Vermieter rechtzeitig zuvor einen Übergabetermin im Mietobjekt mitzuteilen, an dem dieser auch teilnimmt.

---

8 Schmidt-Futterer/*Streyl*, § 546 BGB Rn 19.
9 OLG Hamburg, Urt. v. 29.11.1995 – 4 U 66/95 –.
10 LG Berlin, Urt. v. 25.4.2003 – 63 S 292/02 –.

11 Zur Rückgabe ist **nicht immer** eine **Besitzveränderung** notwendig. Weigert sich der Vermieter zu Unrecht, die ihm vom Mietnomaden zur Rückgabe angebotene Mietsache zurückzunehmen, so gerät er in Annahmeverzug. Der Vermieter darf die Rücknahme ohne Folgen für seine Ansprüche nur verweigern, wenn der Mietschuldner sie in einem Zustand zurückgeben will, der der Nichterfüllung gleichkommt.[11]

! **Praxistipp**

Der Mietschuldner muss die Wohnung grundsätzlich erst am **letzten Tag** der Kündigungsfrist zurückgeben. Findet eine Rückgabe der Wohnung auf Verlangen des Vermieters jedoch ohne Kündigung oder vor Ablauf einer Kündigungsfrist statt, so kann dies als **Aufhebungsvertrag** gewertet werden mit der Folge, dass ab diesem Zeitpunkt keine Mietzahlungsverpflichtung mehr besteht. Für die Beendigung des Mietverhältnisses stellt der Aufhebungsvertrag eine nicht uninteressante Alternative zur Kündigung dar, insbesondere soweit eine Kündigungsfrist nach beidseitigem Interesse verkürzt werden soll. Ist der Vermieter damit nicht einverstanden, muss er dies deutlich erklären, am besten schriftlich.

---

12 In jedem Fall sollte sich der Vermieter die **neue Anschrift** des ausziehenden Mietnomaden mitteilen lassen. Da dieser bei fehlender Kündigung oder Mietaufhebungsvereinbarung rechtlich weiterhin Mieter bleibt, müssen diesem auch nach dessen Auszug alle das Mietverhältnis betreffende Schreiben zugestellt werden können.

13 Aus den unterschiedlichsten Gründen kann es auch sinnvoll sein, den ausziehenden Mietschuldner ohne Einhaltung einer Kündigungsfrist aus dem Mietvertrag zu **entlassen**. Dies kann beispielsweise der Fall sein, sofern Mietrückstände bestehen, weitere Ausfälle an Mietzahlungen zu erwarten sind und eine schnelle Neuvermietung erreicht werden soll oder soweit kein Interesse daran besteht, den Mietschuldner aufgrund seiner Pflichten aus dem Mietverhältnis weiterhin in Anspruch nehmen zu müssen. Die Aufhebung eines Mietverhältnisses kann allerdings auch dadurch bedingt sein, dass Verständnis aufseiten des Vermieters für eine etwaige menschlich belastende Situation des Mieters besteht. In jedem Fall ist es sinnvoller, eine einvernehmliche Lösung zwischen den Mietvertragsparteien anzustreben, als auf eine möglicherweise rechtlich unsichere (fristlose) Kündigung zu setzen.

---

11 Schmidt-Futterer/*Streyl*, § 546 BGB Rn 30.

2. Schlüsselrückgabe

Der Vermieter hat ein natürliches Interesse an einer Rückgabe sämtlicher, dem Mietnomaden überlassenen **Wohnungsschlüssel** nach Beendigung des Mietverhältnisses. Den Mietschuldner trifft auch die Pflicht hierzu.[12] Allerdings ist es für den Mietnomaden nicht erforderlich, sämtliche Schlüssel an den Vermieter zurückzugeben, um seiner Rückgabepflicht gem. §546 BGB zu genügen.[13] Die Situation ist vergleichbar mit einer nicht ordnungsgemäß durchgeführten Räumungsverpflichtung, denn auch dieser kann der Mietschuldner entsprochen haben, obwohl noch Einrichtungsgegenstände in der Wohnung belassen wurden.[14] Entscheidend ist darauf abzustellen, ob der Vermieter durch eine unvollständige Rückgabe an einer anschließenden Nutzung vollständig gehindert wird. Ist dies nicht der Fall, ist zwar von einer Wohnungsrückgabe auszugehen, allerdings kommen Schadensersatzansprüche, vorliegend durch den notwendig werdenden Austausch der Türschlösser, in Betracht. 14

Alternativ steht dem Vermieter ein **Herausgabeanspruch** zu. Dieser kann allerdings erst nach rechtlicher Beendigung des Mietverhältnisses und ggf. nach Ablauf einer Kündigungsfrist entstehen. Einen solchen Anspruch kann der Vermieter durch Räumungsklage gerichtlich durchsetzen, sollte der Mietnomade die Schlüssel nicht freiwillig vollzählig zurückgeben. 15

Sind **Schlüssel** beim Mietnomaden **verloren gegangen** oder beschädigt worden und hat dieser den Verlust oder die Beschädigung zumindest fahrlässig verursacht, dann ist er gegenüber dem Vermieter schadensersatzpflichtig.[15] 16

Der Mietnomade muss dem Vermieter oder einer vom Vermieter beauftragten Person die Wohnungsschlüssel als **tatsächliche Leistung** gem. §294 BGB anbieten und grundsätzlich persönlich übergeben.[16] 17

Soweit der Vermieter die Annahme der Schlüssel **zu Unrecht verweigert**, gerät er in **Annahmeverzug** und kann gegenüber dem Mietschuldner keine Ansprüche in Folge einer nicht ordnungsgemäßen Wohnungsrückgabe geltend machen.[17] Durch die Annahme der Schlüssel und die Wohnungsrücknahme verliert der Vermieter grundsätzlich keine gegenüber dem Mietnomaden bestehenden Ansprüche. Nur Ansprüche wegen der laufenden Zahlung kann er nicht mehr auf die Nutzungsentschädigungsregelung des §546a BGB stützen. Auch nach der 18

12 Schmidt-Futterer/*Streyl*, §546 BGB Rn 28, 33.

13 OLG Brandenburg, Urt. v. 24.3.1999 – 3 U 216/98 – NZM 2000, 463.

14 BGH, Urt. v. 11.5.1988 – VIII ZR 96/87 –.

15 Schmidt-Futterer/*Streyl*, §546 BGB Rn 35.

16 AG Hannover, Urt. v. 7.2.2003 – 535 C 8222/02 –.

17 LG Osnabrück, Urt. v. 15.4.1983 – 11 S 332/82 – WM 1984, 2.

Rückgabe bleibt der Mietschuldner verpflichtet, seinen übrigen Pflichten aus dem Mietvertrag nachzukommen. Die Annahme mancher Mietnomaden, mit Rückgabe der Wohnung seien alle ihre Pflichten erfüllt, ist daher falsch.

19 Verlässt der zahlungsrückständige Mieter die Wohnung ohne weitere Mitteilung und wirft die Schlüssel in den **Briefkasten** des Vermieters, so ist hierin keine rechtswirksame Wohnungsrückgabe zu sehen.[18] Gleiches gilt, soweit der Mietnomade die Wohnungsschlüssel an einen anderen Mieter übergibt, damit dieser die Schlüssel an den Vermieter weiterleitet. Insbesondere ist in einer derartigen Vorgehensweise auch kein Angebot zum Abschluss eines Mietaufhebungsvertrages zu sehen. Der Vermieter kann die Schlüssel in diesen Fällen bedenkenlos entgegennehmen, schließlich hat er auch keine andere Wahl. Der Mietschuldner muss dem Vermieter richtigerweise vorab zwingend mitteilen, dass der Schlüssel eingeworfen werden soll und dieser muss Gelegenheit erhalten sich zu äußern, ob er mit dieser Vorgehensweise einverstanden ist.[19]

20 Strikte Zurückhaltung ist geboten bei einem beabsichtigten **Austausch des Türschlosses**, bevor die Wohnung oder zumindest ein Schlüssel freiwillig durch den Mietnomaden zurückgegeben wurde. Neben dem Erfordernis einer Beendigung des Mietverhältnisses müssen weitere Voraussetzungen erfüllt und unstreitig sein, will sich der Vermieter schadlos halten. Der Vermieter ist allerdings berechtigt, auf Kosten des Mietnomaden neue Schlösser anbringen zu lassen, sofern dieser nach rechtswirksamer Beendigung des Mietverhältnisses eine ihm gesetzte Frist zur Schlüsselrückgabe mit Androhung des kostenpflichtigen Austauschs fruchtlos hat verstreichen lassen.

II. Ohne Rückgabe der Mietsache

21 Eine **faktische Beendigung** eines Mietverhältnisses kann sich allerdings auch daraus ergeben, dass der Vermieter erfährt, dass der zahlungsrückständige Mieter die nicht zurückgegebene Wohnung nicht mehr **bewohnt**. Entsprechende Hinweise anderer Mieter oder ein überlaufender Briefkasten können Anhaltspunkte für eine freiwillige Besitzaufgabe darstellen.

22 Eine solche Vorgehensweise eines säumigen Mieters ist besonders **verwerflich** gegenüber seinem Vertragspartner, lässt er diesen doch in der Unwissenheit, ob er als Vermieter anderweitig über seine Wohnung disponieren kann. Ebenso erhält der Vermieter in dieser Konstellation keine Wohnungsschlüssel zurück

---

18 LG Köln, Urt. v. 2.7.1987 – 1 S 609/86 –.

19 LG Berlin, Urt. v. 8.7.2003 – 63 S 385/02 –.

und muss sich regelmäßig mit der Beseitigung zurückgelassener Einrichtungsgegenstände des Mieters auseinandersetzen, was beides zusätzliche Kosten verursacht, die der Vermieter in den meisten Fällen auch nicht erstattet bekommt.

Deutlich differenzieren muss man allerdings zu einem Mieter, der sich **vertragstreu** verhält und der insbesondere keine Mietrückstände verursacht hat. 23 Ein Mieter darf als unmittelbarer Besitzer einer Wohnung mit dieser im Rahmen der gesetzlichen Vorschriften verfahren, wie er möchte. Es ist folglich auch seine autonome Entscheidung, ob er die Wohnung weiterhin bewohnen will und dies unabhängig von der Frage, ob er das Mietverhältnis beendet hat. Solange der ausgezogene Mieter seinen Pflichten aus dem Mietverhältnis nachkommt, besteht keine Möglichkeit, rechtliche Maßnahmen zu ergreifen, an denen die meisten Vermieter unter diesen Voraussetzungen ohnehin kein Interesse haben werden.

Soweit jedoch der Auszug eines zahlungsrückständigen Mieters zweifelsfrei 24 feststeht, sollte der Vermieter ohne längeres Zuwarten aktiv werden, um keine weitere Verzögerung bei der Inbesitznahme seiner Wohnung erleiden zu müssen.

Selbstverständlich darf der Vermieter, auch wenn es menschlich nachvoll- 25 ziehbar erscheint, hier nicht einfach zur Selbsthilfe greifen und die Wohnungstür eigenmächtig öffnen oder sogar die Wohnungseinrichtung des Mietnomaden beseitigen.

Vielmehr muss der Vermieter den augenscheinlich ausgezogenen Mietno- 26 maden unter **angemessener Fristsetzung** auffordern, die Mietsache zu räumen sowie androhen, dass er nach fruchtlosem Verstreichen der Frist die Mietsache auf Kosten des zahlungsrückständigen Mieters räumen lassen wird. Diese Mahnung sollte in jedem Fall schriftlich erfolgen, da der Vermieter im Falle einer rechtlichen Auseinandersetzung die Erteilung der Mahnung und deren Zugang beweisen können muss.

Sollte der säumige Mieter nicht innerhalb der Frist auf die Aufforderung des 27 Vermieters reagieren, gerät er in **Verzug**. Dies ist deshalb relevant, da der Mietschuldner anfänglich ausschließlich die Räumung der Wohnung schuldet. Erst ab diesem Zeitpunkt kommt es überhaupt in Betracht, dass der Vermieter die Wohnung eigenständig oder durch ein Unternehmen auf Kosten des Mietschuldners räumen lässt. Voraussetzung dafür ist in jedem Fall, dass der Mietschuldner offensichtlich den Besitz an der Wohnung aufgegeben hat.

Die Einrichtungsgegenstände des Mietnomaden müssen **ordnungsgemäß** 28 **verwahrt** werden, damit keine Schadensersatzpflicht des Vermieters entsteht.[20] Auch dürfen keine Gegenstände bei der Räumung beschädigt werden, da auch insoweit ein Schadensersatzanspruch des Mietschuldners begründet werden

20 Schmidt-Futterer/*Streyl*, § 546 BGB Rn 59.

kann.[21] Dies gilt nicht für vom Mietnomaden eingebrachte Sachen, die erkennbar wertlos sind bzw. an denen dieser erkennbar sein Eigentum aufgegeben hat. Bevor schließlich eine Neuvermietung der Wohnung stattfindet, sollte der Vermieter das bislang nur faktisch beendete Mietverhältnis, sofern nicht zuvor geschehen, auch rechtlich beenden.

1. Einzug eines ungenehmigten Nachfolgenutzers

29 Nicht selten stellen Vermieter nach Feststellung des Auszugs eines Mietnomaden (ohne dass eine Wohnungsrückgabe stattgefunden hat) fest, dass die Wohnung ohne ihr Wissen an eine andere Person überlassen wurde. Insoweit liegt schon **keine Rückgabe** i. S. d. §546 Abs. 1 BGB durch den Mietnomaden vor. Der Mietschuldner hat in einer solchen Konstellation durch Inanspruchnahme des Dritten vielmehr dafür zu sorgen, dass der Vermieter den Besitz an der Mietsache erhält.[22] Allerdings gilt es festzuhalten, dass auch bei Bewohnung der Wohnung durch einen Nachnutzer der ausziehende Mieter weiterhin gegenüber dem Vermieter haftet, insbesondere hinsichtlich der Mietzahlungsforderung. Auch alle durch den Nachnutzer generierten Betriebskosten werden dem Mietschuldner zugerechnet. Dies kann bei einem hohen Verbrauch nicht zu vernachlässigende Zusatzkosten für den ausgezogenen Mietnomaden bedeuten. Für den Vermieter ist insoweit irrelevant, ob Mietschuldner und Nachnutzer untereinander eine anderslautende Vereinbarung getroffen haben. Vertragspartner des Vermieters bleibt zumindest bis zum Ablauf einer Kündigungsfrist der ausziehende Mieter. Auch nach Ablauf der Kündigungsfrist schuldet der Mietnomade weiterhin die Räumung, selbst wenn er die Wohnung einem Dritten überlassen hat. Zwischen dem Vermieter und dem Dritten bestehen zwar keine vertraglichen Beziehungen, es besteht allerdings ein gesetzliches Schuldverhältnis,[23] bei dessen Verletzung der Dritte schadensersatzpflichtig ist. Dies können neben dem Anspruch auf Nutzungsersatz in Höhe der bisherigen Mietzahlungen beispielsweise Schäden wegen Mietausfalls oder Erstattung von Rechtsverfolgungskosten sein.[24]

30 Eine solche Vorgehensweise des Mietschuldners ist jedenfalls als unerlaubte Gebrauchsüberlassung zu qualifizieren. Zudem kann der Vermieter den Auszug des Nachnutzers notfalls durch Räumungsklage gegen diesen gerichtlich durchsetzen. §546 Abs. 2 BGB gewährt dem Vermieter ein Rückforderungsrecht an

21 AG Köln, Urt. v. 14.10.2003 – 218 C 284/03 – WM 2004, 618.
22 Schmidt-Futterer/*Streyl*, §546 BGB Rn 25.
23 Eigentümer-Besitzer-Verhältnis nach §§986 ff. BGB.
24 OLG Hamm, Urt. v. 4.11.1980 – 4 U 136/80 – WM 1981, 40.

der Wohnung gegenüber einem am Mietvertrag unbeteiligten Dritten, dem der Mietnomade den Gebrauch der Mietsache überlassen hat. Seit der Mietrechtsnovelle 2013 hat der Vermieter in diesen Fällen zudem die Möglichkeit, im Wege des einstweiligen Rechtsschutzes gegen die dritte Person vorzugehen, wenn er gegen den eigentlichen Mieter schon einen Räumungstitel erwirkt hat. Vertragliche Ansprüche hat der Vermieter gegen einen solchen Dritten nicht.[25] Ein Zurückbehaltungsrecht an der Mietsache wegen etwaiger Gegenansprüche steht dem Dritten nicht zu.[26] Neben der Räumung ist er zudem verpflichtet, seine Einrichtungsgegenstände aus der Wohnung zu entfernen.[27]

Dem gemeinsam mit seinem Nachnutzer kollusiv zusammenwirkenden Miet- 31
nomaden ist in einer derartigen Konstellation bereits aus Eigeninteresse anzuraten, den Mietvertrag etwa durch eine Aufhebungsvereinbarung zu beenden und ggf. beim Vermieter den Abschluss eines neuen Mietvertrages mit dem Nachmieter zu erbitten. Der Mietnomade hat allerdings grundsätzlich keinen Anspruch auf vorzeitige Entlassung aus dem Mietvertrag.[28]

2. Abwicklung des Mietverhältnisses bei faktischer Beendigung

Auch wenn der zahlungsrückständige Mieter durch seinen Auszug für die fak- 32
tische Beendigung des Mietverhältnisses gesorgt hat, ist es nicht ratsam, die Wohnung ohne **abschließende Klärung der rechtlichen Seite** weiterzuvermieten.

Dies gilt auch unabhängig von der Frage, ob eine **Rückgabe** der Mietsache 33
durch den Mietnomaden stattgefunden hat. Die Rechte und Pflichten aus dem Mietvertrag bleiben selbstverständlich unabhängig von der Frage eines Auszuges des Mietschuldners bestehen. Es geht zu diesem Zeitpunkt vorwiegend darum, dass Nachteilen der Vermieterseite bei einer etwaigen gerichtlichen Auseinandersetzung vorgebeugt werden muss. Diese können insbesondere dann entstehen, wenn der Vermieter die vom Mietnomaden zurückgelassene Wohnung schnellstmöglich ausräumen will.

Für eine **rechtliche Beendigung** des Mietverhältnisses stehen dem Vermie- 34
ter einige Alternativen zur Verfügung.

Idealerweise ist der zahlungsrückständige Mieter bereit, eine **einvernehmli-** 35
che Lösung zu finden. Im Rahmen eines Aufhebungsvertrages muss der Vermie-

25 Schmidt-Futterer/*Streyl*, § 546 BGB Rn 4.
26 Schmidt-Futterer/*Streyl*, § 546 BGB Rn 106.
27 Schmidt-Futterer/*Streyl*, § 546 BGB Rn 105.
28 Schmidt-Futterer/*Blank*, nach § 542 BGB Rn 10.

ter zwar regelmäßig auch Zugeständnisse machen, allerdings hat er dann Rechtssicherheit, dass das Mietverhältnis kurzfristig rechtlich beendet wird, sodass weitere Maßnahmen zur Neuvermietung getroffen werden können. Außerdem kann sinnvollerweise in eine **Aufhebungsvereinbarung** aufgenommen werden, in welchem Zustand die Räume zurückgegeben wurden, inwieweit noch Schönheitsreparaturen durchzuführen sind und ob noch eingebrachte Einrichtungsgegenstände zu entfernen sind.[29] Sollte ein Interesse des Mietschuldners am Abschluss einer derartigen Vereinbarung geäußert werden, muss der Vermieter auf den schnellen Abschluss einer solchen Vereinbarung drängen. Anderenfalls riskiert er einen unnötigen Zeitverlust aufgrund einer möglichen Hinhaltetaktik des Mietschuldners. Kommt der Mietnomade in der Folge seinen Verpflichtungen aus der Aufhebungsvereinbarung nämlich nicht nach, so kann der Vermieter auf deren Grundlage weitere rechtliche Maßnahmen ergreifen.

36 Zwar stellt ein Aufhebungsvertrag selbst noch **keinen Vollstreckungstitel** dar, allerdings kann sich der Mietnomade im Rahmen einer rechtlichen Auseinandersetzung insbesondere nicht mehr gegen den Räumungsanspruch des Vermieters an sich verteidigen, da er diesen vertraglich anerkannt hat. Wenn dagegen ein Kündigungsgrund streitig ist, ist es für den Vermieter schwerer, den Räumungsanspruch gerichtlich durchzusetzen.

37 Falls sich der Mietschuldner nicht auf den Abschluss eines Aufhebungsvertrages einlassen will, so sollte diesem alternativ zwingend **gekündigt** werden. Die Kündigung hat richtigerweise gem. § 568 Abs. 1 BGB schriftlich zu erfolgen und sollte nachweislich zugestellt worden sein.

38 Sollte der Vermieter dementgegen die Mietsache **ohne rechtliche Beendigung** und Durchsetzung des Räumungsanspruchs durch Einschaltung der staatlichen Organe in Besitz nehmen, besteht die Gefahr, dass er für die Folgen haftbar gemacht wird. Von der gesetzlich vorgeschriebenen Vorgehensweise darf der Vermieter auch nicht abweichen, soweit der Aufenthaltsort des Mietnomaden unbekannt ist. Der BGH hat hierzu ausdrücklich klargestellt, dass die nicht durch einen gerichtlichen Titel gedeckte, eigenmächtige Inbesitznahme einer Wohnung und deren eigenmächtiges Ausräumen durch den Vermieter eine unerlaubte Selbsthilfe gem. § 229 BGB darstellt. Dies hat zur Folge, dass der Vermieter gem. § 231 BGB verschuldensunabhängig zum Ersatz des daraus entstehenden Schadens verpflichtet ist. Dies betrifft gerade auch eigenmächtig vom Vermieter entsorgte Einrichtungsgegenstände des Mietnomaden, da den Vermieter insoweit eine Obhutsverpflichtung trifft.[30]

---

29 Schmidt-Futterer/*Blank*, nach § 542 BGB Rn 31.
30 BGH, Urt. v. 14.7.2010 – VIII ZR 45/09 –.

Der BGH nimmt insoweit eine Beweislastumkehr dahingehend an, dass der unrechtmäßig räumende Vermieter beweisen muss, dass entsorgte Gegenstände des Mietschuldners wertlos waren.[31] 39

C. Faktische Beendigung des Mietverhältnisses durch den Vermieter

Mancher Vermieter kommt auf den Gedanken, ein Mietverhältnis mit einem zahlungsrückständigen Mieter durch Anwendung von **Selbsthilfe** faktisch zu beenden. Von einer solchen Vorgehensweise, die sich beispielsweise durch Austausch der Haustürschlösser oder durch Anwendung körperlicher Gewalt darstellen kann, ist dringend abzuraten. Neben der Möglichkeit des Mietnomaden, einstweiligen Rechtsschutz zur Wiedereinräumung des Besitzes an der Wohnung in Anspruch zu nehmen, setzt sich der Vermieter zudem dem Risiko aus, strafrechtlich u. a. wegen Hausfriedensbruch und Nötigung belangt zu werden. 40

Vielmehr ist der Vermieter gehalten, den **gesetzlich vorgeschriebenen** Weg zu beschreiten. Wenn auch rechtlich korrekt, ist dies für manchen Vermieter schwerlich nachvollziehbar, da der Zeitraum vom Ausspruch der Kündigung bis zur Erlangung eines Räumungstitels regelmäßig mehrere Monate in Anspruch nimmt. In dieser Zeit kann keine Neuvermietung stattfinden und die oftmals mangels Solvenz des Mietnomaden nicht beitreibbaren Mietrückstände erhöhen sich. Auf der Gegenseite stehen zusätzliche Kosten für Kündigung, Klage und ggf. Räumungsvollstreckung. 41

Will der von Zahlungsausfällen betroffene Vermieter seine Wohnung in Besitz nehmen, muss er zwingend als **ersten Schritt** das Mietverhältnis beenden. Insoweit ist wiederum der Abschluss eines Aufhebungsvertrages zwischen den Mietvertragsparteien einer Kündigung vorzuziehen. Zwar muss der Vermieter auch bei einem Aufhebungsvertrag für den Fall des Nichtauszuges des Mietnomaden eine Räumungsklage erheben, allerdings ist die gerichtliche Durchsetzung des Räumungsanspruchs einfacher möglich als bei einer Räumungsklage nach einer Kündigung. Dies liegt insbesondere daran, dass der Mietnomade die Wirksamkeit eines Räumungsanspruchs aus einer Aufhebungsvereinbarung im Vergleich zur Kündigung schwerer angreifen kann. Bei Vorliegen eines Mietaufhebungsvertrages kann der Mietnomade beispielsweise nicht einwenden, dass es dem Vermieter an einem berechtigten Interesse fehlt. 42

31 BGH, Urt. v. 14.7.2010 – VIII ZR 45/09 –.

43 Dem säumigen Mieter bleibt lediglich die Möglichkeit, eine **Räumungsfrist** bzw. einen **Vollstreckungsaufschub** zu erlangen. Aber auch insoweit wird berücksichtigt, dass sich der Mietschuldner aufgrund einer Aufhebungsvereinbarung verpflichtet hat, die Wohnung bis zu einem bestimmten Zeitpunkt zu räumen. Sollte das Gericht eine Räumungsfrist oder einen Aufschub bei der Zwangsräumung gewähren, so wird diese regelmäßig kürzer sein als in den Fällen eines gekündigten Mietverhältnisses.

44 Lässt sich der Mietnomade hierauf nicht ein und ist auch nicht absehbar, dass er freiwillig räumen wird, kann es aus wirtschaftlichen Überlegungen des Vermieters zur Begrenzung des Schadens sinnvoll sein, dem Mietnomaden Anreize für einen Auszug zu bieten. Dies kann beispielsweise das Angebot auf Erlass eines Teils des Mietrückstandes sein. Reizvoller ist allerdings für derartige Mietnomaden die Aussicht, direkt **Geld in die Hand** zu bekommen. Dies kann etwa die Zusage sein, am Auszugstag nach Übergabe der Schlüssel eine bestimmte Summe an den Mietnomaden zu übergeben (**Auszugsprämie**). Dieses Geld ist für den Vermieter zwar endgültig verloren, allerdings kann es sich abgesehen von der psychischen Belastung und den Kosten eines Rechtsstreits und einer sich anschließenden Räumung rechnen, derart vorzugehen.[32]

45 Sollte sich der Mietnomade allerdings nicht auf die Beendigung des Mietverhältnisses einlassen wollen, so ist das Mietverhältnis zu **kündigen**. Ob die Möglichkeit der für den Vermieter vorteilhafteren fristlosen Kündigung besteht, ist stets eine Frage des Einzelfalls und sollte nicht ohne anwaltlichen Rat entschieden werden. Soweit sich der Mietnomade in der Folge weigert, nach Beendigung des Mietverhältnisses die Wohnung zu räumen, sollte der Vermieter schnellstmöglich einen Räumungstitel erwirken.

! **Praxistipp 1**

Die Räumungsklage kann sich auch auf eine **künftige Räumung** beziehen, falls der Mieter die Wirksamkeit einer Kündigung bestreitet und mitteilt, dass er nicht fristgerecht ausziehen wird. Hierdurch kann bestenfalls eine weitergehende Verzögerung bis zum Auszug des Mietnomaden verhindert werden.

! **Praxistipp 2**

Der Vermieter kann seine Räumungsklage mit seinen Ansprüchen auf Zahlung von rückständigen Mieten und Schadensersatzforderungen **verbinden**. Dies ist grundsätzlich auch sinnvoll, da gemäß dem mit der Mietrechtsnovelle 2013 neu eingeführten § 272 Abs. 4 ZPO Räumungssachen vor Gericht beschleunigt und vorrangig durchzuführen sind. Allerdings ist ebenfalls festzustellen, dass die Gerichte diese gesetzliche Vorgabe bislang nur zurückhaltend umsetzen. Außer-

32 Schmidt-Futterer/*Streyl*, § 546 BGB Rn 114.

dem muss der Vermieter wissen, dass sich die Räumungsklage **verzögern** kann, wenn vor Gericht über die Höhe von Minderungen oder Schadensersatzforderungen gestritten wird und Beweis zu erheben ist.

Im Rahmen der gerichtlichen Auseinandersetzung wird insbesondere die Wirk- 46
samkeit der Kündigung bzw. des Aufhebungsvertrages geprüft. Für den Fall des Obsiegens des Vermieters erhält dieser einen Räumungstitel und kann notfalls die Zwangsvollstreckung hieraus betreiben. Hierzu beauftragt er einen **Gerichtsvollzieher** mit der Räumung der Wohnung.

Allerdings ist zu beachten, dass der Räumungstitel vor der beabsichtigen 47
Beauftragung eines Gerichtsvollziehers gem. § 750 ZPO **zugestellt** worden sein muss. Das geschieht durch das Gericht von Amts wegen. Ist der Aufenthaltsort des Mietnomaden unbekannt und ist eine Zustellung an einen Vertreter oder Zustellungsbevollmächtigten nicht möglich, muss der Räumungstitel vor Beauftragung des Gerichtsvollziehers öffentlich zugestellt werden. Die **öffentliche Zustellung** erfolgt gem. § 186 ZPO durch Aushang einer Benachrichtigung an der Gerichtstafel oder durch Einstellung in ein elektronisches Informationssystem, das im Gericht öffentlich zugänglich ist. Gemäß § 188 ZPO gilt der Titel dann als zugestellt, wenn seit dem Aushang der Benachrichtigung ein Monat vergangen ist. Zur öffentlichen Zustellung muss der Vermieter jedoch glaubhaft machen, dass der Aufenthaltsort des Mietnomaden unbekannt ist, woran die Gerichte wegen der Fiktionswirkung der öffentlichen Zustellung grundsätzlich sehr hohe Anforderungen stellen.

Kapitel 15
Selbsthilfe des Vermieters bei Räumungs- und Herausgabeverlangen

A. Überblick

1 Einige Vermieter glauben irrigerweise, als Eigentümer der Wohnung hätten sie das Recht, die **vermietete Wohnung jederzeit zu betreten**. Durch Abschluss eines Mietverhältnisses wird allerdings das jederzeitige Zutrittsrecht auf den Wohnungsmieter übertragen. Dem Mieter steht ab Mietbeginn das alleinige **Hausrecht** zu, weshalb grundsätzlich auch nur seine Person darüber entscheiden darf, wer die Wohnung betreten darf. Dieser Umstand stellt sich gerade als problematisch für alle diejenigen Vermieter dar, die sich eines Mietnomaden entledigen möchten. Mancher Vermieter ist ab einem gewissen Punkt nicht mehr bereit, sich gegenüber einem sich selbst durch ausbleibende Mietzahlungen nicht rechtskonform verhaltenden Mieter auf den Rechtsweg verweisen zu lassen.

2 Dies gilt umso mehr in den Fällen, in denen dem Vermieter aufgrund eines langwierigen Verfahrens ein weiterer **finanzieller Schaden** droht, der aufgrund der fehlenden Solvenz des Mietschuldners nicht kompensiert werden kann. Das zeit- und kostenaufwändige gerichtliche Räumungsverfahren ist ein Ärgernis für viele Vermieter, da weitere Mietrückstände auflaufen, Anwalts- und Gerichtskosten anfallen und nicht unerhebliche Räumungskosten entstehen. Gefragt sind demnach nicht nur starke Nerven, sondern ebenso ein gewisses finanzielles Polster und auch eine ausreichende Rechtsschutzversicherung.

3 Vor diesem Hintergrund erscheint ein Schaffen vollendeter Tatsachen seitens des Vermieters durch **eigenmächtige Türöffnung und Räumung der Wohnung** auf den ersten Blick verlockend: Die Vorteile liegen nämlich auf der Hand: Die Wohnung wird umgehend wieder frei. Dies sogar dauerhaft, soweit nach Rausschmiss des nicht zahlenden Mieters umgehend an einen neuen Mieter vermietet wird. Der neue Mieter erfüllt in der Regel seine Mietzahlungsverpflichtung, weshalb wieder neue Einnahmen auf Vermieterseite generiert werden, was bei einem säumigen Mieter nicht der Fall wäre.

4 Allerdings gilt es zu beachten, dass auch wenn die Begehung des gesetzlich vorgeschriebenen Weges in Form des Kündigungs-, Räumungs- und Vollstreckungsverfahrens zunächst umständlicher erscheint, sie dennoch als vorzugs-

würdiger anzusehen ist, da anderenfalls weitreichende Folgen sowohl zivil- als auch strafrechtlicher Natur auf den Vermieter zukommen können.[1]

B. Türöffnung per Vermieterschlüssel

Eine durch den Vermieter vorgenommene eigenmächtige Öffnung der Wohnungseingangstür der von einem Mietnomaden bewohnten Wohnung mithilfe eines Vermieterschlüssels ist rechtlich unzulässig und kann relevante Konsequenzen straf- und zivilrechtlicher Art nach sich ziehen. Bereits das **Vorhandensein eines Wohnungsschlüssels beim Vermieter** (Vermieterschlüssel) ist problematisch: Der Vermieter ist verpflichtet, dem Mieter ab Mietbeginn ausschließlichen Besitz an der vermieteten Wohnung zu verschaffen. Eine solche Form des Besitzes kann allerdings nicht vorliegen, soweit sich der Vermieter durch Zurückhalten von Wohnungsschlüsseln eine Zutrittsmöglichkeit vorbehält. Bei Einzug ist der Vermieter deshalb ohne klare Absprache mit dem Mieter nicht berechtigt, Schlüssel für die Wohnungseingangstür des Mieters zurückzuhalten.[2] Vielmehr muss der Vermieter alle in seinem Besitz befindlichen Schlüssel zur Wohnung an den Mieter aushändigen. Anderenfalls steht selbst dem Mietnomaden ein Herausgabeanspruch gegen den Vermieter zu, den dieser notfalls auch gerichtlich durchsetzen kann,[3] auch wenn der Vermieter das Mietverhältnis zwischenzeitlich wegen Zahlungsrückständen fristlos gekündigt hat. 5

Aber selbst wenn der Vermieter im Einverständnis mit dem Mieter einen Schlüssel für die Wohnung behalten hat, darf er die Wohnung **in dessen Abwesenheit** ohne seinen Willen **nicht betreten**. Selbstverständlich rechtfertigt auch die Türöffnung bei Inanspruchnahme eines Schlüsseldienstes oder sonstiger gewaltsamer Türöffnung **keinen** absprachewidrigen Zutritt des Vermieters. Der Mietschuldner muss eine solche Vorgehensweise folglich nicht dulden. Sollte er erst nach bereits erfolgtem Zutritt Kenntnis hiervon erlangen, stehen ihm straf- und zivilrechtliche Reaktionsmöglichkeiten offen. 6

Praxistipp !
Der Vermieter kann sich insoweit auch nicht auf mietvertraglich vereinbarte Klauseln berufen, die dem Vermieter den Zugang zur Wohnung erlauben. Da solche Klauseln unwirksam sind, ist ein Betreten der Wohnung durch den Vermieter auch unter Berufung auf eine derartige mietvertragliche Regelung als widerrechtlich anzusehen ist.

1 Schmidt-Futterer/*Streyl*, § 546 BGB Rn 115.
2 LG Kassel WuM 1973, 103; LG Berlin, Urt. v. 9.2.1999 – 64 S 305/98 –.
3 AG Tecklenburg, Urt. v. 3.7.1991 – 11 C 11/91 – WM 1991, 579.

C. Gewaltsame Türöffnung und Räumung durch Vermieter

7 Die Entscheidung eines von Zahlungsausfällen betroffenen Vermieters zur Selbsthilfe in Form der eigenmächtigen Öffnung der Wohnungseingangstür und anschließender Räumung der Wohnung verschafft zwar schnellen Besitz an der Wohnung, zieht allerdings weitreichende rechtliche Konsequenzen nach sich. Ohne erwirkten und im Vollstreckungsverfahren durchgesetzten Räumungstitel besteht nämlich tatsächlich einerseits ein Risiko, von dem nicht zahlenden Mieter auf Schadensersatz in Anspruch genommen und andererseits einer strafrechtlichen Verfolgung ausgesetzt zu werden.

8 Die zwangsweise Durchsetzung des Rückgabeanspruchs ist vielmehr den staatlichen Vollstreckungsorganen vorbehalten, damit die schutzwürdigen Interessen des Verpflichteten vor Verletzungen gesichert sind.[4] Das Recht zur Erzwingung von Gesetzestreue kommt in erster Linie dem Staat zu. Der Einzelne, der sich anmaßt, den Staat dabei mit Nötigungsmitteln zu vertreten, handelt widerrechtlich, wenn er vorsätzlich den Vorrang staatlicher Zwangsmittel außer Acht lässt, um durch von ihm selbst ausgeübte mittelbare oder unmittelbare Gewalt und ohne speziellen Rechtfertigungsgrund die Gesetzestreue anderer zu erzwingen.[5]

! **Praxistipp**
Es empfiehlt sich deshalb unbedingt, gegen den Mietnomaden den auf den ersten Blick vermeintlich kostenintensiven und umständlichen legalen Weg zu begehen, da sich dieser im Ergebnis regelmäßig als erheblich günstiger und sinnvoller erweist und keine strafrechtlichen Risiken birgt.

I. Strafrechtlich

9 Die eigenmächtige Inbesitznahme der Wohnung durch den mit einem Mietnomaden konfrontierten Vermieter kann **strafrechtliche Konsequenzen** nach sich ziehen.

4 Schmidt-Futterer/*Streyl*, § 546 BGB Rn 115.
5 BVerfGE 73, 206, 254 ff.

1. Hausfriedensbruch (§ 123 StGB)

Nach § 123 Abs. 1 StGB kann ein Vermieter wegen Hausfriedensbruchs mit Freiheitsstrafe bis zu einem Jahr oder Geldstrafe bestraft werden, soweit er widerrechtlich in die Wohnung des Mietschuldners eindringt. Soweit der Mietnomade nicht aus der Wohnung ausgezogen und deren Besitz erkennbar aufgegeben hat, droht der Vermieter bei entsprechender Handlung nach diesem Straftatbestand belangt zu werden.[6] 10

Praxistipp !

Der Vermieter darf eine Besitzaufgabe der Wohnung durch den Mietnomaden grundsätzlich erst nach Überlassung aller Schlüssel einschließlich selbstbeschaffter Zusatzschlüssel annehmen. Verbleiben noch Schlüssel beim Mietnomaden, dann spricht dies gegen einen Besitzaufgabewillen des Mietschuldners und gegen die alleinige Sachherrschaft des Vermieters.[7]

Auch soweit der Vermieter ohne Kenntnis des Mietnomaden mithilfe eines **Nachschlüssels** die Mietwohnung betritt, liegt der Straftatbestand des Hausfriedensbruchs vor. Die Tat wird allerdings nur dann strafrechtlich verfolgt, soweit durch den in seinen Rechten verletzten Mietschuldner gem. § 123 Abs. 2 StGB rechtzeitig **Strafantrag** gestellt wurde. Stellt der Mietnomade diesen Antrag nicht innerhalb einer dreimonatigen Frist nach Kenntniserlangung von der Person des Täters, so kann der Hausfriedensbruch gem. § 77b Abs. 1 StGB nicht mehr als Antragsdelikt verfolgt werden.[8] 11

Es gilt zu beachten, dass selbst der Mietnomade in seiner Wohnung das alleinige **Hausrecht** hat.[9] Er kann deshalb dem Vermieter auch das Betreten dessen eigener Wohnung grundsätzlich untersagen. Hausfriedensbruch durch den Vermieter liegt jedoch dann nicht vor, wenn der Vermieter die Wohnung zur **Gefahrenabwehr** betritt.[10] 12

Beispiel

Dies kann etwa bei einem Wasserrohrbruch und gleichzeitiger Abwesenheit des Mietnomaden erforderlich sein, um Schäden von der Mietsache abzuwenden.

---

6 *Fischer*, § 123 Rn 36.

7 Schmidt-Futterer/*Streyl*, § 546 BGB Rn 28.

8 Die Ausnahme wäre, dass die Staatsanwaltschaft ein öffentliches Interesse an der Verfolgung annimmt und von Amts wegen einschreitet – ein eher unwahrscheinlicher, aber rechtlich möglicher Fall.

9 *Fischer*, § 123 Rn 3.

10 *Fischer*, § 123 Rn 36.

2. Nötigung (§ 240 StGB)

13 Durch eine eigenmächtige Räumung macht sich der Vermieter gem. § 240 StGB der **Nötigung** strafbar.[11] Durch die Räumung wird der Mietnomade nämlich gegen seinen Willen dazu **genötigt**, die in seinem Besitz befindliche Wohnung nicht mehr nutzen zu können. Eine solche Vorgehensweise wird als verwerflich und damit rechtswidrig i. S. d. § 240 StGB angesehen. Die gesetzliche Strafandrohung umfasst eine Freiheitsstrafe von bis zu drei Jahren oder Geldstrafe.

3. Sachbeschädigung (§ 303 StGB)

14 Beim Räumen des Wohnungsinventars des Mietschuldners aus der Wohnung können **Beschädigungen** an den Gegenständen des Mieters entstehen, was den Straftatbestand der Sachbeschädigung gem. § 303 StGB erfüllt. Hiernach wird mit Freiheitsstrafe bis zu zwei Jahren oder mit Geldstrafe bestraft, wer rechtswidrig eine fremde Sache beschädigt oder zerstört. Die Strafverfolgung erfolgt auch hier gem. § 303c StGB nur auf Antrag.

4. Einbruchsdiebstahl (§ 244 Abs. 1 Nr. 3 StGB)

15 Das Gesetz sieht einen Wohnungseinbruch als qualifizierten Diebstahlsfall. Wenn bei der Räumung **Geld oder Wertgegenstände abhandenkommen**, wird der Vermieter möglicherweise bezichtigt, diese aus der Wohnung entwendet zu haben. Der Vermieter befindet sich dabei in Beweisnot, denn etwaige zeugen, die ihm bei der Räumung halfen, sind Mittäter oder leisten zumindest Beihilfe und sind ebenso wie der Vermieter selbst mit einem Strafverfahren konfrontiert.

! **Praxistipp**

Aufgrund der drohenden strafrechtlichen Konsequenzen sollte sich der Vermieter auch nicht zu Verleumdungen, üblen Nachreden und Beleidigungen gegenüber dem säumigen Mieter hinreißen lassen, da ansonsten neben dem bereits erlittenen Schaden noch eine Strafanzeige wegen Ehrdelikten (§§ 185 ff. StGB) hinzukommen könnte.

II. Zivilrechtlich

16 Auch aus zivilrechtlicher Sicht kann jedem von Zahlungsausfällen betroffenen Vermieter nur davon abgeraten werden, sich eigenmächtig den Besitz an vermie-

11 OLG Köln, Urt. v. 25.7.1995 – Ss 340/95-104 – NJW 1996, 472.

teten Wohn- oder Geschäftsräumen ohne Vorliegen eines Räumungstitels und Durchführung des gesetzlich vorgeschriebenen Wegs gemäß der in § 885 ZPO normierten Herausgabevollstreckung zu verschaffen.

Eine solche sog. **„kalte Räumung"** ist dabei von einer „warmen Räumung" 17
abzugrenzen, bei der eine rechtlich zulässige Kündigung ausgesprochen, in der Folge gegen den Mietnomaden eine Räumungsklage bei Gericht betrieben wird, um die Wohnung schließlich durch den Gerichtsvollzieher räumen zu lassen.

Der Nachteil dieser Form der Räumung liegt für den Vermieter auf der Hand: 18
Die jeweiligen Verfahren sind meistens langwierig, insbesondere da eine einstweilige Verfügung zur Räumung gerade bei Mietwohnungen die absolute Ausnahme darstellt.

Dennoch ist hierin die rechtlich vorzugswürdigere Variante zu sehen, denn 19
die Betreibung einer „kalten Räumung" wird als **verbotene Eigenmacht nach § 858 Abs. 1 BGB** sowie **unerlaubte Selbsthilfe gem. § 229 BGB** angesehen.[12] Hieraus folgt rechtlich nicht nur eine vertragliche und deliktische Haftung des Vermieters aus §§ 280 Abs. 1, 823 BGB, diese liegt gem. § 231 BGB sogar verschuldensunabhängig vor.[13]

Folglich macht sich ein Vermieter sogar dann schadensersatzpflichtig, wenn 20
er irrtümlich annimmt, innerhalb der gesetzlichen Grenzen zu handeln, obwohl dies tatsächlich nicht der Fall ist. Jeder zur Selbsthilfe greifende Vermieter muss sich daher darüber im Klaren sein, dass er für den Fall der zivilrechtlichen Inanspruchnahme durch den Mietnomaden auf eigene Gefahr handelt.

Praxistipp !

Die Wohnung darf von dem Vermieter oder seiner Hausverwaltung nur dann ohne Räumungstitel und Besitzverschaffung durch den Gerichtsvollzieher geöffnet und in Besitz genommen werden, soweit

- der Mietnomade der Öffnung und Inbesitznahme der Wohnung durch den Vermieter (schriftlich) zugestimmt hat oder
- der Mietnomade die Wohnungsschlüssel vollzählig zurückgegeben hat oder
- die Besitzaufgabe durch den Mietschuldner in absoluten Ausnahmefällen zweifellos erkennbar ist. Insoweit sollte der Vermieter mit äußerster Zurückhaltung vorgehen.

---

12 BGH, Urt. v. 14.7.2010 – VIII ZR 45/09 –.
13 Schmidt-Futterer/*Streyl*, § 546 BGB Rn 115.

1. Verbotene Selbsthilfe des Vermieters bei unbekanntem Aufenthaltsort

21 Der BGH[14] hat darüber hinaus klargestellt, dass diese beschriebene Rechtsfolge selbst für diejenigen Fälle gilt, in denen der gegenwärtige **Aufenthaltsort des nicht zahlenden Mieters unbekannt** ist.

22 In dem zugrunde liegenden Fall hatte der Vermieter zwar noch die fristlose Kündigung durch Einwurf in den Briefkasten des verschwundenen Mieters wirksam zugestellt, jedoch unterließ er die Betreibung der Räumungsklage sowie des Vollstreckungsverfahrens und nahm die Wohnung unmittelbar in Besitz. Das Mobiliar des Mietschuldners wurde teilweise eingelagert, aber auch entsorgt. Überraschenderweise tauchte der Mieter einige Monate später wieder auf und machte eine Schadensersatzforderung in Höhe von knapp 62.000 € geltend; ein Betrag, der allerdings bei typischen Fällen der „kalten Räumung" regelmäßig nicht zu erwarten ist. Der BGH stellte hierzu fest, dass eine verbotene Selbsthilfe des Vermieters gem. § 229 BGB und damit eine verschuldensunabhängige Schadensersatzpflicht (§ 231 BGB) auch bei mutmaßlich verschwundenen Mietern vorliegt.[15] Dabei spiele es keine Rolle, ob das Mietverhältnis wirksam gekündigt und dadurch das vertragliche Besitzrecht des Mietschuldners entfallen sei. Dass die Räumungsklage wegen des unbekannten Aufenthaltsorts des Mietschuldners zeitaufwändig öffentlich zugestellt werden muss, ändert hieran nichts.

! **Praxistipp**

Selbstverständlich sollten von Zahlungsausfällen betroffene Vermieter auch eine eigenmächtige Vollstreckung eines rechtskräftigen Räumungsurteils unterlassen, denn auch hierin ist eine verbotene Selbsthilfe mit der Rechtsfolge einer verschuldensunabhängigen Haftung des Vermieters zu sehen.[16]

---

2. Umfang des Schadensersatzes

23 Die Ersatzpflicht des Vermieters umfasst vordergründig den entsorgten Hausrat sowie die weiterhin in der Wohnung vorgefundenen Gegenstände des Mietnomaden, denn denjenigen Vermieter, der eine Wohnung durch eine „kalte Räumung" in Besitz nimmt, trifft für das in der Wohnung vorgefundene Mobiliar des Mietschuldners zumindest eine **nachvertragliche Obhutspflicht** gem. § 241 Abs. 1 BGB.

14 BGH, Urt. v. 14.7.2010 – VIII ZR 45/09 –.
15 BGH, Urt. v. 14.7.2010 – VIII ZR 45/09 –; Schmidt-Futterer/*Streyl*, § 546 BGB Rn 115.
16 OLG Celle, Urt. v. 10.11.1993 – 2 U 115/93 – WuM 1995, 188.

Obhutspflicht bedeutet aus Sicht des BGH, dass der Vermieter die nachweislich in Obhut genommenen Gegenstände, vollständig und in einem gegenüber dem Zustand bei Inobhutnahme nicht verschlechterten Zustand, wieder herausgeben muss.[17] Als weitere Folge der durch die verbotene Inbesitznahme begründeten Obhutspflicht legt der BGH dem Vermieter eine erweiterte Darlegungs- und Beweislast auf. Diese erstreckt sich auf den Bestand, den Zustand und die wertbildenden Merkmale der Gegenstände, die sich in der Wohnung befunden haben. Zu den Obhutspflichten des Vermieters zählt nämlich auch die Pflicht, die Interessen des durch Ortsabwesenheit und mangelnde Kenntnis von der Inbesitznahme an einer eigenen Interessenwahrnehmung verhinderten Mietnomaden zu wahren. 24

Der Vermieter muss folglich dafür Sorge tragen, dass an den in Besitz genommenen Gegenständen während der Dauer seiner Obhut oder der anschließenden Einlagerung **keine Beschädigungen oder Verluste** eintreten. Soweit dem Vermieter die Herausgabe nachweislich vorhandener Gegenstände nicht möglich sein sollte oder eine Verschlechterung an herauszugebenden Gegenständen eingetreten ist, hat sich dieser zu entlasten, um einer Schadensersatzverpflichtung zu entgehen. 25

Praxistipp !

Sollte der von Zahlungsausfällen betroffene Vermieter von einer Selbsthilfe keinen Abstand nehmen wollen, sollte er bereits bei der Wohnungsöffnung einen Sachverständigen hinzuziehen und diesen mit der Aufnahme und der Feststellung des Werts der vorgefundenen Sachen beauftragen. Entbehrlich kann eine derartige Bestandsaufnahme nur dann sein, soweit es sich um offensichtlich wertlose Gegenstände gehandelt hat, an deren Dokumentierung der Mietnomade schlechthin kein Interesse haben konnte. Kommt der Vermieter dem nicht nach, so hat er zu beweisen, in welchem Umfang Bestand und Wert der der Schadensberechnung zugrunde gelegten Gegenstände von den Angaben des Mieters abweichen, soweit dessen Angaben plausibel sind. Anderenfalls stellt der BGH darauf ab, dass der Wert der Einrichtung geschätzt werden kann.[18]

3. Einstweiliger Rechtsschutz des Mietnomaden

Der von einer „kalten Räumung“ betroffene Mietnomade kann mithilfe einer **einstweiligen Verfügung** den Zugang zur Mietsache zurückverlangen. Hat der Vermieter die Räume allerdings bereits einer dritten Person überlassen, läuft diese Maßnahme regelmäßig ins Leere.[19] Die Inanspruchnahme einstweiligen 26

17 BGH, Urt. v. 5.10.1989 – III ZR 126/88 – NJW 1990, 1230.
18 BGH, Urt. v. 14.7.2010 – VIII ZR 45/09 –.
19 Schmidt-Futterer/*Streyl*, § 546 BGB Rn 115.

Rechtsschutzes durch den Mietschuldner versursacht dennoch vermeidbare Kosten auf Vermieterseite.

! **Praxistipp**

Ebenso sind weitere Maßnahmen des Vermieters grundsätzlich unzulässig und durch den Mietnomaden regelmäßig durch eine einstweilige Verfügung angreifbar.

Beispielsweise hat der Vermieter alle Maßnahmen zu unterlassen, die den Mietnomaden in der Öffentlichkeit psychologisch unter Druck setzen könnten, da hierdurch das allgemeine Persönlichkeitsrecht des Mietschuldners verletzt werden würde.[20]

Auch darf der Vermieter keinen „schwarzen Schatten" anheuern, der den zahlungsrückständigen Mieter auf Schritt und Tritt verfolgt.[21]

III. Austausch des Haustürschlosses

27 Das Wechseln des Haustürschlosses, um die weitere Nutzung der Wohnung durch den Mietnomaden zu verhindern, stellt eine **verbotene Eigenmacht gem. § 858 BGB** dar.[22] Der insoweit vom Vermieter erlangte Besitz an der Wohnung ist folglich widerrechtlich. Hierbei spielt es auch keine Rolle, ob der nicht zahlende Mieter wirksam vonseiten des Vermieters gekündigt wurde. Der Gesetzgeber spricht dem Mietnomaden in solchen Fällen gem. § 859 BGB sogar das Recht zu, *„sich verbotener Eigenmacht mit Gewalt zu erwehren"*.

28 Auch vor Gericht hätte es der Mietnomade leicht, soweit dieser die uneingeschränkte Wiedereinräumung des Besitzes an der Wohnung durch Herausgabe aller neu erstellten Haustürschlüssel begehren würde: Zum Obsiegen müsste der Mietschuldner lediglich nachweisen, dass er über ein Besitzrecht verfügt, welches sich beispielsweise durch den Mietvertrag manifestieren könnte. Der Vermieter könnte dem ggf. ausschließlich entgegenhalten, dass der Mietnomade ausgezogen und ausdrücklich auf sein Besitzrecht verzichtet hat. Hat der zahlungsrückständige Mieter nämlich den Besitz an der Wohnung erkennbar aufgegeben, scheidet eine verbotene Eigenmacht aus.[23]

---

20 *Neuhaus*, Rn 1707.

21 LG Bonn, Beschl. v. 29.11.1994 – 4 T 742/94 –; LG Leipzig, Urt. v. 31.8.1994 – 6 O 4342/94 –.

22 OLG Karlsruhe, Urt. v. 11.2.2005 – 10 U 199/03 –.

23 BGH, Urt. v. 6.7.1977 – VIII ZR 277/75 – NJW 77, 1818.

D. Der Wassertrick

Da der vermieterseitige Schaden vor dem Hintergrund der größtenteils überlangen Verfahrensdauern bis zum tatsächlichen Auszug des nichtzahlenden Mieters kontinuierlich wächst, kommen manche Vermieter auf den Gedanken, eine Schadensbegrenzung durch **Einstellung der Wasser- und Energieversorgung** für die Wohnung herbeizuführen. Es ist nicht verwunderlich, dass eine derartige Vorgehensweise in Fachkreisen **„kalter Auszug"** genannt wird, ist sie doch geeignet, einen zahlungsrückständigen Mietnomaden derart zu zermürben, dass dieser zwangsläufig und zumindest mittelfristig aus der Wohnung auszieht. 29

Tatsächlich könnten von einer derartigen Vorgehensweise jedoch lediglich diejenigen Vermieter profitieren, die selbst einen eigenständigen Vertrag mit dem Versorgungsunternehmen geschlossen haben. Dies insbesondere auch deshalb, da ansonsten keine Vorleistungspflicht des Vermieters bestehen würde. 30

Allerdings ist dem Vermieter für den Bereich des Wohnraummietrechts ausdrücklich von der **Einstellung der Versorgungsleistungen abzuraten**. Es fehlt insbesondere an einer höchstrichterlichen Entscheidung für das Wohnraummietrecht, die dieses Vorgehen stützt. Bei einem ungekündigten Wohnraummietverhältnis ist der Vermieter schon gem. § 535 Abs. 1 BGB verpflichtet, dem Mieter den Wohnraum in einem Zustand zu überlassen, der zur vertragsgemäßen Nutzung geeignet ist. Eine Einstellung der Versorgung mit Energie oder Wasser führt zu einem Mangel der Mietsache gem. § 536 BGB, gegen den sich auch der Mietnomade mit Mitteln des einstweiligen Rechtsschutzes zur Wehr setzen kann.[24] 31

Ob die Einstellung von Versorgungsleistungen durch den von Zahlungsausfällen betroffenen Vermieter bei rechtswirksam beendeten Wohnraummietverhältnissen zulässig ist, hat der BGH bislang nicht geklärt. Er hat allerdings bei einem ähnlichen Sachverhalt zur Gewerberaummiete angedeutet, dass für den Bereich der Wohnraummiete höhere Anforderungen als bei der Gewerberaummiete gelten.[25] Einige amtsgerichtliche Urteile, die ein Recht des Vermieters zur Versorgungseinstellung auch für den Bereich des Wohnraummietrechts sehen, sind vor diesem Hintergrund kritisch zu beurteilen.[26] Insbesondere gilt es zu beachten, dass die bürgerlich-rechtlichen und zivilprozessualen Regelungen, welche dem Räumungsschutz des Wohnraummieters dienen, nicht durch eine Versorgungseinstellung unterlaufen werden dürfen.[27] 32

---

24 Schmidt-Futterer/*Eisenschmid*, § 535 BGB Rn 110.
25 BGH, Urt. v. 6.5.2009 – XII ZR 137/07 –.
26 U. a. AG Bergheim, Urt. v. 15.12.2003 – 27 C 744/03 –.
27 Schmidt-Futterer/*Eisenschmid*, § 535 BGB Rn 113.

33 Im Gegensatz zum Gewerberaummietverhältnis als ausschließlicher Arbeitsstätte stellt das Wohnraummietverhältnis den **ständigen Lebensmittelpunkt** eines Mietnomaden dar. Bei Eingriffen in das Wohnraummietverhältnis sind letztlich fundamentale Grundrechte berührt, weshalb von der Rechtsprechung höhere Anforderungen an diese gestellt werden.[28]

34 Vermieter von Wohnraum sollten deshalb ihre Ansprüche gegen nicht zahlende Mieter immer über den gerichtlichen Weg durchsetzen, um weitreichende Konsequenzen zu umgehen.

E. Einstellung der Versorgung bei Gewerberaum

35 Bei vermieteten Gewerberäumlichkeiten ist der Vermieter unter bestimmten Umständen berechtigt, die Wasser- und Energieversorgung zur Schadensbegrenzung zu unterbrechen bzw. einzustellen.

36 Bei einem vom BGH[29] entschiedenen Rechtsstreit geriet der Mieter einer Gaststätte in erheblichen Verzug mit den Mietzahlungen, weshalb ihm der Vermieter fristlos kündigte. Im Laufe des Räumungsverfahrens drohte der Vermieter mit der Einstellung der Versorgung mit Warmwasser und Heizung, weshalb der Mieter Unterlassung verlangte.

37 Die ununterbrochene Versorgung mit Wasser- und Energieversorgungsleistungen sei gerade nicht Bestandteil der tatsächlichen Sachherrschaft als solcher. Die Einstellung der Versorgungsleistungen beeinträchtige weder den Zugriff des Mietschuldners auf die Mieträume, noch schränke sie die sich aus dem bloßen Besitz ergebende Nutzungsmöglichkeit ein. Der Zufluss von Versorgungsleistungen könne zwar Voraussetzung für den vertragsgemäßen Gebrauch sein, der jedoch nach Beendigung des Vertrages nicht mehr geschuldet werde.[30] Vorliegend war der Mietvertrag bereits durch die fristlose Kündigung des Vermieters wirksam beendet worden.

38 Der Vermieter schuldet dem zahlungsrückständigen Mieter den Gebrauch der Mietsache allerdings ausschließlich während der Dauer des Mietverhältnisses. Es bleibt dem Mieter die Möglichkeit, die Mietrückstände zu bezahlen, um so wieder mit Wasser versorgt zu werden.[31]

---

28 Schmidt-Futterer/*Eisenschmid*, § 535 BGB Rn 113.
29 BGH, Urt. v. 6.5.2009 – XII ZR 137/07 –.
30 BGH, Urt. v. 6.5.2009 – XII ZR 137/07 –.
31 KG Berlin, Urt. v. 8.7.2004 – 12 W 21/04 –.

Praxistipp

Allerdings gebietet eine Abwägung der verfassungsrechtlich geschützten Interessen, dass dem Mietschuldner die beabsichtigte Sperre rechtzeitig anzukündigen ist.[32]

Das Ergebnis wäre letztlich das gleiche, soweit der Vermieter seine Zahlungen an die Versorgungswerke einstellen würde, da diese daraufhin berechtigt wären, die Wasser- und Energieversorgungsleistungen nach deren zugrundeliegenden Vertragsbestimmungen einzustellen. Für die Versorgungsunternehmen ist bereits seit Langem anerkannt, dass eine Versorgungssperre keine Besitzverletzung darstellt. 39

Eine durch den Vermieter veranlasste Energiesperre ist allerdings für die Fälle unzulässig, in denen der Mietnomade einen eigenständigen Vertrag mit einem Lieferanten hat. In dieser Konstellation besteht nämlich gerade kein Vorleistungsrecht des Vermieters, weshalb diesem in der Folge auch kein aus dem Mietvertrag resultierendes Zurückbehaltungsrecht an den Leistungen zustehen kann. 40

Wird die Energieversorgung in diesen Fällen dennoch vom Vermieter unterbrochen, so liegt ein rechtswidriger Eingriff in ein fremdes Vertragsverhältnis vor. Der Mietschuldner könnte deshalb rechtlich gegen den Vermieter vorgehen. 41

Im vorliegenden vom BGH entschiedenen Fall lag auch keine nachvertragliche Pflicht des Vermieters vor, den Mietschuldner trotz wirksam beendetem Mietverhältnis weiter mit Wasser und Energie zu versorgen. Eine derartige sich aus Treu und Glauben gem. § 242 BGB ergebende Verpflichtung kann sich im Einzelfall aus besonderen Belangen des Mieters ergeben. Diese lässt sich aber nur dann rechtfertigen, soweit sie den berechtigten Interessen des Vermieters nicht in einer Weise entgegenstehen, die ihm eine weitere Leistung unzumutbar mache. 42

Beispiel

Die könnte beispielsweise bei einer drohenden Gesundheitsgefährdung des Mietnomaden bzw. seiner Angehörigen anzunehmen sein oder für den Fall, dass dem Mietnomaden vonseiten des Gerichts eine Räumungsfrist gewährt worden ist und dem Vermieter aufgrund der laufend entrichteten Nutzungsentschädigung kein Schaden entsteht.

Es kam vordergründig zum Tragen, dass der Vermieter die weiteren Versorgungsleistungen vor dem Hintergrund der ausbleibenden Vorauszahlungen des Mietschuldners auf eigene Kosten hätte erbringen müssen. Es bestand folglich die Gefahr für den Vermieter, weitergehende finanzielle Schäden durch eine Fortset- 43

32 Schmidt-Futterer/*Eisenschmid*, § 535 BGB Rn 115.

zung der Energiebelieferung zu erleiden. Der BGH sah dies als unzumutbar für den Vermieter an.

44 Es gilt ausdrücklich festzustellen, dass diese Entscheidung zur Zulässigkeit einer Energiesperre ausschließlich für Gewerberaummietverhältnisse getroffen wurde. Vor dem Hintergrund der besonderen Schutzvorschriften für Wohnraum und der grundgesetzlich verankerten Unverletzlichkeit der Wohnung ist dieses Urteil nicht auf Wohnraummietverhältnisse übertragbar.[33]

45 Vermieter von Wohnraum sollten deshalb zur Durchsetzung ihrer Ansprüche gegen zahlungsrückständige Mieter den Weg über die Gerichte beschreiten.

! **Praxistipp**

Eine **Versorgungseinstellung** kann zusammenfassend unter den folgenden Voraussetzungen durch den Vermieter durchgesetzt werden:

- Es liegt ein Mietverhältnis über **Gewerbe**räumlichkeiten vor.
- Gegenüber dem Mieter wurde eine **rechtswirksame Kündigung** ausgesprochen. Es ist nicht erforderlich, dass das gerichtliche Räumungsverfahren eingeleitet wurde.
- Der **Vermieter** ist **Vertragspartner** des Lieferanten der Versorgungsleistungen.
- Soweit der Mieter eine **Mietminderung** geltend gemacht hat, sollte sicherheitshalber zugewartet werden, bis die Mietrückstände die fiktiven Minderungsquoten erheblich übersteigen.[34]
- Dem Mieter ist die Durchsetzung der Versorgungssperre rechtzeitig unter Fristsetzung **angedroht** worden. Der Mieter hat diese Frist fruchtlos verstreichen lassen.[35]

---

33 Schmidt-Futterer/*Eisenschmid*, § 535 BGB Rn 113.
34 KG, Beschl. v. 21.5.2001 – 24 W 94/01 –.
35 Schmidt-Futterer/*Eisenschmid*, § 535 BGB Rn 115.

Kapitel 16
Unterlassungsansprüche des Vermieters

A. Überblick

Neben Ansprüchen auf Zahlung des Mietzinses bzw. der Betriebskosten kommen gegenüber dem sich vertragswidrig verhaltenden Mieter bzw. Mietnomaden auch **Unterlassungsansprüche** in Betracht, die **während der Laufzeit des Mietverhältnisses** vom Vermieter geltend gemacht werden können. 1

Als Unterlassungsansprüche im laufenden Mietverhältnis, die der Vermieter gegenüber einem sich vertragswidrig verhaltenden Mieter geltend machen kann, kommen in erster Linie in Betracht: 2

- Ansprüche auf Unterlassung einer mietvertragswidrigen Nutzung der Mieträume (§ 541 BGB),
- Ansprüche auf Unterlassung von sonstigen Pflichtverletzungen gegen den Mietvertrag, insbesondere Verstößen gegen die Hausordnung oder das Rücksichtnahmegebot (ruhestörender Lärm, Geruchsbelästigungen, unerlaubte Tierhaltung etc.) sowie
- Ansprüche auf Unterlassung einer unzulässigen Gebrauchsüberlassung der Wohnung an Dritte, insbesondere einer unzulässigen Untervermietung.

B. Unterlassungsklage bei vertragswidrigem Gebrauch (§ 541 BGB)

§ 541 BGB stellt klar, dass der **Mieter die Mieträume nur in dem durch den Mietvertrag vereinbarten Umfang nutzen darf**, sodass die Überschreitung dieses Umfanges dem Vermieter das Recht einräumt, auf Unterlassung zu klagen. Darüber hinaus ist der Vermieter bei bestimmten Nutzungsüberschreitungen, nämlich denen nach § 543 Abs. 2 Nr. 2 BGB, auch zu einer fristlosen Kündigung des Mietverhältnisses berechtigt. 3

Für das Wohnraummietrecht hat der BGH entschieden, dass Beseitigungs- und Unterlassungsansprüche nur nach § 541 BGB, also nicht nach § 1004 BGB, geltend gemacht werden können.[1] Da die Vorschrift im Abschnitt „Allgemeine Vorschriften für Mietverhältnisse“ steht, gilt dies allerdings auch für Gewerberaummietverhältnisse. Von praktischer Bedeutung ist das deshalb, weil § 541 BGB 4

1 BGH NJW 2007, 2180 = NZM 2007, 481.

an die Fortsetzung eines vertragswidrigen Gebrauchs der Mieträume trotz vorangegangener **Abmahnung anknüpft**, während eine Abmahnung nach § 1004 BGB nicht erforderlich ist.

5 Bei der **Abmahnung** handelt es sich um eine **rechtsgeschäftsähnliche, empfangsbedürftige Erklärung**, die dem Mieter zugehen muss.[2] Aus Gründen der Beweisführung empfiehlt es sich daher in jedem Falle, eine Abmahnung gegenüber dem Mieter **schriftlich** zu erteilen und auch sicherzustellen, dass ein entsprechender **Zugangsnachweis der Abmahnung** geführt werden kann, weshalb die Abmahnung per Einschreiben-Rückschein, per Boten oder per Postzustellungsurkunde dem Mieter zugestellt werden sollte. Keinesfalls ausreichend ist eine Abmahnung per E-Mail oder sonstiger elektronischer Nachricht (SMS, WhatsApp etc.), weil hierbei kein rechtssicherer Zugangsnachweis geführt werden kann.

6 Aus der Abmahnung muss sich ganz **eindeutig ergeben, welche konkreten Vertragsverletzungen der Vermieter gegenüber dem Mieter beanstandet**, die der Mieter abstellen soll. Der Vermieter muss den Mieter daher auffordern, **ein genau bezeichnetes Fehlverhalten zu ändern bzw. abzustellen**. Für eine Abmahnung reicht es daher nicht aus, wenn der Vermieter den Mieter lediglich in allgemein gehaltener Form auf die Erfüllung seiner mietvertraglichen Verpflichtungen hinweist.

7 Die Abmahnung ist **stets an den Mieter zu richten**, und zwar an sämtliche Mieter des Mietverhältnisses, nicht jedoch an einen Dritten, etwa an einen Familienangehörigen des Mieters, auch wenn dieser mit in der Wohnung wohnt. **Abmahnungsberechtigt ist nur der Vermieter** oder ein von dem Vermieter hierzu Bevollmächtigter. Wird eine Vollmachtsurkunde nicht zusammen mit der Abmahnung vorgelegt, kann die Abmahnung, da es sich hierbei um eine rechtsgeschäftsähnliche Erklärung handelt, in entsprechender Anwendung von § 174 Abs. 1 BGB vom Mieter zurückgewiesen werden, was allerdings **unverzüglich** geschehen muss.

8 **Ausnahmsweise kann das Erfordernis der Abmahnung** unter den Voraussetzungen des § 543 Abs. 3 S. 2 Nr. 1 oder Nr. 2 BGB **entfallen**, wenn feststeht, dass der Mieter das vertragswidrige Verhalten nicht abstellen will oder kann, sodass eine Abmahnung eine bloße Förmelei wäre. Da hieran allerdings **strenge Anforderungen** zu stellen sind, kann nur dringend empfohlen werden, in jedem Falle vor Erhebung einer Unterlassungsklage wegen vertragswidrigen Gebrauches der Mieträume eine Abmahnung auszusprechen. Ebenso kann eine Abmahnung ent-

2 Siehe dazu im Einzelnen Kap. 9.

fallen, wenn eine sofortige Unterlassungsklage aufgrund besonderer Umstände des Einzelfalles gerechtfertigt ist.

Das Erfordernis einer Abmahnung kann sowohl bei der Geschäftsraummiete wie auch bei der Wohnraummiete nicht durch Allgemeine Geschäftsbedingungen wegen der Vorschrift des § 309 Nr. 4 BGB abbedungen werden. Ein individualvertraglicher Verzicht auf eine vorhergehende Abmahnung vor Erhebung einer Unterlassungsklage soll jedoch zulässig sein.[3] 9

Praxistipp !

Eine Abmahnung des Mieters wegen vertragswidrigen Gebrauchs der Mieträume sollte stets schriftlich erfolgen und muss dem Mieter nachweisbar zugehen. In der Abmahnung muss der Vermieter das Fehlverhalten des Mieters, welches dieser unterlassen bzw. abstellen soll, konkret und genau bezeichnen. Auf eine Abmahnung sollte grundsätzlich nicht verzichtet werden.

Die Abmahnung soll dem Mieter Gelegenheit geben, sich wieder vertragsgemäß zu verhalten und den vertragswidrigen Gebrauch der Mieträume zu beenden. **Zwischen der Abmahnung und der Klageerhebung** einer Unterlassungsklage muss daher **ein angemessener Zeitraum liegen**, wenn es sich um eine **andauernde Vertragswidrigkeit** handelt, etwa eine unerlaubte Untervermietung, Tierhaltung, Wohnungsüberbelegung etc. Wird etwa der Mieter aufgefordert, eine unerlaubte Hundehaltung zu beenden, so muss dem Mieter bereits in der Abmahnung eine angemessene Frist eingeräumt werden, die es dem Mieter ermöglicht, eine anderweitige Unterbringung des Hundes zu organisieren. 10

Wird ein mietvertragswidriges Verhalten beanstandet, das aus **wiederkehrenden Verstößen** besteht, wie etwa ruhestörender Lärm, Verstöße gegen die Hausordnung etc., kann der Vermieter demgegenüber Unterlassungsklage erheben, wenn der Mieter **die beanstandete Vertragsverletzung nach erfolgter Abmahnung wiederholt.** 11

Bei einer **Mehrheit von Mietern** hat der Vermieter die Wahl, ob er alle Mieter oder nur einen einzelnen Mieter mit der Unterlassungsklage in Anspruch nimmt. Die herrschende Auffassung folgert aus § 425 BGB, dass die **Unterlassungsklage nur gegen den störenden Mieter** gerichtet werden kann.[4] 12

Im Rahmen der Unterlassungsklage muss der **Vermieter darlegen und beweisen**, dass eine **Vertragswidrigkeit** vorgelegen hat und dass dem störenden Mieter die **Abmahnung** hinsichtlich des beanstandeten Verhaltens zugegangen ist. Ferner muss der Vermieter beweisen, dass der Mieter den **vertragswidrigen** 13

3 Schmidt-Futterer/*Blank*, § 541 BGB Rn 9.
4 Schmidt-Futterer/*Blank*, § 541 BGB Rn 14 m. w. N.

Gebrauch der Mietsache auch nach Ablauf der gesetzten oder der angemessenen Frist **fortgesetzt** bzw. eine **erneute Vertragswidrigkeit** bei wiederkehrenden Vertragswidrigkeiten begangen hat.

C. Einzelne häufige Unterlassungsansprüche

I. Gebrauchsüberlassung, Untermiete

14 Die Überlassung des Gebrauchs einer vermieteten Wohnung an **Ehegatten, Kinder oder Eltern des Mieters** stellt **keine Untervermietung** da und bedarf daher nicht der Erlaubnis des Vermieters. Folgen aus der Überlassung der Wohnung an den vorgenannten Personenkreis kann der Vermieter daher nur ableiten, wenn hierdurch eine Überbelegung der Wohnung entsteht und diese Überbelegung für den Vermieter **beeinträchtigende Auswirkungen** hat, insbesondere hierdurch die Mieträume in ihrer Substanz in Gefahr geraten.[5]

15 Ebenso kann der Vermieter keine Unterlassungsansprüche aus einer **besuchsweisen Aufnahme** dritter Personen in einer Wohnung herleiten. Besuch stellt eine vorübergehende Aufnahme dritter Personen in die Wohnung da. Ist der **Aufenthalt daher auf Dauer angelegt**, so liegt **kein Besuch**, sondern eine erlaubnispflichtige Gebrauchsüberlassung der Wohnung an einen Dritten vor. Eine Aufnahme in die Wohnung für einen **Aufenthalt von drei Monaten oder länger** soll keinen vorübergehenden Aufenthalt und damit keinen Besuch mehr darstellen.[6] Bei lebensnaher Betrachtung wird man die Grenze des Besuchs bei längstens sechs Wochen ziehen können.

16 Von den vorstehenden Ausnahmen abgesehen stellt die selbstständige Überlassung eines Teils oder der gesamten Mietwohnung **immer** eine nach § 540 Abs. 1 BGB durch den Vermieter **genehmigungspflichtige Gebrauchsüberlassung** dar.

17 Der Mieter kann von dem Vermieter **nicht verlangen**, dass der Vermieter die **Erlaubnis zur Untervermietung der kompletten Wohnung** erteilt. Hinsichtlich der Untervermietung eines Teils der Wohnung besteht ein Anspruch des Mieters nach § 553 Abs. 1 BGB, sofern der Mieter ein **berechtigtes Interesse** an der teilweisen Untervermietung hat. Ein berechtigtes Interesse des Mieters kann beispielsweise vorliegen bei Arbeitslosigkeit des Mieters, Verkleinerung der Familie, Pflegebedürftigkeit des Mieters oder aber auch Aufnahme von in Not

5 BGH, Urt. v. 14.7.1993 – VIII ARZ 1/93 – WuM 1993, 529.

6 AG Frankfurt/Main WuM 1995, 396.

geratenen Angehörigen in die Wohnung. Der Anspruch des Mieters auf Genehmigung der Untervermietung **entfällt, wenn in der Person des Untermieters ein wichtiger Grund vorliegt**, der die **Person als Untermieter für den Vermieter unzumutbar** macht, ferner bei Überbelegung der Wohnung sowie für den Fall, dass das Mietverhältnis kurz vor seiner Beendigung steht.

Auch kann der Vermieter in dem Falle, dass der Mieter einen Anspruch auf 18
Erlaubnis zur Untervermietung eines Teils der Wohnung hat, **die Zustimmung von der Zahlung eines Untermieterzuschlages** nach § 551 Abs. 2 BGB abhängig machen.

Besteht ein **berechtigtes Interesse des Mieters auf Untervermietung** eines 19
Teils der Wohnung und hat der Mieter die Erlaubnis zur Untervermietung nicht eingeholt, so soll eine fristlose Kündigung des Mietverhältnisses nach § 543 Abs. 2 Nr. 2 BGB nach vorhergehender Abmahnung unzulässig, wohl aber eine ordentliche Kündigung nach § 573 Abs. 2 Nr. 1 BGB möglich sein.[7] Ob die Unzulässigkeit auch für den Unterlassungsanspruch aus § 541 BGB gilt, ist bisher obergerichtlich nicht entschieden.

II. Zweckbestimmungswidrige Nutzung

Nutzt der Mieter die Mieträume zu einem anderen als **in dem Mietvertrag aus-** 20
drücklich vereinbarten Zweck, sind etwa die Mieträume ausdrücklich als Wohnraum zum Zwecke der Wohnnutzung vermietet und nutzt der Mieter die Wohnräume zum Betrieb eines Gewerbes, so steht dem Vermieter nach entsprechender vorangegangener Abmahnung ein Unterlassungsanspruch hinsichtlich der zweckbestimmungswidrigen gewerblichen Nutzung der Wohnräume nach § 541 BGB zu. Dies kann insbesondere dann bedeutsam sein, wenn der Vermieter selbst, etwa bei einer **vermieteten Eigentumswohnung**, durch die **Benutzungsregelungen in der Teilungserklärung** der Wohnungseigentümergemeinschaft hinsichtlich des Nutzungszwecks seiner vermieteten Sondereigentumseinheit beschränkt ist, etwa wenn in Sondereigentumseinheiten, die Wohnzwecken dienen, nach der Teilungserklärung eine Gewerbenutzung unzulässig ist.

7 BGH, Urt. v. 2.2.2011 – VIII ZR 74/10 –.

III. Tierhaltung

21 Bei einer vertraglich nicht gedeckten bzw. nicht genehmigten Tierhaltung kann der Vermieter einen Anspruch auf Unterlassung der Haltung eines bestimmten Tieres bzw. bestimmter Tiere aus §541 BGB nach vorangegangener Abmahnung geltend machen.

22 Zu beachten ist bei der Tierhaltung, die alleine schon aufgrund der Anzahl der in Deutschland gehaltenen Haustiere erhebliche Bedeutung hat, dass Kleintiere, sofern es sich hierbei um übliche Kleintiere, wie Ziervögel, Zierfische, Goldhamster und Ähnliches handelt, die nicht gefährlich und auch nicht giftig sind, **von einem Zustimmungserfordernis des Vermieters von vornherein ausgenommen** sind. Ratten sollen hierbei allerdings nicht zu den „üblichen Haustieren" zählen.[8]

23 Ein formularvertraglicher **kompletter Ausschluss der Haltung von Hunden und Katzen** ist ebenfalls wegen Verstoßes gegen §307 BGB **nicht zulässig**,[9] sondern kann **lediglich einem Zustimmungserfordernis** unterworfen werden, wobei eine **Interessenabwägung** zwischen den Interessen von Vermieter und Mieter stattzufinden hat, die Art und Zahl der zu haltenden Tiere, die Größe der Mietwohnung, die Art und Größe des Hauses bzw. der Wohnanlage, die Anzahl und Art der bisher im Haus gehaltenen Tiere, die Altersstruktur der Hausbewohner, besondere Bedürfnisse des Mieters (z. B. Blindenhund) und das Verhalten des Vermieters in anderen Fällen berücksichtigt.[10]

24 Die einmal erteilte Zustimmung zu einer bestimmten Tierhaltung steht unter dem stillschweigenden Vorbehalt gleichbleibender Verhältnisse. Dies bedeutet, dass ein **Widerruf einer Tierhaltungsgenehmigung aus wichtigem Grund** möglich ist. Dieses sollte bereits bei der Vertragsgestaltung des Mietvertrages Berücksichtigung finden. Ein Widerruf der Tierhaltungserlaubnis kommt insbesondere dann in Betracht, wenn von einem Haustier, das zunächst vertragsgemäß angeschafft wurde, konkrete Gefährdungen oder unzumutbare Belästigungen oder Störungen ausgehen.[11]

8 LG Essen WuM 1991, 340.
9 BGH, Urt. v. 20.3.2013 – VIII ZR 168/12 –.
10 BGH, Beschl. v. 25.9.2012 – VIII ZR 329/11 –.
11 LG München I WuM 1993, 669.

IV. Parabolantennen

Ein wichtiges Feld vermieterseitiger Unterlassungsansprüche war lange Zeit die **Anbringung von Parabolantennen** zum Zwecke des satellitengestützten Fernseh- und Rundfunkempfangs. Allerdings haben Parabolantennen in den letzten Jahren aufgrund des zunehmenden digitalen Fernseh- und Hörfunkempfangs bzw. des Programmempfangs via Internet an Bedeutung verloren. 25

Die Unterlassung bzw. Beseitigung einer an dem Haus angebrachten Parabolantenne kann der Vermieter dann verlangen, wenn nach einer **Interessenabwägung** kein Anspruch des Mieters auf Anbringung einer Parabolantenne besteht. Bei einem **möglichen Anspruch eines Mieters auf Anbringung einer Parabolantenne** ist Art. 5 Abs. 1 S. 1 GG zu berücksichtigen, wonach jeder das Recht hat, sich aus allgemein zugänglichen Quellen ungehindert zu unterrichten. Unter den Schutz dieses Grundrechtes fallen auch Hörfunk- und Fernsehsendungen.[12] Allerdings ist das **Grundrecht des Mieters nach Art. 5 GG und das Grundrecht des Vermieters aus seinem Eigentum nach Art. 14 GG gleichrangig**. 26

Ob ein Anbringungsrecht des Mieters besteht, hängt zunächst davon ab, ob es sich um einen deutschsprachigen oder aber einen fremdsprachigen Mieter handelt. 27

Beim **deutschsprachigen Mieter** deckt ein vorhandener Breitbandkabelanschluss das verfassungsrechtlich garantierte Informationsbedürfnis in der Regel ab. Gleiches gilt bei Vorhandensein einer Gemeinschaftsparabolantenne. Zu beachten ist allerdings, dass auch bei einem deutschsprachigen Mieter eine Interessenabwägung ergeben kann, dass trotz Vorhandenseins eines Kabelanschlusses ein zu berücksichtigendes Bedürfnis für eine Parabolantenne gegeben ist, etwa wenn der deutschsprachige Mieter mit einer fremdsprachigen Ehefrau oder Lebensgefährtin in der Wohnung zusammenlebt.[13] 28

Beim **fremdsprachigen Mieter** besteht grundsätzlich ein Anspruch auf Anbringung einer Parabolantenne, wenn über Kabel **Programme in der Heimatsprache des Mieters überhaupt nicht angeboten werden**.[14] In diesem Falle ist auch eine Interessenabwägung in Bezug auf die Interessen des Eigentümers bzw. Vermieters nicht erforderlich.[15] Ist über ein vorhandenes Kabelnetz bzw. eine Gemeinschaftsparabolantenne **nur ein fremdsprachiges Programm in der Heimatsprache des Mieters** zu empfangen, geht das BVerfG davon aus, dass 29

12 BVerfG NJW 1994, 1147.
13 LG Wuppertal WuM 1997, 324.
14 OLG Karlsruhe NJW 1993, 2815.
15 BVerfG NJW 1994, 1147.

der Mieter **ein Recht auf Auswahl zwischen verschiedenen Heimatprogrammen haben muss.**[16] Wenn also über Kabelanschluss bzw. andere Empfangsmöglichkeiten für den ausländischen Mieter ein ausreichender **Zugang zu mehreren Programmen seines Heimatlandes** besteht, hat er **keinen Anspruch** auf die Installation einer Parabolantenne, auch wenn diese eine größere Anzahl von Programmen in seiner Heimatsprache empfangbar macht.

30 Auch wenn grundsätzlich ein Anspruch des Mieters auf Anbringung einer Parabolantenne besteht, so kann dieser **an verschiedene sachliche Voraussetzungen geknüpft** werden.[17] Hierzu zählt, dass die Anbringung der Parabolantenne **baurechtlich zulässig** sein muss, von einem **Fachmann installiert** wird, die **Antenne selbst technisch geeignet** ist, mit der Anbringung **kein erheblicher Eingriff in die Bausubstanz** verbunden sein darf, die Antenne an einem vom Vermieter bestimmten, **möglichst unauffälligen Ort** aufgestellt werden muss, der **Mieter den Vermieter von allen entstehenden Kosten und Gebühren freistellen muss** und der Mieter auf Verlangen dem Vermieter **Sicherheit für Beschädigungs- und Entfernungskosten** in angemessener Höhe leistet.[18] Wegen der Zweckbindung dieser Sonderkaution ist eine Aufrechnung seitens des Vermieters mit anderen Forderungen aus dem Mietverhältnis hierbei nicht zulässig.[19]

31 Bestehen andere, weniger technisch aufwändige und weniger störende Möglichkeiten, den Empfang von heimatsprachlichen Programmen eines fremdsprachigen Mieters sicherzustellen, etwa durch einen Kabelanschluss in Verbindung mit einem zusätzlich anzuschaffenden und zu installierenden Decoder, kann der Vermieter den Mieter auf diese Empfangsmöglichkeiten verweisen. Auf die nicht unbeträchtlichen Anschaffungskosten und monatlichen Abonnementgebühren eines Zusatzpaketes kommt es hierbei nicht an.[20]

V. Nutzung von Gemeinschaftsflächen

32 Unterlassungsansprüche des Vermieters gegenüber dem Mieter, die der Vermieter nach § 541 BGB durchsetzen kann, ergeben sich auch dann, wenn der Mieter Flächen des Anwesens, die **Gemeinschaftsflächen** sind und **nicht ausdrück-**

16 BVerfG WuM 1995, 693.
17 OLG Frankfurt/Main NJW 1992, 2490.
18 OLG Frankfurt/Main NJW 1992, 2490.
19 AG Köln NZM 2009, 433.
20 BGH NZM 2005, 335; BVerfG NZM 2005, 252.

lich an den Mieter zur alleinigen Nutzung vermietet sind, von diesem in einer Weise genutzt werden, die über den Gemeingebrauch hinausgeht oder aufgrund von Regelungen in einer Hausordnung oder aber aufgrund öffentlich-rechtlicher Vorschriften unzulässig sind. So handelt es sich etwa bei Treppenhäusern um Fluchtwege, die nicht, auch nicht zum Zwecke der Dekoration, vom Mieter mit Schränken, Fahrrädern Pflanzkübeln, Schirmständern etc. zugestellt werden dürfen.

Ein generelles Verbot des **Abstellens von Kinderwagen** im Hausflur oder 33
auf sonstigen Gemeinschaftsflächen kann der Vermieter allerdings nicht aussprechen.[21] Ein solches Verbot ist im Hinblick auf die Privilegierung von Kindern und der für sie erforderlichen Einrichtungen unwirksam. Darüber hinaus ist es auch als unzumutbar anzusehen, Kinderwagen in Häusern, in denen ein Aufzug nicht vorhanden ist, in eine Etagenwohnung zu transportieren oder sie unter freiem Himmel abzustellen. Das Gleiche gilt für **Gehhilfen für ältere, gehbehinderte Mieter**, sog. Rollatoren. Auch bei diesen Gehhilfen kann das Abstellen im Treppenhaus nicht vom Vermieter untersagt werden.[22]

VI. Ruhestörender Lärm

Der **Begriff des Hausfriedens** als Wesensmerkmal eines Zusammenlebens einer 34
Vielzahl von Personen unter einem Dach wird vom Gesetzgeber in § 569 Abs. 2 BGB im Zusammenhang mit einer fristlosen Kündigung des Mietverhältnisses aus wichtigem Grund verwendet. Der Hausfrieden hat aber nicht nur Bedeutung im Zusammenhang mit einer Kündigung, wenn dem Vermieter die Fortsetzung des Mietverhältnisses nicht mehr zugemutet werden kann, sondern auch im Zusammenhang mit dem Unterlassungsanspruch nach § 541 BGB, denn der Vermieter kann den Mieter ebenso auf Unterlassung der Störung des Hausfriedens in Anspruch nehmen und so die Einhaltung des Hausfriedens durchsetzen.

Die **Störung des Hausfriedens** durch Lärm berechtigt den Vermieter zur 35
Geltendmachung von Unterlassungsansprüchen nach vorangegangener Abmahnung. Die allgemeinen Ruhezeiten sind einzuhalten, die mittags von 13:00 Uhr bis 15:00 Uhr und abends ab 22:00 Uhr bis morgens um 7:00 Uhr gelten.[23] Teilweise wird vertreten, dass an Wochenenden besondere Ruhezeiten bestehen, nämlich

21 LG Hamburg WuM 1992, 188.
22 LG Hannover WuM 2006, 189; LG Hannover NZM 2007, 245.
23 Schmidt-Futterer/*Eisenschmid*, § 535 BGB Rn 366.

samstags morgens bis 8:00 Uhr und abends ab 19:00 Uhr, ferner an Sonn- und Feiertagen ganztägig Ruhe zu halten ist.[24]

36 Im Einzelfall muss die Ruhestörung so gravierend sein, dass hierdurch der Hausfrieden gestört wird, was dann nicht der Fall ist, wenn **lediglich Umgebungsgeräusche** entstehen, die bei einem Zusammenleben von Menschen unter einem Dach als sozialadäquat hinzunehmen sind. Die Grenze ist dort zu ziehen, wo **eine Störung der Privatsphäre anderer Bewohner durch ständige Geräusche** aus der Nachbarwohnung eintritt, die nicht mehr als sozialadäquat anzusehen ist, etwa bei ständigem, wiederholten, insbesondere nächtlichem Geschrei, Möbelrücken, lautstarken Unterhaltungen, Partylärm u.Ä. Die hier zu treffende Abwägung ist stark einzelfallbezogen und situationsabhängig. Kinderlärm ist grundsätzlich hinzunehmen, wenn er sich im üblichen Rahmen hält.

37 Die **Benutzung des Bades** bzw. einer Dusche ist dem Mieter **grundsätzlich auch während der Nachtzeit gestattet**, auch wenn dies ruhestörende Geräusche für andere Hausbewohner verursacht, da Baden und Duschen zur allgemeinen Lebensführung gehört und grundsätzlich auch nachts nicht unterbunden werden kann. Die Dauer des Badens oder Duschens soll in den Nachtstunden allerdings 30 Minuten nicht überschreiten dürfen.[25]

38 **Innerhalb der Ruhezeiten** ist sowohl bei der **Musikausübung** als auch beim Verwenden von **Wiedergabegeräten Zimmerlautstärke** einzuhalten. Außerhalb der Ruhezeiten kann der Vermieter dem Mieter die Musikausübung allerdings grundsätzlich nicht verbieten. Der Mieter hat indes das **Rücksichtnahmegebot** auf andere Bewohner des Hauses zu beachten. Ausschlaggebend für die Dauer des Musizierens können die Art des Musikinstrumentes sowie sonstige Begleitumstände sein. Wenn der Vermieter etwa bei Abschluss des Mietvertrages weiß, dass es sich bei dem Mieter um einen Berufsmusiker handelt, können sich hieraus durchaus extensivere Spielzeiten ergeben als bei einem Hobbymusiker. Generell wird eine **zeitliche Grenze für die Musikausübung** außerhalb der Ruhezeiten von zwei bis drei Stunden täglich gezogen.[26]

---

24 Schmidt-Futterer/*Eisenschmid*, § 535 BGB Rn 366.
25 OLG Düsseldorf NJW 1991, 1625.
26 Schmidt-Futterer/*Eisenschmid*, § 535 BGB Rn 463 m. w. N.

VII. Geruchsbelästigung

Durch **Schmutz und Unsauberkeit der Wohnung** des Mieters in das Gebäude, etwa das Treppenhaus, dringender **Gestank**, der zu einer Geruchsbeeinträchtigung führt, eröffnet einen Beseitigungs- und Unterlassungsanspruch des Vermieters gegenüber dem Mieter nach vorangegangener Abmahnung.[27] Gleiches gilt für durch **unsachgemäße Tierhaltung** verursachten Gestank bzw. Gerüche.[28] Durch **Grillen** auf dem Balkon, auf der Terrasse oder im Garten entstehender **starker Geruch und Qualm** stellt ebenfalls eine Vertragsverletzung dar, die den Vermieter berechtigt, einen Unterlassungsanspruch gegenüber dem Mieter geltend zu machen.[29] 39

Das **Rauchen** gehört zum vertragsgemäßen Gebrauch einer Mietwohnung und kann daher vom Vermieter nicht untersagt werden.[30] Dies gilt grundsätzlich auch für starkes Rauchen.[31] Das **Rücksichtnahmegebot** kann allerdings zu einem Unterlassungsanspruch des Vermieters gegenüber dem Mieter führen, wenn **im Hausflur wahrnehmbarer Zigarettenrauch** vorhanden ist, ferner wenn auf dem **Balkon oder vor dem Hauseingang** stark geraucht wird.[32] 40

---

27 Schmidt-Futterer/*Eisenschmid*, § 535 BGB Rn 356.
28 Schmidt-Futterer/*Eisenschmid*, § 535 BGB Rn 356.
29 Schmidt-Futterer/*Eisenschmid*, § 535 BGB Rn 358.
30 BGH NJW 2006, 2915.
31 BGH, Urt. v. 18.2.2015 – VIII ZR 18614 –.
32 Schmidt-Futterer/*Eisenschmid*, § 535 BGB Rn 515.

Kapitel 17
Schadensersatzansprüche des Vermieters

A. Überblick

1 Neben den bereits dargestellten Ansprüchen auf Zahlung der Miete und Betriebskosten und auf Unterlassung können gegenüber dem sich vertragswidrig verhaltenden Mieter bzw. Mietnomaden **Schadensersatzansprüche** bestehen, wobei insbesondere bei Mietnomaden festzustellen ist, dass nach der Räumung der Mieträume diese häufig in nicht unerheblich beschädigtem Zustand zurückgelassen werden.

2 Während **Unterlassungsansprüche** in erster Linie **während der Laufzeit des Mietverhältnisses** vom Vermieter geltend gemacht werden können, konzentrieren sich die **Schadensersatzansprüche** des Vermieters gegenüber dem Mieter auf den Zeitpunkt der Beendigung des Mietvertrages und der Rückgabe der Mietwohnung, kommen also **regelmäßig erst nach Rückgabe der Mietwohnung** zum Tragen.

3 Bei den Schadensersatzansprüchen ist zu unterscheiden zwischen **Schadensersatzansprüchen wegen der Verletzung einer (Haupt-)Pflicht aus dem Mietvertrag** und **Schadensersatzansprüchen wegen Beschädigungen bzw. Veränderungen** an den Mieträumen.

4 In Betracht kommen insbesondere

- Schadensersatzansprüche wegen Veränderungen oder Beschädigungen an den Mieträumen;
- Schadensersatzansprüche wegen Nichterfüllung der Renovierungspflicht;
- Schadensersatzansprüche wegen Pflichtverletzungen bei Rückgabe der Mieträume.

5 Zu beachten ist, dass die Schadensersatzansprüche des Vermieters gegen den Mieter wegen Veränderungen oder Verschlechterungen der Mieträume, also insbesondere Schadensersatzansprüche wegen Beschädigungen der Mieträume, baulichen Veränderungen und unterlassenen Schönheitsreparaturen gem. § 548 Abs. 1 S. 1 BGB einer äußerst kurzen Verjährungsfrist von lediglich sechs Monaten, gerechnet ab dem Zeitpunkt der Rückgabe der Mieträume, unterliegen,[1] sodass hinsichtlich derartiger Schadensersatzansprüche durchaus Eile seitens des Vermieters nach Rückerhalt der Mieträume sowohl im Hinblick auf die kurze Ver-

---

1 Siehe dazu unten Rn 56 ff.

jährungsfrist wie auch im Hinblick darauf geboten ist, dass es mit der Zeit erfahrungsgemäß immer schwieriger wird, den Aufenthaltsort von Problemmietern nach Auszug zu ermitteln, geboten ist.

B. Schadensersatz bei Veränderungen oder Beschädigungen an den Mieträumen

Abnutzungen der Mieträume, also **Veränderungen oder Verschlechterungen** der Mieträume, die **durch den vertragsgemäßen Gebrauch** herbeigeführt werden (§ 538 BGB), muss der **Vermieter hinnehmen.** Hierfür hat der Mieter und auch ein Mietnomade nach der genannten Vorschrift nicht einzustehen. Insoweit geht der Gesetzgeber davon aus, dass eine Abnutzung bzw. ein Verschleiß der Mieträume, die durch vertragsgemäßen Gebrauch, also allein durch die Wohnnutzung bzw. Gewerbenutzung entstehen, mit dem Mietzins abgegolten sind. 6

I. Vertragsgemäßer Gebrauch

Überschreitet der Mieter aber die **Grenzen des vertragsgemäßen Gebrauches** oder beachtet er eine Sorgfalts- bzw. Obhutspflicht nicht, sodass die Mieträume in ihrer Substanz beschädigt oder verschlechtert werden, liegt eine **Vertragsverletzung** vor, für die der Mieter einzustehen hat, sofern er **die Vertragsverletzung schuldhaft herbeigeführt** hat (§ 280 Abs. 1 S. 2 BGB). 7

Der Vermieter erwirbt in diesem Falle einen unmittelbaren Schadensersatzanspruch gegen den Mieter (§ 249 Abs. 1 BGB), **ohne dass es einer vorhergehenden Fristsetzung** zur Schadensbeseitigung seitens des Vermieters nach § 281 Abs. 1 BGB bedarf. 8

II. Einzelne Fallkonstellationen

Für die Frage, ob dem Vermieter ein Schadensersatzanspruch wegen Veränderung oder Verschlechterung der Mieträume zusteht, kommt es daher darauf an, ob sich die Veränderung oder Verschlechterung noch im Rahmen des vertragsgemäßen Gebrauches bewegt oder aber **über den vertragsgemäßen Gebrauch hinausgeht**. 9

Bei **Dübellöchern** ist der vertragsgemäße Gebrauch dann überschritten, 10
wenn übermäßig viele Dübellöcher angebracht worden sind oder diese nicht in Fugen gesetzt werden. Wann übermäßig viele Dübellöcher vorliegen, lässt sich

nicht generalisierend beantworten, sondern ist eine Frage des Einzelfalls. Der Mieter darf die Dübellöcher anbringen, die für einen normalen vertragsgemäßen Gebrauch nötig sind, z. B. zur Anbringung von Vorhangstangen.

11 Bei **Teppichböden und Parkett** stellen sog. Laufstraßen normale Abnutzungsspuren, also eine vertragsgemäße Abnutzung, dar. Auch kleinere, leichtere Flecken sowie kleinere, oberflächliche Kratzer im Parkett fallen unter die vertragsgemäße Abnutzung, ebenso wie Druckspuren in Teppichböden von schweren Möbeln.

12 Wasser-, Rost- und Kaffeeflecken auf Fensterbänken bzw. Teppichböden hat der Mieter zu vertreten, ferner das nicht fachgerechte Überstreichen oder Lackieren von Wandfliesen, Elektroinstallation oder Holzzargen und Türen.

13 Bei der **Beschädigung von Türen und Türrahmen** ist es grundsätzlich entscheidend, ob diese durch malermäßige Überarbeitung beseitigt werden können. Ausgebaute bzw. ausgehängte Türen, die der Mieter nicht fachgerecht z. B. im Keller oder auf dem Balkon lagert und die sich dadurch verziehen, hat der Mieter zu ersetzen.

14 **Waschbecken und Bade- oder Duschwannen** mit auffälligen Abplatzungen und Schlagstellen hat der Mieter ebenfalls zu ersetzen, sofern sie nicht durch eine Ausbesserung, etwa eine Neubeschichtung, in einen ordnungsgemäßen Zustand versetzt werden können.

III. Schadensbeseitigung

15 Der Schadensersatzanspruch des Vermieters geht auf **Ersatz der zur Schadensbeseitigung notwendigen Kosten**. Welche Kosten zur Schadensbeseitigung notwendig sind, bei der sich der Vermieter allerdings nicht mit „Flickschusterei" begnügen muss, sollte zunächst durch Begutachtung und **Angebotseinholung durch anerkannte Fachfirmen** durch den Vermieter festgestellt werden. Gegebenenfalls sollte **bei größeren Schäden** bzw. bei einem **erheblichen Schadensumfang** in den Mieträumen eine **Beweissicherung** der vorhandenen Schäden unmittelbar nach Rückgabe der Mieträume durch einen **anerkannten Sachverständigen** im Wege eines Privatgutachtens erfolgen, dessen Kosten der Mieter zu erstatten hat, wenn das Gutachten zur Substantiierung der Mängel und deren Beseitigungskosten erforderlich ist.[2]

16 Bei Macken an Waschbecken und Bade- bzw. Duschwannen kommt, wie schon erwähnt, ggf. eine Ausbesserung in Betracht. Beim Kürzen von Türblät-

2 BGH, Urt. v. 26.5.2004 – VIII ZR 77/03 –.

tern, etwa um Teppichboden verlegen zu können, kann ggf. das Anlängen des Türblattes, wenn dieses zu einem optisch und technisch einwandfreien Zustand führt, ausreichend sein. Bei kleineren Flecken oder Brandlöchern in Teppichböden kommt ggf. eine lokale Reparatur in Betracht, ferner bei lokalen Fliesenbeschädigungen das lokale Austauschen von Fliesen, wenn diese in gleicher Art und Güte noch vorhanden sind oder besorgt werden können.

IV. Vorteilsausgleichung

In wirtschaftlicher Hinsicht muss der Vermieter beachten, dass er sich im Rahmen 17
der sog. **Vorteilsausgleichung** bei einem Schadensersatzanspruch wegen des **Austausches von älteren Gegenständen** der Mieträume den ihm zugutekommenden Vorteil anrechnen lassen muss, den er dadurch hat, dass er für einen gebrauchten Gegenstand einen neuen Gegenstand erhält, den sog. **„Abzug neu für alt"**.

Maßgeblich für den **Umfang der Vorteilsausgleichung** ist daher die 18
gewöhnliche Nutzungsdauer eines Gegenstandes unter Beachtung der **erreichten Nutzungsdauer im Zeitpunkt der Schadensverursachung**, wobei es hierbei nicht auf die Nutzungsdauer durch den sich vertragswidrig verhaltenden Mieter ankommt, sondern auf die Gesamtnutzungsdauer.

Hieraus ergibt sich die für den Vermieter zu beachtende Konsequenz, dass bei 19
einem Gegenstand, etwa einem Teppichboden, der seine gewöhnliche Nutzungsdauer, also seine Lebenszeit zum Zeitpunkt der Beschädigung bereits erreicht hatte, ein Schadensersatzanspruch gegenüber dem Mieter nicht (mehr) besteht.

So wird etwa bei **Teppichböden** in der Rechtsprechung von einer gewöhn- 20
lichen Nutzungsdauer von rund zehn Jahren ausgegangen.[3] Wird daher der Teppichboden von dem Mieter erst im elften oder zwölften Nutzungsjahr so beschädigt, dass ein Austausch erforderlich wird, steht dem Vermieter ein Schadensersatzanspruch gegenüber dem Mieter nicht zu, da in diesem Falle das – wenn auch schuldhafte – Mieterverhalten nicht ursächlich für die Notwendigkeit des Austausches ist. Der Teppichboden hätte ohnehin erneuert werden müssen.

Das Schleifen und Neuversiegeln von **Parkett** soll etwa alle 15 Jahre erfor- 21
derlich sein.[4] Gleiches gilt für den Austausch von (allerdings hochwertigen) **PVC-Bodenbelag**. Bei Austausch von Fliesen soll nach einer Lebensdauer von 30 Jahren ein Abzug von 50 % vorzunehmen sein, da diese zwar eine erhebliche

3 Schmidt-Futterer/*Langenberg*, § 538 BGB Rn 374.

4 Schmidt-Futterer/*Langenberg*, § 538 BGB Rn 374; LG Wiesbaden WuM 1991, 540.

Lebensdauer haben, allerdings auch einem jeweiligen Zeitgeist und Modeerscheinungen unterliegen.[5]

22 Für **Badezimmerarmaturen** soll eine Lebensdauer von rund acht Jahren,[6] für **Badewannen** 23 Jahre,[7] für **Waschbecken** aus Porzellan oder Steingut 20 Jahre,[8] für **Spülbecken** aus Steingut oder Edelstahl 27 Jahre[9] und für **WC-Becken** 18 Jahre[10] gelten. Eine mitvermietete **Einbauküche** soll eine Lebensdauer von 25 Jahren haben.[11]

23 Haben die Gegenstände dieses Alter erreicht oder überschritten, verpflichtet auch eine mutwillige Beschädigung durch einen Mietnomaden diesen nicht zum Schadensersatz.

V. Schadensnachweis

24 Die **Darlegungs- und Beweislast** für die geltend gemachten Schadensersatzansprüche sowie die Angemessenheit der Höhe des Schadensersatzes unter Beachtung der vorstehend dargelegten Grundsätze trägt der **Vermieter**, der den Anspruchsgrund darlegen und ggf. beweisen muss.

! **Praxistipp**

Der Vermieter sollte daher, auch wenn er hierauf keinen Anspruch hat, wenn irgend möglich, aus Anlass der Rückgabe der Mieträume auf eine gemeinsame Begehung der Mieträume und die **Erstellung und beiderseitige Unterzeichnung eines Rückgabeprotokolls** hinwirken, in welchem sämtliche, über eine vertragsgemäße Nutzung der Mieträume hinausgehenden Veränderungen bzw. Beschädigungen der Mieträume im Einzelnen aufgelistet werden. In jedem Falle sollte der Vermieter einen **Rückgabetermin** der Mieträume keinesfalls alleine, sondern **immer in Begleitung von Zeugen** wahrnehmen.

---

25 Die Angemessenheit eines Schadensersatzanspruches sollte der Vermieter durch einen **Kostenvoranschlag eines Fachbetriebes** darlegen, der **keine pauschalen Beträge**, sondern unbedingt **Maße und Einzelpreise** hinsichtlich der einzelnen Schadensbeseitigungsmaßnahmen ausweisen muss.

5 Schmidt-Futterer/*Langenberg*, § 538 BGB Rn 376.
6 Schmidt-Futterer/*Langenberg*, § 538 BGB Rn 377.
7 Schmidt-Futterer/*Langenberg*, § 538 BGB Rn 377.
8 Schmidt-Futterer/*Langenberg*, § 538 BGB Rn 377.
9 Schmidt-Futterer/*Langenberg*, § 538 BGB Rn 377.
10 Schmidt-Futterer/*Langenberg*, § 538 BGB Rn 377.
11 Schmidt-Futterer/*Langenberg*, § 538 BGB Rn 377.

C. Schadensersatz wegen Nichterfüllung der Renovierungspflicht

Spätestens mit der Beendigung des Mietverhältnisses ist die Ausführung der vom Mieter aufgrund vertragsgemäßer, **wirksamer Übertragung übernommenen Schönheitsreparaturverpflichtung** fällig. Selten werden Mieträume bei Problemmietern in ordnungsgemäßem Zustand zurückgegeben. 26

I. Hauptleistungspflicht

Da es sich bei diesem Anspruch um einen **vertraglichen Erfüllungsanspruch** 27
einer **mietvertraglichen Hauptpflicht** handelt, muss der Vermieter, will er wegen vom Mieter vertragswidrig nicht ausgeführter Schönheitsreparaturen einen Schadensersatzanspruch geltend machen, dem Mieter zuvor gem. § 281 Abs. 1 BGB eine **angemessene Frist** zur Ausführung der Schönheitsreparaturen setzen und kann **erst nach erfolglosem Fristablauf Schadensersatz statt der Leistung** für die vom Mieter nicht ausgeführten Schönheitsreparaturen verlangen.

Ein Schadensersatzanspruch des Vermieters wegen Nichtausführung von 28
Schönheitsreparaturen seitens des Mieters aus Anlass der Beendigung des Mietverhältnisses setzt zum einen voraus, dass die **Schönheitsreparaturen aufgrund wirksamer Vertragsgestaltung auf den Mieter übertragen** worden sind, und zum anderen, dass die **Ausführung von Schönheitsreparaturen bei Beendigung des Mietverhältnisses fällig** ist.

II. Definition der Schönheitsreparaturen

Der Begriff der Schönheitsreparaturen ist in § 28 Abs. 4 S. 3 der II. Berechnungs- 29
verordnung **legal definiert**. Danach umfassen **Schönheitsreparaturen nur das Tapezieren, Anstreichen oder Kalken der Wände und Decken, das Streichen der Fußböden, Heizkörper einschließlich Heizrohre, der Innentüren sowie der Fenster und Außentüren von innen**. An die Stelle des Streichens der Fußböden ist mittlerweile das Reinigen der Teppichböden getreten.[12]

12 Schmidt-Futterer/*Langenberg*, § 538 BGB Rn 71.

III. Vertragliche Vereinbarung

30 Da die Übertragung der Schönheitsreparaturen auf den Mieter von der gesetzlichen Regelung der §§535 Abs. 1 S. 2, 538 BGB abweicht, wonach die Erhaltungspflicht hinsichtlich der Mieträume dem Vermieter obliegt, bedarf es einer **ausdrücklichen, wirksamen vertraglichen Vereinbarung**, die die Schönheitsreparaturen auf den Mieter überwälzt. Dies geschieht **regelmäßig durch Formularmietverträge**, also durch eine für eine Vielzahl von Verträgen vorformulierten Vertragsbedingungen, die eine Vertragspartei (Verwender) der anderen Vertragspartei bei Abschluss eines Vertrages stellt (§ 305 Abs. 1 S. 1 BGB). Für **Verbraucherverträge**, also Mietverträge, die zwischen einem **Unternehmer** und einem **Verbraucher** – der Wohnraummieter ist immer Verbraucher, wenn er die Wohnung zu seinem Wohnbedarf anmietet – abgeschlossen werden, gilt die Sonderregelung, dass die Allgemeinen Geschäftsbedingungen als vom Unternehmer gestellt gelten (§ 310 Abs. 3 Nr. 1 BGB).

31 Weder das **hand- oder maschinenschriftliche Abschreiben** eines vorgedruckten Vertragsformulars noch ein in einem Formularvertrag oder in Form einer gesonderten Vereinbarung erfolgter **Hinweis, dass die Bestimmungen mit dem Mieter besprochen und von ihm ausdrücklich anerkannt** worden sind, macht eine AGB zu einer Individualvereinbarung. Der Vermieter ist im Zweifelsfalle dafür darlegungs- und beweispflichtig, dass eine Vereinbarung ausgehandelt worden ist, also zur Disposition des Mieters gestellt worden und das Ergebnis eines Verhandlungsprozesses geworden ist.

32 Werden die Schönheitsreparaturen, was der Regelfall ist, durch Allgemeine Geschäftsbedingungen auf den Mieter übertragen, so unterliegen diese der **Inhaltskontrolle nach § 307 BGB**, dürfen somit also den Mieter entgegen den Geboten von Treu und Glauben **nicht unangemessen benachteiligen**.

IV. Leitlinien der Rechtsprechung des BGH

33 Der BGH hat in den letzten zehn Jahren eine Fülle von Urteilen zur unangemessenen Benachteiligung des Mieters durch bestimmte Schönheitsreparaturklauseln in Allgemeinen Geschäftsbedingungen gesprochen, die zum Teil jahrzehntelange Verwendung gefunden haben. Hieraus lassen sich zum **gegenwärtigen Zeitpunkt** folgende **Wirksamkeitsvoraussetzungen** für die wirksame Übertragung von Schönheitsreparaturen auf den Mieter durch Allgemeine Geschäftsbedingungen wie folgt zusammenfassen, wobei ein Ende der Schönheitsreparaturklauselrechtsprechung allerdings derzeit nicht absehbar ist und eine heute (noch) wirk-

same Klausel schon in naher Zukunft der Inhaltskontrolle nach § 307 BGB nicht mehr standhalten kann:

- die Übertragung der Schönheitsreparaturen auf den Mieter ist nur dann zulässig, wenn dem Mieter bei Beginn des Mietverhältnisses eine **frisch renovierte Wohnung übergeben wird**;[13]
- eine Formularklausel, die den Mieter verpflichtet, die Schönheitsreparaturen **während der Vertragsdauer nach einem Fristenplan** durchzuführen, ist **grundsätzlich wirksam.** Ist ein Fristenplan nicht ausdrücklich vertraglich vereinbart, ist der Vertrag nach der Verkehrssitte dahin auszulegen, dass die Fristen nach § 7 des Mustermietvertrages 1976 heranzuziehen sind. In neuester Zeit besteht allerdings die Tendenz zur Verlängerung der bisher angenommenen Fristenfolge von 3, 5 und 7 Jahren aufgrund der heute zur Anwendung kommenden besseren Dekorationsmaterialien (Tapeten und Farben) und veränderte Wohngewohnheiten. Insofern ist zu empfehlen, die Fristenabfolge auf 5, 8 und 10 Jahre auszudehnen.[14] Die **Fristen in dem Fristenplan dürfen allerdings nicht absolut gesetzt werden (starrer Fristenplan)**, da sich der Umfang der Renovierungspflicht des Mieters nach dem Grad der tatsächlichen Abnutzung richten muss;[15]
- **Endrenovierungsklauseln**, die den Mieter verpflichten, bei Beendigung des Mietverhältnisses die Wohnung in renoviertem Zustand zurückzugeben, sind **grundsätzlich unwirksam, soweit sie auf den Renovierungszustand der Wohnung und eine während der Mietzeit durchgeführte Renovierung keine Rücksicht nehmen.** Unwirksam sind insbesondere Klauseln, die die **Renovierung nach einem Fristenplan im laufenden Mietverhältnis und zusätzlich die Rückgabe in renoviertem Zustand** vorsehen. Die Unwirksamkeit erfasst auch die Überwälzung der laufenden Schönheitsreparaturen, also nicht nur die Endrenovierungsklausel wegen des den Mieter benachteiligenden Summierungseffektes;[16]
- Schönheitsreparaturklauseln, die dem Mieter bezüglich der **Farbwahl des Anstriches Vorgaben machen**, sind nur wirksam, wenn sie **ausschließlich für den Zeitpunkt des Auszuges aus der Wohnung gelten** und auch hier dem Mieter noch einen **gewissen Spielraum** lassen. Die **Einengung der Farbwahl auf die Farbe „weiß"** schränkt dabei den Mieter auch hinsicht-

---

13 BGH, Urt. v. 18.3.2015 – VIII ZR 185/14 u. VIII ZR 242/13 –.
14 BGH, Urt. v. 26.9.2007 – VIII ZR 143/06 –.
15 BGH, Urt. v. 20.10.2004 – VIII ZR 378/03 –.
16 BGH, Urt. v. 25.6.2003 – VIII ZR 335/02 –.

lich des Zeitpunktes der Beendigung des Mietverhältnisses zu stark ein und **benachteiligt ihn daher unangemessen;**[17]

- **Quotenabgeltungsklauseln**, die den Mieter verpflichten, sich an den bei Beendigung des Mietverhältnisses **noch nicht fälligen Schönheitsreparaturen** je nach Zeitablauf seit Durchführung der letzten Schönheitsreparaturen **quotenmäßig auf der Basis eines Kostenvoranschlages zu beteiligen**, können nur dann wirksam sein, wenn derartige Klauseln den vom Mieter zu zahlenden Anteil nicht nach starren Fristen, sondern **nach dem Verhältnis zwischen der Mietdauer seit Durchführung der letzten Schönheitsreparaturen und dem Zeitpunkt bemessen, nach dem bei einer hypothetischen Fortsetzung des Mietverhältnisses aufgrund des Wohnverhaltens des Mieters voraussichtlicher Renovierungsbedarf bestünde.**[18] Bei einer solchermaßen abgefassten Quotenabgeltungsklausel besteht jedoch eine Unwirksamkeit der Abgeltungsklausel nach § 307 Abs. 1 S. 1, 2 BGB, wenn der Mieter den auf ihn entfallenden Kostenanteil nicht verlässlich ermitteln kann und für ihn **bei Abschluss des Mietvertrages nicht klar und verständlich ist, welche Belastung ggf. auf ihn zukommt.**[19] Unter diesen, vom BGH entwickelten Grundsätzen für die Wirksamkeit einer Quotenabgeltungsklausel dürfte eine solche mit der nötigen Klarheit und Transparenz nicht mehr zu verfassen sein. Es ist daher davon auszugehen, dass Quotenabgeltungsklauseln, die einerseits an hypothetische Verläufe des Mietverhältnisses geknüpft sein müssen, andererseits aber dem Mieter eine verlässliche Ermittlung des auf ihn ggf. entfallenden Kostenanteils ermöglichen müssen, nicht mehr wirksam vereinbart werden können.

V. Leistungsaufforderung und Nachfristsetzung

34 Ist der Mieter aufgrund wirksamer Schönheitsreparaturklausel zur Ausführung von Schönheitsreparaturen verpflichtet und befindet sich die Wohnung **in einem renovierungsbedürftigen Zustand**, so hat der Mieter die Schönheitsreparaturen bis zur Beendigung des Mietverhältnisses auszuführen.

35 Da es sich, wie bereits erwähnt, bei den Schönheitsreparaturen um eine Hauptpflicht aus dem Mietverhältnis handelt, gerät der Mieter **bei Beendigung**

17 BGH, Beschl. v. 14.12.2010 – VIII ZR 198/10 –.
18 BGH, Urt. v. 26.9.2007 – VIII ZR 143/06 –.
19 BGH, Urt. v. 18.3.2015 – VIII ZR 242/13 –.

des Mietverhältnisses nicht in Verzug, wenn die Schönheitsreparaturen bis zu diesem Zeitpunkt noch nicht ausgeführt sind.

Der Vermieter muss dem Mieter vielmehr zunächst eine **Nachfrist** gem. 36
§§ 323, 325, 281 BGB setzen, da die Fälligkeit der Verpflichtung zur Ausführung von Schönheitsreparaturen erst mit dem Ende des Mietverhältnisses eintritt.[20] Die Nachfristsetzung ist daher unwirksam, wenn das Ende der gesetzten Nachfrist mit dem Mietvertragsende zusammenfällt, es sei denn, dass der Mieter die Mieträume bereits vor Beendigung des Mietverhältnisses verlassen und zurückgegeben hat und zweifelsfrei feststeht, dass der Mieter die Räume nicht mehr in Anspruch nehmen wird.

Die **Nachfrist muss schriftlich gesetzt werden** und muss einen angemes- 37
senen Zeitraum umfassen. Eine **Nachfrist von 14 Tagen** wird grundsätzlich als ausreichend erachtet.[21] Die Setzung einer zu kurzen Nachfrist ist nicht unwirksam, vielmehr wird durch Setzung einer zu kurzen Nachfrist eine angemessene Nachfrist in Lauf gesetzt. Ein Schadensersatzanspruch des Vermieters ist jedoch ausgeschlossen, wenn der Vermieter eine zu kurze Nachfrist setzt und nach Ablauf der zu kurzen Nachfrist eine Nacherfüllung durch den Mieter ablehnt.

Die Setzung einer **Nachfrist** ist nur dann **entbehrlich**, wenn der Mieter die 38
Erfüllung der Verpflichtung zur Ausführung von Schönheitsreparaturen **ernsthaft und endgültig verweigert** hat und der Vermieter dem Mieter zuvor konkret mitgeteilt hat, welche Schönheitsreparaturen nach Auffassung des Vermieters auszuführen sind[22] oder der Mieter für den Vermieter nach Auszug nicht mehr erreichbar war. Allerdings sind an die endgültige und ernstliche Erfüllungsverweigerung des Mieters hohe Anforderungen zu stellen. Insbesondere kann nicht aus dem Auszug des Mieters ohne Ausführung der Schönheitsreparaturen eine endgültige und ernstliche Erfüllungsverweigerung geschlossen werden.

Der Vermieter sollte daher **aus Sicherheitsgründen stets eine angemes-** 39
sene Nachfrist zur Ausführung der Schönheitsreparaturen **setzen.**

Auch soll es dem Vermieter zuzumuten sein, den neuen Aufenthaltsort des 40
Mieters zumindest durch einfache Nachforschungen, etwa eine Einwohnermeldeamtsanfrage, ausfindig zu machen.[23]

---

20 BGH NJW 1991, 2416.
21 KG Berlin NZM 2007, 356.
22 KG Berlin NZM 2007, 356.
23 AG Bremerhaven WuM 1987, 250.

VI. Übergabeprotokoll

41 In Betracht kommt, dass der Mieter unabhängig von dem Vorliegen einer wirksamen vertraglichen Schönheitsreparaturenverpflichtung anerkennt, bestimmte Renovierungsarbeiten zu schulden. Hierin kann ein **deklaratorisches oder ein konstitutives Schuldanerkenntnis** liegen. Sofern ein solches Anerkenntnis im Rahmen eines Übergabeprotokolls durch dessen Unterzeichnung abgegeben wird, muss der Vermieter allerdings beachten, dass auch **formularvertragliche Übergabeprotokolle an § 307 BGB zu messen** sind.

42 Etwas anderes gilt dann, wenn die **Übernahme der Schönheitsreparaturen** durch den Mieter **im Übergabeprotokoll individuell vereinbart** worden ist. **Diese Individualvereinbarung wird nicht von einer Unwirksamkeit der vertraglichen Schönheitsreparaturklausel erfasst.**[24]

43 Der Vermieter ist daher gut beraten, wenn er zumindest versucht, bei Rückgabe der Mietwohnung ein Übergabeprotokoll zu erstellen, das von beiden Parteien unterzeichnet wird und das eine individualvertragliche Verpflichtung zur Ausführung bestimmter Schönheitsreparaturen seitens des Mieters enthält.

44 Im umgekehrten Fall wird durch die **vorbehaltlose Abnahme der Mieträume** durch den Vermieter dadurch, dass im **Übergabeprotokoll keine Beanstandungen** aufgeführt werden, ein **negatives Schuldanerkenntnis** des Vermieters mit dem Inhalt gesehen, dass Schadensersatzansprüche des Vermieters gegenüber dem Mieter nicht bestehen. Vorsicht ist daher für den Vermieter bei der vorbehaltlosen Rücknahme der Wohnung geboten, denn darin wird regelmäßig ein Verzicht auf die Ausführung von Schönheitsreparaturen und einen entsprechenden Schadensersatzanspruch seitens des Vermieters zu sehen sein.

VII. Schadenshöhe

45 Der **Schadensersatzanspruch** des Vermieters umfasst die **Kosten der Schönheitsreparaturen in Höhe der objektiv erforderlichen Renovierungskosten.**[25] Zu beachten hat der Vermieter, dass im Rahmen der Geltendmachung des Schadensersatzanspruches die **Kosten nicht als Pauschalpreisrechnung**, sondern **nur spezifiziert bzw. in einer Rechnung, die Mengen und Massen detailliert** ausweist, geltend gemacht werden können.

24 BGH, Urt. v. 14.1.2009 – VIII ZR 71/08 –.
25 OLG Köln ZMR 1987, 375.

Auf der **Basis von Kostenvoranschlägen** kann der Vermieter lediglich Schadensersatz in Höhe der in den Kostenvoranschlägen ausgewiesenen **Nettopreise** von dem Mieter verlangen, da die auf die Arbeiten entfallende Umsatzsteuer von dem Vermieter gem. § 249 Abs. 2 S. 2 BGB nur dann verlangt werden kann, wenn sie bei ihm tatsächlich angefallen ist. 46

Ist der Vermieter seinen Verpflichtungen nach § 535 BGB, die Mieträume in ordnungsgemäßem Zustand zu erhalten, nicht nachgekommen, indem er z. B. **bauseitige Schäden**, etwa Feuchtigkeitsschäden, nicht beseitigt hat, gerät der Mieter, insoweit diese Bereiche betroffen sind, nicht mit der Ausführung von Schönheitsreparaturen in Verzug, solange der Vermieter seiner Verpflichtung zur Herstellung eines ordnungsgemäßen Zustandes nicht nachgekommen ist. 47

Führt der Mieter Schönheitsreparaturen aus, obwohl er aufgrund einer unwirksamen vertraglichen Vereinbarung hierzu nicht verpflichtet gewesen wäre, kann der Vermieter gleichwohl einen **Schadensersatzanspruch dann geltend machen, wenn eine mangelhafte Ausführung der Schönheitsreparaturen durch den Mieter vorliegt**, die neben den Renovierungskosten **zusätzliche Kosten der Schadensbeseitigung** verursacht.[26] Dies bedeutet, dass die Kosten, die der Vermieter aufgrund der mangelhaften Renovierung des Vermieters hatte, höher sein müssen, als die Kosten, die dem Vermieter aufgrund einer ordnungsgemäßen Renovierung der Wohnung entstanden wären.[27] 48

D. Schadensersatz wegen Pflichtverletzung bei der Rückgabe

Gibt der Mieter die Mieträume zum **Zeitpunkt der Beendigung des Mietverhältnisses nicht geräumt an den Vermieter zurück**, so steht dem Vermieter gem. § 546a Abs. 1 BGB für die Dauer der Vorenthaltung der Mieträume als sog. **Vorenthaltungsschaden** eine Entschädigung in **Höhe der zuletzt vereinbarten Miete** zuzüglich etwaiger Betriebskostenvorauszahlungen bzw. Betriebskostenpauschalen zu. 49

I. Teilräumung

Nicht jedes Zurücklassen von Gegenständen bzw. Einrichtungen in dem Mietobjekt durch den Mieter führt allerdings zur Nichterfüllung der Räumungspflicht 50

26 BGH, Urt. v. 18.2.2009 – VIII ZR 166/08 –.
27 LG Frankfurt/Main NZM 2001, 191.

mit der Folge, dass der Vermieter einen Anspruch auf Nutzungsentschädigung gem. § 546a Abs. 1 BGB hat. Sofern es sich lediglich um einige wenige, **unbedeutende Gegenstände** handelt, die lediglich geringen Raum beanspruchen und deren Beseitigung nur einen unerheblichen Aufwand erfordern, ist nicht von einer Nichterfüllung der Räumungspflicht des Mieters auszugehen, sondern allenfalls von einer **Schlechterfüllung**, sodass der Vermieter keinen Anspruch auf Nutzungsentschädigung mehr geltend machen kann, sondern lediglich einen Anspruch auf Schadensersatz hat.[28] Will der Vermieter die Resträumung selbst durchführen und die Kosten hierfür beim Mieter als Schaden geltend machen, bedarf es einer Fristsetzung gem. § 281 Abs. 1 BGB. Unbedeutende Gegenstände sind etwa ein Duschvorhang, Hängevorrichtungen im Schlafzimmer, weniges Gerümpel, wenige Gegenstände für den Sperrmüll sowie einige wenige Lampen.[29]

II. Mietausfallschaden

51 **Nach Rückgabe** der Mieträume durch den Mieter steht dem Vermieter ein **Vorenthaltungsschaden nicht mehr zu**, selbst dann nicht, wenn sich die Mieträume bei Rückgabe nicht in einem weitervermietbaren Zustand befinden. Kann der Vermieter die Mieträume aufgrund ihres Zustandes nicht unmittelbar an einen Nachmieter weitervermieten, so steht dem **Vermieter ein weitergehender Mietausfallschaden** nur aufgrund einer **konkreten Schadensberechnung** zu, d. h., der Vermieter muss darlegen und notfalls beweisen, dass er die **Mieträume tatsächlich sofort hätte weitervermieten können**, was ihm aufgrund des Zustandes der Mieträume nicht möglich gewesen ist. Hierzu bedarf es in der Regel der Benennung von Mietinteressenten als Zeugen, die bestätigen können, dass sie die Mieträume zum Zeitpunkt des Freiwerdens der Mieträume angemietet hätten und aufgrund des vertragswidrigen Zustandes der Mieträume von einer Anmietung abgesehen haben.

III. Rückbauanspruch

52 Zum Zeitpunkt der Beendigung des Mietverhältnisses und Rückgabe der Mieträume hat der Mieter den bei Beginn des Mietverhältnisses bestehenden **ursprünglichen Zustand der Mieträume wiederherzustellen**, also **Umbauten**

28 BGH NJW 1983, 1049; OLG Brandenburg ZMR 1997, 584.
29 Schmidt-Futterer/*Steyl*, § 546 BGB Rn 43 m. w. N.

und sonstige bauliche Veränderungen, die der Mieter während der Mietzeit vorgenommen hat, zu **beseitigen bzw. zurückzubauen**, und zwar ohne Rücksicht auf die hiermit verbundenen Kosten.[30] Die Rückbaupflicht schließt die Beseitigung etwaiger Einbauspuren mit ein. Die Rückbaupflicht besteht **unabhängig davon**, ob der Vermieter seine **Zustimmung** zu den baulichen Veränderungen erteilt hatte.[31] Etwas anderes gilt im Zweifel nur dann, wenn es sich um eine auf Dauer angelegte, vom Vermieter genehmigte, bauliche Maßnahme handelt, die nicht nur die spezifischen Bedürfnisse des einbauenden Mieters befriedigt, und wenn die baulichen Maßnahmen nur mit einem erheblichen Kostenaufwand beseitigt werden könnte und die Entfernung die Mieträume in einen schlechteren Zustand zurückversetzen würde.[32]

Der **Verstoß gegen die Rückbaupflicht** stellt keine Nichterfüllung der Rück- 53
gabepflicht dar, sondern eine bloße **Schlechterfüllung**, sodass der Vermieter einen Schadensersatzanspruch in Höhe der Rückbaukosten von dem Mieter verlangen kann, wenn dem Mieter erfolglos eine Nachfrist zum Rückbau der baulichen Veränderungen gem. § 281 Abs. 1 BGB nach Beendigung des Mietverhältnisses gesetzt worden war.

IV. Reinigung

Der Mieter ist schließlich **bei Rückgabe der Mieträume zu einer Reinigung** 54
der Räume verpflichtet, die in besenreinem Zustand zurückzugeben sind.[33] Dies bedeutet, dass die Mieträume jedenfalls **auszufegen** bzw. **zu saugen** sind.[34] Ferner hat der Mieter **grobe Verunreinigungen** an Böden, Wänden und Decken zu entfernen, Heizkörper, Fensterrahmen, Türen und Sanitäranlagen zu wischen.[35] Der Mieter schuldet keine klinische Reinigung der Mietsache. Besenrein bedeutet, dass geringfügige Verschmutzungen vorhanden sein können. Erfüllt der Mieter diese Verpflichtungen bei Rückgabe der Mieträume nicht, steht auch insoweit dem Vermieter ein Schadensersatzanspruch wegen Schlechterfüllung der Rückgabepflicht in Höhe der Reinigungskosten für die vorstehenden Maßnahmen nach erfolgloser Setzung einer Nacherfüllungsfrist zu.

---

30 Schmidt-Futterer/*Streyl*, § 546 BGB Rn 44.
31 Schmidt-Futterer/*Streyl*, § 546 BGB Rn 44.
32 OLG Frankfurt/Main WuM 1992, 56.
33 OLG Düsseldorf ZMR 2010, 356.
34 BGH NJW 2009, 510.
35 OLG Düsseldorf ZMR 2010, 356.

E. Verjährung

55 Alle Schadensersatzansprüche des Vermieters wegen Verschlechterung der Mietsache, gleichgültig ob wegen nicht durchgeführter Schönheitsreparaturen oder aus anderen Gründen, **verjähren** gem. § 548 BGB **nach sechs Monaten**. Viele Schadensersatzverlangen von Vermietern scheitern an der Nichteinhaltung dieser kurzen Verjährungsfrist.

I. Beginn

56 **Die Verjährungsfrist beginnt für den Vermieter mit dem Zeitpunkt, zu welchem er die Mieträume zurückerhält.** Dieser Zeitpunkt muss nicht identisch mit dem Zeitpunkt der Beendigung des Mietverhältnisses oder der Räumung durch den Vermieter sein. Der Begriff des Zurückerhaltens bedeutet, dass der Vermieter wieder in die Lage versetzt ist, ohne Mitwirkung des Mieters Zutritt zu den Mieträumen zu haben.

! **Fettnapf**
Die Verjährungsfrist kann also auch schon vor der Rückgabe beginnen, wenn der Vermieter zu einem früheren Zeitpunkt als der Rückgabe der Mietsache in der Lage war, die Mieträumlichkeiten in Ruhe zu überprüfen.

II. Unterbrechung und Hemmung

57 Die Verjährungsfrist kann nur unterbrochen werden durch ein Anerkenntnis des Mieters, was praktisch ausgeschlossen ist, oder aber durch eine gerichtliche Maßnahme, die die Verjährungsfrist hemmt, also zunächst anhält. Eine solche gerichtliche Maßnahme ist das eben erwähnte selbstständige Beweisverfahren, ein Mahnverfahren, die Klageerhebung oder aber auch die Einleitung eines Schlichtungsverfahrens vor einer nach Landesrecht bestimmten Gütestelle, wobei es nicht darauf ankommt, ob das Schlichtungsverfahren obligatorisch vor der Klageerhebung vorgeschrieben ist oder nicht.

58 Grundsätzlich kann der Vermieter bzw. der ihn vertretende Anwalt die Frist bis zum letzten Tag ausschöpfen, also auch noch am letzten Tag des Fristablaufs die Klage bei Gericht einreichen. Es muss dann aber dafür Sorge getragen werden, dass die Klage demnächst zugestellt wird, sodass es ausschließlich im Verantwortungsbereich des Gerichts liegt, dass es zu Verzögerungen kommt. Wenn ein Gerichtskostenvorschuss, wie grundsätzlich, angefordert wird, ist

dieser unverzüglich einzuzahlen, innerhalb von zehn bis zwölf Arbeitstagen. Die dann später erfolgte Zustellung der Klage, die an sich erst die Hemmung der Verjährung bewirkt, wirkt dann auf den Zeitpunkt der Einreichung der Klage zurück, § 215 BGB.

Kapitel 18
Gerichtliche Rechtsverfolgung Zahlungsansprüche

A. Vorbemerkung

1 Der Vermieter hat verschiedene Möglichkeiten, seine Ansprüche gerichtlich geltend zu machen. Je nach Situation sollten er oder der von ihm beauftragte Rechtsanwalt die für den jeweiligen Fall günstigste Vorgehensweise wählen.

B. Gerichtliches Mahnverfahren

2 Das gerichtliche Mahnverfahren gem. §§ 688 ff. ZPO ist eine Möglichkeit für den Vermieter, auf **schnellem und preiswertem Wege** einen Vollstreckungstitel gegen den zahlungssäumigen Mieter bzw. den nicht zahlenden Mietnomaden zu erlangen.

3 Das Mahnverfahren dient ausschließlich der vereinfachten Durchsetzung von **Geldforderungen**; dabei darf der geltend gemachte Anspruch nicht von Gegenforderungen anhängig sein, die noch nicht erbracht sind. Durch das Mahnverfahren wird die Vollstreckung einer Geldforderung, ohne dass Klage erhoben oder ein Urteil verkündet wurde, ermöglicht.

I. Ablauf

4 Eingeleitet wird das Mahnverfahren auf Antrag des Vermieters als Gläubiger der Forderung gegen den nicht zahlenden Mieter. Eine Prüfung, ob der geltend gemachte Anspruch begründet ist, findet nicht statt. Dementsprechend ist auch der Antrag nicht zu begründen. Die Vorlage von **Beweismitteln** ist **nicht** erforderlich. Der Anspruch muss jedoch hinreichend **individualisiert** sein, vgl. § 690 Abs. 1 Nr. 3 ZPO. Danach muss der Anspruch durch seine Kennzeichnung von anderen Ansprüchen so unterschieden und abgegrenzt werden können, dass er über einen Vollstreckungsbescheid Grundlage eines Vollstreckungstitels sein kann und dem Mietschuldner die Beurteilung möglich ist, ob er sich gegen den Anspruch zur Wehr setzen möchte oder nicht.[1]

1 St. Rspr., vgl. z. B. BGH NJW 1993, 862, 863 und NJW 2000, 1420.

Das Mahnverfahren ist weitgehend automatisiert und zentralisiert. Örtlich **zuständig**, mit Ausnahme von Nordrhein-Westfalen mit zwei Mahngerichten, ist das zentrale Mahngericht des Bundeslandes, in dem der **Antragsteller** seinen Wohnort hat. 5

Antrag auf Erlass eines Mahnbescheids kann bei dem zuständigen Mahn-(Amts-)gericht per Post (unter Verwendung eines auch im Schreibwarenhandel erhältlichen amtlichen Formulars – Vordruck -) oder mittels seitens der Mahngerichte im Internet angebotenen Webformulare[2] gestellt werden. 6

Fettnapf !

Stellt ein **Rechtsanwalt** den Antrag auf Erlass eines Mahnbescheids, ist dieser **zwingend** in einer nur maschinell lesbaren Form an das Mahngericht zu übermitteln. Bei diesem sog. **Barcodeverfahren** ist der Antrag auf der Website des Mahngerichts auszufüllen. Es erfolgt eine automatische Kontrolle auf etwaige Eingabefehler und eine summarische Prüfung der Schlüssigkeit der Angaben. Das ausgefüllte Formular ist sodann auszudrucken, eigenhändig zu **unterschreiben** und auf dem **Postwege** an das zuständige Mahngericht zu übersenden. Die Übersendung per **Telefax** ist **ausgeschlossen.**

Antrag auf Erlass eines Mahnbescheids sollte erst gestellt werden, wenn sich der Mietschuldner nachweislich in **Verzug** befindet. Hinsichtlich der Mietzahlung bedarf es grundsätzlich keiner Mahnung i. S. d. § 286 Abs. 1 BGB, um den Mieter in Verzug zu setzen. Denn für die Mietzahlung lässt sich eine Leistungszeit nach dem Kalender bestimmen, § 286 Abs. 2 Nr. 1 BGB. Die Miete ist nach dem Gesetz fällig bis zum dritten Werktag eines jeden Monats im Voraus,[3] was meist auch noch einmal im Mietvertrag vereinbart wird.

Voraussetzung für die Verwendung des Barcodeverfahrens ist das Vorhandensein einer geeigneten **Mahnsoftware**, die den Antrag im vorgeschriebenen Dateiformat erstellt, sowie einer **Kennziffer**, die bei dem Mahngericht zu beantragen ist und **unentgeltlich** erteilt wird. 7

Es ist zulässig, mehrere Anträge in einer Datei zusammenzufassen; die Verarbeitung des Antrags erfolgt am Tag des Eingangs beim Mahngericht. Seit Mai 2007 erfolgt die Übertragung bei Verwendung des Barcodeverfahrens per EGVP (Elektronisches Gerichts- und Verwaltungs-Postfach).[4] 8

Geprüft wird der Antrag vonseiten des Mahngerichts in formeller Hinsicht und im Hinblick auf die Frage, ob die Geltendmachung des Anspruchs im Mahnverfahren statthaft ist. Sind beide Voraussetzungen erfüllt, erlässt das Amtsgericht den Mahnbescheid. 9

2 Siehe http://www.online-mahnantrag.de.

3 § 556b Abs. 1 BGB.

4 Das EGVP wird allerdings wohl ab Ende 2015 durch ein anderes Verfahren ersetzt werden.

II. Mahnbescheid oder Urkundenmahnbescheid?

10 Die besonderen Verfahrensarten, so auch der Urkundenprozess, sind in § 703a ZPO geregelt. Der Erlass eines Urkundenmahnbescheids kann dann beantragt werden, wenn die Forderung alternativ auch direkt im Urkundenprozess geltend gemacht werden könnte.

11 Der Verfahrensablauf im Urkundenmahnverfahren entspricht dem im regulären Mahnverfahren; insbesondere ist es nicht erforderlich, dem Antrag auf Erlass eines Urkundenmahnbescheids die den Anspruch belegenden Urkunden beizufügen. Es muss jedoch aus dem Antrag unzweifelhaft hervorgehen, dass der Erlass eines Urkundenmahnbescheides begehrt wird, denn nur auf diese Weise wird sichergestellt, dass das im Widerspruchsfall durchzuführende Klageverfahren ebenfalls im Urkundenprozess anhängig gemacht wird.[5]

12 Der Antragsgegner kann seinen Widerspruch auf die Ausführung seiner Rechte im Mahnverfahren beschränken. Das Mahngericht erlässt dann einen Vorbehalts-Vollstreckungsbescheid. Gibt das Mahngericht das Verfahren danach an das Prozessgericht ab, wird es dort sofort im sog. Nachverfahren anhängig.

III. Vollstreckungsbescheid

13 Gleicht der Mietschuldner die gegenständliche Forderung nicht aus und legt er auch keinen Widerspruch[6] gegen den Mahnbescheid ein, erlässt das Mahngericht auf Antrag des Gläubigers einen Vollstreckungsbescheid auf der Grundlage des zunächst ergangenen Mahnbescheids, § 699 Abs. 1 ZPO. Wird der Mahnbescheid seitens des Mietschuldners **teilweise angefochten**, wird der Vollstreckungsbescheid auf entsprechenden Antrag erlassen, **soweit der Mahnbescheid im Übrigen nicht angefochten wurde**.

14 Der Antrag auf Erlass eines Vollstreckungsbescheids ist **frühestens** zwei Wochen nach **Zustellung** des Mahnbescheids bei dem Mietschuldner, also nicht vor Ablauf der Widerspruchsfrist, statthaft.

15 Gemäß § 701 ZPO muss der Antrag auf Erlass eines Vollstreckungsbescheids bis **spätestens** sechs Monate nach **Zustellung** des Mahnbescheids bei dem Mahngericht eingehen; ansonsten entfällt die Wirkung des Mahnbescheids. Dies ist ggf. im Hinblick auf die Frage der **Verjährung** eines zunächst im Mahnverfahren geltend gemachten Anspruchs von Relevanz, denn der dem Schuldner in

---

5 Zum Urkundenprozess vgl. Rn 32 ff.

6 Vgl. nachfolgend Rn 27 ff.

nicht verjährter Zeit oder „alsbald" zugestellte Mahnbescheid hemmt die Verjährung.

Falls zwischenzeitlich Zahlungen erfolgt sind, muss der Antrag auf Erlass des Vollstreckungsbescheids Darlegungen zu diesen Zahlungen des Schuldners auf die gegenständliche Forderung enthalten. 16

In seiner **Rechtskraft** entspricht der durch das Amtsgericht erlassene Vollstreckungsbescheid einem für **vorläufig vollstreckbar erklärten Versäumnisurteil**, d. h., dass aus dem Vollstreckungsbescheid **sofort** die Zwangsvollstreckung betrieben werden kann. Dies gilt auch dann, wenn der Schuldner Einspruch gegen den Vollstreckungsbescheid einlegt. 17

Das Mahngericht stellt dem Mietschuldner sowohl den Mahnbescheid als auch den Vollstreckungsbescheid „von Amts wegen", also ohne weiteres Zutun des Vermieters, zu. 18

Der Vollstreckungsbescheid ist ein sofort vollstreckbarer Titel, mit dem der Vermieter die Zwangsvollstreckung gegen den Mietnomaden betreiben kann. 19

IV. Dauer/Kosten des Mahnverfahrens

Da im Rahmen des Mahnverfahrens keine materiell-rechtliche Prüfung des geltend gemachten Anspruchs stattfindet, handelt es sich um ein gegenüber dem ordentlichen Rechtsweg ganz **erheblich verkürztes Verfahren**. Verteidigt sich der Schuldner nicht gegen die Forderung, kann bereits unmittelbar nach Erlass und Zustellung des Vollstreckungsbescheids, also bereits nach rund zwei Wochen, Vollstreckungsauftrag erteilt werden. 20

Praxistipp !

Bei der Vollstreckung vor Rechtskraft des Vollstreckungsbescheids ist jedoch Vorsicht geboten. Stellt sich, nachdem der Schuldner Einspruch gegen den Vollstreckungsbescheid eingelegt hat, im Rahmen des anschließenden Prozesses heraus, dass der Anspruch nicht begründet ist, macht sich der Gläubiger **schadensersatzpflichtig**.

Die Gerichtskosten für das Mahnverfahren betragen gem. § 34 i. V. m. Nr. 1100 KV GKG eine halbe Gerichtsgebühr, exemplarisch: 21

- bis 1.000 €: 32,00 € (Mindestgebühr),
- bis 1.500 €: 35,50 €,
- bis 2.000 €: 44,50 €.

Der Rechtsanwalt erhält für die Stellung eines Antrags auf Erlass eines Mahnbescheids eine **1,0 Verfahrensgebühr** gem. Nr. 3305 VV RVG. Eine bereits ent- 22 standene **Geschäftsgebühr** nach Nr. 2300 VV ist **hälftig**, höchstens jedoch mit einem Gebührensatz von 0,75 darauf **anzurechnen**. Beantragt der Rechtsanwalt anschließend den Erlass eines Vollstreckungsbescheids, erhält er eine weitere 0,5 Verfahrensgebühr nach Nr. 3308 VV RVG. Hinzu treten jeweils die Auslagen sowie die gesetzliche Umsatzsteuer.

23 Die Kosten und Gebühren werden der Hauptforderung unmittelbar hinzugesetzt und mit der Hauptforderung tituliert, sofern der Schuldner keinen Widerspruch bzw. Einspruch einlegt.

V. Widerspruch/Einspruch/Übergang in das streitige Verfahren

24 Der mit dem **Mahnbescheid** geltend gemachten Forderung kann der Mietschuldner entgegentreten, indem er nach dessen Zustellung **Widerspruch** einlegt. Gemäß § 692 Abs. 1 Nr. 3 ZPO wird der Mietschuldner mit Zustellung des Mahnbescheids aufgefordert, dem Gericht binnen zwei Wochen ab dem Datum der Zustellung mitzuteilen, ob und in welchem Umfang er der Forderung widerspricht.

! **Praxistipp**

Da es sich bei der Widerspruchsfrist nicht um eine gesetzlich normierte Ausschlussfrist handelt, kann der Widerspruch grundsätzlich nicht nur binnen der o. g. Zwei-Wochen-Frist erhoben werden, sondern bis zum Erlass eines Vollstreckungsbescheids, solange dieser noch nicht erlassen wurde.

Es empfiehlt sich für den Mietgläubiger daher, so schnell wie möglich, also möglichst bereits am 15. Tag nach Zustellung des Mahnbescheids, Antrag auf Erlass eines Vollstreckungsbescheids zu stellen.

---

25 Gegen einen **Vollstreckungsbescheid** ist der **Einspruch** das statthafte Rechtsmittel; der Einspruch ist binnen zwei Wochen ab Zustellung des Vollstreckungsbescheids einzulegen. Geschieht dies nicht, wird der Vollstreckungsbescheid **rechtskräftig**, mit der Folge, dass grundsätzlich auch dann gegen den Mietschuldner vollstreckt werden kann, wenn die Forderung unberechtigt ist. Ein **verspäteter Widerspruch** wird als **Einspruch** gegen den Vollstreckungsbescheid behandelt, § 694 Abs. 2 S. 1 ZPO.

26 Legt der Mietnomade Widerspruch gegen den Mahnbescheid ein, **kann** der Gläubiger **durch** Einzahlung des weiteren Gerichtskostenvorschusses die Abgabe des Verfahrens an das sachlich und örtlich für den Rechtsstreit zuständige Hauptsachegericht, also dem Prozessgericht, **beantragen**. Damit wird das Mahnverfahren in das übliche Erkenntnisverfahren übergeleitet.

27 Legt der Mietschuldner Einspruch gegen den Vollstreckungsbescheid ein, wird die Angelegenheit „von Amts wegen“ an das Prozessgericht abgegeben, § 700

Abs. 3 ZPO. In diesem Fall ist aber eine Vollstreckung aus dem Vollstreckungsbescheid als vorläufig vollstreckbarem Titel möglich.

Das Prozessgericht überprüft sodann zunächst die **Zulässigkeit** des Einspruchs. Erst wenn diese **Voraussetzung erfüllt** ist, wird geprüft, ob der geltend gemachte Anspruch begründet ist. Dem Antragsteller obliegt es dann, bei dem Prozessgericht eine Klagebegründung einzureichen, die diese Prüfung ermöglicht. Inhaltlich entspricht die Klagebegründung einer Klageschrift i. S. d. § 253 ZPO. 28

C. Das gerichtliche Klageverfahren

I. Urkundenprozess oder „normale" Klage

Besteht die Möglichkeit, eine Forderung allein durch die Vorlage von Urkunden nachzuweisen, kann der Vermieter entscheiden, ob er den ordentlichen Rechtsweg beschreiten oder – häufig erfolgreich – versuchen möchte, einen „schnellen" Titel im Wege der Urkundenklage zu erlangen. Bei der Urkundenklage handelt es sich um eine besondere Klageart i. S. d. § 592 ZPO. 29

Entscheidet sich der Vermieter zur Erhebung einer Urkundenklage, muss er dies auf der Klageschrift gem. § 593 Abs. 1 ZPO hinreichend deutlich kenntlich machen; ansonsten gilt die Klage als im ordentlichen Verfahren erhoben. Bei Kennzeichnung der Klage als Urkundenklage ist keine bestimmte Form zu wahren. 30

Zulässigerweise im Urkundenprozess geltend gemacht werden können betragsmäßig bestimmte **Geldforderungen**, vgl. § 592 S. 1 ZPO; der Kläger kann dabei Zahlung sowohl an sich als auch an Dritte verlangen. Ferner ist es möglich, **zukünftige Leistungen**, Forderungen, die von einer **Gegenleistung** abhängen und Forderungen bei bestehender **Vorleistungspflicht** des Klägers im Wege der Urkundenklage geltend zu machen.[7] 31

Mietrechtliche Ansprüche können nur dann im Urkundenprozess geltend gemacht werden, wenn sie sich auf eine **Geldzahlung** richten; es kann sich also um 32

- Mietzahlungsansprüche,[8]
- den Anspruch auf Zahlung einer **Bar**kaution,
- Nachforderungsbeträge aus Betriebskostenabrechnungen[9]

7 Zöller/*Greger*, § 592 Rn 1.
8 BGH NZM 2005, 661; BGH NZM 1999, 401.
9 BGH, Urt. v. 22.10.2014 – VIII ZR 41/14 –.

handeln; **nicht** hingegen um beispielsweise den Anspruch des Vermieters auf Überlassung einer Bankbürgschaft.

33 Von der Möglichkeit, Urkundenklage zu erheben, kann sowohl der Vermieter von **Wohnraum** als auch der Vermieter einer Gewerbefläche bzw. von **Gewerberaum** Gebrauch machen.

34 Ausschließlich im ordentlichen Verfahren und nicht im Urkundenverfahren geltend gemacht werden können danach

- **Räumungs- und Herausgabeklagen**, also auf die Herausgabe individuell bestimmter Sachen wie einer Wohnung oder von Wohnungsschlüsseln gerichtete Klagen,
- Klagen, die auf die **Abgabe einer Willenserklärung** gerichtet sind, wie beispielsweise die Zustimmung zu einer Mieterhöhung,
- **Feststellungsklagen**,[10] z. B. hinsichtlich der Frage, ob ein Mietverhältnis besteht oder nicht besteht,
- **Gestaltungsklagen** bzw. **Klagen auf Vornahme einer bestimmten Handlung**. Dies gilt namentlich insbesondere für Klagen auf Duldung von Instandhaltungsarbeiten oder Modernisierungsmaßnahmen, auf Gewährung von Zutritt zur Mietsache oder auf Unterlassung vertragswidrigen Gebrauchs.

35 Für diese, nicht auf reine Geldforderungen gerichteten Klagearten steht ausschließlich der ordentliche Rechtsweg offen.

36 Macht der Vermieter beispielsweise rückständige Miete im Urkundenprozess geltend, muss er nur darlegen und durch die Vorlage von Urkunden beweisen, dass er einen Anspruch auf die vereinbarte Miete hat, etwa durch die Vorlage des Mietvertrags und ggf. vertragsändernder Vereinbarungen.[11] § 597 Abs. 2 ZPO regelt, welche Urkunden vorzulegen sind. Es gelten die allgemeinen Vortrags- und Beweislastregeln,[12] demgemäß sind Mängeleinreden seitens des Mietschuldners darzulegen und mit den nach § 595 Abs. 2 ZPO zulässigen Beweismitteln zu beweisen, was häufig nicht gelingt.

37 Das Ziel des Klägers, das Verfahren durch die Wahl des Urkundenprozesses zu beschleunigen, wird durch die Beschränkung der Beweismittel auf den Urkundenbeweis und die Parteivernehmung erreicht. Es ergeht ein vollstreckbarer Titel unter Verkürzung des rechtlichen Gehörs des beklagten Mietnomaden;[13]

---

10 Zöller/*Greger*, § 592 Rn 3.

11 BGH NZM 1999, 401.

12 *Blank*, NZM 2000, 1083, 1084.

13 Zöller/*Greger*, Vorbem. § 592 Rn 1.

die Erhebung von Widerklagen ist unzulässig.[14] Ein weiterer Vorteil der Urkundenklage liegt darin, dass das zunächst erwirkte Urteil gem. § 708 Nr. 4 ZPO ohne Sicherheitsleistung vorläufig vollstreckbar ist. Allerdings bleibt dem Beklagten die Möglichkeit, die Vollstreckung ohne oder gegen Sicherheitsleistung einstellen oder sie vom Kläger nur gegen Sicherheitsleistung fortsetzen zu lassen.

Praxistipp

Sinnvoll ist das Urkundenverfahren grundsätzlich nur dann, wenn es der Gläubiger aus bestimmten Gründen mit der Vollstreckung eilig hat.

Fettnapf

Wird das Vorbehaltsurteil im Nachverfahren durch das Endurteil wieder aufgehoben, hat der Kläger, der aus dem Vorbehaltsurteil vollstreckt hat, dem Beklagten Schadensersatz zu leisten, §§ 717 Abs. 2, 600 Abs. 3, 302 Abs. 4 ZPO.[15]

II. Zuständigkeit

Für Streitigkeiten über Ansprüche aus Miet- und Pachtverhältnissen ist **örtlich ausschließlich** das Gericht, in dessen Bezirk die Wohnung oder die Gewerberäume gelegen sind, zuständig, § 29a Abs. 1 ZPO. 38

Sachlich zuständig sind bei Streitigkeiten über Ansprüche aus einem **Wohnraum**mietverhältnis **ausschließlich**, also unabhängig vom Wert des Streitgegenstandes, die **Amtsgerichte**, § 23 Ziff. 2. a GVG. Hinsichtlich Gewerberaum- und Pachtverhältnissen gelten die allgemeinen Vorschriften zur sachlichen Zuständigkeit. 39

III. Inhalt der Klageschrift

Es gelten die allgemeinen Anforderungen an eine Klageschrift. 40

14 *Börstinghaus*, NZM 1998, 89.
15 Zöller/*Greger*, Vorbem. 1 § 592.

Muster: Mietzahlungsklage (ordentlicher Rechtsweg)

41 *„An das*
Amtsgericht ...
...

Klage

des/der ... (Vermieter/in), Adresse.

– Kläger –

g e g e n
den/die ... (Mieter/in), Adresse.

– Beklagte –

w e g e n: Mietzahlung

vorläufiger Streitwert: ...

Ich erhebe Klage gegen die Beklagte/n. Ich bitte um die Anberaumung eines zeitnahen Termins zur mündlichen Verhandlung, rege jedoch die Durchführung des schriftlichen Vorverfahrens an. Ich werde beantragen:

Der Beklagte wird verurteilt/Die Beklagten werden als Gesamtschuldner verurteilt, an den/die Kläger/in 1.200,00 € nebst Zinsen in Höhe von 5 Prozentpunkten über dem Basiszinssatz aus jeweils 400,00 € seit dem 06.01., 06.02. und 06.03.2015[16] zu zahlen.

Begründung:
Zwischen den Parteien besteht ein Mietverhältnis über die im ...geschoss der Liegenschaft ... straße in ... gelegene Wohnung.

Beweis: Mietvertrag vom ...

Nach diesem Mietvertrag hat der/die Beklagte eine monatliche Nettomiete von ...€ zzgl. einer Nebenkostenvorauszahlung von ... € pro Monat, gesamt ...€, zu zahlen. Diese Zahlungsverpflichtung hat der/die Beklagte nicht vollständig erfüllt. Derzeit stehen folgende Mieten offen:

Miete Januar:
Miete Februar:
Miete März:
Gesamt:

Diese Beträge werden mit der Klage geltend gemacht. Da die Miete gemäß § ... des Mietvertrags spätestens am dritten Werktag eines Monats zu zahlen ist, besteht Verzug ab dem auf den dritten Werktag folgenden Tag mit der Folge, die gesetzlichen Verzugszinsen zahlen zu müssen.

Grußformel/Unterschrift“

16 Der jeweils sechste Kalendertag eines Monats liegt bis auf wenige Ausnahmen immer nach dem dritten Werktag eines Monats, zu dem die Miete üblicherweise fällig ist. Mit diesem Zinsantrag kann der Kläger(-vertreter) sich die aufwändige Prüfung, seit wann der Mieter Verzugszins zu zahlen hat, gegen den möglichen Preis einiger Tage Zinsverlust vereinfachen.

IV. Mietertaktiken

Erfüllt der Mieter seine aus dem Mietvertrag folgenden Zahlungspflichten nicht, kann, wie bereits in Kap. 3 ausgeführt, einerseits Zahlungsunvermögen andererseits Zahlungsunwillen ursächlich sein. 42

Der zahlungsunwillige Mieter, also der ganz typische **Mietnomade**, kommt seiner Mietzahlungsverpflichtung in der Regel gar nicht nach. Im Zahlungsverfahren geht es ihm ausschließlich darum, so viel Zeit wie möglich zu gewinnen. Dies gilt insbesondere dann, wenn der aufgelaufene Mietrückstand schon eine Höhe erreicht hat, die er ohnehin nicht mehr nachzahlen kann. Typisches Verhalten des Mietnomaden ist nämlich die Tatsache, dass er nicht gezahlte Mieten oder Mietminderungen nicht anspart, sondern anderweitig verwendet. Weil er weiß, dass der Mietrückstand früher oder später zu einer Kündigung des Mietverhältnisses wegen Zahlungsverzugs führen wird, versucht der Mietnomade, bereits den Zahlungsprozess in die Länge zu ziehen. 43

Dies ist dem „atypischen" Mietnomaden, der jedenfalls (allerdings meist erheblich geminderte) Mietzahlungen leistet, beispielsweise möglich, indem er bei Zahlung eines, wenn auch nur geringfügigen Teils der Miete, eine Vielzahl von (angeblichen) **Mängeln** an der Mietsache behauptet, über die dann umfangreich Beweis zu erheben ist, um ggf. überhaupt eine Minderungsquote ermitteln zu können. 44

Regelmäßig sind zunächst mehrere Zeugen zu vernehmen. Handelt es sich um Zeugen des Mietnomaden, sind diese häufig erkrankt oder terminlich verhindert, sodass der Termin verlegt oder ein weiterer Termin durchgeführt werden muss. 45

Ordnet der Richter das persönliche Erscheinen der Parteien zum Termin an, gibt auch dies dem Mietnomaden Gelegenheit, das Verfahren in die Länge zu ziehen, indem er versucht, den Verhandlungstermin wegen Krankheit, Urlaub oder aus sonstigen Gründen nach Möglichkeit mehrfach verlegen zu lassen. 46

Auch bei vielen Rechtsanwälten ist zu beobachten, dass diese von ihnen vertretene Mietnomaden unterstützen, indem sie immer wieder **Anträge auf Verlängerung von Schriftsatzfristen und/oder auf Terminverlegung** stellen. 47

Oftmals ist der Rechtsstreit nach abgeschlossener Zeugenvernehmung nicht entscheidungsreif; es ist häufig noch ein Sachverständigengutachten, ggf. auch mehrere, wenn unterschiedliche Gewerke betroffen sind, einzuholen oder ein Ortstermin zur Augenscheineinnahme durch das Gericht durchzuführen. Auch diese in der Mietsache durchzuführenden Termine müssen ggf. mehrfach verlegt werden, wenn der Mieter nachvollziehbar darlegt, dass er zum bestimmten Zeitpunkt verhindert ist. Der Mieter kann grundsätzlich nicht dazu verpflichtet 48 werden, einen Dritten zu beauftragen, den Zugang zu der Mietsache zu ermöglichen.

49 Weiteres Mittel der Wahl eines Mietnomaden ist ferner das Stellen von **Befangenheitsanträgen** gegen den zuständigen Spruchkörper des Gerichts, sei es den Richter am Amtsgericht in erster Instanz, sei es ggf. den Einzelrichter oder die Kammer in zweiter Instanz. Auch gegen gerichtlich bestellte Sachverständige kann der Mietnomade Befangenheitsanträge stellen.

50 Bei einem Befangenheitsantrag handelt es sich um ein Ablehnungsgesuch. Es soll einem Prozessbeteiligten, also grundsätzlich Kläger oder Beklagtem, die Möglichkeit geben, sich gegen einen gegen ihn voreingenommenen Richter zur Wehr zu setzen. Gebrauch von dieser Möglichkeit machen im Mietprozess vor allem Mietnomaden.

51 Geregelt ist die Möglichkeit, einen Richter, *„wegen der* ***Besorgnis der Befangenheit*** *abzulehnen"*, in § 42 ZPO. Diese Vorschrift gilt entsprechend für Sachverständige, § 406 ZPO. Der Ablehnungsmöglichkeit liegt der rechtsstaatliche Gedanke zugrunde, dass zu einem fairen Verfahren zwingend die Entscheidung durch einen neutralen und unabhängigen Richter gehört.

52 Die erforderliche Besorgnis der Befangenheit ist bereits anzunehmen, wenn Umstände vorliegen, die berechtigten **Zweifel** an der Unparteilichkeit oder Unabhängigkeit des Richters aufkommen lassen.

53 Für das Vorliegen eines Ablehnungsgrundes ist **kein Vollbeweis** zu erbringen; der mögliche Ablehnungsgrund ist lediglich **glaubhaft** zu machen. Dieser Umstand macht es dem Mietnomaden naturgemäß umso leichter, das Verfahren durch das Stellen von möglicherweise aufeinanderfolgenden Befangenheitsanträgen zu verzögern. Von der Möglichkeit, rechtsmissbräuchlich gestellte Befangenheitsanträge, mit welchen seitens des Mieters/Mietnomaden verfahrensfremde Zwecke – wie die bloße Verzögerung des Prozesses – verfolgt werden, als unzulässig zurückzuweisen, macht das Gericht unter Mitwirkung des abgelehnten Richters üblicherweise nur äußerst zurückhaltend Gebrauch. Dies ist den meisten Mietnomaden bewusst und veranlasst sie zu entsprechendem Handeln. Im Übrigen bleiben rechtsmissbräuchlich gestellte Befangenheitsanträge sanktionslos, sodass sich der Mietnomade, der Ablehnungsgesuche aus unlauteren Zwecken stellt, auch keiner Gefahr aussetzt, hierfür in irgendeiner Weise zur Rechenschaft gezogen zu werden.

54 Zwischen Ablehnungsgesuch und Entscheidung darf der als befangen abgelehnte Richter nur unaufschiebbare Handlungen vornehmen, § 47 Abs. 1 ZPO.

55 Wird der Befangenheitsantrag nicht bereits als unzulässig zurückgewiesen, hat sich der abgelehnte Richter zunächst hinsichtlich des Ablehnungsgrundes dienstlich zu äußern. Zu dieser Äußerung ist den Parteien sodann rechtliches

Gehör zu gewähren und erst im Anschluss hieran entscheidet das Gericht über den Antrag durch Beschluss. Dies ist ein langer, häufig zeitaufwändiger Weg.

Ist der Befangenheitsantrag endlich abgelehnt, weiß der versierte Mietnomade, **Rechtsmittel** gegen den ablehnenden Beschluss einzulegen, über das dann neuerlich zu befinden ist, bevor das Verfahren Fortgang findet. Das zulässige Rechtsmittel ist die **Beschwerde**. Diese kann entweder bei dem Gericht, dessen Entscheidung angefochten wird, oder bei dem nächsthöheren Gericht eingelegt werden, § 569 ZPO. Sie ist innerhalb einer **Notfrist** von **zwei Wochen** einzulegen. 56

Sofern es seiner Entscheidung nicht abhilft, hat das Gericht, dessen Entscheidung angefochten wird, die Beschwerde gem. § 572 ZPO dem Beschwerdegericht vorzulegen. Die Entscheidung über die Beschwerde ergeht ebenfalls durch Beschluss. 57

V. Vermieter-Gegenstrategien

Der Vermieter bzw. Vermietervertreter muss im Falle einer solchen Verfahrensverschleppung vordringlich dafür Sorge tragen, dem Gericht die Taktik des Mietnomaden vor Augen zu führen. 58

Dies gestaltet sich angesichts einer gängigen sehr mietfreundlichen Rechtsprechung der deutschen Gerichte eher schwierig. Regelmäßig müssen mehrfache Anträge im vorbeschriebenen Sinne durch den Mietnomaden gestellt worden sein, bevor das Gericht überzeugt werden kann, dass es sich bei dem Mietschuldner nicht um den schützenswerten „Kunden des Vermieters" handelt, von dem zunächst auszugehen ist, sondern um einen „wirklichen" Mietnomaden, dem es ausschließlich darum geht, ohne die Erfüllung seiner mietvertraglichen Verpflichtungen so lange wie möglich in der angemieteten Wohnung zu verbleiben. 59

Doch auch wenn dies gelungen ist, bleibt der Richter an die zivilprozessualen Regelungen gebunden, die es dem Mietnomaden im oben beschriebenen Sinne ermöglichen, das Verfahren insbesondere durch Befangenheitsanträge in die Länge zu ziehen. 60

Praxistipp !

Dem Vermieter, der seinen Mieter als Mietnomaden erkannt hat, wird dringend empfohlen, das Verfahren zur Titulierung der Mietrückstände unter keinen Umständen mit der nach der fristlosen Kündigung des Mietverhältnisses zu erhebenden Räumungsklage zu verbinden.

Wie im Vorangegangenen eingehend erläutert wurde, ist es dem versierten Mietnomaden recht unproblematisch möglich, das Zahlungsverfahren schier endlos in die Länge zu ziehen. Dies fällt ihm, speziell wenn es sich um den typischen Mietnomaden handelt, der die Miete nicht fortgesetzt mindert, sondern bereits zu Beginn des Mietverhältnisses keinerlei Mietzahlungen leistet, im Hinblick auf Räumungsprozesse erheblich schwerer. Denn der typische Mietnomade macht sich üblicherweise noch nicht einmal die Mühe, die zur Berücksichtigung einer Mietminderung zwingend erforderliche Anzeige der (angeblichen) Mängel gegenüber dem Vermieter vorzunehmen. Fehlt es hieran, findet auch keine Beweisaufnahme hinsichtlich angeblicher Mängel statt. Es kann und wird dann bei einem Zahlungsverzug in Höhe von zwei Monatsbruttomieten sehr zügig zur Räumung verurteilt.

VI. Rechtsmittel

61 Legt der Mietnomade **Berufung**[17] gegen das ihn zur Zahlung verurteilende Urteil ein, kann er gem. § 719 Abs. 1 ZPO beantragen, dass die Vollstreckung des Vermieters gegen ihn entsprechend § 707 ZPO einstweilen eingestellt wird.

62 Hierbei stößt er jedoch regelmäßig auf nicht unerhebliche Schwierigkeiten, denn **Voraussetzung** für die **einstweilige Einstellung der Zwangsvollstreckung** ist zum einen eine **hinreichende Erfolgsaussicht** des Berufungsverfahrens, zum anderen ein überwiegendes Interesse des Schuldners an der Einstellung der Vollstreckung.

63 Daraus folgt, dass selbst für eine Einstellung der Zwangsvollstreckung gegen Sicherheitsleistung eine **Interessenabwägung** zwischen dem **Vollstreckungsinteresse** des Vermieters als Gläubiger und dem Interesse des Mietnomaden als Schuldner, vor den Folgen der Zwangsvollstreckung geschützt zu werden, vorzunehmen ist. Im Rahmen dieser Abwägung der wechselseitigen Interessen räumt das gesetzliche Leitbild grundsätzlich dem Vollstreckungsinteresse des Gläubigers den **Vorrang** ein.

64 Das **Schutzinteresse** des Mietschuldners kann hingegen nur dann überwiegen, wenn hierfür **besonders schwerwiegende Gründe** vorliegen. Dies gilt erst recht, wenn die Einstellung von Vollstreckungshandlungen (gegen Sicherheitsleistung) aus einem Urteil begehrt wird, welches dem Gläubiger die Vollstreckung nur gegen Sicherheitsleistung gestattet.[18]

65 Der Gesetzgeber gestattet dem Gläubiger einer Geldforderung als eine der zusätzlichen Möglichkeiten zur Sicherung seiner Forderung im Wege der **Sicherungsvollstreckung,** gem. § 720a ZPO vorzugehen. Macht der Vermieter von dieser Möglichkeit Gebrauch, muss er die im Urteilstenor bezeichnete Sicherheit auch dann **nicht** leisten, wenn er **Vorpfändungen** gem. **§ 845 ZPO** ausbringen

17 Hierfür besteht Anwaltszwang!

18 Zöller/*Stöber*, § 707 Rn 12; § 719 Rn 3.

möchte.[19] Denn das Ausbringen von Vorpfändungen bewirkt regelmäßig keine besonderen Nachteile zulasten des Schuldners, die über das normale Maß der Zwangsvollstreckung i. S. d. § 707 ZPO hinausgehen.[20]

Seinem Schutzinteresse kann der Mietnomade genügen, indem er durch eine eigene Sicherheitsleistung gem. § 720a ZPO die Sicherungsvollstreckung abwendet. Von dieser Möglichkeit macht der Mietnomade jedoch regelmäßig keinen Gebrauch, weil er die erforderliche Sicherheitsleistung entweder nicht aufbringen kann oder nicht aufbringen will. 66

VII. Verfahrensdauer

Die Dauer von Mietzahlungsverfahren variiert erheblich und hängt maßgeblich davon ab, ob und mit welchen Einwendungen sich der Mieter gegen den Klageanspruch verteidigt. 67

Als üblich muss eine Verfahrensdauer in erster Instanz von rund einem Jahr angenommen werden. Dies gilt für Verfahren, die von beiden Parteien seriös betrieben werden. Legt ein Mietnomade es darauf an, ist er also nach Kräften bemüht, das Verfahren mittels der unter Rn 42 ff. näher beschriebenen unlauteren Taktiken zu verschleppen, kann sich dieses eine Jahr auch leicht verdoppeln, sodass das Verfahren dann bereits in erster Instanz zwei Jahre dauert. 68

Da es sich bei dem Berufungsverfahren nicht um eine zweite Erkenntnisinstanz handelt, wie es die erste Instanz ist, sondern das erstinstanzliche Urteil grundsätzlich nur auf Rechtsfehler überprüft wird, könnte eine Vielzahl von Berufungsverfahren zügig durch einen die Berufung zurückweisenden einstimmigen Beschluss des Berufungsgerichts gem. § 522 ZPO abgeschlossen werden. 69

Da ein solcher Beschluss jedoch einen ähnlichen Begründungsaufwand erfordert wie ein Berufungsurteil, machen nur sehr wenige Spruchkörper von dieser Möglichkeit Gebrauch, sondern terminieren die Angelegenheit erst einmal, wodurch die Akte bis auf Weiteres „vom Tisch“ ist. Den so handelnden Richtern ist hierbei zwar „zugute“ zu halten, dass sie die Akte zu diesem Zeitpunkt in der Regel noch nicht gelesen haben, also noch nicht wissen, mit welcher Art von Mieter der Vermieter im jeweiligen Fall zu kämpfen hat und welcher Schaden ihm fortgesetzt zugefügt wird. Besser macht das die Sache jedoch nicht, weil der Spruchkörper den Inhalt der Akte zu diesem Zeitpunkt bereits kennen sollte, um geprüft zu haben, ob ein Zurückweisungsbeschluss erlassen werden könnte. 70

19 Zöller/*Stöber*, § 720a Rn 7.
20 OLG Rostock, Beschl. v. 21.3.2006 – 3 U 18/06 –.

71 Im Berufungsverfahren wird dann, bis auf einige wenige spezielle Ausnahmefälle, die Beweisaufnahme nicht wiederholt, dafür dauert es jedoch erheblich länger bis zur Durchführung des Verhandlungstermins. Bis ein Berufungsurteil vorliegt, vergehen durchschnittlich rund zwei Jahre; es sei denn, das Verfahren wird vergleichsweise beigelegt oder erledigt sich in der Hauptsache – etwa durch die Zwangsräumung der seitens des Mietnomaden innegehaltenen Wohnung. Ist diese erfolgt, ist es für den Mietnomaden sinnlos, das Zahlungsverfahren fortzusetzen.

72 Liegt dem geschundenen Vermieter dann schließlich ein Urteil vor, muss er zumeist zu seinem großen Bedauern feststellen, dass der Mietnomade pfandlos, die titulierte Forderung also uneinbringlich ist. Es bleibt dem Vermieter dann nur zu hoffen, dass sich die Vermögensverhältnisse des Mietnomaden im Laufe der Jahre ändern und die Vollstreckung dann zu einem späteren Zeitpunkt möglich ist. Aus dem Titel kann 30 Jahre lang vollstreckt werden.

VIII. Kostenbeispiel

73 Für ein Mietzahlungsverfahren entstehen, unabhängig davon, ob eine Urkundenklage oder eine „normale" Klage erhoben wird, nachstehende Kosten, die auch das Prozesskostenrisiko bei Totalverlust des Rechtsstreits aufzeigen:

Basisdaten				
Streitwert:		6.000,00 €		
Anzahl Kläger:		1		
Anzahl Beklagte:		1		
Prozesskosten		**1. Instanz:**		**Berufung:**
Anwaltskosten:				
Verfahrensgebühr VV3100	1,3	460,20 €	1,6	566,40 €
Terminsgebühr VV 3104	1,2	424,80 €	1,2	424,80 €
Auslagen VV7100, 7200		20,00 €		20,00 €
Umsatzsteuer	19 %	171,95 €	19 %	192,13 €
Summe		1.076,95 €		1.203,33 €
Gerichtskosten	3,0	495,00 €	4,0	660,00 €
Summe der Kosten pro Instanz		1.571,95 €		1.863,33 €
Summe eigene Kosten insgesamt:		3.435,28 € (gerichtlich, 2 Instanzen)		
Prozesskostenrisiko insgesamt (mit gegnerischen Rechtsanwaltskosten):		2.648,90 €		3.066,66 €
beide Instanzen:				5.715,56 €

74 Die Kosten gemäß der vorangegangenen Rechnung entstehen in erster Instanz bereits dann, wenn der Mietnomade nur zum Termin erscheint und Klageabwei-

sung beantragt, also weder den Klageanspruch anerkennt, noch ein Versäumnisurteil – weil er nicht auf die Klage erwidert hat und/oder nicht zum Termin erscheint – gegen ihn ergeht.

Berufung gegen das gegen ihn ergangene Endurteil kann der Mietnomade 75
allerdings nicht selbst einlegen. Vor den Landgerichten herrscht Anwaltszwang, sodass die Berufung zwingend durch einen Anwalt einzulegen ist und das Berufungsverfahren für den Mietnomaden durch einen Rechtsanwalt betrieben werden muss. Überraschenderweise sind Mietnomaden jedoch häufig rechtsschutzversichert, sodass diese vermeintliche Hürde überwunden wird.

Kapitel 19
Gerichtliche Rechtsverfolgung Ansprüche auf Räumung und Herausgabe

A. Das Klageverfahren

1 Wie bereits im Vorangegangenen dargestellt,[1] können im Urkundenprozess lediglich betragsmäßig bestimmte Geldforderungen geltend gemacht werden. Die **Herausgabe** individuell bestimmter Sachen, wie von **Wohnungen** oder Gewerberäumen, kann hingegen **ausschließlich** Gegenstand eines **ordentlichen Klageverfahrens** sein.

2 Hinsichtlich der Mietnomaden ist hierbei das Augenmerk insbesondere auf die **Räumungsklage,** mit der die **Herausgabe** der in Besitz gehaltenen **Wohnung** geltend gemacht wird, zu richten.

3 Dabei **unbedingt zu beachten** ist, dass aus vollstreckungsrechtlichen Gründen im Tenor eines mit der Räumungsklage erwirkten **Titels** nicht nur **sämtliche Mieter** der betroffenen Wohnung namentlich aufgeführt sein müssen, sondern sich dieses Erfordernis (auch) auf **sämtliche** sonstigen in der Mietsache wohnhaften **volljährigen Personen**, wie etwa nicht als Partei des Mietverhältnisses im Mietvertrag aufgeführte Ehe-/Lebenspartner, volljährige Kinder, aufgenommene Eltern oder insbesondere auch **Untermieter**, erstreckt.

4 Der Vermieter sollte sich also nach Möglichkeit bereits vor Erhebung der Räumungsklage Kenntnis darüber verschaffen, wer genau in der Wohnung lebt, um diese **weiteren Räumungsschuldner** ggf. direkt mit zu verklagen. Dies kann beispielsweise durch **Nachfrage bei Nachbarn** erfolgen. Auch geben neben dem/den Namen der/des Mieter/s auf dem **Wohnungsbriefkasten** aufgebrachte **weitere Namensschilder** häufig Auskunft über weitere Bewohner der Mietsache. Dies gilt insbesondere dann, wenn es sich – was relativ häufig vorkommt – bei den Mietnomaden nicht „nur" um Eingehungsbetrüger handelt, sondern diese zusätzlich Sozialleistungen beziehen, ohne berechtigte Inhaber entsprechender Ansprüche zu sein.

! **Praxistipp**
Eine ordentliche Recherche im Vorfeld der Räumungsklage erspart ggf. Zeit nach Erteilung des Räumungsauftrags!

---

1 Vgl. Kap. 18 Rn 32 ff.

Um ein prozessuales **sofortiges Anerkenntnis** des ebenfalls zu verklagenden Dritten (in der Regel eines „**Untermieters**") zu **vermeiden**, ist dieser vor Erhebung der Räumungsklage über die gegenüber dem Mieter ausgesprochene (fristlose) Kündigung zu unterrichten und ihm so Gelegenheit zu geben, den auch gegen ihn Wirkung entfaltenden Räumungsanspruch zu erfüllen, also auszuziehen bzw. die Wohnung zu räumen. 5

Erst durch eine fruchtlos verstrichene Räumungsfrist gerät der **Untermieter** mit der **Räumung** in **Verzug.** 6

Ein derartiges Vorgehen ist erforderlich, weil ein sofortiges Anerkenntnis des Untermieters zur Folge hätte, dass der Vermieter die **Gerichtskosten** teilweise und die **Rechtsanwaltskosten** des Untermieters tragen muss, wenn der Dritte keinen „Anlass" zur Klage gegeben hat. 7

Keinen Anlass zur Klage gegeben, hat der Dritte – wird er direkt mit verklagt und erkennt er den Anspruch unmittelbar nach Klagezustellung an –, wenn er sich mit der Räumung (noch) nicht in Verzug befunden hat. 8

Sinnvollerweise ist der Dritte zur Vermeidung eines weiteren Zeitverlusts zeitgleich mit dem Ausspruch der fristlosen Kündigung gegenüber dem Mietschuldner zur Räumung aufzufordern, wobei darauf zu achten ist, dass auch bezüglich der **Räumungsaufforderung gegenüber dem Dritten** ein **Zugangsnachweis** zu führen ist. 9

Muster Räumungsaufforderung gegenüber Untermieter

„Sehr geehrte Frau ...,
sehr geehrter Herr ...,

unter Vorlage einer auf uns lautenden Vollmacht zeigen wir an, dass wir die rechtlichen Interessen der/des Frau/Herrn ..., Ihrer/s Vermieter/s, vertreten.
Ausweislich des in Kopie als Anlage beigefügten Schreibens vom heutigen Tage haben wir das mit Ihrer Vermieterin/Ihrem Vermieter Frau/Herrn ... bestehende Mietverhältnis über die Räume im Hause ... mit gleicher Post unter Bezugnahme auf den bestehenden Mietrückstand fristlos gekündigt.
Unabhängig davon, ob Ihr (Unter-)Mietverhältnis mit Frau/Herrn ... zum selben Zeitpunkt endet, fordern wir Sie hiermit auf, die Ihnen von Frau/Herrn ... überlassenen Räume zum ... an unsere Mandantschaft geräumt herauszugeben.
Dabei weisen wir der guten Ordnung halber darauf hin, dass für das Bestehen dieser Verpflichtung Bestand und Inhalt Ihres Untermietvertrages keine Rolle spielen.
Wir machen Sie vorsorglich darauf aufmerksam, dass Sie unserer Mandantschaft für jeglichen Schaden haften, der durch einer Verzögerung der Herausgabe der Räume entsteht.

Grußformel/Unterschrift"

B. Kombination von Räumungs- und Zahlungsklage

10 Es ist ohne Weiteres **zulässig**, den **Räumungsanspruch** gegen den Mietnomaden gleichzeitig mit dem Anspruch auf **Zahlung** der offenen Mieten geltend zu machen. Es handelt sich um einen Fall der **Anspruchshäufung** i. S. d. **§ 260 Abs. 1 ZPO**, nach dem der Kläger, also der Vermieter, mehrere Ansprüche gegen denselben Beklagten, den Mietnomaden, in derselben Klage verbinden kann, weil für sämtliche Ansprüche das Prozessgericht zuständig und dieselbe Prozessart zulässig ist.

11 **„Belohnt"** wird der Vermieter, der beide Ansprüche, also Räumungs- und Zahlungsanspruch, in demselben Verfahren geltend macht insoweit, als er sowohl hinsichtlich der **Gerichtskosten** nach dem GKG, als auch hinsichtlich der **Anwaltsgebühren** nach dem RVG **finanziell günstiger** gestellt wird, als wenn er zwei separate Prozesse führt. Ziel des Gesetzgebers ist es dabei, mehrere Ansprüche eines Gläubigers gegen denselben Schuldner zu bündeln, um nach Möglichkeit eine geringere Anzahl von Verfahren bearbeiten (lassen) zu müssen. Dies soll der Prozessökonomie dienlich sein.

! **Praxistipp**
In der Regel zahlt sich aber diese „Belohnung" jedoch gerade in der Kombination von Räumungs- und Zahlungsprozess für den Vermieter nicht aus.

12 Auf den ersten Blick erscheint dies zwar so, weil der Vermieter, der selbst geringere Kosten aufwenden muss, auch den Ausfall geringerer Kostenerstattungsansprüche gegen den in der Regel pfandlosen Mietnomaden befürchten muss. Auf den zweiten Blick relativiert genau diese häufige Pfandlosigkeit des Mietnomaden den Vorteil der Kostenersparnis jedoch nicht nur, sondern führt dazu, dass der Vermieter mit weiteren erheblichen Kosten in Form von Mietausfällen belastet wird.

C. Einstweiliger Rechtsschutz

I. Sicherungsanordnung nach § 283a ZPO

13 Wenn die Räumungsklage mit der Zahlungsklage kombiniert wird, kann der Vermieter unter gewissen Voraussetzungen erreichen, dass das Gericht dem Mieter aufgibt, die nach Zustellung der Klage weiter fälligen Mieten bei Gericht zu hinterlegen, damit die dann ggf. nach Abschluss des Prozesses zum Ausgleich aufgelaufenen Mietrückstände zur Verfügung stehen.

Die Hürden für die Anordnung dieser Sicherheitsleistung sind allerdings außerordentlich hoch. Das Gesetz enthält hier die Formulierung, dass eine Klage hohe Aussicht auf Erfolg haben muss. Das ist ein völlig neu eingeführter unbestimmter Rechtsbegriff, der von der Rechtsprechung nicht eindeutig definiert ist. Bisher gab es beispielsweise die sog. hinreichende Erfolgsaussicht.[2] Somit muss eine sehr hohe Wahrscheinlichkeit bestehen, dass der Vermieter recht hat und den Prozess gewinnt, die fast schon dem sog. Vollbeweis entspricht; dieser Vollbeweis ist aber nur in einer zeit- und kostenaufwändigen Beweisaufnahme zu führen. 14

Es kommt hinzu, dass die Anordnung, dass der Mietschuldner Sicherheit zu leisten hat, nach Abwägung der Interessen der beiden Klageparteien und zur Abwendung besonderer Nachteile für den Vermieter zulässig ist. Das wird von der Rechtsprechung so ausgelegt, dass der Vermieter existenziell gefährdet sein muss. Ein Vermieter, der mehrere Wohnungen hat, wird im Allgemeinen dieses Merkmal nicht erfüllen. Das gilt auch für einen Vermieter, der ansonsten ein gutes Einkommen hat. Eigentlich passt die Vorschrift, wie der Gesetzgeber sie dann im Jahr 2013 am Ende eines jahrelangen Gesetzgebungsverfahrens formuliert hat, nur auf den Vermieter, dem bei weiterer Nichtzahlung der Mieten der Verlust der kreditfinanzierten Wohnung droht, weil er selbst nicht mehr in der Lage ist, die Raten zu zahlen. Nach der Gesetzesbegründung muss der klagende Vermieter ganz besondere Nachteile haben, die über den bloßen Forderungsausfall hinaus zu erwarten sind. Es ist das bisherige Prozessverhalten der Parteien zu berücksichtigen, also auch, ob der Vermieter möglichst zügig gekündigt und Klage erhoben hat. 15

In jedem Fall hat der Vermieter eine erhebliche Darlegungslast, dass ihm aufgrund des Zahlungsverzugs des Mietnomaden große Nachteile drohen. Im Zweifel muss er sogar eine Finanzierung der Immobilie darlegen und die Höhe der Raten, die er an seine Bank zu zahlen hat. Das sind finanzielle Interna, die den Mietschuldner nicht angehen, von denen er dann aber über den Prozess Kenntnis erlangt. 16

Auch stellt sich taktisch die Frage, ob es sinnvoll ist, sich überhaupt in diese Diskussion zu begeben, weil selbst für den Fall, dass das Gericht eine entsprechende Sicherungsanordnung erlässt, der Mietschuldner wiederum dagegen Beschwerde einlegen kann.[3] Dies wiederum führt zu einer Entscheidung durch die Beschwerdeinstanz und zu einer weiteren Verzögerung. 17

---

2 § 114 ZPO.

3 Ausdrücklich gesetzlich geregelt in § 283a Abs. 1 S. 4 ZPO.

18 Wenn der Rechtsstreit ansonsten entscheidungsreif ist, sollte man besser davon absehen, einen solchen Antrag zu stellen, weil bei einem Mietnomaden ohnehin nicht zu erwarten ist, dass er der Sicherungsanordnung nachkommt. Der Vermieter erhält dann zwar einen Räumungstitel im Wege der einzelnen Verfügung,[4] würde aber auch über einen Räumungstitel verfügen, wenn das Gericht in der Hauptsache entscheidet.

II. Räumungsverfügung nach § 940a ZPO

19 Diese, ebenfalls 2013 neu eingeführte Vorschrift, sieht zwei Varianten vor:

1. § 940a Abs. 3 ZPO

20 Wenn die vorstehend unter Rn 13 ff. vom Gericht angeordnete Sicherheitsleistung durch den Mietschuldner nicht erbracht wurde, kann das Gericht gegen ihn eine entsprechende Räumungsverfügung im Wege der einstweiligen Verfügung erlassen. Dadurch, dass die Hürde des § 283a ZPO so hoch ist, ist diese Möglichkeit der Räumungsverfügung nur von sehr geringer praktischer Bedeutung.

2. § 940a Abs. 2 ZPO

21 Außerdem ist im Jahr 2013 neu geregelt worden, dass der Vermieter gegen einen Dritten, der Besitz an der Mietsache hält, also den sprichwörtlichen Untermieter, den der Mietschuldner nach Verurteilung zur Räumung dem Gerichtsvollzieher beim Räumungstermin präsentiert, eine einstweilige Räumungsverfügung erwirken kann, wenn er bis zum Schluss der mündlichen Verhandlung im Räumungsprozess keine Kenntnis davon hatte, dass sich dieser Dritte in der Mietsache aufhält.

22 Hier ist Vorsicht geboten insbesondere hinsichtlich Familienangehörigen des Mieters, auch mittlerweile volljährig gewordener Kinder, deren Existenz dem Vermieter möglicherweise bekannt ist.

23 Dennoch ist diese einstweilige Räumungsverfügung für den Vermieter eine sehr sinnvolle Möglichkeit, weil er ansonsten wiederum einen zeit- und kostenintensiven Räumungsprozess auch gegen den Dritten führen muss. Das führt zu weiteren Verzögerungen, dem Auflaufen weiterer Mietschulden und damit zu einem echten Schaden des Vermieters.

4 Vgl. nachstehend Rn 20.

D. Mietertaktiken

Hinsichtlich der Mietertaktiken und Vermieterstrategien im Mietprozess wird zunächst Bezug auf die Ausführungen in Kap. 18 Rn 42 ff. und 58 ff. genommen. 24

Praxistipp !

Berücksichtigt man die dort dargestellten Möglichkeiten, die dem Mietnomaden zur Verzögerung insbesondere des Zahlungsverfahrens dienlich sind, ist der Vermieter, der seinen Mieter als Mietnomaden erkannt hat, **gut beraten**, das Verfahren zur Titulierung der Mietrückstände unter keinen Umständen mit der nach der fristlosen Kündigung des Mietverhältnisses zu erhebenden Räumungsklage zu verbinden. Selbst wenn er, wie unten unter Rn 53 ff. und 61 ff. dargestellt werden wird, bei Stellung beider Anträge in einem gemeinsamen Verfahren hinsichtlich der Anwalts- und Gerichtskosten des Verfahrens erst einmal besser gestellt wird, endet das einheitliche Verfahren letzten Endes zumeist mit einem bösen, d. h. teuren Erwachen.

Wie bereits in Kap. 18 eingehend erläutert wurde, ist es dem versierten Mietnomaden recht unproblematisch möglich, das Zahlungsverfahren allein durch die Behauptung angeblicher Mängel an der Mietsache schier endlos in die Länge zu ziehen. 25

In der Regel teilt der Räumungsantrag das „Schicksal" des sich fortgesetzt verzögernden Zahlungsantrags. Zum einen, weil die wenigstens Richter dazu neigen, vorab ein Teilurteil hinsichtlich eines der beiden Anträge abzusetzen; zum anderen aber auch, weil dies dem Richter häufig nicht möglich ist, weil jedenfalls die Möglichkeit besteht, dass der Mieter, der eine fortgesetzt (erheblich) geminderte Miete zahlt, nicht vielleicht doch ein Recht zur Inanspruchnahme einer entsprechenden Mietminderung hat, was dazu führen könnte, dass die Voraussetzungen eines den Vermieter zur fristlosen Kündigung des Mietverhältnisses berechtigenden Zahlungsverzuges nicht erfüllt sind. Dies ist dann zunächst durch die in Kap. 18 dargestellte Beweisaufnahme zu klären. 26

Dies fällt dem Mieter, speziell wenn es sich um den **typischen Mietnomaden** handelt, der die Miete nicht fortgesetzt mindert, sondern bereits zu Beginn des Mietverhältnisses schlichtweg **keinerlei Mietzahlungen** leistet, erheblich schwerer, wenn er ausschließlich auf Räumung in Anspruch genommen wird. In der Regel erfordern solche **reinen Räumungsprozesse keine Beweisaufnahme**, weil die Ermittlung einer möglichen Mietminderungsquote nicht nötig ist. 27

Schöpft der Mietnomade das „Potenzial", welches ihm Befangenheitsanträge zur Verzögerung des Verfahrens bieten, nicht aus – was durchaus vorkommt –, wird er bei einem Zahlungsverzug in Höhe von zwei Monatsbruttomieten jedenfalls zügig zur Räumung verurteilt. 28

Dies bedeutet jedoch bedauerlicherweise in der Regel nicht, dass der Vermieter, der ohne größere Verfahrensverzögerungen einen Räumungstitel gegen den 29

Mietnomaden erstritten hat, wieder zeitnah über sein seitens des Mietnomaden „besetztes" Eigentum verfügen kann.

30 Neben der Verzögerung des eigentlichen Prozesses hat der Mietnomade die weitere Möglichkeit, das Vollstreckungsverfahren zu unterminieren. Auch das **Vollstreckungsverfahren** bietet dem **unwilligen Räumungsschuldner** bedauerlicherweise ausreichend **rechtliche Möglichkeiten**, dieses ganz erheblich in die Länge zu ziehen.

31 Besondere Bedeutung kommt hier dem **Vollstreckungsschutzantrag** zu. Geregelt ist dieser in § 765a ZPO.

32 Grundsätzlich soll § 765a ZPO als **Ausnahmeklausel** dazu dienen, ganz **besondere Härten**, die per se mit dem Verlust einer Wohnung einhergehen, zu **verhindern.**

33 Eine Entscheidung nach § 765a ZPO setzt einen entsprechenden **Antrag** des (Räumungs-)Schuldners beim **Vollstreckungsgericht** voraus. Zuständig für die Entscheidung über den Antrag ist das Amtsgericht, in dessen Bezirk die Wohnung gelegen ist, § 764 Abs. 2 ZPO. Bei dem Vollstreckungsgericht **entscheidet**, anders als bei dem Prozessgericht, nicht der Richter, sondern der **Rechtspfleger**, § 20 Nr. 17 RPflG. Der Antrag kann schriftlich eingereicht, aber auch zu Protokoll der Geschäftsstelle erklärt werden, § 496 ZPO; Anwaltszwang besteht nicht.

34 An den **Inhalt** des Antrags werden keine besonderen Voraussetzungen gestellt. Es wird daher in der Regel davon ausgegangen, dass in einem Antrag auf Räumungsschutz gem. § 721 ZPO der Antrag gem. § 765a ZPO enthalten ist. Der Antrag ist auch dann **zulässig**, wenn der Räumungsschuldner diesen **nicht begründet**. Ohne entsprechenden Vortrag wird der Antrag jedoch als unbegründet abgewiesen, wobei das Gericht jedoch zuvor nach § 139 ZPO auf Nachbesserung hinzuwirken hat.

35 Die **Antragsfrist** regelt § 765a Abs. 3 ZPO. Danach ist der Antrag spätestens **zwei Wochen** vor dem **Räumungstermin** zu stellen; bei der Berechnung sind die §§ 222 ff. ZPO und §§ 187 ff. BGB anwendbar. Auch ein bei einem unzuständigen Gericht eingereichter Antrag wahrt die Frist.

36 Vollstreckungsschutz wird gewährt, sofern die Zwangsräumung

> *„unter Würdigung des Schutzinteresses des Gläubigers* [des Vermieters, Anm. der Autorin] *wegen ganz besonderer Umstände eine Härte* [für den Mietnomaden, Anm. der Autorin] *bedeutet, die mit den guten Sitten nicht vereinbar ist."*[5]

---

5 Schmidt-Futterer/*Blank*, § 765a ZPO Rn 12; BGH, Beschl. v. 25.6.2004 – IXa ZB 267/03 – NJW 2004, 3635.

Kein Härtegrund wird von Mietnomaden so gerne behauptet wie die (angebliche) Gefahr einer **Selbsttötung**. Aus Angst vor den verheerenden Folgen einer Fehleinschätzung wird der Vortrag jedes Räumungsschuldners – selbst vor dem Hintergrund, dass sogar der BGH die Gefahr des Vorschiebens einer suizidalen Absicht zum Zwecke der Vereitelung oder Verzögerung einer Räumungsvollstreckung ausgesprochen hat[6] – seitens der entscheidenden Richter und Rechtspfleger (nachvollziehbarer, wenn auch hinsichtlich der Mietnomaden ärgerlicherweise) sehr ernst genommen. 37

Der Mietnomade muss im Rahmen des Vollstreckungsschutzverfahrens **nicht** den **Nachweis** erbringen, dass ein Suizid **ernsthaft zu befürchten** steht. Es reicht aus, wenn er die Tatsachen vorträgt, auf die er den Vollstreckungsschutzantrag stützt. Das Gericht hat sodann zunächst den Sachvortrag der Parteien zu würdigen. Für die **Annahme** der **Suizidgefahr** sind dabei bereits hinreichende **Anhaltspunkte ausreichend.**[7] Ist danach der **Vortrag** des Mietnomaden **(nur) schlüssig**, muss das Gericht, dem die erforderliche eigene Sachkunde zur abschließenden Beurteilung des Sachverhalts naturgemäß fehlt, die angebotenen Beweise erheben. Dies selbst dann, wenn sich ihm der Verdacht aufdrängt, der Schuldner spiegle den Härtegrund nur vor. In der Regel ist die Einholung eines (zeitraubenden) **Sachverständigengutachtens** unumgänglich. 38

Die Entscheidung darf das Gericht nicht auf den Rechtspfleger verlagern; es muss inhaltlich selbst entscheiden. Die **Gesamtumstände** des **Einzelfalls** sind **umfassend** zu **würdigen.**[8] 39

Ist der Mietnomade so weit gekommen, hat er sehr viel erreicht. Bis ein entsprechendes medizinisches Sachverständigengutachten vorliegt, vergehen in der Regel viele Monate. Die zuständigen medizinischen Gutachter berücksichtigen bei der Bearbeitung der ihnen erteilten Gutachteraufträge nicht die Belange des Vermieters. 40

Die weiteren Härtegründe wie sonstige Fälle der Gesundheitsgefährdung oder die Gefahr der Obdachlosigkeit spielen in der Regel eine allenfalls untergeordnete Rolle, sodass auf diese nicht weiter eingegangen werden soll. 41

Das **Vollstreckungsgericht** entscheidet grundsätzlich **ohne mündliche Verhandlung** durch **Beschluss**; § 764 Abs. 3 ZPO. 42

Gemäß § 765a Abs. 1 S. 2 ZPO hat das Vollstreckungsgericht die Möglichkeit, vor einer abschließenden Entscheidung eine **einstweilige Anordnung** zu 43

6 BGH, Beschl. v. 16.12.2010 – V ZB 215/09 – NJW-RR 2011, 423.

7 BGH, Beschl. v. 2.12.2010 – V ZB 124/10 – NZM 2011, 167.

8 BGH, Beschl. v. 4.5.2005 – I ZB 10/05 – NJW 2005, 1859; Schmidt-Futterer/*Blank*, § 765a ZPO Rn 14.

erlassen. Schützt der Mietnomade kurz vor dem Räumungstermin **Suizidgefahr** vor, erreicht er hierdurch regelmäßig, dass das Gericht die begehrte Anordnung erlässt, um ihm Gelegenheit zu geben, seinen Sachvortrag durch ärztliche Atteste zu untermauern. In einem solchen Fall wird **Vollstreckungsschutz**, allein infolge einer **Glaubhaftmachung**, unabhängig vom tatsächlichen Bestehen des Härtegrundes gewährt. Die Literatur bezeichnet dies als **„graue Räumungsfrist"**.[9]

44 Hat das Vollstreckungsgericht, also der Rechtspfleger, in der Hauptsache entschieden, ist gegen diesen Beschluss nach § 11 Abs. 1 RPflG i. V. m. § 793 ZPO die **sofortige Beschwerde** statthaft. Die **Zulässigkeit** der **Rechtsbeschwerde** gegen die Entscheidung des Beschwerdegerichts richtet sich nach § 574 ZPO.

45 Gemäß § 788 Abs. 1 ZPO sind die **Verfahrenskosten**, bis auf ganz vereinzelte Ausnahmefälle, **vom Schuldner zu tragen**. Dies hilft jedoch hinsichtlich der dem Vermieter entstandenen Anwaltskosten aufgrund der Pfandlosigkeit der überwiegenden Mehrheit der Mietnomaden jedoch zumeist nicht weiter.

E. Vermieter-Gegenstrategien

46 Sich als Vermieter gegen einen die Räumungsvollstreckung verzögernden Mietnomaden zur Wehr zu setzen, ist genauso schwierig, wie gegen Mietnomaden-Taktiken, die der Verzögerung des Hauptsacheverfahrens dienen, anzukämpfen.

47 Hinsichtlich der einstweiligen Anordnung gem. § 765a Abs. 1 S. 2 ZPO **kann** der Rechtspfleger dann von einem Erlass der Anordnung **absehen**, wenn der Mietnomade die Existenz einer Gefahr für Leib oder Leben zwar eidesstattlich versichert, aber kein qualifiziertes ärztliches Attest vorlegt, obwohl ihm dies möglich ist.

48 Gelingt es dem Vermieter also, das Vollstreckungsgericht nachhaltig davon zu überzeugen, es mit einem Mietnomaden zu tun zu haben, dem es ohne Rücksicht auf die Belange des Vermieters ausschließlich darum geht, die Räumungsvollstreckung hinauszuzögern und legt der Mietnomade kein qualifiziertes ärztliches Attest vor (was sehr häufig der Fall ist), ist es dem Rechtspfleger **grundsätzlich möglich**, die beantragte **einstweilige Anordnung nicht** zu **erlassen**. Eine solche Entscheidung ergeht durch Beschluss, § 764 Abs. 3 ZPO.

---

9 Stein/Jonas/*Münzberg*, § 765a Fn 106; Schmidt-Futterer/*Blank*, § 765a ZPO Rn 35.

Praxistipp

!

Der Vermieter bzw. sein Prozessbevollmächtigter sollte den Rechtspfleger unterstützen, indem ihm so viele Argumente wie möglich „geliefert" werden, um die ablehnende Entscheidung substantiell begründen zu können.

Hat es der Mietnomade erreicht, dass ein **medizinisches Gutachten** eingeholt 49
wird, gilt es – sobald sich abzeichnet, dass die Erstellung des Gutachtens länger dauern wird – in regelmäßigen Abständen **Sachstandsanfragen** bei Gericht zu stellen, um dieses nach Möglichkeit dazu zu bringen, dem Sachverständigen eine **Frist** zur **Vorlage des Gutachtens** zu setzen, eventuell unter Androhung der Entziehung des Gutachterauftrags und der entsprechenden Kostenfolge für den Gutachter.

Von diesen **Sanktionsmöglichkeiten** gegenüber Gutachtern machen die 50
Gerichte jedoch nur äußerst **zurückhaltend Gebrauch**, was darauf zurückzuführen ist, dass letztlich kein Sachverständiger zur Gutachtenserstellung verpflichtet werden kann. Es reicht aus, wenn ein angefragter Sachverständiger angibt, keine Zeit für die Erstellung eines entsprechenden Gutachtens erübrigen zu können.

F. Räumungsfrist

Eine angemessene Räumungsfrist kann dem zur Räumung verurteilten Mieter 51
gem. § 721 ZPO auf **Antrag** oder **von Amts wegen** gewährt werden.

Nach § 721 Abs. 1, Abs. 4 ZPO entscheidet das **Prozessgerich**t über die 52
Gewährung einer Räumungsfrist als **„Annex" zur Hauptsache-Entscheidung.**[10] Also hat der Richter über die Gewährung einer Räumungsfrist zu entscheiden, der bereits über den Räumungsanspruch zu befinden hatte. Die **Gewährung** und die **Länge** einer **Räumungsfrist** liegen dabei im **Ermessen des Gerichts**. Bei seiner Entscheidung hat der Richter die **Interessen** der Parteien **gegeneinander abzuwägen.**

I. Voraussetzungen

Die Gewährung einer Räumungsfrist setzt voraus, dass eine solche auch unter 53
Würdigung des durch den Räumungstitel manifestierten Wiedererlangungsinte-

10 Schmidt-Futterer/*Blank*, § 721 ZPO Rn 3.

resses des Vermieters gerechtfertigt ist. Maßstäbe für die gerichtliche Entscheidung nennt die maßgebliche Vorschrift § 721 ZPO nicht.

54 Nach **h. M.** ist jedoch ein **unmodifizierter Rückgriff auf die Härtegründe i. S. d. § 574 BGB nicht möglich**; also rechtfertigt ein Härtegrund nach § 574 BGB nicht automatisch auch eine Räumungsfrist i. S. d. § 721 ZPO.[11]

55 Die Möglichkeit, eine Räumungsfrist zu gewähren, soll den (Wohnungs-)Räumungsschuldner davor schützen, durch die Räumung **obdachlos** zu werden oder **unzumutbaren Ersatzwohnraum** beziehen zu müssen.

56 **Ersatzwohnraum fehlt** dann, wenn es dem Mietnomaden nicht möglich ist, irgendeinen Ersatzwohnraum zu erlangen. Diese **Voraussetzung** wird zumeist **nicht erfüllt**, da der Räumungsschuldner grundsätzlich die Möglichkeit hat, durch Inanspruchnahme von Sozialleistungen und einen Umzug in Gebiete mit einem Überangebot an Wohnraum eine Wohnung zu finden.[12]

57 Dass der im o. g. Sinne grundsätzlich verfügbare **Ersatzwohnraum** ihm **nicht zumutbar** ist, muss der zur Räumung verpflichtete Mietnomade **darlegen und beweisen.** Er muss dabei Angaben über Art und Umfang der Ersatzraumsuche machen, wie er auf welche Raumangebote reagiert hat und weshalb die Anmietung gescheitert ist.[13]

58 Trotz Verfügbarkeit zumutbaren Ersatzwohnraums kann dem Schuldner ein **Umzug unzumutbar** sein und ihm somit eine Räumungsfrist gewährt werden. So beispielsweise bei **Suizidgefahr** des Schuldners, einer unmittelbar bevorstehenden **Niederkunft** oder weil im Haushalt des Schuldners **schulpflichtige Kinder** leben, welchen ein Umzug außerhalb der Ferien üblicherweise nicht zugemutet wird.[14]

59 Ein **Fehlverhalten** des Räumungsschuldners **kann** für den Vermieter unzumutbare Nachteile bedeuten, die der Gewährung einer Räumungsfrist entgegenstehen. Voraussetzung dafür ist, dass der Mieter in der Vergangenheit **Vertragsverletzungen** begangen hat und konkret zu befürchten steht, dass er diese **fortsetzt**. Dies ist vom **Vermieter darzulegen und zu beweisen**.

60 Vor diesem Hintergrund besteht die berechtigte Hoffnung, dass dem Mietnomaden, der seit Beginn des Mietverhältnisses **keine Miete** und nach Zugang der fristlosen Kündigung auch **keine Nutzungsentschädigung** gezahlt hat, auch **keine Räumungsfrist** gewährt wird. Denn in einem solchen Fall kann angenommen werden, dass der Mietnomade auch die künftige Nutzungsentschädigung

11 Schmidt-Futterer/*Blank*, § 721 ZPO Rn 18.
12 Schmidt-Futterer/*Blank*, § 721 ZPO Rn 20.
13 Schmidt-Futterer/*Blank*, § 721 ZPO Rn 22.
14 Vgl. LG Krefeld WuM 2010, 302.

nicht bezahlen kann oder will. Auch das bei der Abwägung der wechselseitigen Interessen zu berücksichtigende **Erlangungsinteresse** des Vermieters dürfte dann überwiegen.

II. Zeitlicher Rahmen

Gemäß § 721 Abs. 1 ZPO hat der Räumungsschuldner den **Antrag** auf Gewährung 61
einer Räumungsfrist **vor** dem **Schluss der mündlichen Verhandlung** zu stellen, auf die das Urteil über den Räumungsanspruch ergeht.

Das **Gericht** hat die **Entscheidung** über die Gewährung einer Räumungsfrist 62
grundsätzlich gemeinsam mit der Entscheidung über den Räumungsanspruch zu fällen und (sowohl im Falle einer ablehnenden als auch im Falle einer stattgebenden Entscheidung) zu **begründen.**

Legt der Mietnomade ein **Rechtsmittel** gegen das gegen ihn ergangene Räu- 63
mungsurteil ein, ist eine Entscheidung nach § 721 ZPO nicht möglich. Der Mietnomade ist darauf verwiesen, eine Einstellung der Zwangsvollstreckung gem. § 719 ZPO zu beantragen.[15] Bewilligt das Prozessgericht dennoch eine Räumungsfrist durch Beschluss, ist dieser ohne Sachprüfung aufzuheben, sobald sich der Vermieter mit der sofortigen Beschwerde gegen diese fehlerhafte Entscheidung wehrt.

Das **Ende der Räumungsfrist** muss im **Urteilstenor** kalendermäßig 64
bestimmt sein – diese Alternative ist wünschenswert – oder sich jedenfalls aus diesem ergeben. Letztere Art der Tenorierung ist weniger wünschenswert, weil hier bei der Ermittlung des Endes der Räumungsfrist regelmäßig Unklarheiten auftreten. Im Zweifel ist das Fristende ab dem Datum der Urteilsverkündung zu berechnen.[16]

Entsteht erst **nach Rechtskraft** des Räumungsurteils ein **Räumungshin-** 65
dernis, kann **keine Räumungsfrist** nach § 721 ZPO gewährt werden. Es bleibt dem Räumungsschuldner jedoch unbenommen, einen Vollstreckungsschutzantrag gem. § 765a ZPO zu stellen. Wird rechtsirrtümlich trotz Rechtskraft des Räumungsurteils eine Räumungsfrist beantragt, wird der Antrag grundsätzlich in einen Vollstreckungsschutzantrag umgedeutet.[17]

---

15 Vgl. hierzu Kap. 18 Rn 61 ff.
16 *Sternel*, 3. Aufl. 1988, V Rn 112.
17 Schmidt-Futterer/*Blank*, § 721 ZPO Rn 43.

III. Spätere Beantragung

66 Versäumt der beklagte Mieter die fristgemäße Antragstellung gem. § 721 Abs. 1 ZPO, kann er die Ergänzung des Urteils verlangen. Gemäß § 321 Abs. 2 ZPO muss dieser Antrag auf Urteilsergänzung binnen zwei Wochen ab Zustellung des Urteils durch Einreichung eines Schriftsatzes bei dem Gericht gestellt werden, das über die Räumungsfrist hätte entscheiden müssen.

67 Bis zur Entscheidung über den Antrag auf Urteilsergänzung kann das Gericht auf **Antrag** des Räumungsschuldners die Räumungsvollstreckung **einstweilen einstellen**, § 721 Abs. 1 S. 2 Hs. 2 ZPO.

68 Eine Wiedereinsetzung in den vorherigen Stand kommt nicht in Betracht, da die Voraussetzungen des § 233 ZPO nicht erfüllt sind.

69 Zweckmäßigerweise legt das Prozessgericht Sachvortrag des Mieters zu den mit einer Räumung für ihn verbundenen Schwierigkeiten regelmäßig als Antrag auf Gewährung einer Räumungsfrist aus[18] und vermeidet so spätere Anträge auf Urteilsergänzung.

70 Ist es dem Vermieter gelungen, den für den Hauptsacheprozess zuständigen Richter davon zu überzeugen, dass es sich bei dem Beklagten um einen Mietnomaden handelt, steht wenigstens regelmäßig nicht zu befürchten, dass Letzterem bei Erlass des Räumungsurteils eine Räumungsfrist gewährt wird.

71 Bei dem Antrag auf Gewährung einer Räumungsfrist handelt es sich um einen Sachantrag, der daher auch in der Berufungs- oder Revisionsinstanz noch gestellt werden kann. Wird der Antrag erst beim Landgericht gestellt, herrscht Anwaltszwang.

G. Kostenbeispiel (auch bei Trennung der Verfahren)

I. Gesamtkosten bei Trennung von Räumungs- und Zahlungsantrag

72 Der **Streitwert** des **Zahlungsverfahrens** wird gem. § 4 Abs. 1 ZPO der Höhe der geltend gemachten **Mietforderung** entsprechend festgesetzt.

73 Die Kosten eines Zahlungsverfahrens wurden bereits exemplarisch in Kap. 18 Rn 73 ff. dargestellt.

74 Gemäß der in Bezug genommenen Beispielrechnung belaufen sich die Gerichtskosten und das Rechtsanwaltshonorar einer Zahlungsklage, mit der rückständige Miete in Höhe von 6.000,00 € geltend gemacht wird, bei einem Kläger

18 Schmidt-Futterer/*Blank*, § 721 ZPO Rn 43.

und einem Beklagten – also ohne dass Erhöhungsgebühren anfallen – für den klagenden Vermieter in erster Instanz auf insgesamt 1.571,95 €. Nicht berücksichtigt sind hierbei etwaige Kosten eines außergerichtlich tätigen Rechtsanwalts, die ggf. anzurechnen wären.

Der **Streitwert** für die **Räumungsklage** wird gem. § 8 ZPO in Höhe einer **Jahresnettomiete** festgesetzt. Bei einer Nettomiete von 500,00 € pro Monat entspricht dies einem Streitwert von 6.000,00 €. 75

Gemäß der für das Zahlungsverfahren in Bezug genommenen exemplarischen Berechnung der dem klagenden Vermieter entstehenden Kosten belaufen sich also die Gerichtskosten und das Rechtsanwaltshonorar einer Räumungsklage, mit der die Räumung und Herausgabe einer Wohnung geltend gemacht wird, für die die Zahlung einer monatlichen Nettomiete in Höhe von 500,00 € vereinbart wurde, bei einem Kläger und einem Beklagten – also ohne, dass Erhöhungsgebühren anfallen – für den klagenden Vermieter in erster Instanz ebenfalls auf insgesamt 1.571,95 €. Auch hier sind etwaige Kosten eines außergerichtlich tätigen Rechtsanwalts, die ggf. anzurechnen wären, nicht berücksichtigt. Es wird angenommen, dass der Vermieter das Mietverhältnis selbst fristlos gekündigt hat. 76

Wird die **Zahlung** der offenen Miete in Höhe von 6.000,00 € **nicht** in einem **gemeinsamen Verfahren** mit dem Antrag auf **Räumung** der Wohnung, die für 500,00 € monatlich vermietet wurde (= Streitwert: 6.000,00 €), geltend gemacht, macht der klagende Vermieter die Ansprüche also in zwei gesonderten Verfahren geltend, entstehen ihm bei vorausgesetztem vollständigen Obsiegen in 1. Instanz **Gesamtkosten** in Höhe von **3.143,90 €**, in 2. Instanz von weiteren 3.736,66 €. 77

II. Gesamtkosten bei gleichzeitiger Stellung von Räumungs- und Zahlungsantrag

Gemäß § 5 ZPO werden mehrere in einer Klage geltend gemachte Ansprüche zusammengerechnet. 78

Wenn also der Anspruch auf **Zahlung** der offenen Miete in Höhe von 6.000,00 € und der Antrag auf **Räumung** der Wohnung, die für 500,00 € monatlich vermietet wurde (= Streitwert: 6.000,00 €), in einem **gemeinsamen Verfahren** geltend gemacht werden, wird der Streitwert auf 12.000,00 € (= 6.000,00 € + 6.000,00 €) festgesetzt. 79

Bei einem Streitwert von 12.000,00 € entstehen nachstehende Kosten, die wieder das Prozesskostenrisiko des Rechtsstreits berücksichtigen: 80

Basisdaten

Streitwert:		12.000,00 €		
Anzahl Kläger:		1		
Anzahl Beklagte:		1		

Prozesskosten		**1. Instanz:**		**Berufung:**
Anwaltskosten:				
Verfahrensgebühr VV3100	1,3	785,20 €	1,6	966,40 €
Terminsgebühr VV 3104	1,2	724,80 €	1,2	724,80 €
Auslagen VV7100, 7200		20,00 €		20,00 €
Umsatzsteuer	19 %	290,70 €	19 %	325,13 €
Summe		1.820,70 €		2.036,33 €
Gerichtskosten	3,0	801,00 €	4,0	1.068,00 €
Summe der Kosten pro Instanz		2.621,00 €		3.104,33 €
Summe eigene Kosten insgesamt:		5.725,33 € (gerichtlich, 2 Instanzen)		
Prozesskostenrisiko insgesamt (mit gegnerischen Rechtsanwaltskosten):		4.441,00 €		5.140,66 €
beide Instanzen:				9.581,66 €

81 Wird die **Zahlung** der offenen Miete in Höhe von 6.000,00 € in einem **gemeinsamen Verfahren** mit dem Antrag auf **Räumung** der Wohnung, die für 500,00 € monatlich vermietet wurde (= Streitwert: 6.000,00 €), geltend gemacht, macht der klagende Vermieter die Ansprüche also in einem Verfahren mit einem Streitwert in Höhe von 12.000,00 € geltend, entstehen ihm danach **Gesamtkosten** in Höhe von **2.621,70 €** in 1. Instanz und von weiteren 3.104,33 € in 2. Instanz.

Muster Räumungsklage

„An das
Amtsgericht ...
...

Klage

des/der ... (Vermieter/in), Adresse.

– Kläger/in –

g e g e n
den/die ...(Mieter/in), Adresse.

– Beklagte/r –

w e g e n: Räumung von Wohnraum
vorläufiger Streitwert: ...

Unter Versicherung ordnungsgemäßer Bevollmächtigung bestellen wir uns zu Prozessbevollmächtigten der/des Klägerin/Klägers und erheben Klage gegen die/den Beklagte/n. Wir bitten um die Anberaumung eines möglichst nahen Termins zur mündlichen Verhandlung, regen jedoch die Anordnung des schriftlichen Vorverfahrens an. Wir werden beantragen:

1. ***Der/Die Beklagte wird verurteilt, die von ihm/ihr innegehaltene Wohnung im Hause ..., bestehend aus ... Zimmern, einer Küche, einem Bad, einem separaten WC, einer Diele, einer Garderobe, einer Terrasse, einem Abstellraum und einem Keller, zu räumen und nebst sämtlicher Schlüssel an den/die Kläger/in herauszugeben.***
2. ***Der/Die Beklagte hat die Kosten des Rechtsstreits zu tragen.***
3. ***Das Urteil ist – bezüglich des Klageantrags zu 1. gemäß § 708 Nr. 7 ZPO ohne Sicherheitsleistung – vorläufig vollstreckbar.***

Begründung:
Zwischen den Parteien bestand ein mit Mietvertrag vom ... begründetes Mietverhältnis über die im Klageantrag zu 1. näher bezeichnete Wohnung.
Beweis: Vorlage des Mietvertrags
Nach diesem Mietvertrag (und der letzten Mieterhöhungsvereinbarung) ist der/die Beklagte verpflichtet, monatlich im Voraus ... € Nettomiete zuzüglich ... einer Betriebskostenvorauszahlung von ... € pro Monat, insgesamt also ... € zu leisten.
Dieser Verpflichtung ist der/die Beklagte nicht nachgekommen. Am ... standen folgende Mieten offen:

Monat/Jahr:	*... €*
Monat/Jahr:	*... €*
Monat/Jahr:	*... €*
Gesamtrückstand:	***... €***

Gestützt auf § 543 BGB wurde das Vertragsverhältnis der Parteien mit dem in Kopie als Anlage beigefügten Schreiben vom ... fristlos gekündigt.
Einer stillschweigenden Verlängerung des Mietverhältnisses durch Gebrauchsfortsetzung gemäß § 545 BGB wurde von dem/der Kläger/in vorsorglich widersprochen. Auch dieses Schreiben machen wir zum Gegenstand unseres Tatsachenvortrages.
*Rein vorsorglich wiederholen wir die **fristlose Kündigung** unter Bezugnahme auf die uns erteilte Vollmacht hiermit noch einmal.*
Aufgrund des zweimonatigen Zahlungsverzuges des/der Beklagten ist die fristlose Kündigung sowie die Räumungsklage gerechtfertigt.
Der Streitwert von ... € ergibt sich aus der Addition des Jahresnettomietwerts (12 x ... € = ... €) und dem Zahlungsantrag von ... €.

Datum/Grußformel"

Hat der Vermieter, der an einen Mietnomaden vermietet hat, „Glück", nutzt der Mietnomade entweder die Möglichkeiten zur Prozessverschleppung oder diejenigen zur Verzögerung des Vollstreckungsverfahrens aus. Im schlimmsten Fall gerät der Vermieter jedoch an einen Mietnomaden, der sämtliche dem Schutz des grundsätzlich seriösen Vertragspartners (Mieters) – zwischen solchen und dem Vermieter kommt es bisweilen auch zu juristischen Auseinandersetzungen – dienende Vorschriften missbraucht. Dies kann letztlich so weit gehen, dass der Vermieter an die Grenzen seiner finanziellen Leistungsfähigkeit gerät oder sich im schlimmsten Fall selbst von einer Insolvenz bedroht sieht. 82

Kapitel 20
Zwangsvollstreckung wegen Zahlung und Räumung

A. Grundzüge

I. Problemstellung

1 Hat der Vermieter gegen den Mietschuldner erfolgreich einen **Titel** erwirkt, kann er diesen nunmehr im Wege der Zwangsvollstreckung durchsetzen, damit er die ihm vom Gericht zuerkannte Forderung auch **tatsächlich einziehen** kann.

2 Die Zwangsvollstreckung ist die rechtlich zulässige Form der **zwangsweisen** Durchsetzung von gerichtlich festgestellten Ansprüchen. **Selbstjustiz** ist verboten. Im Gegenzug stellt der Staat durch das Zwangsvollstreckungsrecht eine Möglichkeit zur Verfügung, auch **gegen den Willen** eines Schuldners einen durch das Gericht überprüften Anspruch auch tatsächlich durchzusetzen.

3 Wenn der Mietschuldner unberechtigt seinen mietvertraglichen Zahlungspflichten nicht oder nur verkürzt nachkommt, ist der Vermieter zunächst darauf angewiesen, seine Ansprüche auf Räumung und Zahlung in einem Prozess- oder Mahnverfahren **titulieren** zu lassen.[1] Ein solcher Titel dient als Grundlage der Zwangsvollstreckung, die sich dem Prozessverfahren anschließt.

4 Zwangsvollstreckung ist somit die wirtschaftliche Verwertung des rechtlich bestätigten Anspruchs. Die Durchsetzung titulierter Zahlungs- und Räumungsansprüche im Wege der Zwangsvollstreckung ist dabei an **besondere Verfahrensvoraussetzungen** gebunden. Im Rahmen dieses Kapitels sollen die wesentlichen Grundzüge dieses Verfahrensganges dargestellt werden. Es ist generell zu empfehlen, dass der Vermieter – je nach Lage des Einzelfalls und abhängig von seinen Kenntnissen –, sich bei der Durchsetzung der titulierten Zahlungsansprüche von Anfang an **fachlicher Hilfe** durch qualifizierte Rechtsvertretung bedient. Der nicht professionelle Vermieter sollte sich bei diesem Verfahrensgang allenfalls nur auf wenige vorbereitende Maßnahmen beschränken. Die nachfolgenden Ausführungen dieses Kapitels dienen somit in erster Linie dazu, dem Vermieter einen gewissen Überblick über diese Rechtsmaterie zu vermitteln und anknüpfend daran – jeweils abhängig von den eigenen Kenntnissen und Erfahrungen – sein eigenes weiteres Vorgehen auszurichten.

1 Siehe die Ausführungen in Kap. 18 und 19.

Das Zwangsvollstreckungsrecht gibt dem Vermieter als Gläubiger rechtsstaatliche Instrumente, mit denen er **Zwangsmaßnahmen** gegen den Mietschuldner mit dem Ziel, seine titulierten Forderungen beglichen zu bekommen, einleiten kann. Das kann so weit gehen, dass gegen den Mietschuldner zur Abgabe der Vermögensauskunft Erzwingungshaft angeordnet wird, dieser also in Haft genommen und so lange festgehalten wird, bis er die Auskunft erteilt hat (die maximale Haftzeit beträgt sechs Monate). 5

II. Voraussetzungen

Jegliche Voraussetzung für die Zwangsvollstreckung ist, dass ein Titel vorliegt, 6
der mit einer Vollstreckungsklausel versehen und dem Mietschuldner zugestellt worden ist („**Titel-Klausel-Zustellung**"). Ein solcher Titel ist beispielsweise ein Urteil oder ein Vollstreckungsbescheid, also eine von einem Gericht erlassene Entscheidung, aber auch eine notarielle Urkunde, in der sich ein Käufer beispielsweise dazu verpflichtet, den Kaufpreis für eine Immobilie zu zahlen und sich dafür der Zwangsvollstreckung in sein gesamtes Vermögen unterwirft.

Weitere Titel sind Kostenfestsetzungsbeschlüsse, Arreste, einstweilige Verfü- 7
gungen usw. Einen (Vollstreckungs-)Titel stellen also beispielsweise dar:

- Endurteil (§§ 704, 300 ZPO),
- Prozessvergleich (§ 794 Abs. 1 Nr. 1 ZPO),
- Vollstreckungsbescheid (§§ 699, 794 Abs. 1 Nr. 4 ZPO),
- Kostenfestsetzungsbeschluss (§§ 103 ff., 794 Abs. 1 Nr. 4a ZPO) und eine
- vollstreckbare Urkunde (beispielsweise in Gestalt eines notariellen Schuldanerkenntnisses, § 794 Abs. 1 Nr. 5 ZPO)

Hinweis

Die Vollstreckung aus einem Titel findet grundsätzlich nur für und gegen die in ihm genannten Parteien statt. Sollte es bezüglich der im Titel genannten Gläubiger oder Schuldner einen **Rechtsnachfolger** geben, so müsste zuvor bei dem Gericht, das den Titel erlassen hat, eine **Titelumschreibung** erwirkt werden.

Praxistipp !

In einem Gewerberaummietvertragsverhältnis ist es möglich, dass sich der Mieter bereits bei Abschluss des Mietvertrages zur Räumung des Mietobjekts verpflichtet, wenn z. B. ein Zahlungsrückstand von zwei Monaten besteht. Er kann sich dann wirksam durch eine **notariell beurkundete Erklärung** der Zwangsvollstreckung in Form der **Verpflichtung zur Zwangsräumung** unterwerfen, sodass der Vermieter für den Fall des Auftretens von Zahlungsrückständen in dieser Höhe dann unmittelbar mit der notariellen Urkunde die Zwangsräumung beantragen kann, **ohne** einen

Räumungsprozess führen zu müssen (!). Diese Vollstreckungsunterwerfung ist allerdings bei Wohnraummietverhältnissen kraft Gesetzes nicht möglich.[2]

B. Zahlungsvollstreckung

8 Ziel ist es, die vom Gericht geprüfte und im Urteil festgestellte, also titulierte Forderung nun auch bei dem Schuldner beizutreiben. Das kann durch die Mobiliarvollstreckung (siehe nachfolgend Rn 9 ff.), die Forderungspfändung (siehe Rn 27 ff.) oder die sog. Immobiliarvollstreckung (siehe Rn 33 ff.) geschehen.

I. Mobiliarvollstreckung

1. Rechtslage bis 2012

9 Die Regelungen zur Vollstreckung entstammten dem 19. Jahrhundert und wurden in der 1877 verabschiedeten Zivilprozessordnung kodifiziert. Dabei ließ sich der Gesetzgeber von der Vorstellung leiten, dass vor allem die bewegliche Habe des Schuldners Gegenstand der Erfolg versprechenden Vollstreckung sein konnte, insbesondere Bargeld und Kostbarkeiten.

10 Im Rahmen der Mobiliar- oder Fahrnisvollstreckung begab sich der Gerichtsvollzieher also zu dem Schuldner, forderte ihn zur Zahlung auf und pfändete dann die bewegliche Habe des Schuldners, wobei größere Wertgegenstände wie Möbel oder Maschinen im Gewahrsam und damit weiter im Besitz des Schuldners verblieben und durch ein aufgeklebtes **Pfandsiegel** (den sog. Kuckuck) gepfändet und damit der rechtlichen Verfügungsbefugnis des Schuldners entzogen war. Das Pfandsiegel war diskret anzubringen, sodass ein Schuldner den Gegenstand beispielsweise weiternutzen konnte, ohne dass Gäste oder Kunden des Schuldners auf die Pfändung und die missliche Lage ihres Gastgebers aufmerksam wurden. Der Schuldner bekam dann vom Gerichtsvollzieher eine Frist zur Zahlung. Erfüllte der Schuldner die Zahlungsforderung, wurde die Pfändung des Gegenstandes aufgehoben. Wurde nicht gezahlt, holte der Gerichtsvollzieher den gepfändeten Gegenstand ab und **versteigerte** ihn meistbietend. Nach Abzug der Kosten des Gerichtsvollziehers und für die Versteigerung (z. B. auch Kosten der Schätzung des Wertes eines Gegenstandes, dessen Wert nicht ohne Weiteres

2 § 794 Abs. 1 Nr. 5 ZPO.

zu bestimmen ist) erhielt der Gläubiger dann den restlichen Versteigerungserlös, der (hoffentlich) seine Forderung erfüllte.

Dieses ganze Prozedere setzt voraus, dass der Schuldner auch über pfändbare Habe verfügt. Da die Wohnung des Mietschuldners und auch des Mietnomaden dem Schutz des Grundgesetzes auf **Unverletzlichkeit**[3] unterliegt, musste der Schuldner den Gerichtsvollzieher bei seinem ersten Besuch nicht gegen seinen Willen in die Wohnung einlassen. Er konnte das Betreten und die Durchsuchung seiner Wohnung ohne Angaben von Gründen verweigern. Der Gerichtsvollzieher setzte den Gläubiger davon Kenntnis, der dann beim Vollstreckungsgericht zunächst eine **Durchsuchungsanordnung** beantragen musste. Die Praxis der Vollstreckungsgerichte ging wegen des von ihnen als hoch angesehenen Schutzgutes der Unverletzlichkeit der Wohnung dahin, nun zunächst den Schuldner zu dem Antrag des Gläubigers anzuhören. Nachdem dann regelmäßig eine aus Sicht des Gerichts ausreichende Frist, teilweise mehrere Wochen, verstrichen war, ohne dass der Schuldner, der ja durch den Besuch des Gerichtsvollziehers schon vorgewarnt war, Einwendungen erhoben hatte, wurde endlich der Durchsuchungsbeschluss erlassen und dem Gläubiger zugestellt, der dann wiederum den Gerichtsvollzieher mit der Fortsetzung der Vollstreckung beauftragte. Der Gerichtsvollzieher erschien dann regelmäßig mehrere Wochen oder gar Monate später bei dem Schuldner und durfte dann die Wohnung durchsuchen. Das gab einem Schuldner alle und ausreichende Gelegenheiten, etwa pfändbare Habe rechtzeitig aus seiner Wohnung zu entfernen, sodass regelmäßig **keine pfändbaren Gegenstände** vorhanden waren. 11

Dieses Vollstreckungsverfahren war in den letzten Jahren fast immer **erfolglos**. Eine solche Erfolglosigkeit war dann Voraussetzung dafür, dem Schuldner die sog. eidesstattliche Versicherung abzunehmen.[4] 12

Nach den praktischen Erfahrungen mit diesem recht stumpfen Schwert der Vollstreckung wurden die gesetzlichen Regelungen bereits Ende der 1990er Jahre das Zwangsvollstreckungsrecht dahingehend umgestaltet, dass bereits die Verweigerung der Durchsuchung der Schuldnerwohnung als Grund dafür ausreichte, dem Schuldner die eidesstattliche Versicherung abzunehmen. 13

2. Reform 2013

Der Gesetzgeber hat im Bestreben, die Zwangsvollstreckung effektiver zu machen, das Vollstreckungsverfahren weiter grundlegend reformiert. Die Regel 14

3 Art. 13 Abs. 1 des Grundgesetzes: Die Wohnung ist unverletzlich.

4 Siehe dazu nachstehend Rn 15 ff.

ist jetzt nicht mehr die versuchte Pfändung in das bewegliche Vermögen, sondern die **Erlangung von Informationen** über pfändbares Einkommen und sonstige Forderungen, die der Schuldner gegenüber Dritten hat. So wird auf Antrag des Gläubigers durch den Gerichtsvollzieher eine Auskunft eingeholt

- bei der Bundesanstalt für Finanzaufsicht hinsichtlich Bankkonten des Schuldners,
- bei der Deutschen Rentenversicherung und
- beim Kraftfahrtbundesamt hinsichtlich auf den Schuldner zugelassener Kraftfahrzeuge.

3. Vermögensauskunft

15 Im Rahmen des Verfahrens zur Abgabe der eidesstattlichen Versicherung[5] wurde der Schuldner gezwungen, eine **Auskunft über seine gesamten Vermögens- und Einkommensverhältnisse** zu erteilen und deren Richtigkeit an Eides statt zu versichern. Ursprünglich war dafür der Richter zuständig, der einen Eid abnahm, dann für die eidesstattliche Versicherung der Rechtspfleger und schließlich der Gerichtsvollzieher.

16 Mit den gewonnenen Erkenntnissen beispielsweise über Forderungen, die der Schuldner an Dritte hatte, kann der Gläubiger dann **weitere Vollstreckungsmaßnahmen** einleiten.

a) Allgemeiner Überblick

17 Im Zusammenhang mit der Durchführung von Zwangsvollstreckungsmaßnahmen steht seit 2013 unter der Bezeichnung **Vermögensauskunft des Schuldners** (§§ 802a ff. ZPO) eine in Teilen neu gefasste Regelung zur Verpflichtung des Schuldners zur Verfügung, die dann greift, wenn der Schuldner die Forderung nicht bedienen kann.

18 Ziel dieser Regelung ist es, dem Gläubiger über die zu leistende Vermögensauskunft weitere Pfändungsmöglichkeiten (beispielsweise Sparguthaben oder Ähnliches) zu offenbaren.

19 Dem Vermieter ist daher zu raten, zusammen mit dem Vollstreckungsauftrag stets auch zu beantragen, dass der Mietschuldner – sofern dieser in der vom Gerichtsvollzieher dazu gesetzten Frist (zwei Wochen) die Forderung nicht begleicht – zur Abgabe der Vermögensauskunft und Aufstellung des sog. **Vermögensverzeichnisses** verpflichtet wird.

---

5 Früher offiziell und heute immer noch umgangssprachlich „Offenbarungseid" genannt.

Der Mietschuldner ist dann dazu verpflichtet, **alle ihm gehörenden Vermögensgegenstände** anzugeben (§§ 802c ff. ZPO). Anhand dieser Angaben erstellt der Gerichtsvollzieher das Vermögensverzeichnis. 20

Mit dieser weiteren Antragsmöglichkeit kann der Vermieter somit herausfinden lassen, ob sich im Eigentum des Mieters noch unbekannte Vermögensgegenstände befinden. Die Richtigkeit und Vollständigkeit der Angaben hat der Mieter **an Eides statt** zu versichern. Das Vermögensverzeichnis ist danach bei dem für das jeweilige Bundesland zuständigen zentralen Vollstreckungsgericht (§ 802 f. ZPO) zu hinterlegen. Von diesem Verzeichnis bekommt der Vermieter eine Ausfertigung und kann hieran möglicherweise ein weiteres Vorgehen gegen den Mieter ausrichten. Nach zwei Jahren wird das Vermögensverzeichnis gelöscht und der Schuldner kann dann erneut zu einer entsprechenden Auskunft verpflichtet werden. 21

b) Praktische Relevanz

Inwieweit dies in der Praxis zu einer letztlich **erfolgreichen Befriedigung** der Forderungen des Vermieters führen kann, ist abhängig vom Einzelfall. In der Regel dürfte die Abgabe des Vermögensverzeichnisses (dem entspricht nach bisherigem Recht die sog. „Abgabe der eidesstattlichen Versicherung") in der Praxis oftmals nur lediglich zu dem Ergebnis führen, dass damit die Erfolglosigkeit des Pfändungsversuchs bestätigt wird und sich weitere Bemühungen zur Realisierung der Forderungen nicht lohnen. 22

Immerhin kann der Vermieter, nach entsprechendem Antrag (§ 802g ZPO), weitere Zwangsmittel bis hin zur Haft (§ 802j ZPO) beantragen. Sollte sich herausstellen, dass der Mieter bei der Vermögensauskunft unrichtige Angaben gemacht hat, so wäre dies eine **Straftat.** 23

Praxistipp

Die Abgabe der Vermögensauskunft oder der Haftbefehl zu ihrer Erzwingung werden im Schuldnerverzeichnis vermerkt. Davon erhalten beispielsweise die SCHUFA oder andere Organisationen Kenntnis. Das ist mit unmittelbaren Nachteilen für den Mietschuldner verbunden, er kann beispielsweise keinen Kleinkredit aufnehmen oder keinen Mobilfunkvertrag abschließen. In der Praxis kommt es immer wieder vor, dass zur Abwendung dieser Nachteile entweder kurz vor Abgabe der Vermögensauskunft Zahlungen angeboten und auch geleistet werden, weil der Mietschuldner plötzlich doch über Geldquellen verfügt – und sei es durch Darlehen nahestehender Verwandter. Um diese Möglichkeit nutzen zu können, sollte der Vermieter in jedem Fall immer bei der Vollstreckung von dem Mietschuldner die Abgabe einer Vermögensauskunft verlangen.

II. Forderungspfändung

1. Gegenstand

24 Im Gegensatz zur Vollstreckung in körperliche Sachen sind bei der **Forderungspfändung** immaterielle Güter, nämlich Forderungen des Mietschuldners gegenüber einem Dritten, dem sog. **Drittschuldner**, Gegenstand der Zwangsvollstreckung.

2. Verfahren

25 Auch hier sind zunächst die allgemeinen Zwangsvollstreckungsvoraussetzungen zu beachten (**Titel-Klausel-Zustellung**). Der Gläubiger stellt bei dem für den Schuldner zuständigen Vollstreckungsgericht (das für den Wohnsitz des Schuldners zuständige Amtsgericht) einen Antrag, die Forderung dem Schuldner gegenüber dem Drittschuldner zu pfänden und sich überweisen zu lassen.

26 Dazu muss ein **spezielles Formular** verwendet werden, das auch als Muster für den vom Vollstreckungsgericht zu erlassenden Pfändungs- und Überweisungsbeschluss dient. Zuständiges Vollstreckungsorgan ist das Vollstreckungsgericht in Form des Rechtspflegers. Der Titel mit Klausel und Zustellnachweis ist im **Original** mit dem Antrag vorzulegen. Die zu pfändende Forderung ist genau zu bezeichnen, wobei der Ursprung in dem Formular entsprechend kenntlich zu machen ist, z. B. Forderung gegen Arbeitgeber aus Arbeitsverhältnis, gegenüber Bank aus laufender Geschäftsbeziehung.

27 Der Rechtspfleger erlässt den Beschluss und dieser wird dem Drittschuldner über den für diesen zuständigen Gerichtsvollzieher **zugestellt.**

28 Der **Drittschuldner** muss dem Gläubiger dann innerhalb von zwei Wochen nach der Zustellung mitteilen (§ 840 ZPO),

- ob er die Forderung als begründet anerkennt und Zahlung zu leisten bereit ist,
- ob und welche Ansprüche andere Personen an die Forderung machen,
- ob und wegen welcher Ansprüche die Forderung bereits für andere Gläubiger gepfändet ist und
- bei Kontopfändung, ob innerhalb der letzten zwölf Monate im Hinblick auf das Konto, dessen Guthaben gepfändet worden ist, nach § 850 l ZPO die Unpfändbarkeit des Guthabens angeordnet worden ist und ob es sich bei dem Konto, dessen Guthaben gepfändet worden ist, um ein Pfändungsschutzkonto i. S. v. § 850k Abs. 7 ZPO handelt.

29 Kommt der Drittschuldner dieser Aufforderung, die in den Antrag auf Erlass des Beschlusses mit aufzunehmen ist, nicht nach, kann der Gläubiger auf Auskunft

klagen. Außerdem hat der Drittschuldner dem Gläubiger den aus der **Nichterfüllung der Auskunftsverpflichtung** entstandenen **Schaden** zu ersetzen.

III. Immobiliarvollstreckung

Im Rahmen der Immobiliarvollstreckung greift der Gläubiger auf **Grundstücke** oder im **Grundbuch** eingetragene Rechte, die dem Mietschuldner gehören, zu. Das kann durch Eintragung einer **Zwangssicherungshypothek** und die Beantragung der Zwangsverwaltung oder Zwangsversteigerung[6] geschehen. 30

Bei Mietschuldnern und insbesondere Mietnomaden kommt es äußerst selten vor, dass diese über Grundvermögen verfügen, das auf deren Namen registriert ist und das der Gläubiger verwerten kann. 31

Generell ist dem Vermieter zu empfehlen, sich qualifizierter fachlicher Rechtsberatung zu bedienen, um angesichts der komplexen Regelungen des ZVG keine Rechtsnachteile zu erleiden. 32

Im Rahmen der **Zwangsversteigerung** geschieht eine Erlösverteilung streng nach einer im Gesetz festgelegten Rangfolge. Nach Abzug der Verfahrenskosten, sodann bei Eigentumswohnungen von Wohngeldansprüchen einer Wohnungseigentümergemeinschaft bis zu einer gewissen Höhe, erfolgt die Verteilung an die im Grundbuch eingetragenen Gläubiger in der Reihenfolge ihres Eintrags. Der Vermieter hat also nichts davon, eine Zwangssicherungshypothek eintragen zu lassen, wenn ein vorrangiger Gläubiger, etwa eine Bank, die den Immobilienerwerb finanziert hat, eine so hohe Forderung hat, dass der bei einer Zwangsversteigerung wahrscheinlich zu erzielende Erlös diese Forderung nicht abdeckt, sodass der dann nachrangig mit seiner Forderung im Grundbuch eingetragene Vermieter leer ausgeht und lediglich Kosten gehabt hat. 33

Ähnlich sieht es bei der **Zwangsverwaltung** aus. Dieser hat zum Ziel, das Grundstück möglichst so zu verwalten, dass ein höchstmöglicher Ertrag gewährleistet ist. Oft laufen Zwangsverwaltung und Zwangsversteigerung nebeneinander und die Zwangsverwaltung wird aufgehoben, sobald das Grundstück versteigert ist. 34

Es gilt also ein strenges **Rangprinzip**,[7] sodass eine Abwägung getroffen werden muss, überhaupt die Zwangsvollstreckung in das unbewegliche Vermö- 35

6 Nach dem Zwangsversteigerungsgesetz, ZVG.

7 Die entsprechende Regelung des § 10 Abs. 1 ZVG lautet auszugsweise:
„§ 10 (1) Ein Recht auf Befriedigung aus dem Grundstück gewähren nach folgender Rangordnung, bei gleichem Rang nach dem Verhältnis ihrer Beträge:

gen des Mietschuldners einzuleiten oder nicht und andererseits diese Maßnahme, wenn es noch andere mögliche Gläubiger gibt, die ebenfalls auf das Grundvermögen des Mietschuldners zugreifen könnten, schnell umzusetzen.

C. Räumungsvollstreckung

I. Problemstellung

36 Die Vollstreckung eines Räumungstitels schließt sich für den Vermieter an ein womöglich mit sehr hohem Zeit- und Kostenaufwand geführtes gerichtliches Verfahren an. Es ist wichtig, dass die Räumung auch unmittelbar und so schnell wie möglich durchgesetzt wird.

---

1. der Anspruch eines die Zwangsverwaltung betreibenden Gläubigers auf Ersatz seiner Ausgaben zur Erhaltung oder nötigen Verbesserung des Grundstücks, im Falle der Zwangsversteigerung jedoch nur, wenn die Verwaltung bis zum Zuschlag fortdauert und die Ausgaben nicht aus den Nutzungen des Grundstücks erstattet werden können; ...

2. bei Vollstreckung in ein Wohnungseigentum die daraus fälligen Ansprüche auf Zahlung der Beiträge zu den Lasten und Kosten des gemeinschaftlichen Eigentums oder des Sondereigentums, die nach § 16 Abs. 2, § 28 Abs. 2 und 5 des Wohnungseigentumsgesetzes geschuldet werden, einschließlich der Vorschüsse und Rückstellungen sowie der Rückgriffsansprüche einzelner Wohnungseigentümer. Das Vorrecht erfasst die laufenden und die rückständigen Beträge aus dem Jahr der Beschlagnahme und den letzten zwei Jahren. Das Vorrecht einschließlich aller Nebenleistungen ist begrenzt auf Beträge in Höhe von nicht mehr als 5 vom Hundert des nach § 74 a Abs. 5 festgesetzten Wertes. Die Anmeldung erfolgt durch die Gemeinschaft der Wohnungseigentümer. Rückgriffsansprüche einzelner Wohnungseigentümer werden von diesen angemeldet;

3. die Ansprüche auf Entrichtung der öffentlichen Lasten des Grundstücks wegen der aus den letzten vier Jahren rückständigen Beträge; wiederkehrende Leistungen, insbesondere Grundsteuern, Zinsen, Zuschläge oder Rentenleistungen, sowie Beträge, die zur allmählichen Tilgung einer Schuld als Zuschlag zu den Zinsen zu entrichten sind, genießen dieses Vorrecht nur für die laufenden Beträge und für die Rückstände aus den letzten zwei Jahren. Untereinander stehen öffentliche Grundstückslasten, gleichviel ob sie auf Bundes- oder Landesrecht beruhen, im Range gleich. Die Vorschriften des § 112 Abs. 1 und der §§ 113 und 116 des Gesetzes über den Lastenausgleich vom 14. August 1952 (Bundesgesetzbl. I S. 446) bleiben unberührt;

4. die Ansprüche aus Rechten an dem Grundstück, soweit sie nicht infolge der Beschlagnahme dem Gläubiger gegenüber unwirksam sind, einschließlich der Ansprüche auf Beträge, die zur allmählichen Tilgung einer Schuld als Zuschlag zu den Zinsen zu entrichten sind; Ansprüche auf wiederkehrende Leistungen, insbesondere Zinsen, Zuschläge, Verwaltungskosten oder Rentenleistungen, genießen das Vorrecht dieser Klasse nur wegen der laufenden und der aus den letzten zwei Jahren rückständigen Beträge; ...“

II. Klassische Räumung

1. Problemstellung

Ziel des Vermieters ist es, die vermietete Wohnung in geräumtem Zustand zurückzuerhalten. Es ist möglich, den Gerichtsvollzieher mit der Räumung so zu beauftragen, dass er an einem **anzuberaumenden Räumungstermin** einerseits den Mietschuldner aus dem Besitz an der Wohnung setzt und den Vermieter in den Besitz einweist und andererseits die gesamte Wohnung von den Gegenständen, die dem Mietschuldner gehören und die nicht gepfändet werden können, räumt.[8] 37

Das ist die sog. **klassische** oder auch „Preußische" **Räumung**, weil sie auf den ursprünglich bereits im 19. Jahrhundert in Kraft getretenen Vorschriften der Zivilprozessordnung beruht, die insoweit unverändert auch noch heute gelten. 38

2. Ablauf

Nachteil an dieser Art der Räumung sind die **hohen Kosten**, die damit verbunden sind. Der Gerichtsvollzieher darf nämlich nicht einfach sämtliche Gegenstände wegwerfen. Persönliche Gegenstände des Schuldners, die unpfändbar sind und Einrichtungsgegenstände, auch wenn sie wirtschaftlich keinen Wert mehr haben, sind aus den Räumlichkeiten zu verbringen und zunächst in der **Pfandkammer einzulagern**. Dort bleiben sie für **zwei Monate** und der Schuldner hat die Möglichkeit, gegen Zahlung der Transport- und Lagerkosten das Räumungsgut auszulösen. In den allermeisten Fällen werden die Sachen allerdings eingelagert und vom Mietschuldner nicht abgefordert, entweder weil er kein Interesse hat oder weil er nicht in der Lage ist, die Kosten zu zahlen. 39

Nach Ablauf einer Frist von zwei Monaten werden die Gegenstände dann verwertet, was durch **Versteigerung** geschieht. In der Praxis sind es sehr geringe Beträge, die für einen Posten Räumungsgut zu erzielen sind, meist nur ein Betrag von unter 100 €, denn es finden sich keine größeren Wertgegenstände im Räumungsgut. 40

Der Vermieter hat dann z. B. über 1.000 € Lagerkosten aufgewendet und erhält einen Erlös von 100 €, der ihm für die verauslagten Kosten gutgeschrieben wird. Unter dem Strich wird er also mit Kosten von 900 € belastet. 41

Der Mieter, der es auf eine Zwangsräumung ankommen lässt, hat im Allgemeinen sämtliche **werthaltigen Gegenstände** aus der Wohnung **entfernt**. Was zurückbleibt, ist einerseits Müll, dieser wird entsorgt, und sind andererseits die 42

8 § 885 ZPO.

Gegenstände, die einen gewissen Wert haben und nicht weggeworfen werden dürfen.

43 Wegen dieser hohen Kosten und der Tatsache, dass der Gerichtsvollzieher eine Spedition beauftragen muss, fordert er regelmäßig einen **Vorschuss** an, der beispielsweise im Rhein-Main-Gebiet für eine durchschnittliche Drei-Zimmer-Wohnung bei 6.000 € liegt. Der Vermieter muss also, nachdem er schon einen erheblichen **Mietausfall** erlitten und außerdem weitere Kosten für Gericht und Rechtsanwalt zur Erlangung des Räumungstitels aufgewendet hat, nun auch noch diesen Räumungskostenvorschuss leisten. Für viele Vermieter ist das **wirtschaftlich** überhaupt nicht darstellbar.

3. Abgesagte Räumung

44 Ein weiteres erhebliches Risiko für den Vermieter stellt die Tatsache dar, dass die Räumung trotz aller Vorbereitungen nicht durchgeführt wird. Das kann deshalb passieren, wenn das Vollstreckungsgericht auf Antrag des Mietschuldners im letzten Moment die **Räumung einstellt.**[9]

45 Außerdem gibt es die Möglichkeit, dass die **Obdachlosenbehörde**, meist das Ordnungsamt der Gemeinde oder Stadt, zum Zwecke der Vermeidung von Obdachlosigkeit die zu räumende Wohnung für eine gewisse Zeit **beschlagnahmt** und die ehemaligen Mieter in den Besitz einweist. Das geschieht nach dem sog. Polizeirecht und wird damit begründet, dass Obdachlosigkeit ein Verstoß gegen die öffentliche **Sicherheit und/oder Ordnung** ist, sodass die Polizeibehörde entsprechend einschreiten kann. Zwar ist die Behörde sodann verpflichtet, eine monatliche **Nutzungsentschädigung** an den Vermieter zu zahlen, sodass es an sich nicht zu weiteren Mietausfällen kommen sollte. Teilweise wird aber bei größeren Wohnungen nur ein Teil der Wohnung beschlagnahmt mit dem Ziel, eine geringere Nutzungsentschädigung zahlen zu müssen, obwohl der Vermieter nicht die Möglichkeit hat, die anderen, nicht beschlagnahmten Teile der Wohnung separat zu vermieten und Einnahmen zu haben, weil diese letztlich ebenfalls vom Mietschuldner in Besitz gehalten werden. Auch im Fall der Wiedereinweisung des Mietschuldners findet der Räumungstermin nicht statt. Es ist umstritten, ob die Obdachlosenbehörde dann die Kosten für die abgesagte Räumung tragen muss.

46 Letztlich gibt es auch die sehr häufige Konstellation, dass der Mietschuldner doch kurz vor der Räumung freiwillig ausgezogen ist, ohne dies anzukündigen oder seine Adresse zu hinterlassen.

---

9 Vgl. die Darstellung in Kap. 19.

In all diesen Fällen gehen der Gerichtsvollzieher und die Mitarbeiter der Spedition aber nicht etwa kostenlos nach Hause. Die Spedition kann vielmehr die sog. Fautfracht nach dem Handelsgesetzbuch verlangen, eine Art entgangener Gewinn für die ausgefallene Arbeit. Wird die Räumung erst am letzten Tag abgesagt, beträgt diese für die Spedition regelmäßig 70 % der geschätzten Räumungskosten. Geschieht die Absage der Räumung innerhalb von 14 Tagen vor dem Räumungstermin, fallen immerhin noch zwischen 30 und 50 % an. Der Vermieter sieht also von seinem Vorschuss nicht mehr viel. Der Betrag wird vom Gerichtsvollzieher vom Vorschuss des Vermieters einbehalten und an die Spedition ausgezahlt, der Vermieter erhält den Rest zurück. 47

Am Ende verbleiben diese hohen Ausfallkosten beim Vermieter, weil die Wahrscheinlichkeit, sie beim Mieter realisieren zu können, äußerst gering ist. 48

III. Außerbesitzsetzungsvollstreckung

1. Problemstellung

Bei der Außerbesitzsetzungsvollstreckung beschränkt der Vermieter seinen Räumungsvollstreckungsauftrag darauf, den Mietschuldner **aus dem Besitz der Räumlichkeiten zu setzen** und selbst in den Besitz eingewiesen zu werden. Diese Problematik ist im Rahmen der Mietrechtsreform 2013 zugunsten des Vermieters gesetzlich geregelt worden.[10] 49

Nach Erteilung des Räumungsauftrags durch den Vermieter und einer Vorschusszahlung für die voraussichtlichen Kosten der Zwangsräumung bestimmt der Gerichtsvollzieher den **Räumungstermin**. Zwischen der Übersendung der Terminbestimmung und dem Termin müssen mindestens drei Wochen liegen.[11] 50

2. Berliner Räumung

Diese Art der beschränkten Räumung war bereits vor der gesetzlichen Neuregelung im Jahr 2013 seit etwa zehn Jahren schon **richterrechtlich** als sog. **Berliner Räumung** praktiziert worden,[12] was der BGH in letzter Instanz als rechtmäßig anerkannt hat.[13] 51

---

10 § 885a ZPO.

11 § 180 Nr. 2 Abs. 2 S. 4 GVGA.

12 Diese Art der Räumungsvollstreckung wurde zunächst von Berliner Gerichten gebilligt.

13 BGH, Beschl. v. 17.11.2005 – I ZB 45/05 –.

52 Bei dieser auf die Außerbesitzstörung beschränkten Räumung machte der Vermieter sein **Vermieterpfandrecht** nach § 562 BGB geltend.[14] Da der Gerichtsvollzieher lediglich den Gewahrsam des Schuldners prüft, aber nicht die Eigentumsverhältnisse, kam es nicht darauf an, dass sich das Vermieterpfandrecht nicht auf unpfändbare Gegenstände bezog.[15] Der Vermieter war zudem bereit, solche Gegenstände immer **herauszugeben**. Voraussetzung für die Berliner Räumung war also das Bestehen eines Mietverhältnisses.

53 Die Risiken dieser Vollstreckung nach dem Berliner Modell zeigten sich dann, wenn die Habe des Mietschuldners in der Wohnung verblieb: Zum einen traf den Vermieter dann eine Verwahrungspflicht. Er musste für **kostenfreie Herausgabe** der unpfändbaren Gegenstände an den Mietschuldner Sorge tragen, diese ggf. auch dorthin transportieren lassen. Wenn er unpfändbare Gegenstände veräußert oder vernichtet hat, macht er sich schadensersatzpflichtig. Die Vernichtung von wertlosen Gegenständen und Müll geschah auf Risiko des Vermieters. Ein **Risiko** für den Vermieter stellten auch angeblich abhandengekommene Gegenstände dar. Außerdem musste er zur Verwertung des Vermieterpfandrechts die mühsame Veräußerung durch Versteigerung betreiben.[16]

3. Ablauf der Räumungsvollstreckung nach neuem Recht

a) Gesetzliche Regelung

54 Nachdem nach dem ausdrücklichen Wortlaut des § 885a ZPO die Außerbesitzsetzungsvollstreckung kein Mietverhältnis und damit auch kein Vermieterpfandrecht voraussetzt, kann diese Art der beschränkten Räumungsvollstreckung nunmehr auch bei der Räumung beispielsweise einer versteigerten Eigentumswohnung mit dem Zuschlagsbeschluss als Räumungstitel angewendet werden.[17]

55 Der Ablauf des beschränkten Vollstreckungsauftrags ist genau gesetzlich geregelt; die entsprechende Vorschrift des § 885a ZPO lautet:

> § 885a Beschränkter Vollstreckungsauftrag
> *„(1) Der Vollstreckungsauftrag kann auf die Maßnahmen nach § 885 Absatz 1 beschränkt werden.*

14 Vgl. dazu Kap. 8.

15 Bis zu der in Fn 13 genannten Entscheidung des BGH war dies streitig und viele Vollstreckungsgerichte folgten dieser Auffassung nicht.

16 Vgl. Kap. 8.

17 Zöller/*Stöber*, § 885a Rn 2.

(2) Der Gerichtsvollzieher hat in dem Protokoll (§ 762) die frei ersichtlichen beweglichen Sachen zu dokumentieren, die er bei der Vornahme der Vollstreckungshandlung vorfindet. Er kann bei der Dokumentation Bildaufnahmen in elektronischer Form herstellen.
(3) Der Gläubiger kann bewegliche Sachen, die nicht Gegenstand der Zwangsvollstreckung sind, jederzeit wegschaffen und hat sie zu verwahren. Bewegliche Sachen, an deren Aufbewahrung offensichtlich kein Interesse besteht, kann er jederzeit vernichten. Der Gläubiger hat hinsichtlich der Maßnahmen nach den Sätzen 1 und 2 nur Vorsatz und grobe Fahrlässigkeit zu vertreten.
(4) Fordert der Schuldner die Sachen beim Gläubiger nicht binnen einer Frist von einem Monat nach der Einweisung des Gläubigers in den Besitz ab, kann der Gläubiger die Sachen verwerten. Die §§ 372 bis 380, 382, 383 und 385 des Bürgerlichen Gesetzbuchs sind entsprechend anzuwenden. Eine Androhung der Versteigerung findet nicht statt. Sachen, die nicht verwertet werden können, können vernichtet werden.
(5) Unpfändbare Sachen und solche Sachen, bei denen ein Verwertungserlös nicht zu erwarten ist, sind auf Verlangen des Schuldners jederzeit ohne Weiteres herauszugeben.
(6) Mit der Mitteilung des Räumungstermins weist der Gerichtsvollzieher den Gläubiger und den Schuldner auf die Bestimmungen der Absätze 2 bis 5 hin.
(7) Die Kosten nach den Absätzen 3 und 4 gelten als Kosten der Zwangsvollstreckung.“

b) Tatsächlicher Ablauf

Beim Räumungstermin fordert der Gerichtsvollzieher den Mietschuldner auf, die Räumlichkeiten zu verlassen und die **Schlüssel zu übergeben**. Kommt der Mietschuldner dieser Aufforderung nicht nach, kann der Gerichtsvollzieher, ggf. unter Amtshilfe der Polizei, Gewalt anwenden, um den Mietschuldner zu zwingen, die Räumlichkeiten zu verlassen. Nachdem das geschehen ist, wird das **Schloss ausgetauscht**. Die in den Räumlichkeiten befindlichen Gegenstände werden im Gegensatz zur klassischen Räumung nicht abtransportiert, sondern verbleiben in den Räumlichkeiten. 56

Der Gerichtsvollzieher ist verpflichtet, die in der Wohnung befindlichen frei ersichtlichen beweglichen Sachen zu **dokumentieren** und dies in dem von ihm aufzunehmenden Protokoll über die Räumung festzuhalten.[18] Er kann dafür (zur Vereinfachung) Bildaufnahmen in elektronischer Form herstellen.[19] Der Vermieter erhält also ein **Inventarverzeichnis** der Wohnung, in dem dokumentiert ist, welche Gegenstände sich in der Wohnung befinden. Das erschwert es dem Mietschuldner, zu behaupten, es habe sich noch andere Gegenstände von erheblichem Wert in der Wohnung gefunden, um zu versuchen, den Vermieter auf Schadensersatz in Anspruch zu nehmen. 57

18 § 885a Abs. 2 S. 1 ZPO.
19 § 885a Abs. 2 S. 2 ZPO.

58 Durch Abs. 3 des § 885a ZPO wird die **Haftung** des Vermieters für die in der Wohnung befindlichen Sachen des Mietschuldners auf Vorsatz und grobe Fahrlässigkeit **eingeschränkt**. Im Rahmen der Berliner Räumung haftete der Vermieter auch für leichteste Fahrlässigkeit. Diese Haftungsbeschränkung ist (auch nach der Gesetzesbegründung) gerechtfertigt, weil der Mietschuldner genau weiß, dass er zu räumen hat; schließlich ist er durch ein entsprechendes Urteil des Gerichts dazu verpflichtet und außerdem durch den Gerichtsvollzieher über den Zeitpunkt der Räumung informiert worden.

c) Verwertung der Gegenstände

59 Abs. 4 der Vorschrift regelt die Verwertung der in der Wohnung vorgefundenen Gegenstände. Zunächst müssen die Gegenstände **einen Monat lang** verwahrt werden, was entweder dadurch geschehen kann, dass sie in der Wohnung bleiben oder aber dass der Vermieter sie an einen anderen Ort transportieren lässt. Beides ist mit **Nachteilen** für den ohnehin durch die Zahlungsrückstände des Mietschuldners schon beeinträchtigten Vermieter verbunden: Im ersten Fall ist die Wohnung einen weiteren Monat lang blockiert und kann nicht vermietet werden, im zweiten Fall muss der Vermieter Kosten für Lagerung und Transport aufwenden.

60 Das Gesetz stellt weiter klar, dass die **Verwertung** nach den §§ 372 ff. BGB zu erfolgen hat: Die Gegenstände werden öffentlich versteigert, was durch den Gerichtsvollzieher oder einen öffentlich bestellten Versteigerer geschehen kann. Schmuck und Kostbarkeiten können bei Gericht hinterlegt (was praktisch ohne Bedeutung sein dürfte) und wertlose Sachen können vernichtet werden, wobei dafür erforderlich ist, dass der Vermieter versucht hat, diese zu verwerten.

61 Die mit der Versteigerung beauftragte Person legt einen öffentlich bekannt zu machenden **Versteigerungstermin** fest. Bei dieser Versteigerung besteht die Möglichkeit, dass der Vermieter selbst, falls niemand anders bietet, die Gegenstände ersteigert und sie dann nach Belieben verwerten oder einfach entsorgen kann.

62 Es muss dringend davon abgeraten werden, die in der Wohnung verbliebenen Gegenstände ohne Einhaltung dieser mit einer weiteren Zeitverzögerung verbundenen Regelung **einfach zu entsorgen**, wozu manche Vermieter in der Erwartung, dass sich ohnehin kein ausreichender Versteigerungserlös ergeben wird, neigen. Dieses Verhalten ist zwar verständlich, aber mit hohen Risiken behaftet, wenn der Mietnomade später auch noch behauptet, er habe **wertvolle Gegenstände** in der Wohnung zurückgelassen und vom Vermieter nun Schadensersatz verlangt. Das erforderliche Verschuldensmoment zumindest der groben Fahrlässigkeit dürfte dann für die Haftung des Vermieters dem Grunde nach gegeben

sein. Es stellt sich nur die Frage, wie hoch ein entsprechender Schadensersatzanspruch ist. Daher sollte der Vermieter darauf achten, dass das vom Gerichtsvollzieher aufgestellte Inventarverzeichnis möglichst sorgfältig ist.

4. Vorteile

Bei dieser Art und Weise der Zwangsräumung minimieren sich die Räumungskosten, da der Gerichtsvollzieher als Vorschuss vom Vermieter lediglich einen ausreichenden Betrag für die eigentlichen Kosten des Gerichtsvollziehers und die Kosten eines eventuellen Schlosses für die gewaltsame Türöffnung sowie für notwendige Zeugen ansetzen darf. Diese Kosten belaufen sich im Schnitt auf zwischen 300 und 500 €. 63

Insgesamt handelt es sich für den Vermieter also um eine **wesentliche Verbesserung** seiner Rechtsstellung, weil insbesondere im Fall der nicht durchzuführenden Räumung, wenn der Mieter schon ausgezogen ist, nur geringe Kosten anfallen und die pauschale Entschädigung für die Spedition entfällt. 64

Der Vermieter muss in jedem Fall darauf achten, dass er einen Räumungstitel gegen **alle erwachsenen Personen** in der Wohnung hat. Stellt sich im Rahmen der Räumungsvollstreckung heraus, dass sich dort noch andere Personen aufhalten, hat er die Möglichkeit, gegen diese schnell einen Räumungstitel im Wege der einzelnen Verfügung zu erwirken.[20] 65

20 Siehe Kap. 19 Rn 19 ff.

Kapitel 21
Insolvenz des Mieters

A. Problematik

1 Ein Insolvenzverfahren, im allgemeinen Sprachgebrauch auch heute noch entsprechend der früher geltenden Regelung als **„Konkurs"** bezeichnet, stellt die geordnete Befriedigung aller Gläubiger eines Schuldners im gleichrangigen Verhältnis der Forderungen untereinander dar. Dies erfolgt durch einen gerichtlich bestellten Insolvenzverwalter, bei dem die Forderungen anzumelden sind und der sie dann nach Prüfung entweder zur Insolvenztabelle anerkennt oder bestreitet.

I. Praktische Bedeutung

2 Die Zahl der Insolvenzverfahren stieg in der Zeit nach Ablösung der Konkursordnung durch die Insolvenzordnung stark an und ist seit etwa dem Jahr 2010 wieder rückläufig.[1] In erster Linie ist der Vermieter von Geschäfts- oder Gewerberäumen betroffen, wenn sein Mieter **zahlungsunfähig** wird und er oder ein Gläubiger Insolvenz beantragt. Wohnraumvermieter sind häufig von Privatinsolvenzen ihres Wohnraummieters betroffen.

II. Besonderheiten

3 Das Insolvenzrecht ist ein sehr komplexes und spezielles Rechtsgebiet, das nach völlig anderen Regelungen abläuft als bei der üblichen Geltendmachung und Durchsetzung von Forderungen des Vermieters.

4 Die Einleitung des Insolvenzverfahrens über das Vermögen des nicht zahlenden Mieters bedeutet einen **schwerwiegenden Einschnitt** für den betroffenen Vermieter. Seine Rechte werden ihm trotz der Tatsache, dass er zunächst einmal keine Miete mehr erhält, durch das Gesetz in höchstem Maße beschnitten und entzogen. So kann er wegen in der Vergangenheit liegender Forderungen, die ohne Insolvenzverfahren zur Kündigung eines Mietverhältnisses ausreichend

1 1997: 33.398 Verfahren, 2003: 100.723 Verfahren, 2010: 168.458 Verfahren, 2014: 134.871 Verfahren, nach: Statistisches Bundesamt, abrufbar unter http://www.destatis.de.

wären, nicht mehr kündigen. Schnelles und richtiges Handeln des Vermieters ist gefragt.

Durch ein Insolvenzverfahren wird ein Mietverhältnis nicht beendet, sondern besteht fort,[2] ohne dass der Insolvenzverwalter wie bei sonstigen Vertragsverhältnissen die Möglichkeit hat, den Vertrag fortzuführen oder davon abzusehen und den Vertragspartner auf Schadensersatz zu verweisen. 5

Entscheidend für den Vermieter ist, ob es sich bei seiner Forderung um eine einfache, zur Insolvenztabelle anzumeldende Forderung handelt, die im Gleichrang mit allen anderen Gläubigern und nur in Höhe einer meist ganz geringen Quote befriedigt wird, oder eine Masseforderung, die der Insolvenzverwalter vorrangig gegenüber den Forderungen aller Gläubiger aus der Insolvenzmasse befriedigen muss. 6

B. Ablauf des Insolvenzverfahrens

I. Eröffnungsverfahren

Wird ein Insolvenzverfahren beantragt, so prüft das Insolvenzgericht zunächst, ob genügend Masse, also liquides Vermögen, vorhanden ist, um das Verfahren überhaupt durchführen zu können. Je nachdem, welche Befugnis das Gericht dem Insolvenzverwalter eingeräumt hat, unterscheidet man zwischen dem starken und dem schwachen vorläufigen Insolvenzverwalter. 7

Dem starken vorläufigen Insolvenzverwalter stehen mehr Rechte zu als dem schwachen Insolvenzverwalter. Der schwache Insolvenzverwalter prüft letztlich nur, ob genügend Masse vorhanden ist, ohne eigene Entscheidungen über das Insolvenzvermögen treffen zu können. Der starke vorläufige Insolvenzverwalter ist berechtigt, auch **Verbindlichkeiten** zulasten der Masse zu **begründen.** Dies bedeutet, dass die weitere Nutzung der Mietsache durch einen starken vorläufigen Insolvenzverwalter dazu führt, dass die ab dem Zeitpunkt des Beginns des Eröffnungsverfahrens entstehenden Mietschulden keine einfachen Insolvenzforderungen, sondern Masseschulden sind, die vorrangig zu befriedigen sind. Nutzt dagegen der schwache Insolvenzverwalter die Mietsache weiter, sind die bis zur Insolvenzeröffnung auflaufenden Mietrückstände lediglich einfache Insolvenzforderungen, die im Gleichrang mit allen anderen Gläubigern zu befriedigen sind, auf die der Vermieter also im Zweifel nichts erhält. 8

2 § 108 Abs. 1 S. 1 InsO.

II. Kündigungssperre

1. Voraussetzungen

9 Wenn der Insolvenzantrag gestellt wurde, kann der Vermieter wegen Mietrückständen, die vor Beantragung des Verfahrens fällig geworden sind, **nicht (mehr) kündigen.**[3] Das gilt auch für den möglichen Kündigungsgrund der Verschlechterung der Vermögensverhältnisse des Mietschuldners. Sinn dieser für den Vermieter sehr nachteiligen Regelung ist nach dem Gesetz, dass der insolvente Mieter die Räumlichkeiten zunächst weiter nutzen können soll, bis feststeht, ob und wie ein Unternehmen fortgeführt wird.

2. Umfang

10 Diese Kündigungssperre gilt auch für Wohnraummietverhältnisse[4] und Mietverträge, die noch nicht in Vollzug gesetzt wurden.

11 Allerdings kann der Vermieter den Mietvertrag **anfechten**, wenn die Voraussetzungen dafür vorliegen, wenn er etwa vom Mieter arglistig über dessen Einkommenssituation getäuscht wurde; die Kündigungssperre steht dem nicht entgegen.

12 Die Sperre gilt aber nur für vor Eingang des Insolvenzantrags bei Gericht entstandene Zahlungsrückstände. Wenn nach der Antragstellung Mietrückstände entstehen, kann der Vermieter kündigen.

III. Taktik des Vermieters

13 Der nicht zahlende Mieter wird überlegen, einen Insolvenzantrag zu stellen, um die Kündigungssperre des § 112 InsO auszulösen. Wenn der Vermieter vermeiden will, dass die Kündigungssperre eine Kündigung wegen der aufgelaufenen Mietrückstände verhindert, sollte er so schnell wie möglich kündigen, wenn die Voraussetzungen für die Kündigung vorliegen. Er muss allerdings überlegen, dass eine fristlose Kündigung das Mietverhältnis beendet und in ein Räumungsschuldverhältnis verwandelt. Das bedeutet, dass der Mieter keine Miete, sondern bis zur Räumung nur noch eine Nutzungsentschädigung schuldet, die grundsätzlich einfache Insolvenzforderung ist. Außerdem trifft den Vermieter ab der Kündigung eine Schadensminderungspflicht, sich zu bemühen, neu zu vermieten,

3 § 112 InsO.

4 Streitig, vgl. Harz/Riecke/Schmid/*Wendler*, Kap. 35 Rn 78.

weil der Mietanspruch sich in einen Kündigungsfolgeschadensersatzanspruch umwandelt.

Eine Kündigung macht in jedem Fall Sinn, wenn der Vermieter bereits einen 14
Nachmieter hat. Ist zu erwarten, dass die Räumlichkeiten ohnehin leer stehen, ist die Kündigung unter Umständen nicht zu empfehlen, damit der Vermieter weiter die Möglichkeit hat, auflaufende Mietrückstände, die der Insolvenzverwalter durch Weiternutzung der Mietsache verursacht, als Masseforderungen geltend zu machen.

In jedem Fall sollte der Vermieter in dieser Situation qualifizierten Rechtsrat 15
einholen, um Rechtsnachteile zu vermeiden.

Der Vermieter sollte aber von der Überlegung Abstand nehmen, möglichst 16
schnell noch einen Titel über seine Forderungen durch gerichtliche Geltendmachung zu beschaffen. Ein noch nicht rechtskräftiger Titel ist nämlich im Insolvenzverfahren letztlich wertlos, weil in diesem Verfahren titulierte und nicht titulierte Ansprüche grundsätzlich gleichrangig sind und einer eigenen Prüfung des Insolvenzverwalters unterliegen. Eine rechtskräftig titulierte Forderung muss der Verwalter zwar grundsätzlich anerkennen. Da jede gerichtliche Geltendmachung mit Kosten verbunden ist, muss der Vermieter gut überlegen, ob er dieses zusätzliche Geld noch investiert.

Sollte das Insolvenzverfahren mangels Masse überhaupt nicht eröffnet 17
werden, hat der Vermieter so gut wie keine Chancen, seine Kosten erstattet zu bekommen.

Jeder mit dem Insolvenzschuldner laufende Rechtsstreit ist ab Insolvenzer- 18
öffnung unterbrochen,[5] um dem Insolvenzverwalter die Möglichkeit zu geben, die Aufnahme des Prozesses zu prüfen.

Aber auch die laufende Räumungsvollstreckung bei Vorliegen eines Räu- 19
mungsurteils ist nach Insolvenzeröffnung nicht mehr möglich, weil das Insolvenzverfahren nicht nur das laufende gerichtliche Verfahren unterbricht, sondern auch Zwangsvollstreckungsmaßnahmen unzulässig macht.[6] Da die Insolvenzordnung das Ziel hat, alle Gläubiger gleichzubehandeln, besteht sogar eine sog. Rückschlagsperre, die bewirkt, dass Vollstreckungsmaßnahmen, die bis zu einem Monat vor Insolvenzeröffnung bewirkt wurden, unzulässig werden.

Das Insolvenzgericht kann diese Rechtsfolgen für die Vollstreckung rechts- 20
kräftiger Titel auch im vorläufigen Insolvenzverfahren anordnen, sodass der Vermieter letztlich nichts gewonnen hat.

5 § 240 ZPO.
6 §§ 88 ff. InsO.

21 Außerdem kann der Insolvenzverwalter auch bereits erfolgte Zahlungen, und zwar sowohl Zahlungen, die entweder als Zwangsvollstreckung geleistet wurden als auch Zahlungen, die der Schuldner freiwillig vor Insolvenzeröffnung an den Gläubiger geleistet hat, anfechten und damit für die Insolvenzmasse zurückgewinnen. Dies bedeutet im Extremfall, dass der Vermieter bereits geleistete Zahlungen zurückzahlen muss.

IV. Keine Eröffnung mangels Masse

22 Führt die Prüfung des Insolvenzgerichts bzw. des vorläufigen Insolvenzverwalters zu dem Ergebnis, dass nicht genügend liquide Mittel vorhanden sind, um das Verfahren überhaupt durchzuführen, so wird die Eröffnung des Verfahrens abgelehnt. Bei juristischen Personen wie z. B. einer GmbH führt dies zur Löschung der Gesellschaft aus dem Handelsregister kraft Gesetzes. Hält eine solche zu löschende Gesellschaft noch Besitz an einem Mietobjekt, so muss der Vermieter der Löschung widersprechen bzw. nach bereits erfolgter Löschung eine sog. Nachtragsliquidation beantragen mit dem Ziel, dass geräumt wird.

V. Eröffnetes Verfahren

23 Nachdem das Verfahren eröffnet wurde, besteht das Mietverhältnis grundsätzlich fort. Die Kündigungssperre für den Vermieter gilt weiterhin wegen der bis zur Insolvenzantragstellung aufgelaufenen Rückstände.

1. Sonderkündigungsrecht des Verwalters

24 Der Insolvenzverwalter hat ein Sonderkündigungsrecht, wenn das Insolvenzverfahren eröffnet wurde und es sich nicht um ein Wohnraummietverhältnis handelt, § 109 Abs. 1 S. 1 InsO. Der Insolvenzverwalter kann ein Mietverhältnis ohne Rücksicht auf eine vereinbarte mietvertragliche Frist mit einer kurzen Frist von drei Monaten zum Monatsende kündigen. Das soll sicherstellen, dass der Insolvenzverwalter nicht an lange Kündigungsfristen gebunden ist, um die Insolvenzmasse nicht mit Mietansprüchen zu belasten. Die in einem Mietvertrag vereinbarte längere Laufzeit hat daher keine Bedeutung und der Vermieter, der sich

auf eine solche Laufzeit eingerichtet und im Vertrauen darauf möglicherweise investiert hatte, steht im Regen.[7]

2. Besonderheit für Wohnraummietverhältnisse

Diese Kündigungsregelung gilt allerdings nicht für Mietverhältnisse über Wohnraum, um dem Schuldner grundsätzlich den Wohnraum zu erhalten und zu vermeiden, dass der Schuldner aufgrund einer Kündigung des Insolvenzverwalters obdachlos wird. Allerdings hat der Insolvenzverwalter die Möglichkeit, gegenüber dem Vermieter eine Erklärung abzugeben, dass nach Ablauf von drei Monaten nach Zugang dieser Erklärung fällig werdende Mietansprüche nicht mehr im Insolvenzverfahren geltend gemacht werden können, § 109 Abs. 1 S. 2 InsO. Dahinter steckt die Überlegung, dass dem Insolvenzschuldner der sog. Pfändungsfreibetrag zusteht, der auch die Kosten des angemessenen Wohnens enthält. Daher soll die Insolvenzmasse wiederum nicht mit diesen Forderungen belastet werden. 25

Der Vermieter, der eine solche Erklärung vom Insolvenzverwalter erhält, muss zunächst überhaupt nichts tun, wenn der Mieter bisher seine Mietzahlungsverpflichtungen erfüllt hat. Meistens dient ein solches Insolvenzverfahren der Schuldenbereinigung des Mieters und tangiert das (Wohnraum-)Mietverhältnis nicht. Der Vermieter muss aber wissen, dass die in den nächsten drei Monaten nach Erhalt dieser Erklärung auflaufenden Mietrückstände gegenüber dem Insolvenzverwalter geltend zu machen sind und weitere Mietforderungen, die danach entstehen, dem Mieter direkt gegenüber. 26

Das betreffende Mietverhältnis wird durch die Erklärung des Insolvenzverwalters gem. § 109 Abs. 1 S. 2 InsO komplett aus dem Insolvenzverfahren herausgenommen. So ist grundsätzlich auch eine Kündigung wegen Mietrückständen, die nach Ablauf der Drei-Monats-Frist entstehen, gegenüber dem Insolvenzverwalter nicht notwendig und auch nicht zulässig. Dennoch sollte der Vermieter vorsichtshalber auch gegenüber dem Insolvenzverwalter kündigen, weil in Rechtsprechung und Literatur nicht abschließend geklärt ist, ob die Kündigung nur gegenüber dem Mieter zu erklären ist. 27

---

7 Ein populäres Beispiel der letzten Jahre war die Insolvenz einer großen deutschen Drogeriemarktkette. Viele davon betroffene Vermieter mussten feststellen, dass ihr langfristiger Vertrag nach Kündigung durch den Insolvenzverwalter nichts mehr wert war und konnten froh sein, wenn die Ladenräumlichkeiten wenigstens noch geräumt wurden.

3. Forderungsanmeldung

28 Der Vermieter muss seine Forderungen gegenüber dem Insolvenzverwalter anmelden, nicht gegenüber dem Insolvenzgericht. Das kann mit dem nachstehend abgedruckten Musterantrag geschehen:

Muster

„Absender:

Rechtsanwalt
XXX
als Insolvenzverwalter
der XYZ GmbH
XXX
PLZ Ort

Forderungsanmeldung
in dem Insolvenzverfahren über das Vermögen

XYZ GmbH
Az. 99 N 999/15

melde ich folgende Beträge zur Eintragung in die Insolvenztabelle an:

Forderung:

Hauptforderung	*.......... €*
Zinsen ...... % aus .... €	
vom . . bis . . (Verfahrenseröffnung)	*.......... €*
Kosten (soweit diese vor der Verfahrenseröffnung entstanden sind)	*.......... €*
Summe der angemeldeten Beträge	*.......... €*

Rechtsgrund der Forderung z. B. Mietvertrag, Schadensersatz...
...vom
...

Zum Beweis der Forderung werden beigefügt:

☐ Urteil	*vom ....*	*☐ Original*	*☐ Abschrift*
☐ Vollstreckungsbescheid	*vom ....*	*☐ Original*	*☐ Abschrift*
☐ Mietvertrag	*vom ....*	*☐ Original*	*☐ Abschrift*
☐ Scheck	*vom ....*	*☐ Original*	*☐ Abschrift*
☐ Betriebskostenabrechnung	*vom ....*	*☐ Original*	*☐ Abschrift*
☐ Vertrag	*vom ....*	*☐ Original*	*☐ Abschrift*

Nach Prüfung bitte ich darum, mir einen unbeglaubigten Tabellenauszug zuzusenden.

____

(Unterschrift)"

---

4. Masseforderungen

Masseforderungen hat der Insolvenzverwalter direkt zu begleichen. Nutzt er also die Mietsache weiter, um den Geschäftsbetrieb des Schuldners aufrechtzuerhalten, muss er auch die Miete und Betriebskosten vertragsgemäß begleichen. 29

5. Beendigung des Verfahrens

Am Ende des Insolvenzverfahrens, das mehrere Jahre dauern kann, steht die sog. 30
Schlussverteilung, bei der jeder Gläubiger einen seinem Anteil an den Gesamtverbindlichkeiten des Schuldners entsprechenden Anteil am Erlös des Insolvenzverfahrens nach Abzug aller Kosten und Masseverbindlichkeiten erhält. Dieser Anteil kann oft sehr gering sein.

Kapitel 22
10 Goldene Regeln für Vermieter

1. Auswahl des Mieters

1 Der Vermieter muss alle geeigneten, rechtlich zulässigen **Informationsquellen** ausschöpfen:

- **Selbstauskunft** des Mieters,
- **Gehaltsnachweis** zumindest der letzten drei Monate, ggf. Arbeitsvertrag oder Steuerbescheid,
- Einholung einer Bonitäts- oder Schufa-**Auskunft** über den Mieter,
- bei juristischen Personen wie GmbH oder AG **Bilanzen** und **Steuerbescheide** vorlegen lassen.

2. Mietvertragsabschluss

2 Der Vermieter sollte einen **aktuellen Formularmietvertrag** eines verlässlichen Verfassers verwenden. Größtmögliche Sorgfalt ist beim Ausfüllen des Mietvertrages und bei Zusatzvereinbarungen zu beachten, damit es nicht zu **Unklarheiten**, die zulasten des Vermieters gehen, kommt. Im Zweifelsfall sollte der Vermieter vor Vertragsschluss rechtlichen Rat einholen. Vorsicht vor kostenlosen Angeboten im Internet!

3. Mietkaution

3 Der Vermieter kann sich durch die Mietsicherheit gegenüber Zahlungsausfällen in gewissem Umfang absichern. Grundsätzlich ist eine **Barkaution** zu bevorzugen, weil bei allen anderen Sicherungsarten erhebliche Verzögerungen bei der Geltendmachung der Kaution eintreten können und dadurch die **Liquidität** des Vermieters eingeschränkt wird. Beim **Wohnraummietverhältnis** ist die Höhe der Kaution gesetzlich auf **drei Nettomonatsmieten** beschränkt. Diese Grenze sollte der Vermieter in jedem Fall ausschöpfen. Beim Gewerberaummietvertrag ist die Höhe nicht beschränkt, sodass eine höhere Sicherheitsleistung vereinbart werden sollte.

4. Mietstruktur

4 Grundsätzlich sollten eine **Nettomiete** und eine davon getrennt zu zahlende **Betriebskostenvorauszahlung** vereinbart werden, sodass der Vermieter alle Betriebskosten, die nach dem Gesetz umlagefähig sind, mit dem Mieter abrech-

nen kann und nicht auf Kostensteigerungen sitzen bleibt. Garagen oder Stellplätze sollten separat in gesonderten Mietverträgen vermietet werden.

5. Zusätzliche Absicherung

Es ist sinnvoll, dass der Vermieter eine **Rechtsschutzversicherung** abschließt, 5
die die außergerichtlichen und gerichtlichen Kosten der Rechtsverfolgung einschließlich der Zwangsvollstreckung und Zwangsräumung trägt. Auch eine **Mietausfallversicherung** kann sinnvoll sein. Zu gegebener Zeit sollte der Vermieter sein **Vermieterpfandrecht** richtig geltend machen.

6. Kontakt mit dem Mieter suchen

Bleibt die Miete aus, sollte der Vermieter möglichst schnell das Gespräch mit dem 6
Mieter suchen, um zu ergründen, warum die Zahlung nicht erfolgt. Je nachdem, ob es sich um Mängel der Mietsache handelt oder Zahlungsschwierigkeiten des Vermieters, kann der Vermieter dann frühzeitig reagieren. Manche Mieter scheuen den Gang zur Sozialbehörde. Der Vermieter kann im eigenen Interesse, die Mietzahlung sicherzustellen, Hilfestellung leisten.

7. Frühzeitig reagieren

Wenn der Mieter nicht zu einem Gespräch bereit ist oder eine Kontaktaufnahme 7
scheitert, sollte der Vermieter möglichst schnell mahnen und ggf. kündigen. Bei der laufenden Miete ist zwar für den Eintritt des Verzugs eine Mahnung nicht erforderlich, weil die monatliche Fälligkeit die Regel ist und der Mieter auch ohne Mahnung in Verzug gerät. Befindet sich der Mieter mit der Zahlung der Miete und Betriebskostenvorauszahlung in Höhe von **zwei Bruttomonatsbeträgen** oder in zwei aufeinanderfolgenden Monaten mit etwas mehr als einer Bruttomonatsmiete in **Zahlungsverzug**, ohne dass Gegenrechte des Mieters bestehen, sollte der Vermieter das Mietverhältnis frühzeitig und in der richtigen Form fristlos und hilfsweise fristgemäß kündigen und für die **nachweisbare Zustellung** des **Kündigungsschreibens** sorgen. Je länger der Vermieter mit einer solchen Maßnahme wartet, umso größer wird sein Schaden werden. Jeder Monat, den der Vermieter wartet, kann ein Monat sein, für den er im ungünstigsten Fall keine Zahlung des Mieters erhält und auch nicht anderweitig vermieten kann.

8. Richtige Rechtsverfolgung

8 Bei Räumungsbegehren und schwierigen Sachverhalten sollte der Vermieter einen Rechtsanwalt mit seiner Interessenvertretung beauftragen, wenn auch in Wohnraummietsachen, die zwingend vor das Amtsgericht gehören, zunächst kein Anwaltszwang besteht. Ist die Forderung des Vermieters unstreitig, kann der Vermieter selbst, ggf. unter Nutzung der kostenlosen Online-Formulare der Mahngerichte, einen **Mahnbescheid** beantragen und einen **Vollstreckungsbescheid** gegen den Mieter erwirken, mit dem die Zwangsvollstreckung betrieben werden kann. Bei schwierigeren rechtlichen Sachverhalten und insbesondere bei Räumungsbegehren ist der Vermieter gut beraten, sofort einen Rechtsanwalt mit seiner Interessenvertretung zu beauftragen.

9. Richtig vollstrecken

9 Es gilt, möglichst schnell und richtig zu handeln. Verfügt der Vermieter bereits über einen Titel, kann er unproblematisch selbst den Gerichtsvollzieher mit dem Ziel, die **Vermögensauskunft** des Mieters zu erlangen, beantragen. Bei der **Pfändung von Geldforderungen**, wie etwa Bankguthaben oder Lebensversicherungen, sollte der Vermieter kompetente juristische Hilfe in Anspruch nehmen. Das gilt auch für die **Räumungsvollstreckung**.

10. Rechtsberatung

10 Der Vermieter sollte sich nicht scheuen, fundierte fachliche Unterstützung und **Rechtsberatung** in Anspruch zu nehmen. Dazu sollte er entweder einen fachlich versierten Rechtsanwalt (Fachanwalt für Miet- und Wohnungseigentumsrecht) konsultieren oder aber z. B. die Rechtsberatung eines Haus & Grund-Vereins. Vorsicht ist insbesondere bei komplizierten Sachverhalten geboten, da sich **Fehler in der Rechtsverfolgung** für den Vermieter mit sehr weitgehenden wirtschaftlichen Nachteilen rächen können, wenn sich z. B. im Prozess ein Mangel herausstellt, der nachträglich nicht mehr geheilt werden kann.

Kapitel 23
10 „No-Gos" – Was der Vermieter unterlassen sollte

1. Sich nur auf seine Menschenkenntnis verlassen

Hat der Vermieter bei dem Mietbewerber ein **negatives Bauchgefühl,** so sollte 1
er im Zweifel auf einen Mietvertragsabschluss verzichten. Hat der Vermieter umgekehrt ein **positives Bauchgefühl**, so sollte er sich nicht darauf verlassen, sondern alle erforderlichen Informationen über den Mietinteressenten einholen.

2. Mietverträge selbst erstellen oder ungeprüft aus dem Internet herunterladen

Ein Mietvertrag regelt Rechte und Pflichten der Vertragsparteien für eine mögli- 2
cherweise sehr lange Zeit. Durch die dauernden gesetzlichen Änderungen und die Tendenz der Rechtsprechung, immer wieder auch bewährte und langjährig praktizierte rechtliche Regelungen der Parteien infrage zu stellen, muss das verwendete Mietvertragsformular einerseits **völlig aktuell** sein und andererseits qualitativ hochwertig. Es empfiehlt sich, ein **vermieterorientiertes** Mietvertragsformular zu verwenden, das also möglichst von einem Vermieterverband stammen sollte. Selbst erstellte oder aus dem Internet heruntergeladene Mietverträge erfüllen diese Anforderungen in der Regel nicht. So mancher Vermieter hat sich schon gewundert, dass in seinem Vertrag keine Regelung über die Abwälzung von Schönheitsreparaturen auf den Mieter vorhanden ist und festgestellt, dass das (kostenlose) Formular aus dem Internet von einer Mieterorganisation stammte.

3. Aufhebungs- und Abwicklungsverträge selbst erstellen

Bei der Erstellung von Aufhebungs- und Abwicklungsverträgen sollte sich der 3
Vermieter **nicht überschätzen**, wenn sehr weitgehende Regelungen und gegenseitige Verpflichtungen vereinbart werden sollen.

4. Kein defensives Verhalten

Der Vermieter sollte nicht den Kopf in den Sand stecken, sondern dem Mieter und 4
Mietschuldner offen gegenübertreten und ggf. gegen ihn vorgehen (Kündigung,

Klage etc.). Es gilt der Grundsatz: **„Wer als Vermieter nicht handelt, wird vom Mieter behandelt“.**

5. Sich von aggressiven oder gewalttätigen Mietern provozieren lassen

5 Problemmieter sind teilweise davon gekennzeichnet, dass sie zu Aggressionen und gewalttätigem Verhalten neigen. In diesem Fall sollte der Vermieter sich **nicht provozieren lassen,** Gespräche oder Verhandlungen abbrechen und zur einseitigen Rechtsverfolgung auf schriftlichem und gerichtlichem Wege übergehen.

6. Sich als Vermieter eigenmächtig Zugang zur Mietsache verschaffen

6 Auch bei einem Mietschuldner oder gar Mietnomaden darf der Vermieter nicht einfach in die Mietsache eindringen und sich Zugang zur Mietsache verschaffen. Selbst wenn der Vermieter über Schlüssel verfügt, stellt dieses Eindringen in die Mietsache ohne oder entgegen dem Willen des Mieters in strafrechtlicher Hinsicht einen **Hausfriedensbruch** dar und bietet damit dem Mieter einen Angriffspunkt gegenüber dem Vermieter. **Klauseln im Mietvertrag,** die dem Vermieter den Zugang erlauben, sind **unwirksam.**

7. Eigenmächtig Sachen des Mieters aus der Mietsache holen

7 Auch wenn der Vermieter bei Zahlungsrückständen an den im Eigentum des Mieters stehenden und in die Mietsache eingebrachten Gegenständen ein gesetzliches Pfandrecht hat, darf er die Sachen nicht in Besitz nehmen, indem er sich Zugang zur Mietsache verschafft und die Sachen herausholt. Neben dem Straftatbestand des **Hausfriedensbruches** oder gar **Einbruchsdiebstahls** liegt zivilrechtlich **verbotene Eigenmacht** vor, sodass der Mieter sich mit einer **einstweiligen Verfügung** wehren kann.

8. Beim Wohnraummietvertrag die Versorgung einstellen

8 Bei einem **Wohnraummietverhältnis** ist es nicht zulässig, dass der Vermieter die Versorgung mit Wasser, Strom oder Heizenergie einstellt, wenn der Mieter in Zahlungsverzug gerät. Der Vermieter sollte daher auch bei bestehenden Zahlungsrückständen die Versorgung der Mietsache nicht einstellen, da anderenfalls der Mieter erfolgreich eine **einstweilige Verfügung** wegen Besitzstörung erwirken kann. Nur beim **Gewerberaummietverhältnis** kann eine solche Versorgungssperre zulässig sein.

9. „Kalte" Räumung durch den Vermieter

Auch bei Langzeitmietschuldnern und Mietnomaden darf der Vermieter nicht durch Öffnen der Mietsache und Herausschaffen und Einlagern des Inventars des Mieters sowie den Austausch der Schlösser einen zeit- und kostenträchtigen Rechtsstreit und die Zwangsvollstreckung umgehen. Dies hat zur Folge, dass sich der insoweit betroffene Mieter im Wege einer **einstweiligen Verfügung** den Zugang zur Mietsache wieder verschaffen kann. Außerdem haftet der Vermieter **verschuldensunabhängig für Schäden oder Verlust an der Habe des Mieters**. 9

10. Zweifelhafte Dienstleister beauftragen

Angesichts der Kosten und der Dauer von Klagen auf Zahlung und Räumung ist es durchaus nachvollziehbar, dass Vermieter auf die Idee kommen, den sich nicht rechtskonform verhaltenden Mieter durch selbst ernannte **„Inkasso- und Räumungsbüros"** zur Zahlung und Räumung zu veranlassen. Davon kann man nur abraten, sowohl unter zivilrechtlichen und insbesondere **strafrechtlichen** Gesichtspunkten. 10

Stichwortverzeichnis

Die Zahlen und Buchstaben in Fettdruck beziehen sich auf die Kapitel des Werkes, die Ziffern beziehen sich auf die Randnummern innerhalb der Kapitel.

S

www.ingramcontent.com/pod-product-compliance
Lightning Source LLC
LaVergne TN
LVHW092152300926
849161LV00002B/256